Monika Ehlers
Grenzwahrnehmungen

D1723190

Monika Ehlers (Dr. phil.) ist Kulturwissenschaftlerin und lebt in Hamburg. Sie war in den letzten Jahren wissenschaftliche Mitarbeiterin und Lehrbeauftragte an den Universitäten Potsdam und Hamburg. Ihre Forschungsschwerpunkte sind Literatur und Literaturtheorie, Konzepte der Wahrnehmung, Interkulturalität und Intermedialität.

Monika Ehlers

Grenzwahrnehmungen.
Poetiken des Übergangs in der Literatur
des 19. Jahrhunderts.
Kleist – Stifter – Poe

[transcript]

Diese Arbeit wurde gefördert von der Tatjana-Gerdes-Stiftung,
Bad Homburg v. d. Höhe.

Bibliografische Information der Deutschen Bibliothek
Die Deutsche Bibliothek verzeichnet diese Publikation
in der Deutschen Nationalbibliografie; detaillierte
bibliografische Daten sind im Internet über
http://dnb.ddb.de abrufbar.

Umschlaggestaltung:
Kordula Röckenhaus, Bielefeld
Umschlagabbildung: Bodo von Dewitz/Werner Nekes (Hg.): Ich sehe
was, was du nicht siehst! Sehmaschinen und Bilderwelten.
Die Sammlung Werner Nekes, Göttingen 2002. Mit freundlicher
Genehmigung des Herausgebers.
Lektorat & Satz: Monika Ehlers
Druck: Majuskel Medienproduktion GmbH, Wetzlar
ISBN 978-3-89942-760-8

Gedruckt auf alterungsbeständigem Papier mit chlorfrei
gebleichtem Zellstoff.

Besuchen Sie uns im Internet:
http://www.transcript-verlag.de

Bitte fordern Sie unser Gesamtverzeichnis
und andere Broschüren an unter:
info@transcript-verlag.de

INHALT

Dank

Ich danke Prof. Dr. Dagmar von Hoff für die Betreuung und Begutachtung dieser Arbeit. Bei Prof. Dr. Ariane Martin möchte ich mich für das Zweitgutachten bedanken. Für die vielfältige Unterstützung während der Promotionsphase danke ich Christoph Meyring, Ulrike Vedder, Sandra Schramm und Max Hellmuth. Kristina Festring und Kerstin Wilhelms haben das Manuskript sorgfältig gelesen. Auch ihnen sei an dieser Stelle herzlich gedankt. Bedanken möchte ich mich zudem bei den Teilnehmern des Doktoranden- und Habilitandenkreises der Universität Hamburg, die mir wertvolle Hinweise gaben. Auch meinen Studentinnen und Studenten an den Universitäten Potsdam und Hamburg sei an dieser Stelle für die anregenden Diskussionen gedankt. Prof. Dr. Ortrud Gutjahr und Prof. Dr. Ulrich Wergin haben meine wissenschaftliche Arbeit dankenswerterweise an der Universität Hamburg unterstützt. Prof. Dr. Werner Nekes stellte freundlicherweise das Titelbild zur Verfügung. Mein herzlicher Dank gilt denjenigen, die dieser Arbeit die notwendige finanzielle Unterstützung zukommen ließen. Die Universität Potsdam hat das Dissertationsvorhaben im Rahmen des Lise-Meitner-Programms gefördert. Mein ganz besonderer Dank gilt Herrn Meinhard Matern von der Tatjana-Gerdes-Stiftung, die den Abschluss der Promotion gefördert und die Druckkosten übernommen hat.

AN DER GRENZE

Wer von Grenzwahrnehmungen spricht, bewegt sich auf unsicherem Boden. Denn was unter einer Grenze zu verstehen ist, erweist sich als keineswegs eindeutig. Der Versuch einer näheren Beschreibung gebiert vielmehr eine Vielzahl weiterer Begriffe wie etwa den der Schwelle, des Übergangs, der Randzone.[1] Zugleich zeigt sich, dass auch die Funktion

---

1   Dies dokumentieren nicht zuletzt die zahlreichen Untersuchungen zum Thema Grenze. Vgl. beispielsweise den Sammelband von Claudia Benthien/Irmela Marei Krüger-Fürhoff (Hg.): Über Grenzen. Limitation und Transgression in Literatur und Ästhetik, Stuttgart 1999 sowie Rüdiger Görner/Susanne Kirkbright (Hg.): Nachdenken über Grenzen, München 1999; weiterhin Nicholas Saul/Daniel Steuer/Frank Möbius/Birgit Illner (Hg.): Schwellen. Germanistische Erkundungen einer Metapher, Würzburg 1999. Albrecht Koschorke schreibt eine Geschichte der Grenzüberschreitung vom Mittelalter bis zur Moderne in Koschorke, Albrecht: Die Geschichte des Horizonts. Grenze und Grenzüberschreitung in literarischen Landschaftsbildern, Frankfurt/M. 1990. Daneben untersuchen zahlreiche Studien das Phänomen der Grenze in spezifischen historischen Kontexten bzw. bei einzelnen Autoren. Vgl. hierzu Rüdiger Görner: Grenzen, Schwellen, Übergänge. Zur Poetik des Transitorischen, Göttingen 2001 sowie Thomas Eicher (Hg.) unter Mitarbeit von Peter Sowa: Grenzüberschreitungen um 1900. Österreichische Literatur im Übergang, Oberhausen 2001. Frühe ethnologische Untersuchungen thematisieren Schwellenphasen, so Arnold von Genneps: Übergangsriten, Frankfurt/M. 1986. Die Studien von Bernhard Waldenfels nähern sich aus phänomenologischer Perspektive dem Thema Grenzen und Schwellen. Vgl. Bernhard Waldenfels: Der Stachel des Fremden, Frankfurt/M. 1990 sowie ders.: Sinnesschwellen. Studien zur Phänomenologie des Fremden 3, Frankfurt/M. 1999. In *Sinnesschwellen* widmet sich Waldenfels dem Verhältnis von Wahrnehmung und Schwellenerfahrungen, ein Fokus, dem die vorliegende Studie viel verdankt und den sie auf den Untersuchungsgegenstand der Literatur hin auszuweiten sucht. Das Verhältnis von Literatur und Ethnographie nimmt der von Gerhard Neumann und Rainer Warning herausgegebene Sammelband in den Blick. Vgl. dies.: Transgressionen. Literatur als Ethnographie, Freiburg i. Breisgau 2003. Mit Grenzwerten des Ästhetischen, mit Bereichen der Kultur also, die zunächst einmal nicht als ästhetisch gelten, wie dem

von Grenzen nicht eindeutig zu bestimmen ist. Grenzen trennen und verbinden, sie werden überschritten und entziehen sich stets aufs Neue, sie begrenzen und limitieren und verweisen zugleich auf Uneinholbares. Sie versperren Zugänge und fordern zugleich ihre Öffnung heraus. Als Schwellen markieren sie Übergänge in neue Lebensphasen, als Tabu schließen sie Bereiche des Unannehmbaren aus der kulturellen Ordnung aus. Kryptische Einschließungen wiederum markieren innere Grenzen, ein unzugängliches Außen im Innenraum.

Der Begriff der Grenze und sein Gebrauch in verschiedenen Sprachen sind von der Verwicklung in unterschiedliche Funktionsbereiche und Bedeutungskontexte durchdrungen. Wie Paul A. Chilton in einer kurzen semantischen Analyse des Begriffs *Grenze* zeigt, verweisen zum Beispiel die lateinischen Wörter *limes* und *limitatio* sowie das englische *boundary* auf die Grenzlinie, während das vom althochdeutschen *bord* abstammende englische *border* eher einen Grenzstreifen meint und damit einen Raum eröffnet, der weder der einen noch der anderen Seite zugeschlagen werden kann. Und während die *frontier* sowie die *Front* eine Vorwärtsbewegung beinhalten, nähert man sich an der *margin*, der *marge* oder *Marke* nicht nur dem Bereich der Markierung, sondern auch der Randzone. Das deutsche Wort *Grenze* schließlich, das wie das russische *granitsa* vom altslawischen *gran* abstammt, bedeutet »Kreuzzeichen, Ecke«, aber auch »Rand«.[2] Es verdrängt seit dem 13. Jahrhundert das deutsche Wort *Mark*, transportiert aber seit dem 18. Jahrhundert nicht mehr allein die Bedeutung einer geographischen Scheidelinie, sondern auch die des Abschlusses, des Endes.

Die Rede von der Grenzwahrnehmung impliziert nun die Möglichkeit einer sinnlichen Erfahrbarkeit von Grenzen, etwa in Form von Linien, Umrissen, Grenzmarkierungen. Denn erst durch die Wahrnehmung einer Grenze konstituiert und differenziert sich ein Raum oder Gegenstand, schält sich ein Objekt aus seiner Umgebung heraus, wird unterscheidbar und damit wahrnehmbar. Andererseits aber implizieren Grenzwahrnehmungen immer auch jene Sinneseindrücke, die etablierte Ordnungen und Wahrnehmungsmodelle in Frage stellen und mithin an die Grenzen des Wahrnehmbaren führen, sei es, dass sie auf ein der Wahrnehmung Entzogenes verweisen oder aber Eindrücke vermitteln, die innerhalb eines kulturellen oder historischen Kontextes nicht sinnhaft in-

---

Trauma, dem Ekel oder dem Schmerz beschäftigt sich dagegen der von Robert Stockhammer herausgegebene Sammelband. Vgl. Robert Stockhammer (Hg.): Grenzwerte des Ästhetischen, Frankfurt/M. 2002.

2   Vgl. Paul A. Chilton:»Grenzsemantik«, in: Rüdiger Görner/Suzanne Kirkbright (Hg.): Nachdenken über Grenzen, München 1999, S. 19-32, hier S. 28f.

terpretiert werden können. Insofern Grenzwahrnehmungen die Sinnesorgane überfordern, gehen sie mit Fremdheitserfahrungen, mit Verstörung, Verwirrung und einer Un- und Umordnung der Sinne einher.[3] Doch wie kann man wahrnehmen, was die Grenzen der Wahrnehmung überschreitet, mithin weder den Sinnen noch der Erkenntnis zugänglich zu sein scheint? Und inwiefern gibt es überhaupt Grenzen, wenn diese erst im Moment ihrer Überschreitung aufblitzen? Michel Foucault schreibt in der *Vorrede zur Überschreitung* von der Inexistenz einer Grenze, die nicht überschritten werden kann, um die Frage zu stellen, ob die Grenze jenseits der Gebärde ihrer Überschreitung existiert.[4]

Grenzmarkierungen wie Grenzüberschreitungen sind an ritualisierte Wiederholungen gebunden, sie stellen performative Akte dar, über die sich Ordnungen erst etablieren. Bernhard Waldenfels unterscheidet in dieser Hinsicht klassische Ordnungen, die weitgehend repetitiv und allumfassend sind, von modernen Ordnungen, die wandelbar sind und bewegliche Grenzen aufweisen. Während das Gegenbild der klassischen Ordnung das einbrechende Chaos ist, sind moderne Ordnungen mit dem Problem der Kontingenz befasst.[5] Wo Ordnungen ebenso gut auch anders sein könnten und der Bezug auf eine letzte Begründung ausfällt, wird die Grenze zu einem ambivalenten Ort, an dem sich ritualisierende Ordnungs(wieder)herstellungen ebenso ereignen können wie transgressive Verschiebungen. Bereits Foucault beschreibt diesen für die Moderne konstitutiven Einschnitt als Verlusterfahrung, die zugleich eine Öffnung ermöglicht. Wo weder Gott noch ein metaphysisches Pendant als umfassende Grenze und Sinnzentrum fungiert, wird die Erfahrung der Leere und der Endlichkeit zur Möglichkeit einer Gebärde der Überschreitung, die nicht auf Erweiterung und Totalisierung abzielt, sondern den Riss einer Abwesenheit durchmisst, ohne ihn aufzuheben.[6]

Im postmodernen Denken schließlich wird die moderne Erfahrung des Verlusts in die Bejahung des Partikularen übersetzt. An die Stelle eines Denkens, das nicht zuletzt im Kontext der Globalisierung in einer totalisierenden Geste beständiger Überschreitung versucht, sich das Andere einzuverleiben, um schließlich die Leere der überschreitenden Geste selbst zu verzeichnen, tritt eine Reflexion der Grenze, die diese vom An-

---

3 Bernhard Waldenfels spricht daher auch von Sinnesschwellen, Zonen der sinnlichen Fremdheitserfahrung. Vgl. Bernhard Waldenfels: Sinnesschwellen, S. 9-15.

4 Vgl. Michel Foucault: »Vorrede zur Überschreitung«, in: Walter Seitter (Hg.): Von der Subversion des Wissens, München 1974, S. 32-53, hier S. 37.

5 Vgl. Bernhard Waldenfels: Der Stachel des Fremden, S. 17-20.

6 Vgl. Michel Foucault: »Vorrede zur Überschreitung«, S. 52.

deren her denkt. Vor diesem Horizont zeichnet sich die Grenze als ein Ort ab, der nicht mehr im Verfügungsbereich des Subjekts liegt. Vielmehr stellt sich die Frage nach der Gerechtigkeit gegenüber dem, was nicht zur eigenen Ordnung gehört. Dieses Außen ist keineswegs einfach ein Jenseits der Ordnung. Es ist ihr inhärent, es durchzieht jede intersubjektive Beziehung zum Anderen als ein Moment der Fremdheit, der irreduziblen Unverfügbarkeit. Bernard Waldenfels spricht in diesem Sinne vom Außerordentlichen als jenem Überschuss, der sich jeder etablierten Ordnung zufügt.[7] Aber auch bei Emmanuel Lévinas und Jacques Derrida gibt es ein Denken des Anderen, das dieses nicht in das Eigene einholt. So versteht Lévinas die Spur des Anderen als das, was dem Subjekt immer schon vorausgeht und was es zur unendlichen Verantwortung aufruft.[8] Und auch Jacques Derrida verabschiedet ein Denken der Grenze als Grenzlinie, insofern dieses einer Ontologie verhaftet bleibt, die das Andere nur als Gegensatz oder Negation eines Ersten denken kann. Grenzüberschreitung und Grenzziehung sind dabei, wie Derrida darlegt, ein genuin philosophisches Projekt. Denn einerseits versucht das philosophische Denken, seine Grenzen beständig zu verschieben und alles zu umfassen, andererseits muss es hierfür notwendigerweise seine eigenen Randzonen kontrollieren.[9]

Nicht zuletzt Kants Ästhetik des Erhabenen, auf welche die in dieser Arbeit diskutierten Texte immer wieder Bezug nehmen, zeigt, wie die Philosophie noch die Grenze des subjektiven Vermögens denkt, um die Vernunft als undarstellbare und doch in der Reflexion erschließbare Idee zu begreifen. Die Ästhetik des Erhabenen stellt damit einen philosophischen Grenzgang dar, der die Entgrenzung im ästhetischen Urteil an eine Begrenzung des Darstellungvermögens bindet. Entgrenzung und Begrenzung des Subjekts, Unendlichkeit und Endlichkeit sind dabei unauflöslich miteinander verknüpft. Derridas philosophisches Projekt zielt jedoch nicht auf die Grenzen des Denkens und ihre Überschreitung, denn die Randzonen durchziehen bereits jeden Text. Eher geht es um die Verwischung von Grenzlinien, um jene Zone des Zwischenraums der *différance*, die sich als Bewegung des Differierens weder betreten noch überschreiten lässt und die den Raum der Unterscheidbarkeiten zuallererst eröffnet.

---

7   Vgl. Bernhard Waldenfels: Ordnung im Zwielicht, Frankfurt/M. 1987, S. 189-194.

8   Vgl. Emmanuel Lévinas: Die Spur des Anderen. Untersuchungen zur Phänomenologie und Sozialphilosophie, Freiburg/München 1992, S. 209-235.

9   Vgl. Jacques Derrida: »Tympanon«, in: Ders.: Randgänge der Philosophie, Wien 1988, S. 13-27.

So auch die Unterscheidung zwischen dem Sinnlichen und dem Intelligiblen. Denn wer vom sinnlich Wahrnehmbaren, von *aisthesis* spricht, hat den *logos* immer bereits im Sinn. Das Verhältnis zwischen Sinnenwelt und Sinn ist dabei seit der Antike umstritten. Mal gilt es, das Sinnliche auszuschließen, verstellt es doch ungehörigerweise den Zugang zum Sinn, mal wird die sinnliche Wahrnehmung zum Modell des Logos erklärt. In der Neuzeit schließlich wird das Sehen zum privilegierten Zugang der Erkenntnis. Sehen heißt erkennen, das Visuelle wird zum Fenster des Sinns.[10] Doch kann dabei die visuelle Wahrnehmung keineswegs grenzenlose Herrschaft beanspruchen. Nicht nur spricht die Täuschbarkeit des Auges immer wieder entschieden gegen dessen Erkenntnisfähigkeit, auch der Hörsinn fordert bisweilen das Primat der Visualität heraus.[11] Die Trennung zwischen Sinn und Sinnlichkeit führt also mitten hinein in den Prozess der Grenzziehungen, auf dem nicht nur die Ordnung der Sinne, sondern jedes Begriffssystem basiert, das seine definitorischen Grenzen etablieren und mehr oder weniger durchlässig zu gestalten beabsichtigt. Bedroht aber sind die Grenzen der Begrifflichkeit nicht nur von der Polysemie, sondern auch von der Impertinenz des Materialen sowie von unreinen Gestalten, die sich weder auf die eine noch auf die andere Seite schlagen wollen. Den Sinn im Sinnlichen zu finden bedeutet stets, die sinnliche Wahrnehmung auf das Intelligible zu begrenzen und einen bestimmten Gebrauch des Sinnlichen beispielsweise als Lieferant von Sinnesdaten zu präferieren. Wie Gottfried Boehm anmerkt, bleibt dabei die lasterhafte Seite des Sinnlichen, die den ritualisierten Gebrauch unterbricht, ausgeschlossen. Ein Refugium wird ihr allenfalls im Wahn, in den Träumen oder in der Kunst, den Heterotopien innerhalb des Gesellschaftlichen, zugestanden.[12]

---

10 Vgl. Sybille Krämer: »Sinnlichkeit, Denken, Medien: Von der ›Sinnlichkeit als Erkenntnisform‹ zur ›Sinnlichkeit als Performanz‹«, in: Kunst- und Ausstellungshalle der Bundesrepublik Deutschland GmbH (Hg.): Der Sinn der Sinne, Göttingen 1998, S. 24-39, hier S. 27.

11 Bereits bei Descartes ist paradoxerweise der Blinde Modell für die intelligible Form des Wahrnehmens, auch macht der Hörsinn zuweilen dem Auge Konkurrenz, obschon er das Primat des Auges nicht zu brechen vermag. Vgl. hierzu Waltraud Naumann-Beyer: Anatomie der Sinne im Spiegel von Philosophie, Ästhetik und Literatur, Köln u. a. 2003, hier S. 113-128.

12 Vgl. Gottfried Boehm: »Sehen. Hermeneutische Reflexionen«, in: Ralf Konersmann (Hg.): Kritik des Sehens, Leipzig 1999, S. 272-298, hier S. 273. Foucault bezeichnet die Gegenorte innerhalb einer Gesellschaft als Heterotopien. Vgl. Michel Foucault: »Andere Räume«, in: Karlheinz Barck (Hg.): Aisthesis. Wahrnehmung heute oder Perspektiven einer anderen Ästhetik, Leipzig 1991, S. 34-46.

15

Grenzwahrnehmungen sind demnach immer auch Wahrnehmungsformen, die vom konventionellen Gebrauch abweichen. Das potentielle
Nomadentum der sinnlichen Wahrnehmung zu disziplinieren gehört daher zum Projekt der Moderne. Dabei findet eine Verschiebung hin zu den
leiblichen Sinnesvermögen, der physiologischen Basis der Wahrnehmung, bereits in der zweiten Hälfte des 18. Jahrhunderts statt. Um 1800
entsteht ein diskursiver Raum, in dem konkurrierende Modelle der Wahrnehmung ihren Platz finden. Einerseits bleibt die Wahrnehmung an a pri-
ori bestehende Erkenntniskategorien gebunden, andererseits aber postuliert die Romantik bereits eine befreite Einbildungskraft, der die schöpferische Fähigkeit zur Modellierung des Wahrgenommenen zugesprochen
wird. Ebenso wird die Beschäftigung mit der Physiologie zu einer nach-
haltigen Verunsicherung über den Status des Wahrgenommenen führen.[13]
Bereits die Entdeckung des blinden Flecks durch Mariotte 1668 eröffnet
die frappierende Erkenntnis, dass inmitten des angenommenen Zentrums
der Wahrnehmung schlicht nichts zu sehen ist. Die bis dahin vorgestellte
Funktionsweise des Auges als Camera obscura ist damit hinfällig, der
Übergang von der geometrischen zur physiologischen Optik ebenso
langwierig wie unausweichlich.[14]
   Wie Jonathan Crary darlegt, vollzieht sich dabei bereits im frühen 19.
Jahrhundert am Betrachter ein Prozess der Modernisierung. Die visuelle
Wahrnehmung wird einerseits mobilisiert und aus den Prämissen philo-
sophischer Erkenntnistheorien herausgelöst, andererseits konstituiert die
Erforschung der Eigenarten des Auges und seiner Funktionen neue Prak-
tiken der Normalisierung und der Aufmerksamkeitslenkung, welche die
Wahrnehmung den Erfordernissen der Moderne anpassen.[15] Es gilt, ein

---

13 Vgl. Caroline Welsh/Christina Dongowski/Susanna Lulé (Hg.): Sinne und
    Verstand. Ästhetische Modellierungen der Wahrnehmung um 1800, Würz-
    burg 2002, S. 7-19.
14 Zur Entdeckung des blinden Flecks vgl. Peter Bexte: »»I see, I am blind‹ –
    befleckte Formen der Wahrnehmung«, in: Trajekte. Zeitschrift des Zen-
    trums für Literaturforschung Berlin, Jg. 6 (2005), Nr. 11, S. 35-41, hier
    S. 36f.
15 Vgl. Jonathan Crary: Techniken des Betrachters. Sehen und Moderne im
    19. Jahrhundert, Dresden/Basel 1996, S. 21ff. sowie ders.: Aufmerksam-
    keit. Wahrnehmung und moderne Kultur, Frankfurt/M. 2002. Aus phäno-
    menologischer Perspektive beschäftigt sich Bernhard Waldenfels mit un-
    terschiedlichen Phänomenen der Aufmerksamkeit. Vgl. Bernhard Walden-
    fels: Phänomenologie der Aufmerksamkeit, Frankfurt/M. 2004. Historische
    und interdisziplinäre Perspektiven eröffnet der Sammelband von Aleida
    und Jan Assmann. Vgl. Aleida Assmann/Jan Assmann (Hg.): Aufmerk-
    samkeiten, München 2001. Siehe auch Norbert Haas/Rainer Nägele/Hans-

nomadisch gewordenes Auge zu disziplinieren und seine Funktionsweise umzucodieren. Der Betrachter ist nicht mehr als einäugiges, distanziertes Subjekt in einem abgegrenzten Raum, in dem innen und außen klar getrennt sind, verortet, vielmehr wird das visuelle Feld – und mit ihm der Betrachter und seine physiologischen Voraussetzungen – neu strukturiert. Phänomene wie das Nachbild und die Zweiäugigkeit des Sehens werden zu zentralen Erkenntnisgegenständen. Die Moderne beginnt für Crary folglich nicht mit der künstlerischen Moderne, dem Impressionismus oder mit der Erfindung des Films, sondern mit viel früher einsetzenden Praktiken der visuellen Umcodierung. Das Feld der Aufmerksamkeit ist allerdings nicht allein auf die Visualität beschränkt, vielmehr ist die Privilegierung des Visuellen sowie die Trennung der Sinne selbst Effekt diskursiver Aushandlungen, die zum Beispiel gemischte und abschweifende Aufmerksamkeitsformen pathologisieren.[16] Eine Praxis, die jedoch keine Erfindung des 19. Jahrhunderts ist. Denn bereits das Wahrnehmungsmodell der Camera obscura und die Rahmenschau dienen dazu, die Aufmerksamkeit auf einen bestimmten Ausschnitt zu konzentrieren bzw. innere Bilder, Einbildungskraft und Gedächtnis unter diesem Paradigma zu fassen, während eine zu schnelle oder zu geringe Bildproduktion als krankhaft und verderbt gilt.[17] Immer also geht es darum, einen tendenziell wilden Blick zu normalisieren bzw. die jeweils gültigen Wahrnehmungsmodelle von ihren Abweichungen, ihren als überkommen geltenden Formen zu trennen, Vermischungen und Überreizungen der Sinne zu kontrollieren. Zugleich wird das Erlangen von Aufmerksamkeit zu einer Ressource in den sich entwickelnden Medien- und Informationsgesellschaften. Aufmerksamkeit stellt einen Faktor gesellschaftlicher Teilhabe dar. Nicht nur gilt es, in den Wahrnehmungs- und Aufmerksamkeitsbereich von Subjekten vorzudringen, sondern diese müssen ebenfalls auf sich aufmerksam machen, denn ihre Wahrnehmbarkeit und ihr Aufmerksamkeitspotential entscheidet über den gesellschaftlichen Ein- und Ausschluss.

Jörg Rheinberger (Hg.): Aufmerksamkeit, Lichtensteiner Exkurse III, Eggingen 1998. Einen umfassenden Überblick über die optischen Geräte, die die Umcodierungen innerhalb des 19. Jahrhunderts begleiten, gibt der Ausstellungskatalog der Sammlung von Werner Nekes. Vgl. Bodo von Dewitz/Werner Nekes (Hg.): Ich sehe was, was Du nicht siehst. Sehmaschinen und Bilderwelten. Die Sammlung Werner Nekes. Katalog der gleichnamigen Ausstellung, Göttingen 2002.

16 Vgl. Jonathan Crary: Aufmerksamkeit, S. 15
17 Vgl. August Langen: Anschauungsformen in der deutschen Dichtung des 18. Jahrhunderts (Rahmenschau und Rationalismus), Jena 1934, S. 26.

17

Innerhalb von Wahrnehmungsprozessen sowie von normalisierenden Praktiken der Aufmerksamkeitslenkung finden somit Grenzziehungen statt, performative Akte,[18] die zugleich notwendigerweise Zonen des Übergangs, der Unschärfe, Überkreuzung und Abschweifung produzieren. Von diesen Zonen werden die Ordnungen der Wahrnehmung heimgesucht. Soll das Wahrnehmbare einer Konstanz und Dauer unterworfen werden, dann erfordert dies wiederholende Praktiken, um der Tendenz zum Anderssehen und zur Abschweifung Herr zu werden. Wo die Kategorien der Seele, des Verstandes oder des Geistes als synthetisierende Instanzen keine Identität mehr herstellen können, werden ritualisierte Praktiken zum instabilen Garanten einheitlicher Wahrnehmungen und zugleich zu einem Ort potentieller Widerständigkeiten, die nicht selten unter dem Zeichen des Krankhaften erscheinen.

Den Spuren dieser Übergänge geht die vorliegende Arbeit in ihren Textanalysen in exemplarischer Weise nach. Der Fokus liegt hierbei auf Texten des 19. Jahrhunderts, in denen sich Umordnungen philosophischer Wahrnehmungsmodelle am Beginn der Moderne abzeichnen. Die ausgewählten Autoren Heinrich von Kleist, Adalbert Stifter und Egdar Allan Poe reagieren dabei in unterschiedlicher Weise auf die Krisen erkenntnistheoretischer Prämissen. Die in ihren Texten thematisierten Grenzwahrnehmungen bringen zuweilen sich überkreuzende Grenzen ins Spiel: die Grenze zwischen Leben und Tod, zwischen den Kulturen und die zwischen den Geschlechtern, zwischen Natur und Kultur, Normalität und Wahnsinn. Gemeinsam ist allen drei Autoren, dass die Ästhetik des Erhabenen immer wieder zur Referenz für die eigene Ortsbestimmung wird, doch können die in den Texten vollzogenen Grenzgänge nicht mehr in einem Rekurs auf vernunftmäßige ästhetische Paradigmen eingeholt werden. So treiben die Texte Heinrich von Kleists aufklärerische und romantische Codierungen von Grenzwahrnehmungen in die Krise. Die in den Texten aufgerufenen Ordnungssysteme werden von ihrem inneren Außen heimgesucht, welches das verwendete Diskursmaterial zerklüftet, indem es der Einordnung in die Logik der jeweiligen Ordnung widersteht. Gerade hierin aber liegt eben nicht nur Kleists als Krise durchlebte Erkenntnis, dass es keine sichere Wahrheit geben kann, begründet. Kleists Texte öffnen sich vielmehr zugleich auf ein Uneingelöstes hin, das als Noch-nicht-Benennbares, Zükünftiges wiederkehrt. Adalbert Stifters häufig als biedermeierlich anmutende idyllische Szenerien werden

---

18 So weist auch Sybille Krämer darauf hin, im Zuge eines Zusammendenkens von Performativität und Medialität Performativität nicht nur sprachzentriert zu denken, sondern das Moment des Zeigens und Wahrnehmens als performativen Akt zu begreifen. Vgl. Sybille Krämer (Hg.): Performativität und Medialität, München 2004, S. 13-30.

dagegen von undarstellbaren Abgründen des Chaos heimgesucht, die vor allem den Schrecken der Ordnungsauflösung thematisieren. Die hierbei auftretenden Wahrnehmungsstörungen und -abschweifungen lassen sich nicht ästhetisch befrieden, sondern werden zu einer Herausforderung an die literarische Darstellung. Im Moment der Überwältigung des literarischen Subjekts zeigt sich, dass die Ordnung strukturierter Wahrnehmung sich einer ritualisierten Wiederholung von Wahrnehmungsmustern verdankt, die angesichts des einbrechenden Chaos erneut etabliert werden müssen. Auf der literarischen Ebene dient die Zitation tradierter Sinnbezüge einer nachträglichen sinnhaften Besetzung des Außerordentlichen, die allerdings nur unvollständig gelingt. Edgar Allan Poe schließlich transformiert das Erhabene als Undarstellbarkeit der Ideen der Vernunft im Sinne Kants ebenso wie den Schrecken der *gothic novel* und der schwarzen Romantik. Obwohl seine Arabesken sowohl die Ästhetik des Erhabenen als auch das Inventar der *gothic novel* aufrufen, werden beide Bezugssysteme in der ironischen Verwendung durchquert. Poe bedient sich dabei eines Szenarios der Uneindeutigkeit, in dem nicht nur die Grenze zwischen Leben und Tod, sondern auch ›Rassengrenzen‹ immer wieder nicht allein auf der Handlungsebene, vielmehr ebenfalls auf der Ebene der literarischen Bearbeitung überschritten werden. Und so wie Poe eine solche Überschreitung offensichtlich nur im Medium der Literatur möglich war, so werden auch die Grenzgänger in seinen Texten von spezifischen Aufmerksamkeits- und Wahrnehmungsstörungen gepeinigt, die sich nicht mehr integrieren lassen. Den Todes- und Untergangsszenarien Poes ist ein grenzüberschreitendes, transkulturelles Potential daher lediglich als zukünftiges Projekt mitgegeben. In Bezug auf die Infragestellung tradierter Erkenntnis- und Wahrnehmungsformen kann somit von allen drei Autoren gesagt werden, dass ihre literarischen Projekte keineswegs in bloßen Erkenntniskrisen stecken bleiben. Vielmehr stellen ihre Texte selbst ein Schreiben im Übergang dar, das sich zwischen ritualisierender Ordnungs(wieder)herstellung, literarischer Selbstbehauptung und transgressiver Neuverhandlung ästhetischer Codes bewegt. Diesen Textbewegungen soll im Folgenden im Sinne eines *close reading* nachgegangen werden. Grenzwahrnehmungen und Grenzüberschreitungen werden dabei nicht einfach als Motiv in den Blick genommen, sondern als ästhetisches Problem fokussiert, das die Darstellungsstrategien der Texte ebenso wie ihre Deutung herausfordert. Insofern ist auch den Widersprüchlichkeiten und Mehrdeutigkeiten des Textmaterials in der Analyse Raum zu geben. Denn literarische Texte nehmen nicht nur an der Deutung von Wahrnehmungen und Grenzwahrnehmungen teil, sie sind auch selbst Grenzorte, die sich für Paradoxien und Überkreuzungen öffnen, an denen Verschiebungen des vorhandenen Diskurs- und Zeichenmaterials stattfinden, Grenzlinien befragt werden können und bislang Unbemerktes wahrnehmbar wird. Die vorliegende Studie versteht sich als Versuch, eine solche Performativität der Wahrnehmung innerhalb der literarischen Texten zu analysieren.

DAS FREMDE AUF DER SCHWELLE.
DIE HEIMGESUCHTEN ORDNUNGEN
HEINRICH VON KLEISTS

Grenzgänge zwischen Schwarz und Weiß:
Die Verlobung in St. Domingo

Das Privileg der visuellen Wahrnehmung verdankt sich einem Sehen, welches auf Evidenz ausgerichtet ist. Sehen kann als Garant unmittelbarer Erkenntnis fungieren, sofern die Präsenz des Gesehenen unterstellt wird. Das Offensichtliche verdankt sich dabei einer Verdrängung symbolischer und medialer Vermittlungen, ohne die Objekte der Wahrnehmung nicht sind, aber auch einer Elidierung des Blicks, der das Subjekt zuallererst als Gesehenes konstituiert. Das Andere erscheint als Schauspiel für einen souveränen Betrachter, der sich selbst außerhalb des Sichtfeldes imaginiert. Im 19. Jahrhundert ist es vor allem die Fotografie, die als Medium der Evidenz im Kontext wissenschaftlicher und populärwissenschaftlicher Darstellungen fungiert. Ihre Entstehung verdankt sich dem Wunsch, die flüchtigen Bilder der Camera obscura zu fixieren, und so erscheinen die Erzeugnisse fotografischer Abbildungen als Dokumente einer Außenwelt, die sich scheinbar von selbst ablichtet.[1] Wahrnehmung und Reproduktion der Bilder werden vom menschlichen Auge unabhängig. Doch ist der Bildherstellung durch das Auge des Apparates von Be-

---

1 Vgl. Walter Benjamin: Das Kunstwerk im Zeitalter seiner technischen Reproduzierbarkeit. Drei Studien zur Kunstsoziologie, Frankfurt/M. 1977, S. 47. Wobei schon für die Bilder der Camera obscura zu bedenken ist, dass diese umgekehrt auf der Fläche erscheinen, mithin also keine direkte Übertragung durch den Apparat stattfindet. Das Kameraauge funktioniert zudem auch ohne Bezug auf das menschliche Auge. Gerade hierin liegt die Differenz zwischen Camera obscura und Fotografie. Möglicherweise ist die wichtigere Verschiebung jedoch darin zu sehen, dass nicht das Subjekt durch die Kameralinse sieht und fotografiert, sondern dass es fotografiert wird, also nicht als Sehendes, sondern als Gesehenes das Feld der Sichtbarkeit betritt.

ginn an ein Bezug zum Tod eingeschrieben. Gerade in der Porträtfotografie, die die lebendigen Züge der Porträtierten festhalten soll, erfordern die lang andauernden Aufnahmen eine Stillstellung des Körpers, die keinerlei Natürlichkeit besitzt, sondern das porträtierte Ich buchstäblich mortifiziert. Deutlicher noch zeigt die ethnografische Fotografie die Inszeniertheit der Darstellungen, die vor allem in ihrer Funktion als transportables, exotistisches Schaubild begründet ist. Dennoch übernimmt die Fotografie – gerade im Kontext der ›Erforschung rassischer Merkmale‹ – die Rolle eines scheinbar objektiven Mediums. Ersetzt werden soll durch sie nicht nur die als unwissenschaftlich empfundene Subjektivität von Reisebeschreibungen und Zeichnungen, den Betrachtern wird auch ein handhabbares und vielseitig einsetzbares Surrogat für beschwerliche und kostspielige Reisen in ferne Länder zur Verfügung gestellt. Die ethnografische Fotografie zeigt das Fremde, ohne dass ein wechselseitiger Bezug hergestellt werden müsste, ohne dass der Blick des Anderen oder der Anblick kolonialen Elends den Betrachter treffen könnte.[2] Zugleich ruft die Möglichkeit der Fotografie, Details zu fixieren bzw. erst anhand der Fotografie zu entdecken, eine mikrologische Sichtbarkeitspolitik auf den Plan, die ›rassische‹ Merkmale bis ins Kleinste visualisierbar macht.[3] In ihren Klassifizierungsschemata orientiert sich die ethnografische Fotografie weitgehend an den Rassentheorien des 18. Jahrhunderts. Sie verknüpft die Abbildungen mit einer räumlichen Anordnung, welche die Substantialität der ›Rassentypen‹ als Naturgeschichte im Sinne einer Grenzziehung zwischen dem Eigenen und dem Fremden nicht nur beschreiben, sondern dokumentieren soll.

Doch diese Grenze ist keineswegs stabil, sie bedarf einer permanenten normalisierenden Wiederholung. Gerade im Kontext der Postcolonial Studies sind daher Sichtbarkeit, Identität und Subjektivität mit der Frage der subversiven Aneignung herrschender und beherrschender Bilder verknüpft worden. Versuchen identitätspolitische Praktiken, ein anderes, positiv besetztes Imaginäres zu etablieren, so hat sich im Zuge des *linguistic turn* eine zeichentheoretisch fundierte Praxis der Aneignung und Subversion entwickelt, die sich fixierenden Identitätsentwürfen widersetzt. Hierbei hat auch der Begriff der Mimikry eine Umcodierung erfahren. Wird im Zuge kolonialer Unterwerfungen die Mimesis als menschliches

---

2 Zur ethnografischen Fotografie vgl. Thomas Theye: Der geraubte Schatten. Photographie als ethnographisches Dokument, München/Luzern 1990, S. 67ff.

3 Vgl. hierzu: Michael Hagner: »Mikro-Anthropologie und Fotografie. Gustav Fritschs Haarspaltereien und die Klassifizierung der Rassen«, in: Peter Geimer (Hg.): Ordnungen der Sichtbarkeit. Fotografie in Wissenschaft, Technologie und Kunst, Frankfurt/ M. 2002, S. 252-285.

Vermögen von der tierischen ›Nachäffung‹, der Mimikry, unterschieden, die stets dem ethnisch Anderen als Beleg seiner kulturellen Unterlegenheit zugeschrieben wird, so hat sich im Kontext des Postkolonialismus die Mimikry zu einer Strategie des Dazwischen, der Verwischung und Subversion von Grenzen entwickelt.[4] Kaja Silverman beschreibt in diesem Sinne, im Rückgriff auf Lacans Theorie der Vorgängigkeit des Blicks des Anderen und der Maskerade des Imaginären, die Mimikry als doppelte Strategie: Zum einen wird dem kolonisierenden Blick etwas zu sehen gegeben, um das unterworfene Subjekt zu schützen, das heißt, die Mimikry produziert ein täuschendes Bild, welches die visuelle Enteignung abwenden soll.[5] Voraussetzung einer solchen Praxis ist die Annahme, dass es keine zwangsläufige Identifizierung mit diskriminierenden Bildern gibt, mithin ein Bruch zwischen gesellschaftlich herrschenden Bildern und einem subjektiven Imaginären denkbar ist. Für eine solche Praxis der Des- bzw. Nichtidentifizierung plädiert neben Silverman auch Kalpana Seshadri-Crooks in ihrer Analyse von *whiteness*.[6] Dieser Bruch innerhalb der Identifizierungen eröffnet auch die Möglichkeit eine Verschiebung und Umcodierung herrschender Bilder. Denn wenn das Subjekt immer als ein anderes gesehen wird und somit das, was zu sehen ist, zugleich verstellt, dann kann diese Differenz produktiv genutzt werden.

Die Frage der Verschiebung in der Wiederholung stellt sich allerdings nicht nur im Kontext einer politischen Praxis, sondern sie richtet sich auch an den literarischen Text und die Art seiner Wiederholung kolonisierender Diskurse. Kleists Erzählung *Die Verlobung in St. Domingo*,[7] erschienen 1811, ist innerhalb der Kleistforschung bereits früh auf ihre Rassenvorurteile hin befragt worden.[8] Einerseits nimmt Kleists Erzählung Elemente zeitgenössischer ›Rassendiskurse‹ auf, wie sie beispielsweise Immanuel Kant in seiner Abhandlung *Von den verschiedenen*

---

4   Vgl. hierzu ausführlich Claudia Breger: »Mimikry als Grenzverwirrung«, in: Claudia Benthien/Irmela Marei Krüger-Fürhoff (Hg.): Über Grenzen. Limitation und Transgression in Literatur und Ästhetik, Stuttgart 1999, S. 176-206, hier S. 178-189.

5   Kaja Silverman: The Threshold of the Visible World, New York/London 1996, S. 131ff.

6   Vgl. Kalpana Seshadri-Crooks: Desiring Whiteness. A Lacanian Analysis of Race, London 2000, S. 35.

7   Zitiert wird im Folgenden nach der Brandenburger Kleist-Ausgabe (BKA). Heinrich von Kleist: Die Verlobung in St. Domingo, in: Ders.: Sämtliche Werke, BKA. II/4,7, hg. v. Roland Reuß und Peter Staengle, Basel u. a. 1998.

8   Vgl. Peter Horn: Heinrich von Kleists Erzählungen. Eine Einführung, Königstein/Taunus 1978, S. 134-147.

Rassen der Menschen etabliert,[9] andererseits aber führt Kleist gerade die Verknüpfung von Sehen und Wissen, wie sie noch für Kants Argumentation kennzeichnend ist, in seiner literarischen Versuchsanordnung in die Krise. Sichtbarkeit fungiert innerhalb der Erzählung nicht länger als Garant der Wahrheit. Kleist spielt damit die von Kant selbst thematisierte Verunsicherung bezüglich einer Welt der Erscheinungen, die dieser noch in einer prinzipiellen Vernünftigkeit des Weltganzen aufhebt, auf der Ebene einer Begegnung mit dem Fremden durch. Und hierbei entgehen Kleist die Widersprüchlichkeiten des großen Aufklärers in Bezug auf die Rassentheorie keineswegs. Und so radikalisiert Kleist nicht nur die Aufklärung, sondern auch die Begrenztheit der menschlichen Erkenntnisfähigkeit, indem er die Fallstricke des Imaginären und den Versuch, Wissen über den Anderen auf der Grundlagen des Sehens zu erlangen, als performative und zugleich misslingende Akte in Szene setzt. Was Kleist als philosophische Krise ereilt, wird in der literarischen Bearbeitung somit zum strukturierenden Prinzip der Erzählung.[10]

---

9 Vgl. Immanuel Kant: Von den verschiedenen Rassen der Menschen, in: Kants gesammelte Schriften, hg. v. der Königlich Preußischen Akademie der Wissenschaften, Bd. II.: Vorkritische Schriften II. 1757-1777, Berlin 1912, S. 429-443.

10 In seinem viel zitierten Brief vom März 1801 schreibt Kleist, dass die Philosophie Kants ihn überzeugt habe, dass »hienieden keine Wahrheit zu finden sei«. Vgl. Heinrich von Kleist: Sämtliche Werke und Briefe, 2 Bde., hg. v. Helmut Sembner, München 1984, Bd. 2, S. 630-636, hier S. 634. Die Konsequenzen dieser Einsicht für Kleists Literatur sind in der Forschung breit diskutiert und unterschiedlich bewertet worden, zumal unklar bleibt, aus welchem Werk oder aus welcher Quelle Kleist sein Wissen über Kant bezogen hat. Ebenso umstritten ist folglich die Wirkung des Einflusses auf Kleist. So sieht Bernhard Greiner dessen Kant-Krise als gleichzeitige Wende zur Kunst. Vgl. Bernhard Greiner: Kleists Dramen und Erzählungen, Tübingen/Basel 2000, S. 1-15 sowie ders.: »›Die neueste Philosophie in dieses …Land verpflanzen‹. Kleists literarische Experimente mit Kant«, in: Kleist-Jahrbuch 1998, Stuttgart 1998, S. 176-208. Walter Hinderer untersucht dagegen Korrespondenzen zwischen Kants Begriff der negativen Grössen und Kleists Ästhetik der Negation. Vgl. Walter Hinderer: »Immanuel Kants Begriff der negativen Größen, Adam Müllers Lehre vom Gegensatz und Heinrich von Kleists Ästhetik der Negation«, in: Christine Lubkoll/Günter Oesterle (Hg.): Gewagte Experimente und kühne Konstellationen. Kleists Werk zwischen Klassizismus und Romantik, Würzburg 2001, S. 35-62. Zum Verhältnis Kleists zur Aufklärung vgl. auch Tim Mehigan: »Kleist, Kant und die Aufklärung«, in: Ders. (Hg.): Heinrich von Kleist und die Aufklärung, Rochester N.Y. 2000, S. 3-21. Zur Modernität Kleists siehe auch Hans-Jochen Marquardt: »Heinrich von

In *Die Verlobung in St. Domingo* ist es vor allem die Grenzgängerin Toni Bertrand, deren uneindeutige Position zwischen ›Schwarz‹ und ›Weiß‹ sowohl die koloniale europäische Ordnung als auch die revolutionäre Gegenordnung der aufständischen Haitianer herausfordert. Im Mittelpunkt der Erzählung steht dabei die tödlich ausgehende Liebesgeschichte zwischen Toni und dem Schweizer Gustav von der Ried. Im Krieg der Oppositionen[11] entsteht eine Situation, in der nicht eine Ordnung, sondern widersprüchliche Ordnungsgefüge und Sinnzusammenhänge aufgerufen werden, die keine dauerhafte Orientierung mehr ermöglichen. Dies gilt nicht nur für die Protagonisten der Erzählung, sondern auch für den Leser, der sich mit diversen Uneindeutigkeiten und historischen Unstimmigkeiten konfrontiert sieht.[12] Auch die Figurenzeichnung verweigert sich einer eindeutigen Unterscheidung von Gut und Böse, Opfer und Täter, Recht und Unrecht. Die revolutionäre Situation fordert nicht nur die jeweils unterschiedlichen familialen und juridischen Ordnungen heraus,[13] sondern stellt auch die Wahrnehmung der je-

---

Kleist – die Geburt der Moderne aus dem Geiste ›neuer Aufklärung‹«, in: Tim Mehigan (Hg.): Heinrich von Kleist und die Aufklärung, S. 22-45. Uffe Hansen macht dagegen nicht ein Werk Kants, sondern Charles de Villers' Einführung in Kants Philosophie als die eigentliche Quelle der Kant-Krise aus. Vgl. Uffe Hansen: »Grenzen der Erkenntnis und unmittelbaren Schau. Heinrich von Kleists Kant-Krise und Charles de Villers«, in: Deutsche Vierteljahrsschrift für Literaturwissenschaft und Geistesgeschichte, 79. Jg., 2005, Heft 3, S.433-471, hier S. 435ff.

11 Vgl. Marianne Schuller: »Verpassen des Geschlechts. Kleists ›Die Verlobung in St. Domingo‹. Lektüre und literaturwissenschaftliche Reflexion«, in: Bettina Gruber/Gerhard Plumpe (Hg.): Romantik und Ästhetizismus. Festschrift für Paul Gerhard Klussmann, Würzburg 1999, S. 289-296, hier S. 289.

12 So sind die unterschiedlichen historischen Daten in der Forschung nicht nur mit der haitianischen Revolution, sondern ebenso mit der Französischen Revolution, aber auch mit der Herrschaft Napoleons über Preußen in Verbindung gebracht worden. Vgl. hierzu u. a. Christine Lubkoll: »Soziale Experimente und ästhetische Ordnung. Kleists Literaturkonzept im Spannungsfeld von Klassizismus und Romantik«, in: Christine Lubkoll/ Günter Oesterle (Hg.): Gewagte Experimente und kühne Konstellationen, S. 119-135, hier S. 121-124. Vgl. außerdem Herbert Uerlings: »Preußen in Haiti? Zur interkulturellen Begegnung in Kleists ›Verlobung in St. Domingo‹«, in: Kleist-Jahrbuch 1991, Stuttgart 1991, S. 185-201.

13 Zu diesen Ordnungen vgl. Sigrid Weigel: »Der Körper am Kreuzpunkt von Liebesgeschichte und Rassendiskurs in Heinrich von Kleists Erzählung ›Die Verlobung in St. Domingo‹«, in: Kleist-Jahrbuch 1988, Berlin 1988, S. 202-217, hier S. 213-215.

weils als fremd definierten Anderen in Frage. Der ›Rassendiskurs‹ des 18. Jahrhunderts, der die Evidenz ethnischer Differenzen hervorbringt, ist dabei zum einen durch die ›weiße‹ Erzählerstimme im Text präsent,[14] zum anderen sind es in je unterschiedlicher Weise Gustav von der Ried sowie Babekan und Congo Huango, die sich entlang visueller Merkmale, Schwarz oder Weiß, Freund oder Feind, zu orientieren suchen. Kleist greift dabei innerhalb der Figuren- und Erzählerrede Elemente der Erhabenheitsästhetik auf, unterläuft jedoch gleichzeitig zeittypische Zuordnungen. So verweist die Namensgebung Congo Huangos, des »fürchterlichen, alten Negers«, auf das Bild des erhabenen Flusses, der hier zur Metapher für die Revolution wird, die alles Bestehende mit sich fortreißt. Fürchterlich ist Congo Huango im Kontext der Erhabenheitsästhetik Edmund Burkes jedoch auch, weil er das Schwarze, die Finsternis repräsentiert, die die Wahrnehmung des Subjekts überwältigt.[15] Im Gegensatz hierzu befinden sich die Weißen auf der lichten Seite und auch ihre Namen verweisen auf ein kleines Gewässer, einen zivilisierten Strom, der zum Strömli wird. Doch die Namenszuweisung, welche die Naturgewalt mit dem Schwarzen, die Zivilisation dagegen mit dem Weißen assoziiert, wird bereits dadurch unterlaufen, dass das Strömli üblicherweise einen Zu- oder Nebenfluss zum größeren Gewässer bildet und damit auf die Verbindung von kolonialer Unterdrückung und revolutionärer Gewalt verweist, wie sie unter anderem Babekan in ihrer Rede thematisiert. Die Gewalt der Revolution wird somit gerade nicht als Naturereignis enthistorisiert, sondern als Folge einer im Namen von Zivilisation und Aufklärung verübten gewaltsamen Unterdrückung lesbar. Zugleich ist die Bezeichnung »fürchterlich« im Sprachgebrauch der Zeit nicht eindeutig, denn sie bezeichnet das Fürchterliche, Schreckenerregende ebenso wie die Furcht.[16] Congo Huango ist damit nicht nur das gewaltige Naturwesen, sondern erscheint selbst als bedrohtes Subjekt. Eine Vertauschung der Positionen nimmt Kleist aber auch in Bezug auf Kants Erhabenheitsdiskurs vor, wenn er die den Afrikanern zugeschriebene Position der Fe-

---

14 Vgl. hierzu Susanne Zantop:»Verlobung, Hochzeit und Scheidung in San Domingo: Die Haitianische Revolution in zeitgenössischer deutscher Literatur (1792-1817)«, in: Sigrid Bauschinger/Susan L. Cocalis (Hg.): Neue Welt/Dritte Welt. Interkulturelle Beziehungen Deutschlands zu Lateinamerika und der Karibik, Tübingen 1994, S. 29-52. Zur weißen Erzählerstimme vgl. Anselm Haverkamp: »Schwarz/Weiß. ›Othello‹ und ›Die Verlobung in St. Domingo‹«, in: Weimarer Beiträge 1 (1995), S. 397-409.

15 Vgl. Edmund Burke: Philosophische Untersuchung über den Ursprung unserer Ideen vom Erhabenen und Schönen, hg. und eingeleitet v. Werner Strube, Hamburg 1989, hier S. 118.

16 Vgl. Marianne Schuller: »Verpassen des Geschlechts«, S. 290.

tischanbetung, die diese von einem Zugang zum Erhabenen ausschließt, in der Erzählung mit dem Begehren nach einer Präsenz von Weißsein in Verbindung bringt. Denn wie zu zeigen sein wird, ist es Gustav von der Ried, der im Verlauf seiner Begegnung mit Toni eine Position einnimmt, die als fetischistisch bezeichnet werden kann. Die Uneindeutigkeiten und Inkongruenzen des Textes lassen dabei die Ordnungen des Sichtbaren fragwürdig werden und lenken den Blick darauf, wie Kleist die Wahrnehmung des Fremden und die Frage der Grenze zwischen ›Schwarz‹ und ›Weiß‹ in Szene setzt.

Sehen und Wissen

Bereits die erste Begegnung zwischen Babekan, der Mutter Tonis, Toni Bertrand und Gustav/August von der Ried verhandelt die Frage des Begehrens als eine Frage von Sehen und Wissen. Denn Gustav, der hier an der Hintertür als ›der Fremde‹ erscheint, beantwortet die von Babekan gestellte Frage: »wer da sei?«,[17] indem er die »Hand der Alten zu ergreifen«[18] sucht, um die Frage nach seiner Identität als eine Frage von ›race‹ in Bezug auf den Anderen zu wiederholen: »seid ihr eine Negerinn?«.[19] Das Wissen um die Hautfarbe also ist es, das auf dem Feld des Sehens das Begehren nach Wissen um die Identität des Anderen strukturiert. Babekan aber kommentiert die Frage Gustavs mit dem Satz »nun, ihr seid gewiss ein Weißer, daß ihr dieser stockfinstern Nacht lieber ins Antlitz schaut, als einer Negerinn!«. Beklagt wird hier nicht oder nicht nur eine Welt der Vorurteile, sondern Babekans Rede markiert, was Gustavs Position als ›Weißen‹ im Innersten zusammenhält, nämlich die Zitation eines ›Rassendiskurses‹,[20] wie ihn Kant in seiner Abhandlung *Von den verschiedenen Rassen der Menschen* etabliert.[21] Und während Kant behauptet, aus seinem Klassifizierungssystem alle ›auf den ersten Blick‹ kennt-

---

17 Heinrich von Kleist: Die Verlobung in St. Domingo, S. 11.

18 Ebd., S. 12.

19 Ebd.

20 Zum Verständnis des Rassismus als zitatförmiger Praxis vgl. Judith Butler: Haß spricht. Zur Politik des Performativen, Berlin 1998, S. 116f.

21 Vgl. Immanuel Kant: Von den verschiedenen Rassen der Menschen, S. 429-443. Kant unterscheidet vier ›Rassen‹ und etabliert zugleich ein hierarchisches System, an dessen Spitze die weiße ›Rasse‹ steht. Die Entstehung der ›Rassen‹ mit ihren unterschiedlichen Hauttypen führt Kant auf klimatische Verhältnisse zurück. Zur Kontextualisierung Kants im anthropologischen Diskurs der Zeit vgl. Claudia Benthien: Im Leibe wohnen. Literarische Imagologie und historische Anthropologie der Haut, Berlin 1998, S. 169-177.

lichen Unterschiede im Zuge historisierender Ursprungsphantasmen erklären zu können,[22] ist es, wie die Erzählung vorführt, gerade der erste Blick, der niemals unschuldig beschreibend ist, sondern selbst innerhalb der Logik des Klassifizierens und Unterscheidens hervorgebracht wird. Die ›First-contact-Szene‹ verfehlt in Kleists Erzählung also den Anderen.

Dies geschieht aber nicht nur, weil Gustavs am europäischen anthropologischen Diskurs der Zeit orientiertes Wissen, mit dem er beispielsweise Babekans Hautfarbe zu identifizieren sucht, durch das ihm Fremde erschüttert wird,[23] sondern gerade weil dieses Fremde bereits als fremd gezeichnet ist durch ein System symbolischer Markierungen, Klassifizierungen und Verwerfungen, die Differenzen als essentiell bestimmbar festlegen. Damit ist ein Gewaltverhältnis auf der Ebene des Symbolischen angesprochen, welches in Kleists Erzählung vor allem Babekans Geschichte bezeugt. Denn während Gustav suggeriert, Tonis Vater, ein Marseiller Kaufmann, könne sie vielleicht in »glänzendere Verhältnisse«[24] führen, markiert Babekan die Grenzen des *passing*,[25] der Überschreitung der Trennlinie zwischen ›Schwarz‹ und ›Weiß‹:

»Herr Bertrand läugnete mir, während meiner Schwangerschaft zu Paris, aus Scham vor einer jungen reichen Braut, die er heirathen wollte, die Vaterschaft zu diesem Kinde vor Gericht ab. Ich werde den Eidschwur, den er die Frechheit hatte, mir ins Gesicht zu leisten, niemals vergessen, ein Gallenfieber war die Folge davon, und bald darauf noch sechzig Peitschenhiebe, die mir Hr. Villeneuve geben ließ, und in deren Folge ich noch bis auf diesen Tag an der Schwindsucht leide.«[26]

Babekans Rede ruft für einen Moment eine kurze »Verlegenheit«[27] Gustavs hervor und vollzieht damit eine Unterbrechung des weißen Diskur-

---

22 Vgl. Immanuel Kant: Von den verschiedenen Rassen der Menschen, S. 432.
23 Vgl. Gerhard Neumann: »Die Verlobung in St. Domingo. Zum Problem literarischer Mimesis im Werk Heinrich von Kleists«, in: Christine Lubkoll/Günter Oesterle (Hg.): Gewagte Experimente und kühne Konstellationen, Würzburg 2001, S. 93-117, S. 100. Zur Verunsicherung des Lesens der Körperzeichen vgl. auch Nicholas Saul: »Body, Language, and Body Language: Thresholds in Heinrich von Kleist«, in: Ders./Daniel Steuer/Frank Möbius/Birgit Illner: Schwellen. Germanistische Erkundungen einer Metapher, Würzburg 1999, S. 316-332, hier S. 319-324.
24 Heinrich von Kleist: Die Verlobung in St. Domingo, S. 28.
25 Zum Begriff des *passing* vgl. Judith Butler: Körper von Gewicht. Die diskursiven Grenzen des Geschlechts, Berlin 1995, S. 233ff.
26 Heinrich von Kleist: Die Verlobung in St. Domingo, S. 29.
27 Ebd.

ses, indem sie die Geschichte der Gewalt gegen ›schwarze‹ Frauen in diesen einzuschreiben versucht.[28] Entscheidend hierbei ist, dass Babekans Erzählung das Ineinandergreifen von körperlicher und symbolischer Gewalt thematisiert. Es ist nicht der einzelne Sklavenhalter, sondern das Gesetz selbst, vertreten durch die Gerichtsbarkeit, das im Urteilsspruch die Legitimität des Kindes und damit die symbolische Anerkennung verwirft. Zugleich verkehrt sich aber auch das zum Beispiel von Olympe de Gouges deklarierte Recht der Frau, den Namen des Vaters öffentlich zu benennen und so die gesetzliche Vaterschaft zu begründen, in ein Mittel rassistischer Gewalt und Entrechtung.[29] Die Gewalt ist also gerade nicht, wie Gustav gern glauben machen möchte, ein individuelles Phänomen, sondern sie ist dem Gesetz inhärent. Denn mit dem Urteil und der anschließenden Bestrafung wird Babekan – entgegen allen Postulaten von Gleichheit und Menschenrechten – als ›schwarze‹ Frau und Sklavin gekennzeichnet.

Fragen der Herkunft, der Vaterschaft und Hautfarbe sind mithin nicht von Prozessen der gewaltsamen symbolischen Markierung zu trennen. Und während Gustavs Position als ›Weißer‹ gerade in der Wiederholung eines naturalisierenden ›Rassendiskurses‹ hervorgebracht wird, markiert Babekans Rede auch eine strategische Aneignung des ›weißen‹ Diskurses. Zunächst, so scheint es, nimmt sie dabei selbst die im 18. Jahrhundert dominierende These vom Einfluss der Sonnenstrahlen auf die Haut auf, um über ihre eigene Hautfarbe und die ihrer Tochter Toni zu referieren.

»Was kann ich, deren Vater aus St. Jago, von der Insel Cuba war, für den Schimmer von Licht, der auf meinem Antlitz, *wenn es Tag wird*, erdämmert? Und was kann meine Tochter, die in Europa empfangen und geboren ist, dafür, daß der volle Tag jenes Welttheils von dem ihrigen *wieder*erscheint?«[30] [Herv. M.E.]

---

28 Die Geschichte Babekans analysiert Ruth Klüger: »Freiheit, die ich meine: Fremdherrschaft in Kleists ›Hermannschlacht‹ und ›Verlobung in St. Domingo‹«, in: Dies.: Katastrophen. Über deutsche Literatur, Göttingen 1994, S. 133-162, hier S. 144f. Haverkamp macht vor allem darauf aufmerksam, dass die Schicht der ›Mischlinge‹ auch aus der Vergewaltigung ›schwarzer‹ Frauen durch ihre ›weißen‹ Herren hervorging. Anselm Haverkamp: »Schwarz/Weiß«, S. 401.

29 Auf Olympe de Gouges »Erklärung der Rechte der Frau und Bürgerin« verweist Sigrid Weigel: »Der Körper am Kreuzpunkt«, S. 214.

30 Heinrich von Kleist: Die Verlobung in St. Domingo, S. 20.

Doch weit davon entfernt, hier Einigkeit »mit uns Europäern«,[31] wie Gustav meint, zu etablieren, eröffnet Babekans Rede die Möglichkeit der Desidentifikation und der strategischen Aneignung. Denn wo beispielsweise Kant behauptet, lediglich Naturgeschichte und die hiermit verbundene Unveränderlichkeit von ›Rassemerkmalen‹ zu beschreiben,[32] entlarvt die Rede Babekans diesen Diskurs als einen performativen Sprechakt. In ihrer Wiederholung wird zwar einerseits ebenfalls Herkunft und Vaterschaft als Begründung von ›Hellhäutigkeit‹ aufgerufen, zugleich aber ebendiese Helligkeit als Effekt des Tageslichts, das Beleuchten selbst also als ein Prozess beschrieben, der das Objekt der Sichtbarkeit erst hervorbringt.

Auf der Schwelle

Den Prozess des Sichtbarmachens wiederholt die Erzählung im Erscheinen Tonis an der Schwelle der Tür. Ausdrücklich wird vermerkt, dass Toni in Kleidern, Hut, weißer Wäsche und Strümpfen, in einem inszenierten Verführungsspiel der Zeichen von Weißsein und Weiblichkeit dem Fremden entgegentritt. Ihre Inszenierung lädt also ein, die in ihrem Namen markierte Uneindeutigkeit in Bezug auf das Geschlecht zu vereindeutigen.[33] Und wieder ist es das Licht, diesmal ausgestrahlt von einer Laterne, das für Klarheit sorgen soll. Babekan, heißt es in der Erzählung, zündete

»[...] die große Laterne an, die in dem Winkel des Zimmers stand, band dem Mädchen geschwind das Haar, nach der Landesart, über dem Kopf zusammen, bedeckte *sie*, nachdem sie ihr den Latz zugeschnürt hatte, mit einem Hut, gab ihr die Laterne in die Hand und befahl ihr, auf den Hof hinab zu gehen und den Fremden herein zu holen.«[34] [Herv. M.E.]

Inszeniert wird hier ein Maskenspiel, in dem es gerade nicht um die Maskierung eines ›realen‹ Dahinter, etwa im Zuge einer weißen Maskierung des ›realen schwarzen‹ Körpers geht, sondern die Inszenierung wird in der Aneignung von Zeichen als Hervorbringen eines Bildes lesbar, das

---

31 Ebd.

32 Für Kant sind beispielsweise gerade die so genannten ›Mischlinge‹ ›Beweis‹ für die Unveränderlichkeit der ›Rassen‹ und Grundlage für seine Einteilung der Menschen in vier ›Rassen‹.

33 Tonis Name unterhält einen Bezug zum Männlichen. Vgl. Marianne Schuller: »Verpassen des Geschlechts«, S. 292. Ebenso verweist Babekans Name auf eine männliche Figur in Wielands *Oberon*.

34 Heinrich von Kleist: Die Verlobung in St. Domingo, S. 13.

auf keinen vorgängigen Körper referiert. Im Laufe der Szene werden dann auch Zimmer weiß ausgekleidet, und über die ›Weißen‹ heißt es, dass sie »die weiße Farbe trugen«. Gustav wiederum legt Degen und Überrock, die Zeichen seines Offiziersrangs, ab.[35] Auf Gustavs Frage »seid ihr eine Negerinn?« antwortet Babekan also letztlich mit einer List, die den Prozess des Sichtbarmachens am ›Weißen‹ selbst wiederholt. Wobei Tonis Erscheinung zeigt und zugleich verstellt. Denn wenn gesagt wird, dass Babekan *sie* mit einem Hut *bedeckt*, wer oder was ist dann gemeint? Die Haare oder Tonis gesamte körperliche Erscheinung? Der grammatische Bezug zumindest verweist auf Toni, deren Erscheinung ein inszeniertes Bild ›weißer Weiblichkeit‹ zu sehen gibt, zugleich aber verdeckt das Bild, Tonis Körper bleibt unter der Bekleidung außerhalb der Szene. Tonis Hybridität besteht demnach nicht in ihrem Status als ›Mestize‹,[36] sondern darin, dass sie im Zwischenraum von Innen und Außen, von Schwarz und Weiß ›Weißsein‹ als Vollzug der Inszenierung eines Bildes, als performativen Akt lesbar macht. Tonis Hybridität verbindet sich also mit einer Strategie der Mimikry[37] an das im weißen Kontext begehrte Objekt weißer Weiblichkeit und führt zugleich einen Überschuss ein, der das koloniale Aneignungsverhältnis unterminiert. Denn innerhalb der Szene sind die Positionen von Betrachter und Objekt keineswegs eindeutig, da Gustav entgeht, dass Babekan die Szene vom Fenster aus beobachtet. Nicht nur wird Gustav, indem Toni wie ein Bild im Rahmen der Tür erscheint, das fetischisierte Ideal seines ›weißen‹ Diskurses zu sehen gegeben, er selbst wird in ebendiesem Moment der Beleuchtung und der narzisstischen Spiegelung im weiblichen Anderen als sichtbares Objekt hervorgebracht. Bei »dem Schein des Lichts« bemerkt Babekan, »daß er ein Offizier war«.[38]

---

35 Ebd., S. 11.

36 Eine Bezeichnung, die in der Forschung ohnehin bereits als falsche Verwendung gekennzeichnet wurde.

37 Zum Verhältnis von Mimikry und Kolonialismus vgl. auch Homi K. Bhabha: Die Verortung der Kultur, Tübingen 2000, S. 125ff. Bhabha argumentiert, dass Mimikry Identitätseffekte als gespalten ausstellt. Die Mimikry artikuliert innerhalb des kolonialen Diskurses die Präsenz in Gestalt ihrer Andersheit, in Form dessen, was sie verleugnet. Die Aneignung des Weißen, das hier einerseits das Begehren Gustavs spiegelt, enteignet ihn zugleich seiner Präsenz. Zu den hybriden Figuren in Kleists Erzählung vgl. auch Gudrun Loster-Schneider: »Von Amphibien und Zwittern, Mannweibern und Mauleseln: nationalkulturelle und sexuelle Hybridität in Heinrich von Kleist ›Die Verlobung in St. Domingo‹«, in: Dies. (Hg.): Geschlecht – Literatur – Geschichte, Bd. 2, St. Ingbert 2003, S. 53-77.

38 Heinrich von Kleist: Die Verlobung in St. Domingo, S. 16.

In einer späteren Kommentierung der Szene schließlich wird die erste Wahrnehmungsszene noch einmal thematisiert. Toni nämlich berichtet, Gustavs Einbildung sei »ganz von Mohren und Negern erfüllt; und wenn ihm eine Dame von Paris oder Marseille die Thüre geöffnet hätte, er würde sie für eine Negerin gehalten haben«.[39] Tonis im Konjunktiv gehaltene Rede thematisiert nicht einfach die Differenz zwischen Einbildung und sinnlich Wahrnehmbarem, sondern hält den Akt des Sehens, der Tonis Identität bestimmen soll, selbst in der Schwebe. Wen Gustav an der geöffneten Tür gesehen haben könnte, bleibt auch nach Tonis Rede unentscheidbar. Vielmehr wird das Sehen selbst als ein Akt beschrieben, der die Identität derjenigen, die die Türe öffnet, nachträglich entscheidet, und zwar im Kontext dessen, was die Einbildung erfüllt. Die vermittelnde Funktion zwischen Sinnlichkeit und Verstand, die Kant der Einbildungskraft zuschreibt, enthüllt sich in Tonis Rede somit als Medium der Täuschung. In Frage steht nunmehr, wie Sichtbarkeit Garant der Wahrheit sein kann, wenn das Sehen selbst von der Einbildung durchkreuzt ist. Sehen, so impliziert Tonis Rede, ist nicht ein Problem von Verstellung und ›Realem‹, inszenierter und ›echter‹ weißer Weiblichkeit, sondern ein Problem des ›weißen‹ Betrachters bzw. Lesers, der immer »Neger und Mohren« sieht.

Gustav wiederum, durch die Paradoxien seines eigenen Diskurses in Verlegenheit gebracht, antwortet, »daß der Hut, den sie aufgehabt, ihn verhindert hätte, ihr ins Gesicht zu schaun«.[40] Doch damit gesteht er bereits ein, dass es die Inszenierung Tonis war, die seinen Eintritt in das Haus veranlasste, und nicht, wie vom Erzähler suggeriert, ein durch das Licht der Laterne verstärktes ›Wissen‹ um ihre helle Hautfarbe. Zugleich wird die Krise des Sehens umgedeutet: Lediglich der Hut hat verhindert, Toni zu identifizieren, das Nicht-Sehen erscheint sekundär als Negation des Sehens und damit als potentiell aufhebbares Nicht-Sehen und Nicht-Wissen. »Hätte ich dir«, fährt dann auch Gustav fort, »ins Auge sehen können, so wie ich es jetzt kann: so hätte ich, auch wenn alles übrige an dir schwarz gewesen wäre, aus einem vergifteten Becher mit dir trinken wollen.«[41] Mit dem gemeinsamen Gifttrank als Liebes- und Treuebeweis bis in den Tod zitiert Gustav Shakespeares *Romeo und Julia*[42] und damit *die* Liebesgeschichte zwischen Angehörigen verfeindeter Familien. Doch während der Liebesschwur zwischen Romeo und Julia gerade an eine Liebesbegegnung geknüpft ist, die von der familialen Zugehörigkeit des

---

39 Ebd., S. 26.

40 Ebd., S. 26.

41 Ebd., S. 26/27.

42 Hierauf weist Gerhard Neumann hin. Vgl. Gerhard Neumann: »Die Verlobung in St. Domingo. Zum Problem literarischer Mimesis«, S. 102.

anderen nichts weiß und mithin eine Verbundenheit jenseits aller symbolischen Positionierungen imaginiert,[43] verschiebt der Modus des Irrealis, der Gustavs Schwur zudem an eine bereits vergangene Begegnung knüpft, die Möglichkeit eines Begehrens entgegen allen Gegensätzen schon zu Beginn der Erzählung in den Bereich des Unmöglichen. Denn im Aufrufen der Liebessemantik verwirft Gustav ›Schwarz‹ als Signifikanten des Begehrens: Der Blick ins Auge als Spiegel der Seele wäre ja nur dann Beweis der Liebe gewesen, sofern dieses nicht – wie alles andere – ›schwarz‹ wäre. Die Zitation des Shakespeareschen Dramas verführt dabei auch den Leser dazu, die Begegnung zwischen Toni und Gustav auf der Folie traditioneller Liebessemantik zu lesen. Doch dieses Lektüreraster erweist sich als brüchig. Der Schwur Gustavs verschiebt die Frage nach der Identität Tonis vielmehr vom äußeren zum inneren ›Weißsein‹, das Gustav im Folgenden zu ergründen sucht, um nicht zuletzt die Mobilität der Zeichen an einen inneren Kern, eine ›weiße‹ Identität zurückzubinden.

Weißes Begehren

Gerade weil der Blick ins Auge kein Wissen über den Anderen preisgibt, soll nun dessen Inneres erforscht werden. Gustav erzählt, um Toni zu prüfen, zwei Legenden, die ›Schwarz‹ und ›Weiß‹ als Repräsentationen des Weiblichen darstellen.[44]

Die erste Legende handelt von einer misshandelten Sklavin, die sich ihrem Herrn sexuell verweigert und sich für die darauf folgenden Misshandlungen rächt, indem sie ihn mit Gelbfieber infiziert. Einerseits assoziiert diese Geschichte die fremde Frau also mit dem Krankhaften und Ansteckenden, einer Sexualität, die für den weißen Mann zur Bedrohung wird. Doch zugleich impliziert die Figur der Infizierung ein Moment der Vermischung, der Berührung und Auflösung fester kultureller Identitäten. Das Eigene erscheint auch im übertragenen Sinne als infiziert, als durchkreuzt vom Anderen. Erst im Zuge der Etablierung fester Identitäten wird diese Beziehung zum Anderen als Zersetzung dämonisiert. Die

---

43 So ist in der zentralen Liebesszene stets vom Ablegen der Namen die Rede. Vgl. William Shakespeare: Romeo und Julia, Stuttgart 1988, S. 30f.

44 Zur Lesart der Erzählungen Gustavs als Legenden vgl. Sigrid Weigel: »Der Körper am Kreuzpunkt«, S. 210. Paul Michael Lützeler liest die Erzählungen dagegen als christliche Exempel, die der Missionierung Tonis dienen. Vgl. Paul Micheal Lützeler: »Verführung und Missionierung. Zu den Exempeln in *Die Verlobung in St. Domingo*«, in: Ders./David Pan (Hg.): Kleists Erzählungen und Dramen. Neue Studien, Würzburg 2001, S. 35-48, hier S. 35ff.

zweite Legende dagegen erzählt von Mariane Congrève, der Verlobten Gustavs, die an seiner Stelle vom Revolutionstribunal hingerichtet wird und als Urbild der Reinheit kultureller Identität fungiert. Dem Zerrbild infizierender, schwarzer Weiblichkeit steht somit die Wunschfantasie der reinen, sich opfernden schönen Seele gegenüber.[45] Und während Mariane als reale Frau sterben muss, um von Gustav als »Inbegriff aller Güte und Vortrefflichkeit«,[46] als ›weiße‹ Frau, erkannt zu werden, ist es gerade die Weigerung der Sklavin, weiterhin Opfer zu sein, die sie zum Zerrbild ›weißer‹ Weiblichkeit macht. Zwischen beiden Legenden ereignet sich die Prüfung Tonis, und zwar als Prüfung ihres Begehrens im Rahmen einer Szene, die durch christliche Symbole und Rituale – Kreuz und Fußwaschung – gekennzeichnet ist und mithin den Status einer Beichte annimmt. Der Prüfung, »ob das Mädchen ein Herz habe oder nicht«,[47] geht der Anblick Tonis voraus, der von Unbestimmtheiten durchzogen ist.

»Ihr Haar, in dunklen Locken schwellend, war ihr als sie niederknieete, auf ihre jungen Brüste herabgerollt; ein Zug von ausnehmender Anmuth spielte um ihre Lippen und über ihre langen, über die gesenkten Augen hervorragenden Augenwimper; er hätte *bis auf die Farbe, die ihm anstößig war*, schwören mögen, daß er nie etwas Schöneres gesehen. Dabei fiel ihm *eine entfernte Ähnlichkeit, er wußte noch selbst nicht recht mit wem*, auf, die er schon bei seinem Eintritt in das Haus bemerkt hatte, und die seine ganze Seele für sie in Anspruch nahm.«[48] [Herv. M.E.]

Wurde zunächst der Blick in die Augen als Prüfung der Seele angerufen, so ist es nun eine im Text nicht genannte, ›anstößige‹ Farbe, die das Bild weiblicher Anmut stört, also einen Anstoß gibt, der die Differenz Tonis zu jenem Bild aufscheinen lässt. Unbestimmt bleibt dabei, welchem Bild Toni ähnlich sein könnte, dem Abbild fehlt – noch – das Urbild. Im Zwischenraum des noch nicht Gewussten, nicht Gesetzten sind lediglich Ähnlichkeiten auszumachen, die keine eindeutigen Identitäten ›schwarz‹ oder ›weiß‹, Christin oder Heidin, Unschuld oder Verräterin, Herr oder Sklave etablieren. So erscheint Toni zwar einerseits im Ritual der Fußwaschung als dienende Sklavin und Büßerin, die die christliche Lehre vom ›weißen‹ Herrn empfängt, andererseits aber, im Kontext der christlichen Lehre selbst, ist sie zugleich in der Position des ›Herrn‹, nämlich

---

45 Zum Konzept der schönen Seele vgl. Inge Stephan: Inszenierte Weiblichkeit. Codierung der Geschlechter in der Literatur des 18. Jahrhunderts, Köln 2004, insbesondere S. 189-204.

46 Heinrich von Kleist: Die Verlobung in St. Domingo, S. 41.

47 Ebd., S. 36.

48 Ebd.

von Christus, der in der Fußwaschung die Gemeinschaft mit seinen Jüngern besiegelt.

Erst durch die Prüfung Tonis wird aus der »entfernten Ähnlichkeit« eine »wunderbare Ähnlichkeit« zwischen Toni »und einer Freundin«,[49] nämlich Mariane Congrève. Dem Erinnern des Urbilds geht die Frage nach Tonis Begehren voraus. Doch Toni beantwortet die Frage nicht, vielmehr ist es Gustav, der ihr »scherzend ins Ohr« flüstert, »ob es vielleicht ein Weißer seyn müsse, der ihr Gunst davon tragen solle«.[50] Die Beichte erweist sich folglich als Versuch, ein Begehren nach ›Weißsein‹ hervorzubringen.[51] Zugleich aber kann sie als Urszene der performativen Setzung eines Systems ›rassischer‹ Markierungen gelesen werden, in dem ›Weiß‹ als Signifikant des Begehrens herrscht.[52] Erst mit dieser Setzung wird in Gustavs Wahrnehmung die Ähnlichkeit zur Identität, die Toni nachträglich zum Abbild der toten Mariane macht. Wie Gustav nach der – im Text nicht erzählten – ›Liebesbegegnung‹ erklärt, war es zunächst eine »Mischung von Begierde und Angst«,[53] die gerade die Unbestimmtheit der Identität Tonis bezeugt, welche sein Begehren kennzeichnete. Eine Unbestimmtheit, die auch auf den Leseprozess überspringt. Denn insofern das Geschehen nicht, wie es in der Erzählung heißt, gemeldet zu werden braucht, »weil es jeder von selbst lies't«,[54] ist dem ›Lesen von selbst‹, das ein Lesen des Anderen ist, ein tödliches Moment eingeschrieben. Die Szene erzählt vom unheimlichen Moment der Historizität von Weißsein, dem Verlust des Mangels im Symbolischen, an dessen Stelle sich ›Weißsein‹ als Signifikant setzt.[55] Die Instabilität im Wissen über die eigene Identität und über die des Anderen – eine Instabilität, wie sie in der von Toni nicht beantworteten Frage, im Nicht-Wissen um ihr Begehren aufscheint – wird durch diese Setzung

---

49 Ebd., S. 40.

50 Ebd., S. 38.

51 Vgl. hierzu Christian Moser: Verfehlte Gefühle. Wissen – Begehren – Darstellen bei Kleist und Rousseau, Würzburg 1993, S. 18.

52 Seshadri-Crooks diskutiert in dieser Hinsicht *race* als historisierbares, symbolisches System. *Whiteness* ist ein Meistersignifikant, so Seshadri-Crooks, der ein rassistisches System körperlicher Markierungen etabliert. Vgl. Kalpana Seshadri-Crooks: Desiring Whiteness, S. 20.

53 Heinrich von Kleist: Die Verlobung in St. Domingo, S. 44.

54 Ebd., S. 43.

55 Seshadri-Crooks argumentiert, dass dieser Verlust des Mangels selbst Angst produziert. Gustavs ambivalente Reaktionen spiegeln genau dieses Wechselverhältnis von Begehren und angstauslösendem Verlust des Mangels wider. Zum Verhältnis von Angst und Weißsein als Verschluss des Mangels vgl. Kalpana Seshadri-Crooks: Desiring Whiteness, S. 38.

vereindeutigt. Dem Lesen von selbst aber, das sich auf die nicht erzählte Liebesbegegnung richtet und in Toni entweder die verführbare Unschuld, die Verräterin am eigenen Volk oder auch die vergewaltigte Angehörige eines kolonisierten Volkes sehen könnte, ist mit der Unterbrechung im Verb »lies't«, eine kaum wahrnehmbare Grenze eingeschrieben.[56] Dem Imperativ ›lies!‹, der auch an den Leser appelliert, folgt eine durch das Apostroph markierte Auslassung, eine Lücke, die nicht durch ein Lesen von selbst in das Eigene eingeholt werden kann. Der Moment der Begegnung bleibt jedem Deutungsversuch letztlich entzogen, denn Toni wird auch im Folgenden weder Gustavs Frage bestätigen noch die Begegnung nachträglich anders denn als ›Verlobung‹ bezeichnen, wobei unklar bleibt, worin das ›Verlöbnis‹ besteht.

Der Text erzählt aber auch von Gustavs Versuch, die Lücke im Wissen durch die Produktion eines toten Objekts, der mit dem Kreuz der toten Mariane behängten Toni, zu schließen, um *sein* Begehren als ein Begehren nach Weißsein nachträglich zu reterretorialisieren. Doch gerade der Versuch der Substitution Marianes durch ein lebendes Abbild zeigt, dass das innere ›Weißsein‹, das Gustav in Toni sucht, als Effekt einer regulierten wiederholenden Wahrnehmungspraxis entsteht. Das Urbild Mariane geht dem Abbild keineswegs voraus, vielmehr ist das Erinnern des Urbilds, welches performativ im Erzählen der Legende hervorgebracht wird, gleichursprünglich mit dem Wiedererkennen der »wunderbaren Ähnlichkeit« Tonis mit Mariane, das heißt mit der Produktion des Abbilds. Indem Toni den Verlust Marianes ersetzen soll, wird der Mangel, der Gustavs eigene weiße Identität durchzieht, zu einem Verlust, der in der Ersetzung eine vermeintlich originäre Vollständigkeit und Reinheit wiederherstellt. Erst in der versuchten Aneignung dieses Bildes, die Toni zum Spiegel weißer Männlichkeit macht, wird das Unreine, Infektiöse, Nicht-Identische, das die Identität Gustavs durchkreuzt, zum Verschwinden gebracht.

Doch bereits die zweite nächtliche Begegnung zwischen Gustav und Toni ist wiederum von Uneindeutigkeiten und Ambivalenzen gekennzeichnet. War es in der ersten Szene Toni, deren Begehren befragt wurde, so ist es nun Gustav, dem sein Begehren im Schlaf abgelauscht wird.

»[Toni ergriff], indem sie aufstand, den *Hauptschlüssel*, der alle Gemächer des Hauses *schloß*, und schritt damit langsam, ohne Licht, über den schmalen Gang, der das Gebäude durch*schnitt*, dem Schlafgemach des Fremden zu. Sie öffnete das Zimmer leise und trat vor sein Bett, wo er in tiefen Schlaf versenkt ruhte. Der Mond beschien sein blühendes Antlitz, und der Nachtwind, der durch die geöffneten Fenster eindrang, spielte mit dem Haar auf seiner Stirn.

---

56 Vgl. Marianne Schuller: »Verpassen des Geschlechts«, S. 290.

Sie neigte sich sanft über ihn und rief ihn, seinen süßen Athem einsaugend, beim Namen; aber ein tiefer Traum, von dem sie der Gegenstand zu seyn schien, beschäftigte ihn: wenigstens hörte sie, zu wiederholten Malen, von seinen glühenden, zitternden Lippen das geflüsterte Wort: Toni!«[57] [Herv. M.E.]

Die Szene zitiert das Märchen von *Amor und Psyche*, eine Liebes- und Prüfungsgeschichte, deren zentrales Motiv das Verbot des Sehens und seine Überschreitung ist. Denn Psyche, die niemals nach dem Gesicht ihres Gatten forschen soll, versucht eines Nachts, mit Licht und Messer bewaffnet, dem Geheimnis ihres nächtlichen Besuchers auf die Spur zu kommen.[58] Doch während Apuleius' Märchen das Begehren im Spiel von Grenzziehung und Grenzüberschreitung an das Sehen knüpft,[59] heißt es von Toni, dass sie im Besitz des »Hauptschlüssels«, aber »ohne Licht« zu dem Fremden ins Zimmer tritt. Buchstäblich wird hier also eine Schlüsselszene inszeniert, die das Verhältnis von Sehen und Wissen erneut befragt. Denn während einerseits der Schlüssel die symbolische Macht, den Zugang zur Erkenntnis, markiert,[60] durchquert Toni andererseits ohne das Licht der Erkenntnis jenen Gang zwischen den Gemächern des Hauses zum Zimmer des Fremden. Insofern der Gang das Gebäude durchschneidet, also teilt, stellt Tonis Bewegung einen Übergang dar zwischen Wissen und Nicht-Wissen, Familialem und Fremden, männlicher und weiblicher Position.[61] Während sich Gustav in der Erzählung immer wieder am Fenster, durch eine gerahmte, umgrenzte Sicht, zu orientieren sucht, stellt die nächtliche Dunkelheit stets einen Zustand her, in dem die Grenzen verwischen. So klopft Gustav des Nachts an das Haus Congo Huangos, und auch die körperlichen Annäherungen zwischen Toni und Gustav finden stets im Dunkeln statt.

---

57 Heinrich von Kleist: Die Verlobung in St. Domingo, S. 63f.

58 Vgl. Apuleius: Der goldene Esel, Frankfurt/M. 1975, S. 132f. Auf diesen Text verweist Gerhard Neumann. Vgl. Gerhard Neumann: »Die Verlobung in St. Domingo. Zum Problem literarischer Mimesis im Werk Heinrich von Kleists«, S. 109.

59 Letztlich verhandelt *Amor und Psyche* die Positionen von Weiblichkeit und Männlichkeit. Psyche wird mit ihrer nächtlichen Entdeckung alle Ambitionen auf die Position des Phallus-Habens aufgeben und stattdessen Amors Pfeile bewundern.

60 Vgl. hierzu Marianne Schuller: »Ur-Sprung. Kleists Erzählung *Der Findling*«, in: Dies.: Moderne. Verluste. Literarischer Prozeß und Wissen, Frankfurt/M. 1997, S. 9-60, hier S. 27.

61 Toni ist als nächtliche Besucherin in der Position Amors, als Betrachtende aber zugleich in der Position Psyches.

Nicht das Licht der Sonne, sondern das Mondlicht begleitet daher auch Tonis Eintritt in Gustavs Zimmer. Bei geöffnetem Fenster, am Übergang von innen und außen also, ruht Gustav, in tiefen Schlaf versenkt. Dem Motiv des geöffneten Fensters kommt hierbei eine ambivalente Bedeutung zu. Die Öffnung impliziert die Möglichkeit der Überschreitung des gesetzten Rahmens, die Vision eines Übergangs, der allerdings an den Zustand des Traums gebunden bleibt. Die Entgrenzung erhält damit die Attribute des Unbewussten, aber auch des Flüchtigen und damit letztlich Unerreichbaren. Die Positionierung des schlafenden Gustavs am Fenster lässt zudem noch einmal an Shakespeares Drama denken, ein Bezug zur weiblichen Hauptfigur Julia stellt sich ein, die Gustavs Schlaf nicht nur in die Nähe des Weiblichen, sondern ebenfalls in die des Todes rückt. Nicht der Anblick des Geliebten, wie in Apuleius' Märchen, sondern die Anrufung des Namens und die im Traum geflüsterte Antwort kennzeichnen dabei zunächst die Szene. Aber birgt nun der Traum ein Wissen über Gustavs Begehren? So wenig der Text verrät, welchen Namen Toni gerufen hat, so wenig lässt sich Gustavs beim Mondlicht geflüsterte Antwort als Garant eines ›innersten Gefühls‹ lesen. Darauf macht schon Shakespeares Julia aufmerksam: »O schwöre nicht beim Mond, dem wandelbaren / Der immerfort in seiner Scheibe wechselt / Damit nicht wandelbar dein Lieben sei!«[62]

Auch Tonis Begehren geht nicht, so wird sich im Folgenden zeigen, in der identischen Wiederholung des Schicksals von Mariane auf. Toni ist kein Abbild der sich opfernden ›weißen‹ Frau.[63] Selbst dort, wo sie sich gegenüber Babekan als ›Weiße‹ bezeichnet, um den Tötungsabsichten ihrer Mutter das Gastrecht entgegenzusetzen, vollzieht die Bezeichnung als ›Weiße‹ in der Abgrenzung zugleich eine Herausforderung an jede feste Bestimmung dessen, was ›Weißsein‹ bedeutet. Oder anders gesagt: Ihr performativer Anspruch, ›weiß‹ zu sein, rückt gerade die Kontingenz der Bezeichnung in den Vordergrund. Im Folgenden wird die Erzählung dann auch das Bild der sich aufopfernden weißen Frau nicht einlösen. Denn gerade weil die ostentativ als »schöne Seele« bezeichnete

---

62 William Shakespeare: Romeo und Julia, S. 32.

63 Erst als Toni annehmen muss, die Liebe Gustavs zu verlieren, will sie sterben. Zunächst einmal träumt sie davon, mit ihm nach Europa zu gehen. Toni ist damit weder die opfer- und todesbereite Geliebte, noch ist ihr Tod ein unausweichlicher ›Unfall‹ oder ein bloßes Missverständnis, denn als Gustav Toni erschießt, droht ihm von dieser keinerlei Gefahr mehr. Tonis Tod ist die Folge eines Urteils, das Gustav, ohne dies weiter überprüfen zu müssen, bereits gefällt hat.

Toni in einer vollkommenen Umkehrung der Konstellationen[64] selbst zur Handelnden wird und hierbei die Züge einer Amazone annimmt,[65] wird Gustav Tonis Rettungsversuch fehldeuten. Die mit der Verwerfung als ›Hure‹ begleitete Tötung Tonis ist eben keine Opferung für den Geliebten, die Erzählung unterläuft vielmehr die in Gustavs Legende implizierte nachträgliche Idealisierung und Legitimierung des Todes der Frau, indem sie deren angebliches Selbstopfer als Gewaltakt ausstellt. Was Toni aber in Gustav begehrt, warum sie ihn rettet, auf diese Frage gibt die Erzählung bis zum Schluss keine eindeutige Antwort: »[...] dich, liebsten Freund, band ich, weil – – !«[66] Gegenüber ihrer Mutter beruft sich Toni in der Begründung ihres Tuns mal auf ihre Zugehörigkeit zum Geschlecht der Weißen, dann wieder auf das Gastrecht des Fremden. Letztlich aber bleibt ihr Handeln ein Akt der Menschlichkeit inmitten des Krieges. Unabhängig davon, welche Absichten Toni mit der Rettung Gustavs verfolgen mag, bleibt ihre Tat ein singuläres Ereignis, ein Grenzakt, welcher die Eindeutigkeit von Sehen und Wissen, Freund oder Feind für einen Moment unterbricht.

Das an der Figur Tonis in Szene gesetzte Fehlgehen des Wissens um den Anderen kennzeichnet jedoch bereits das Urbild Mariane, das Bild der reinen, sich opfernden Frau. Denn Mariane erscheint zwar einerseits als diejenige, die den Opfertod Christi nachvollzieht, also selbst zum Abbild wird, zugleich aber zitiert ihr Ausspruch »diesen Menschen kenne ich nicht!« gerade die Verleugnung Christi durch Petrus, den Verrat also. Im Kontext der Erzählung lässt das Bibelzitat jedoch keine eindeutige Interpretation zu, weil Opfer und Verrat unlösbar miteinander verschränkt sind. Verrät Mariane die Beziehung zu Gustav, um ihn zu retten, wie Gustavs Legende glauben machen möchte? Oder bezeugt der Blick Marianes, der sich Gustav »unauslöschlich in die Seele«[67] prägt, als sie sich von ihm abwendet, die Verantwortung Gustavs am Tod Marianes, also seinen Verrat? Die sinnstiftende Funktion christlicher Glaubensinhalte, die Idee der Rettung und Erlösung durch den Opfertod, bietet in Kleists Erzählung keinen Halt mehr.

Der Name Mariane verweist allerdings noch auf eine weitere Figur, nämlich auf die Schauspielerin Mariane in Goethes Roman *Wilhelm Meisters Lehrjahre*. Darin ist Mariane die Geliebte Wilhelms, die dieser der Untreue bezichtigt und verlässt. Sie ist aber auch eine Figur, die be-

---

64 So wird Gustav im Folgenden als Unschuld bezeichnet, während Toni den handelnden Part übernimmt, die Mutter aber die Getäuschte ist.

65 Zur Amazone als Gegenbild der schönen Seele vgl. Inge Stephan: Inszenierte Weiblichkeit, S. 113-132.

66 Heinrich von Kleist: Die Verlobung in St. Domingo, S. 86.

67 Ebd., S. 42.

reits im Eingangskapitel – geschlechtlich uneindeutig – »als junger Offizier gekleidet«[68] auftritt. Und es ist gerade die Aneignung der Zeichen des anderen Geschlechts, die Offiziersjacke Marianes, die zum Erkennungszeichen der Geliebten wird. Der Bezug zum Männlichen bleibt jedoch in Goethes Roman ein fetischistisches Spiel. Anders bei Kleist. Gustavs Legende von Mariane Congrève wird jeden Bezug zum Männlichen zugunsten eines reinen Bildes ›weißer‹ Weiblichkeit tilgen. Denn im Gegensatz zur Inszenierung Marianes bei Goethe bleibt in Kleists Erzählung die Aneignung und Verschiebung der Zeichen gerade nicht auf den sicheren Kontext des Theaters und des privaten Liebesspiels beschränkt. Vielmehr unterminiert die Inszenierung Tonis das Wissen um feste Identitäten in einer Weise, die zur nicht mehr territorialisierbaren Destabilisierung und zur tödlichen Katastrophe führt. Und zwar in jenem Moment, in dem Toni an der Hand des alten Strömli mit dem Jungen Seppy auf dem Arm wiederum in der Rahmung der Tür auftaucht und dabei eine mimetische Annäherung an das marienhafte Idealbild Gustavs vollzieht. Was dabei im Türrahmen erscheint, ist nun allerdings das Bild einer transkulturellen heiligen Familie, in der kulturelle und familiale Positionen nicht mehr eindeutig auszumachen sind. So erscheint der alte Strömli als Josef, während Josef in Seppy auch als Christuskind verkörpert ist, womit fragwürdig wird, wessen Mutter, Ehefrau oder Tochter Toni sein könnte: Seppys? Strömlis? Gustavs? Die Verwirrung der Identitäten betrifft aber ebenso Gustav, der mit dem Auftritt der Strömlis zu August – auch zum dummen August – wird, um schließlich beim Anblick Tonis »die Farbe« und wenig später den Namen zu wechseln.[69] Erst mit dem Mord an Toni wird August/Gustav der Aneignung und Verschiebung der Zeichen ein Ende setzen und gewaltsam ein binäres Oppositionspaar zu restituieren suchen: hier die ›schwarze Hure‹, dort die ›weiße Heilige‹. Dabei verkennt Gustav/August nicht nur die ›wahren‹ Motive Tonis, wie es die Rede der Strömlis impliziert, die letztlich versucht, Toni in das Paradigma der ›guten Wilden‹ zu integrieren, die sich für die Sache der Europäer opfert.[70] Er verkennt vielmehr mit mörderischer und selbstmörderischer Konsequenz, dass ›Weißsein‹ keine Präsenz jenseits einer sich dem Imaginären annähernden Inszenierung be-

68 Johann Wolfgang von Goethe: Wilhelm Meisters Lehrjahre, in: Ders.: Sämtliche Werke. Briefe, Tagebücher und Gespräche, Bd. 9, hg. v. Wilhelm Voßkamp und Herbert Jaumann unter Mitarbeit von Almuth Vosskamp, Frankfurt/M. 1992, S. 359.

69 Heinrich von Kleist: Die Verlobung in St. Domingo, S. 84.

70 Die Erzählung jedenfalls berichtet auch von der Rührung, die Toni ergreift, als sie sich für Gustavs Rettung und damit gegen ihre Mutter entscheidet. Ebd. S. 81.

sitzt. Das Idealbild weißer Weiblichkeit wird letztlich weder von Mariane noch von Toni verkörpert.

Wie aber beschließt die Erzählung den Krieg der Oppositionen? Noch einmal stellt sich ein Bezug zu Shakespeares Drama ein, denn hier führt bekanntlich der Tod der Protagonisten zur Versöhnung der verfeindeten Familien. Das gewaltsame Ende der Liebenden kann also nachträglich im Namen eines wenn auch ›düsteren Friedens‹ als Opfertod umgedeutet und sinnhaft besetzt werden. Und zwar, indem die Väter den toten Körper der Schwiegertochter bzw. des Schwiegersohns durch idealisierte Bildnisse »aus klarem Gold« ersetzen.[71] Die Versöhnung folgt damit einer Substitutionslogik, die den Verlust des Anderen zwar jeweils anerkennt, zugleich aber den Tod des Kindes durch ein an Wert nicht zu übertreffendes Bildnis vergessen machen möchte. Kleists Väter bleiben dagegen unversöhnt, ›Schwarz‹ und ›Weiß‹ gehen getrennte Wege. Eine Trennung erfolgt darüber hinaus zwischen Körper und Symbolischem. Denn während die Leichen Tonis und Gustavs/Augusts am Möwenweiher »unter stillen Gebeten« begraben oder vielmehr verscharrt werden, ist »unter den Büschen«[72] im Garten des alten Strömli »das Denkmaal zu sehen, das er Gustav, seinem Vetter, und der Verlobten desselben, der treuen Toni, hatte setzen lassen«.[73] Ein der Sichtbarkeit entzogenes Denkmal also, das keineswegs die Funktion eines Zeichens öffentlicher Trauer erfüllt.

Begräbnis und Denkmalsetzung erweisen sich wiederum als paradoxe Unterfangen. Die Paradoxie betrifft den Ort des Möwenweihers, der einerseits an das offene Meer denken lässt, andererseits aber ein von menschlicher Hand angelegtes, begrenztes Gewässer bezeichnet. In der Erzählung fungiert dieser Ort als Wildnis, die zunächst Gebirgswaldung, dann in einer Verkehrung des Namens Waldberge genannt wird. Eine solche Verkehrung in der Wiederholung springt im Folgenden auch auf die Frage der Familie über. Denn in der Begräbnisszene heißt es:

»Am Möwenweiher, *wo man die Familie fand*, grub man, unter vielen Thränen, den Leichen ein Grab; und nachdem man noch die Ringe, die sie an der Hand trugen, gewechselt hatte, senkte man sie unter stillen Gebeten in die Wohnungen des ewigen Friedens ein.«[74] [Herv. M.E.].

War der Möwenweiher zu Beginn der Erzählung jener Ort, an dem sich die Familie der ›Weißen‹ aufhielt, so bleibt nun offen, welche Familie

---

71 William Shakespeare: Romeo und Julia, S. 97.
72 Heinrich von Kleist: Die Verlobung in St. Domingo, S. 90.
73 Ebd., S. 91.
74 Ebd., S. 90.

hier gefunden wird, sind es doch ebenfalls die Strömlis, die die Leichen Tonis und Gustavs zum Möwenweiher bringen. Wenn es aber wenig später heißt, dass die Familie »ohne weitere Unfälle ihr Vaterland, die Schweiz, erreichte«,[75] so kann die Begegnung zwischen Toni und Gustav, ihr Begräbnis und gleichzeitiges Verlöbnis als ein ›Unfall‹ gelesen werden, dessen Ereignis und Ausschluss die ›weiße‹ Familie in der Opposition von ›Schwarz‹ und ›Weiß‹ erst hervorbringt. Jener ›Unfall‹ des Transgressiven aber ist es, der unter Büschen der Sichtbarkeit entzogen bleibt. Und dieser Unfall betrifft bereits den Anfang der Erzählung, wenn es heißt, dass Herr Villeneuve dem Congo Huango »eine alte Mulattinn, namens Babekan, aus seiner Pflanzung [beilegt], mit welcher er durch seine erste verstorbene Frau weitläufig verwandt war«.[76] Insofern der grammatische Bezug des »er« uneindeutig bleibt, ist nicht entscheidbar, ob Congo Huango oder Herr Villeneuve mit Babekan durch eine erste, verstorbene Frau verwandt ist. Kleists Erzählung aber endet mit dem Versuch einer Wiederherstellung der Oppositionen, der Etablierung einer Grenze zwischen ›Schwarz‹ und ›Weiß‹. Nur der kaum wahrnehmbare erneute Wechsel der Bezeichnung Strömlis vom Onkel zum Vetter bewahrt das Moment der Destabilisierung familialer Strukturen und Bezeichnungen. Doch diese lesen sich nicht von selbst.

---

75 Ebd., S. 91.
76 Ebd., S. 8.

Im Winkel. Kleists Bettelweib von Locarno

Zwischenräume des Gespenstischen

Von einer Wahrnehmung des Fremden, das die bestehende Ordnung herausfordert, erzählt auch Kleists kurzes Prosastück *Das Bettelweib von Locarno*.[77] 1810 in den von Kleist begründeten und herausgegebenen *Berliner Abendblättern* erschienen und ein Jahr später leicht verändert im zweiten Band der *Erzählungen* erneut publiziert, ist die Erzählung von Beginn an mit der Grenze als Ort beschäftigt. Nicht nur erscheint das Bettelweib an der Schwelle eines Schlosses, das in einem Grenzgebiet liegt und von dessen Zerstörung die Erzählung im Folgenden berichtet, mit seiner Kürze bewegt sich das Prosastück auch selbst an der Grenze zwischen literarischer Erzählung und anekdotenhaft Trivialem. Bereits die Zeitgenossen Kleists konnten sich nicht darauf einigen, ob es sich beim *Bettelweib*, wie E.T.A. Hoffmann meint,[78] um eine gelungene Gespenstergeschichte handelt oder aber um Kleistschen Unfug – so das Urteil Goethes über die »Gespenster« eines »Kranken«.[79] Ist es nun Kleist ganz offensichtlich nicht um eine unterhaltsame Schauergeschichte gegangen,[80] so trifft Goethes wenig schmeichelhaftes Urteil ironischerweise genau ins Schwarze, nennt es doch eine für das Verständnis des Textes als Grenzgang nicht unwichtige Grenzfigur beim Namen, das Gespenst nämlich, das im Text umgeht und dessen Identität sich bereits im Titel der Erzählung als Problem darstellt. Denn weder der Name des Bettelweibs noch irgendwelche weiteren Informationen über diese merkwürdige Gestalt werden im Titel oder im Verlauf der Handlung genannt. Genannt wird – und dies gilt auch für das übrige Personal der Erzählung – lediglich ein sozialer Status, der das Bettelweib als Angehörige der untersten sozialen Schichten markiert, sowie eine Ortsangabe, »von Locarno«, welche die Herkunft des Bettelweibs anzugeben scheint. Der be-

---

77 Im Folgenden wird die Brandenburger Kleist-Ausgabe zitiert. Heinrich von Kleist: Das Bettelweib von Locarno, in Ders.: Sämtliche Werke, BKA II/5, hg. v. Peter Staengle in Zusammenarbeit mit Roland Reuß, Basel u. a. 1997.

78 Vgl. Klaus Günzel: Kleist. Ein Lebensbild in Briefen und zeitgenössischen Berichten, Stuttgart 1985, S. 344.

79 Helmut Sembner (Hg.): Heinrich von Kleists Nachruhm. Eine Wirkungsgeschichte in Dokumentation, München 1977, S. 239.

80 So macht sich Kleist in einem Brief an Wilhelmine von Zenge vom 14. September 1800 über die Rittergeschichten mit und ohne Gespenst lustig. Vgl. Heinrich von Kleist: Sämtliche Werke und Briefe, 2 Bde., hg. v. Helmut Sembner, München 1984, hier Bd. 2, S. 562f.

stimmte Artikel ›das‹ suggeriert weiterhin, es handele sich nicht nur um ein bestimmtes, sondern auch um das einzige Bettelweib von Locarno, womit die Figur selbst zwischen Bestimmtheit und Unbestimmtheit zu schwanken beginnt. Auch die Ortsangabe »von Locarno« lässt sich nicht nur als Herkunftsbezeichnung lesen, sondern ebenso als Adelstitel, als Titel, der nicht benennt, sondern einen sozialen Status bezeichnet. Als Teil des Titels erinnert dieser nicht zuletzt an einen weiteren Text Kleists und damit an eine andere Marquise, als die im folgenden Text genannte, nämlich an die *Marquise von O....* Das Bettelweib erscheint somit quasi als arme Verwandte der Marquise, die die feststehende soziale Ordnung durchkreuzt und dabei zugleich ein intertextuelles Moment ins Spiel bringt. Im Verweis auf die *Marquise von O...* stellt der Titel den Namen der Erzählung nicht als Bezeichnung einer realen Person aus, sondern unterstreicht seine symbolische Funktion, die ihn als Element eines signifikanten Kontextes ins Spiel bringt.

Ungewöhnlicherweise aber versieht Kleist nun die Titelzeile am Ende mit einem Punkt. Der Übergang vom Titel zum Text ist also nicht nur durch einen Absatz, sondern zusätzlich durch ein Satzschlusszeichen markiert, eine Schreibweise, die Funktion und Ort des Titels in besonderer Weise hervorhebt. Denn der Titel selbst schwankt in seiner Verortung zwischen innen und außen,[81] er ist einerseits außerhalb der Erzählung, die er benennt und zur Einheit versammeln soll, andererseits ist er als konstitutives Moment bereits in ihr. Nicht zuletzt taucht die Titelzeile am Schluss des Textes noch einmal auf. Der Punkt am Ende des Titels stellt diesen somit als Grenzfigur aus, denn mit der Abtrennung durch die Interpunktion, wird der Status als Titel zugleich prekär, rückt der Titel unweigerlich in die Nähe der Satzgefüge der Erzählung. Auch die Versammlung zur Identität und mithin die Funktion des Titels wird von Beginn an zum Problem. Denn wie der Ort des Titels zwischen innen und außen schwankt, so ergibt sich auch bezüglich der Herkunft des Bettelweibs durch die Bezeichnung »von Locarno« keineswegs Klarheit. Die Erzählung jedenfalls wird Locarno im oberen Italien situieren, eine Ortsangabe, die den tatsächlichen politischen Verhältnissen zu Zeiten Kleists keineswegs Rechnung trägt. Denn Locarno befand sich nur von 1342 bis 1512, im Mittelalter also, unter italienischer Herrschaft, danach und bis heute liegt es im Schweizer Kanton Tessin, und zwar am Laggo Maggiore, der sich ebenfalls grenzüberschreitend mit seinem südlichen Ende in Italien und mit der nördlichen Hälfte in der Schweiz befindet. Womit nun

---

81 Vgl. Jacques Derrida: »Titel (noch zu bestimmen). Titre (à préciser)«, in: Friedrich A. Kittler (Hg.): Austreibung des Geistes aus den Geisteswissenschaften. Programme des Poststrukturalismus, Paderborn u. a. 1980, S. 18f. sowie S. 35.

allerdings die Lage Locarnos innerhalb der Erzählung nicht geklärt ist, denn von dem Schloss des Marchese heißt es, dass es bei Locarno liege, was entweder darauf hinweisen könnte, dass die Handlung im Mittelalter spielt, zu einer Zeit also, als sich Locarno auf italienischem Gebiet befand, oder zu einer anderen Zeit, in der zwar das Schloss des Marchese im oberen Italien befindlich war, nicht aber zwangsläufig die Stadt Locarno. So uneindeutig die Ortsangabe ist, so ungeklärt ist damit auch die Herkunft des Bettelweibs. Geografische Bezüge und Zeitlichkeiten geraten ins Schwimmen. Wie auch das Verschwimmen, die Grenze zum Wasser, dem Ort Locarno nicht nur durch seine Situierung am Laggo Maggiore mitgegeben ist, sondern im Namen selbst anklingt. Denn das keltische *locaron*, auf das der Name »Locarno« vermutlich zurückgeht, trägt die Bedeutung »Ort auf dem Wasser«.[82] Womit eigentlich kein fester Ort mehr bezeichnet ist, sondern ein auf dem Wasser treibender, beweglicher, nicht mehr fixierbarer Ort.

Der italienische Beiklang des Namens eröffnet zudem noch einen weiteren Bezug, der angesichts der Kreuzverletzung des Bettelweibs und der damit verbundenen religiösen Anspielungen im Text nicht ohne Bedeutung ist. Denn das italienisch klingende Lo Carno verweist auf das italienische *carne*, das Fleisch, und damit auf das, was dem Namen als Platzhalter im Symbolischen unwiderruflich fehlt, der Körper, das Fleisch, das Lebendige. Das Verhältnis von fleischlicher Existenz und Heiligem Geist spielt aber auch im Christentum eine nicht unbedeutende Rolle. Nicht nur wird Gott in Christus Fleisch, im Kontext der christlichen Transsubstantionslehre stellt der Körper Christi, sein Fleisch und sein Blut, auch einen ritualisierten Akt der Aufnahme des geopferten Körpers dar, der die Verbindung zwischen dem lebendigen Menschen und dem Heiligen Geist herstellt. Bilden der Heilige Geist, Gottvater und Christus als Gottessohn eine Einheit, so stellt das Opfer Christi, das im Abendmahl repräsentiert ist, ein Selbstopfer Gottes dar, das jedes mögliche menschliche Opfer übertrifft. Fleischwerdung, symbolische Opferung und Auferstehung eröffnen damit den Raum einer Beziehung zum symbolischen Anderen und repräsentieren den Übergang zwischen Mensch und Gott, Ding und Symbol, Leben und Tod. Lo Carno bezeichnet demnach nicht nur einen konkreten Ort, sondern markiert eine Schwellensituation. Am Übergang zwischen Leben und Tod befindet sich jedoch nicht nur der geopferte Körper Christi, sondern auch die Figur des Wiedergängers, des Gespenstes, das ebenfalls im Anspielungs-

---

82 Zur Befremdlichkeit der Ortsangabe im Titel vgl. Gerhard Buhr: »Über den Anfang von Kleists Erzählung ›Das Bettelweib von Locarno‹«, in: Brandenburger Kleist-Blätter 10, hg. v. Roland Reuß und Peter Staengle, Basel/Frankfurt/M. 1997, S. 9-34, hier S. 10.

raum des Titels erscheint. Der Titel *Das Bettelweib von Locarno* erinnert sowohl an Horace Walpoles 1764 erschienenen und ebenfalls in Italien angesiedelten Gespensterroman *The Castle of Otranto* als auch an Ann Radcliffes populären Schauerroman *The Mysteries of Udolpho* aus dem Jahr 1794. Die Erzählung bringt die Frage nach dem Verhältnis zwischen materieller und immaterieller Welt somit auf komplexe Weise ins Spiel, indem sie das Reich des (Heiligen) Geistes mit dem Reich der Geister konstelliert. Was dabei auf der Schwelle des Textes erscheint, wirft Fragen auf: Fragen nach dem Verhältnis von Geist und Geistern, von Leben und Tod und nach dem Ort des Lebendigen.

Exkurs: Heimsuchungen.
Kant und die Grenze zwischen Geist und Geistern

Doch nicht nur Kleist, sondern auch die Philosophie hat sich dem Geisterreich zuweilen zugewandt. So beschäftigt sich Immanuel Kant in seinem 1766 publizierten Essay *Träume eines Geistersehers erläutert durch Träume der Metaphysik*[83] über den Visionär Emanuel Swedenborg mit der Möglichkeit der Existenz einer Geisterwelt als einem philosophischen Problem. Dabei fällt Kant die Erklärung für seine Beschäftigung mit jenem ›Paradies der Phantasten‹ nicht eben leicht, ist doch die Philosophie gewohnt, die Gespenster als Ammenmärchen zu verwerfen und somit aus dem Bereich des vernünftigen Denkens auszuschließen. Doch auch wenn er die Schriften Swedenborgs für »acht Quartbände voll Unsinn« hält,[84] eröffnet seine kurze Untersuchung gleichzeitig ein grundsätzliches Problem, das sowohl die Religion als auch die Philosophie betrifft. Denn nicht nur die christliche Lehre, sondern auch die Philosophie kommt nicht ohne Bereiche aus, die lediglich geglaubt bzw. gedacht werden können und an denen der Mensch als Schöpfung Gottes bzw. als vernünftiges Wesen teilhaben soll. Ist es im Christentum das Reich des Heiligen Geistes, dem der Mensch als unsterbliche Seele verbunden ist, so sind es beispielsweise bei Kant die Ideen der Vernunft, die zwar keine Objektivität beanspruchen können, aber dennoch als Grenze eines auf Unbedingtheit angelegten subjektiven Verstandesvermögens der Denktätigkeit inhärent sind. Im theoretischen Teil der *Träume eines Geistersehers* schließlich unternimmt Kant einen Exkurs in den Bereich des sittlichen Gefühls, um ein geistiges Prinzip zu denken, an dem der Mensch teilhat, dessen Existenz jedoch nicht beobachtbar ist.[85] Dabei erläutert er die hypothetisch angenommene Verbindung zwischen Geisterwelt und

---

83   Immanuel Kant: Träume eines Geistersehers, Stuttgart 1976.
84   Ebd., S. 65.
85   Ebd., S. 28-33.

dem immateriellen Wesen des Menschen am Beispiel der Undarstellbarkeit der Vernunftbegriffe, die ebenfalls lediglich durch allegorische Darstellungen und Bilder dem Menschen gegenwärtig seien.[86] Kants Beschäftigung mit der Frage einer Möglichkeit des Geisterreiches führt damit an die Grenzen des subjektiven Erkenntnisvermögens. Zu klären ist daher nun vor allem, worin der Unterschied zwischen dem fantastischen Reich der Gespenster und den geistigen Prinzipien in der Philosophie besteht? Wie ist zum Beispiel das Verhältnis von Körper und Seele zu denken? Hat der Mensch als geistiges Wesen Anteil an einer Welt des Immateriellen, die immer schon und über den Tod hinaus existiert? Wo ist der Sitz der Seele im Körper? Und was ist überhaupt unter einem geistigen Wesen zu verstehen? Hierzu erläutert Kant am Beginn des theoretischen Teils seiner Untersuchung:

»Ihr werdet also den Begriff des Geistes nur beibehalten können, wenn ihr euch Wesen gedenkt, die so gar in einem von Materie erfüllten Raume gegenwärtig sein können; Wesen also, welche die Eigenschaft der Undurchdringlichkeit nicht an sich haben, und deren so viele als man auch will, vereinigt niemals ein solides Ganze ausmachen. Einfache Wesen von dieser Art werden immaterielle Wesen und, wenn sie Vernunft haben, Geister genannt werden. Einfache Substanzen aber, deren Zusammensetzung ein undurchdringliches und ausgedehntes Ganzes gibt, werden materielle Einheiten, ihr Ganzes aber Materie heißen. Entweder der Name eines Geistes ist ein Wort ohne allen Sinn, oder seine Bedeutung ist die angezeigte.«[87] [Herv. M.E.]

Geist und Geister werden also zunächst nicht klar unterschieden bzw. ist es gerade die Doppelbedeutung des Wortes *Geist*, die sowohl den Geist als auch das Gespenst auf den Plan ruft und damit Kants Bemühungen um eine Grenzziehung von Beginn an vereitelt.[88] Kant entwickelt nun seinen Begriff des Geistes in Abgrenzung zur Materie. Ersterem spricht er im Folgenden das Attribut des Lebens zu, denn die Materie, so Kant, ist von äußeren Wirkungen abhängig, das Kennzeichen der immateriellen Wesen, zu denen Kant auch die menschliche Seele zählen möchte, ist es dagegen, dass sie selbsttätig und aus innerer Kraft heraus wirken. Nicht die Materie selbst also kann lebendig genannt werden, sondern erst die

---

86 Ebd., S. 36.
87 Ebd., S. 10.
88 Auf diese Doppeldeutigkeit des Wortes Geist bezieht sich auch Derrida in seiner Hegel-Lektüre. Vgl. Jacques Derrida: Marx' Gespenster. Der Staat der Schuld, die Trauerarbeit und die neue Internationale, Frankfurt/M. 2004, S. 173.

Annahme einer immateriellen Welt macht die »toten Klumpen« des Materiellen zu lebendigen Wesen.[89]

Allerdings bleibt die Frage, wo die Grenze zwischen Lebendigem und toter Materie verläuft, wo mithin der Beginn des Lebendigen anzusetzen ist, für Kant ein ebenso ungeklärtes Problem wie die angestrebte Unterscheidung zwischen Geisterwelt und geistigen Prinzipien, denn beide entspringen offensichtlich dem Wunsch, »daß man noch auf irgend eine Art nach dem Tode übrig sei«.[90] Die Differenz zwischen toter Materie und lebendigem Geist ist somit Effekt einer Vergeistigung der Materie und einer gleichzeitigen Suspendierung des Todes im Denken, an den die Materialität des Körpers unangenehmerweise beständig erinnert. Das geistige Ich kann sich also nur dann als Herr über das Leben in seiner leiblichen Hülle setzen, wenn es dem Körper die Lebendigkeit abspricht. Die Unheimlichkeit des Gespensts liegt also letztlich darin begründet, dass ein tot geglaubter Körper als immaterielles Wesen wiederkehrt und dem Ich als geistiger Substanz den Part des Lebendigen streitig macht. Oder anders gesagt: Der Wunsch, den Tod zu überleben, gebiert den Geist wie das Gespenst. Doch während der Geist sich als Gegensatz zu einer für tot erklärten Materie setzt, was der eigentliche Akt ihrer Tötung ist, erinnert das Gespenst beständig an diesen Akt der Grenzziehung, den es durchkreuzt. Es erinnert den lebendigen Geist an seinen verleugneten Bezug zum Tod und lässt zugleich Zweifel aufkommen an der Leblosigkeit der materiellen Klumpen. Der Versuch einer Grenzziehung zwischen Leben und Tod, die sich bemüht, den Tod um jeden Preis loszuwerden, lässt daher in Kants Abhandlung in unheimlicher Weise das Gespenstische wuchern. Nicht nur belebt der Geist nach Kant die tote Materie und macht das Leben damit selbst zu einem auferstandenen Toten, die hartnäckige Wiederkehr des Gespenstischen in seinem eigenen Denken bezeugt auch, dass das Leben vom Tod durchkreuzt ist, das sich der lebendige Geist folglich weder seines Lebens noch seiner Unsterblichkeit sicher sein kann. Nicht um den Vorrang der Materie gegen den Geist zu behaupten, kehrt das Gespenst wieder, sondern sein Wiedererscheinen, die Struktur seines wiederholten Auftauchens ›ist‹ die Bewegung zwischen einer materiellen und einer immateriellen Existenz, zwischen Tod und Leben, eine Bewegung des Übergangs, die etwas Uneingelöstem Einlass gewährt. Das Gespenst ist nach Derrida die leibliche Erscheinung des Geistes, ein Phantom mit einem artefaktischen Leib. Unsichtbar sichtbar wartet es auf eine Erlösung, was heißt, dass es Gerechtigkeit fordert. Dem Gespenst kommt eine besondere Zeitlichkeit zu, denn es

---

89 Immanuel Kant: Träume eines Geistersehers, S. 21.
90 Ebd., S. 51.

markiert einen Übergang des Geistes zwischen dem Erbe der Vergangenheit und der Beschwörung einer Zukunft.

»Das Gespenst lastet, es denkt, es intensiviert sich und verdichtet sich im Innern des Lebens selbst, im Innern des lebendigsten Lebens, des einzigartigsten (oder, wenn man das vorzieht, des individuellsten) Lebens. Dieses hat fortan keine reine Selbstidentität und kein gesichertes Inneres mehr und darf beides auch nicht haben, insofern es lebt.«[91]

Kant allerdings wird am Ende des theoretischen Teils seiner Ausführungen zum Geisterreich behaupten, die Grenze zwischen Geist und Geistern und zwischen Tod und Leben als eine Frage des Wissens entscheiden zu können. Die Idee eines Geisterreichs ist, so Kant, als Blendwerk einzustufen, denn sie beruht auf keinerlei Erfahrung und lässt sich auf keine Gesetzmäßigkeit, über die der Verstand urteilen könnte, zurückführen. Wo dergleichen Dinge beobachtet werden, beruhen sie auf einer Täuschung der Einbildungskraft, daher kann man von der immateriellen Welt der abgeschiedenen Seelen »künftighin noch allerlei meinen, niemals aber mehr wissen«.[92]

Kant verneint also entschieden die Relevanz des Gespenstischen, muss nun aber erklären, wie es zu solchen Einbildungen kommt und wie diese von realen Objekten zu unterscheiden sind. Der Unterschied, so Kants Argument, besteht in der Wahrnehmung. Zunächst ist jeder sinnliche Eindruck Abbild des Objekts. Das Objekt befindet sich normalerweise außerhalb des Betrachters im sogenannten Sehepunkt, das heißt im Schnittpunkt zweier vom Auge aus gedachter Linien. Bei den Objekten der Fantasie allerdings befindet sich dieser Schnittpunkt nicht außerhalb des Betrachters, sondern in seinem Gehirn. Die räumliche Grenze zwischen innen und außen also ist es, die darüber entscheidet, ob ein Objekt als vorhanden oder fantasiert erscheint.

»Nun verlange ich aber, mir einzuräumen: daß der vornehmste Unterschied der Nervenbewegung in den Phantasien, von der Empfindung darin bestehe, daß die Richtungslinien der Bewegung bei jenem sich innerhalb dem Gehirne, bei diesem aber außerhalb schneiden; daher, weil der focus imaginarius, darin das Objekt vorgestellt wird, bei den klaren Empfindungen des Wachens außer mir, der von den Phantasien aber, die ich zu der Zeit etwa habe, in mir gesetzt wird, ich, *so lange ich wache*, nicht fehlen kann, die Einbildungen als meine eigenen Hirngespinste von dem Eindruck der Sinne zu unterscheiden.«[93] [Herv. M.E.]

---

91 Jacques Derrida: Marx' Gespenster, S. 152.
92 Immanuel Kant: Träume eines Geistersehers, S. 52.
93 Ebd., S. 44.

Die zunächst so klar erscheinende Unterscheidung zwischen Einbildung und sinnlichen Objekten wird nun aber deutlich in Abhängigkeit zur Urteilsfähigkeit des betrachtenden Subjekts gedacht. Und es sind keineswegs lediglich die nicht ernst zu nehmenden Hirngespinste eines Fantasten, die den Gegensatz zur Urteilsfähigkeit eines vernünftigen Subjekts darstellen, sondern jene Zustände, in denen das wache Bewusstsein des Subjekts zurücktritt: der Schlaf, der Dämmerzustand und der Traum. Die Bilder des Traums, der Einbildung und der Fantasie scheinen nicht so leicht zu bannen zu sein, wie es die dezidierte Abkehr von derlei Imaginationen glauben machen möchte.[94] Die Verwerfung des Geisterreichs als Gegenstand der Reflexion ist somit gebunden an einen Akt der Grenzziehung zwischen Bewusstsein und Unbewusstem, der gerade in den Übergangsphasen zwischen Wachsein und Schlaf zu Unschärfen neigt.[95] Doch erweist sich auch für Kants eigene Philosophie die klare Trennung zwischen Fantasie und sinnlichen Objekten als weitaus fragwürdiger, als es in seinen Ausführungen zu Swedenborg erscheint, denn es ist ja gerade die Einbildungskraft, die zwischen Sinnlichkeit und Verstand vermittelt, und zwar durch ihre ausdrückliche Fähigkeit, sich einen Gegenstand auch ohne dessen Gegenwart in der Anschauung vorzustellen. Die von Kant implizierte Grenzziehung macht folglich weitere Unterscheidungen notwendig, beispielsweise die zwischen einem richtigen und einem falschen Gebrauch der Einbildungskraft.

Doch wie verhält es sich nun im Gegensatz dazu mit den geistigen Prinzipien, den philosophischen Leitbegriffen und transzendentalen Ideen? Wenn auch sie lediglich gedacht werden können, sind sie dennoch, so Kant, eben kein Produkt einer verwirrten Wahrnehmung, sondern zeigen die Grenze des menschlichen Sinnes- und Erkenntnisvermögens an. Ein geistiges Prinzip kann daher als Gegenstand des Denkens ›existieren‹, »aber im negativen Verstande, indem er nämlich die Grenzen unserer Einsicht mit Sicherheit festsetzt«.[96] Die Differenz zwischen Geistern und Geist wird also letztlich durch eine Grenze markiert, die das nicht zu wissende, spekulative und daher für die Philosophie belanglose Reich der Geister vom Undenkbaren als dem höchsten Punkt der Meta-

---

94 Liliane Weissberg bemerkt hierzu, dass Kant stets eine Polarität zwischen Empfindung und Fantasie, Erfahrung und Fiktion voraussetzt, die sich auch in der Unterteilung des Essays in Theorie und Erzählung widerspiegelt. Vgl. Liliane Weissberg: Geistersprache. Philosophischer und literarischer Diskurs im späten achtzehnten Jahrhundert, Würzburg 1995, S. 38f.
95 Daher ist auch Poes Erzähler in *The Oval Portrait* in einer Art Dämmerzustand zwischen Wachheit und Schlaf.
96 Immanuel Kant: Träume eines Geistersehers, S. 53.

physik, als »von allem Sinnlichen so sehr Unterschiedenen«[97] trennt. Kant selbst mag bei dieser Art Geisteraustreibung nicht ganz wohl gewesen sein, denn im einleitenden Kapitel konstatiert er rückblickend auf seine Untersuchung:

»Wer im Besitze leichterer Mittel ist, die zu dieser Einsicht führen können, der versage seinen Unterricht einem Lehrbegierigen nicht, vor dessen Augen im Fortschritt der Untersuchung sich öfters Alpen erheben, wo andere einen ebenen und gemächlichen Fußsteig vor sich sehen, den sie fortwandern oder zu wandern glauben.«[98]

Am Fuße der Alpen beginnt nun interessanterweise auch Kleists Erzählung, die jedoch weniger von den Höhen philosophischer Betrachtungen als vielmehr von der Verstreuung und Fragmentierung sinnhafter Bezüge heimgesucht wird. Der Name des Bettelweibs ist nicht einfach ein sinnloses Wort, vielmehr wird der fehlende Eigenname im Titel durch ein Geflecht von Bedeutungen ersetzt. Das Bettelweib erscheint im Titel zwischen traditionellen Gegensätzen, ein gespenstisches Etwas, dessen Herkunft aus Lo Carno eine Beziehung zur Materie als dem Anderen des Geistes unterhält. Der Titel unterläuft seine rahmengebende und vereinheitlichende Funktion, indem er den Text durch Überkreuzungen und Mehrdeutigkeiten auf unterschiedliche Kontexte hin öffnet und dabei das Verhältnis von Körper und Schrift, Materie und Geist als ein von Bruchstellen durchzogenes ins Spiel bringt. Dem Verhältnis dieses Bruchs zum Gespenstischen wird im Folgenden nachzugehen sein.

---

97 Ebd.
98 Ebd., S. 14.

Bruchstellen

»In so ferne ist die Metaphysik eine Wissenschaft von
den Grenzen der menschlichen Vernunft, und da ein
kleines Land jederzeit viel Grenze hat, überhaupt auch
mehr daran liegt, seine Besitzungen wohl zu kennen
und zu behaupten, als blindlings auf Eroberungen
auszugehen, so ist dieser Nutze der erwähnten
Wissenschaft der unbekannteste und zugleich der
wichtigste, wie er denn auch nur ziemlich spät und
nach langer Erfahrung erreichet wird.«[99]

Mit einem klassischen Element des Schauerromans eröffnet Kleist sein
Bettelweib von Locarno, wählt er doch zum Schauplatz ein »in Schutt
und Trümmern« daliegendes Schloss.

»Am Fuße der Alpen, bei Locarno im oberen Italien, befand sich ein altes, einem Marchese gehöriges Schloß, das man jetzt, wenn man vom St. Gotthardt
kommt, in Schutt und Trümmern liegen sieht: Ein Schloss mit hohen weitläufigen Zimmern, in deren einem einst, auf Stroh, das man ihr unterschüttete, eine
alte kranke Frau, die sich bettelnd vor der Thür eingefunden hatte, von der
Hausfrau aus Mitleiden gebettet worden war.«[100]

Im einleitenden Satz erscheint das Schloss als Schauplatz der Erzählung
bereits verdoppelt. Einmal wird es dem Leser im Abstieg vom St. Gotthard als zerstörter Rest vor Augen geführt, des Weiteren wird die unzer-
störte Vergangenheit erzählend beschworen. Das Schloss liegt, so heißt
es zunächst, »am Fuße der Alpen, bei Locarno im oberen Italien«, eine
Ortsangabe, in der sich die räumlichen Ordnungspunkte von unten und
oben überkreuzen. Denn der Ausdruck »Fuß der Alpen« lässt an den stie-
felähnlichen Umriss Italiens auf einer Landkarte denken, der hier verkehrt im oberen Italien erscheint. Das Schloss, so heißt es weiter, sieht
man »jetzt«, wenn man vom St. Gotthardt kommt, »in Schutt und Trümmern« liegen. Die Betonung des »jetzt« verortet das Schloss oder das,
was von ihm übrig ist, zunächst in der Gegenwart des Erzählens. Vom St.
Gotthardt herkommend, einem göttlichen Aussichtspunkt, der eine pan-
oramaartige Übersicht über das Ganze der umgebenden Landschaft ver-
spricht,[101] erscheint das Schloss, so meint man zunächst an der Grenze
zwischen Gebirge und Ebene, Land und Wasser, oben und unten als rui-

99   Ebd., S. 7.
100   Heinrich von Kleist: Das Bettelweib von Locarno, S. 9.
101   Vgl. hierzu auch das folgende Kapitel zum Panorama.

nöser Rest einstiger Pracht. Doch die Sichtbarkeit der Trümmer wird durch die Formulierung »wenn man vom St. Gotthardt kommt« zugleich zweifelhaft, denn das Schloss scheint beinahe versteckt und wiederum nur von einem bestimmten Winkel her sichtbar zu sein bzw. die Andeutung, man könne die Trümmer des Schlosses nur vom St. Gotthard herkommend, also im *Verlassen* einer Überblicksposition erkennen, lässt die Offensichtlichkeit des Schlosses zweifelhaft werden. Ist das Schloss direkt vom St. Gotthard aus sichtbar? Oder ist die Wahrnehmung von »Schutt und Trümmern« einem verschobenen Blickwinkel, einem Blick ins Abseits zu verdanken? Insofern dieser Blick bereits am Beginn der Erzählung evoziert wird, lässt sich der verschobene Blick als Aufforderung an den Leser verstehen. Denn das Schloss als Gebäude, verweist auch auf das Textgebäude,[102] das sich der Leser zu erschließen sucht. Doch anstelle eines intakten einheitlichen Textes sieht man sich mit der Aufforderung konfrontiert, die übergeordnete Position zu verlassen und sozusagen im Seitenblick den Text als Bruchstelle wahrzunehmen – ein Eindruck, der nicht zuletzt durch die von zahlreichen Satzzeichen zerklüftete Struktur des Textes unterstützt wird. Die Verdopplung des Schlosses gleich zu Beginn der Erzählung, der wiederholende Gestus im Erzählen, trägt diesem Bruch insofern Rechnung, als dass die imaginierte Präsenz des Schlosses immer schon eine nachträgliche ist.

Orthografisch hervorgehoben durch den Doppelpunkt, der den Beginn des Textes aufspaltet, berichtet der Eingang der Erzählung zunächst von einem zerstörten Schloss, das an einen konkreten Referenten denken lässt, während der Doppelpunkt die Erzählung noch einmal eröffnet: »Ein Schloß mit hohen weitläufigen Zimmern«, heißt es, »in deren einem einst, auf Stroh, das man ihr unterschüttete, eine alte kranke Frau, die sich bettelnd vor der Tür eingefunden hatte, von der Hausfrau aus Mitleiden gebettet worden war.«[103] Verweist das Schloss auch auf das Verschlossene, Unzugängliche sowie auf das Schließen selbst, so ist die Doppelung des Anfangs mit ihrer eröffnenden Inszenierung ebenfalls lesbar als eine Bewegung des Öffnens und Schließens, die das Schloss als verlorenen und erst im Text wiedererscheinenden, mithin als symbolischen Ort hervorbringt. Die Intaktheit des Schlosses ist somit in eine erzählte mythische Vorzeit verlagert und an das Medium der Schrift gebunden. Der zweifache Beginn stellt die Bruchstelle des Anfangs aus, einen Bruch zwischen Wort und Ding, der die Erzählung in Gang setzt, in-

---

102 Zum Verhältnis von Raumstruktur und Text vgl. auch Ulrike Landfester: »Das Bettelweib von Locarno«, in: Walter Hinderer (Hg.): Kleists Erzählungen, Stuttgart 1998, S. 141-154, hier S. 147f.

103 Heinrich von Kleist: Das Bettelweib von Locarno, S. 9.

dem er das Gebäude gespensterartig aus den Trümmern emporsteigen lässt.

Das Schloss, so lässt die Erzählung nun weiterhin wissen, befand sich an einer Grenze, was nicht nur durch die Besonderheit der Lage »bei Locarno«, sondern auch durch die Figur des Marchese hervorgehoben wird. Denn das italienische *marchese* leitet sich, wie der deutsche Markgraf, von *marca*, das meint »Grenze, Grenzland«, her. Das Schloss als Eigentum des Marchese ist somit auf der Grenze befindlich, über die der Marchese wacht. An seiner Seite befindet sich nun keineswegs eine Marchesa, sondern eine französische Marquise, womit sich nicht nur eine weitere Veruneindeutigung bezüglich der geografischen Gegebenheiten einstellt, sondern auch eine Differenz zwischen weiblicher und männlicher Position markiert wird. Gemeinsam allerdings ist dem italienischen Verb *marcare* und dem französischen *marquer* die Nähe zum Bezeichnungsprozess. *Marcare* bedeutet »markieren, betonen«, so wie *marquer* sowohl das Hinterlassen einer Spur als auch die Bezeichnung oder das Zeichnen bedeutet. Der Marchese ist damit nicht nur ein Grenzwächter im geografischen Sinne, er ist zugleich ein Bezeichnender, ein Signifikant. Die Konstellation zwischen dem gräflichem Paar und dem Bettelweib von Locarno ist somit auch als Verhältnis zwischen der Materialität des Fleisches, als dessen Abkömmling sich das Bettelweib darstellt, und der symbolischen Ordnung zu lesen.

In der Beziehung zum Bettelweib zeigt sich nun ein erster Unterschied zwischen dem Marchese und seiner Frau. Denn zunächst ist es die Marquise, die in ihrer Rolle als Hausfrau dem Bettelweib ein Lager aus Stroh bereitet. Die Geste der christlichen Nächstenliebe, »aus Mitleiden«, wie es ausdrücklich heißt, ist zunächst eine Gabe, die die Verantwortung gegenüber dem Anderen der sozialen Ordnung anerkennt. Dennoch ist das Strohlager deutlich ein ärmliches Lager, durch welches das Bettelweib an der Grenze zwischen Mensch und Tier platziert wird. Die Aufnahme des Fremden ist auch eine unterordnende Einschreibung in das soziale Gefüge, eine Integration, welche die randständige Position des Bettelweibs eher unterstreicht als aufhebt. Insbesondere das Lager aus Stroh ruft dabei unvermeidlich einen christlichen Kontext auf, wird doch Christus ebenfalls in einem Stall, auf Heu und Stroh gebettet, geboren. Die Geburt des christlichen Erlösers wird allerdings bereits durch die Tatsache verkehrt, dass es sich bei dem Bettelweib um eine alte, kranke Frau handelt. So wird das Strohlager im Fortgang der Erzählung unversehens zur letzten Ruhestätte, ist die Geburt bereits vom Tod durchkreuzt. Doch auch die Ankunft des Bettelweibs im Schloss des Marchese wirft einige Fragen auf. Denn es bleibt uneindeutig, vor welcher Tür das Bettelweib sich eigentlich eingefunden hat. Kam es von außerhalb an das

Tor des Schlosses, oder bewegt es sich innerhalb des Schlosses und findet sich nun vor der Tür des Zimmers ein? Insbesondere die in legendenhaftem Ton vorgetragene Ankunft des Bettelweibs lässt das Innere des Schlosses als einen Ort erscheinen, dessen Existenz von Beginn an mit dem Bettelweib verbunden ist. Das Bettelweib ist ein fremder Gast, aber es ist als inneres Fremdes sozusagen immer schon da. Insofern sucht es das Schloss und seine Bewohner nicht plötzlich heim, sondern ist der räumlichen Ordnung zugleich inhärent und äußerlich. Im Inneren des Schlosszimmers gibt die Marquise dem Bettelweib ein Lager, welches dieses wiederum deplaziert. In einem Winkel des Zimmers liegt es, an einem Ort also, der zugleich marginal und dezentriert ist, andererseits aber auch als Kreuzung zweier Linien und damit als Schnittstelle gelesen werden kann. Der Winkel bzw. die Ecke bringt im Zusammenhang mit der folgenden Kreuzverletzung des Bettelweibs zudem die Etymologie des deutschen Wortes *Grenze* ins Spiel. Denn *Grenze* stammt vom altslawischen Wort *gran* ab, das im 14. Jahrhundert sowohl die Überkreuzung zweier Linien als auch die Ecke bedeutet. Buchstäblich also verkörpert das Bettelweib die Grenze, die der Marchese bewacht, nur dass diese Grenze sich keineswegs außerhalb, sondern inmitten des herrschaftlichen Gebietes befindet, eine Schnittstelle, von der die Konstitution des Schlosses abhängt.

Doch auch die etwas umständliche Formulierung, nach der dem Bettelweib das Stroh untergeschüttet wird, lenkt den Blick auf die Wortbedeutungen. So erhält das Verbum *schütten* erst im Verlauf des 17. Jahrhunderts seine heute geläufige Bedeutung. Es leitet sich aus dem altgermanischen *scûdan* ab, was so viel bedeutet wie »erschüttert werden, zittern«, sowie aus der althochdeutschen Weiterentwicklung *scuttan* für »heftig bewegen«. Anders als die spätere Bedeutung des Aus- oder Verschüttens, tragen das Altgermanische und das Althochdeutsche also die Erschütterung mit sich, die sich nicht nur im Sturz des Bettelweibs wiederholt, sondern im Verlauf der Handlung auch die Bewohner des Schlosses erfasst. Zudem enthält das *Stroh*, bezieht man die Geschichte des Wortes mit ein, eine widersprüchliche Bedeutung, die sich nicht nur auf das Schloss, sondern auch auf das assoziierte Textgebäude übertragen lässt. Denn *Stroh* leitet sich einerseits vom lateinischen *sternere* für »hinbreiten, hinstreuen« ab, enthält aber auch die ebenfalls lateinische Weiterentwicklung *struere*, was so viel bedeutet wie »aufschichten, aufbauen«. Dem Beginn einer Aufschichtung, dem Aufbau des Schlosses, eines symbolischen Gebäudes, ist folglich zugleich etwas beigegeben, das keinen festen Untergrund bietet, sondern die Verstreuung des Sinns betreibt. Oder anders gesagt: Das Stroh erinnert daran, dass der Ordnung der Signifikanten die Dissemination des Sinns eingeschrieben ist.

Doch auch was dieses Strohlager eigentlich trägt, erweist sich bei näherem Hinsehen als uneindeutiges Mischwerk. Denn das Bettelweib bezeichnet nicht nur eine arme, alte Frau, unter einem Bettel versteht man auch ein Sammelsurium aus minderwertigem Zeug. Insofern das Bettelweib ein inneres Äußeres darstellt, wird die symbolische Ordnung nicht, wie der Marchese irrtümlich meint, vom Herren-Signifikanten als Zentrum der Bedeutung beherrscht, sondern von einem Sammelsurium aus uneinheitlichem Zeug heimgesucht, das sich zu keiner einheitlichen Bedeutung versammeln will. Diesem Anderen begegnet nun zufällig und dennoch zwangsläufig der Marchese.

»Der Marchese, der, bei der Rückkehr von der Jagd, zufällig in das Zimmer trat, wo er seine Büchse abzusetzen pflegte, befahl der Frau unwillig, aus dem Winkel, in welchem sie lag, aufzustehen, und sich hinter den Ofen zu verfügen.«[104]

Nicht nur als Grenzwächter, sondern auch als Jäger erscheint der Marchese in jenem Zimmer, in dem das Bettelweib platziert ist. Als Jäger steht der Marchese für die Tötung des Lebendigen, übertragen auf seine Funktion als markierender Signifikant verweist die Jagd damit auf die Mortifikation des Lebendigen durch den Bezeichnungsprozess. Der Marchese sieht sich nun mit einem unerwünschten Rest konfrontiert, dessen Ersetzung durch das Symbolische nur unzureichend geglückt ist. Die alte Frau, so legt es die unwillige Haltung des Marchese nahe, wird als störendes Element wahrgenommen, das mit Widerwillen hinter den Ofen verscheucht wird. Wie das Grimmsche Wörterbuch vermerkt, verbinden sich die meisten Redewendungen, die das Wort Ofen enthalten, genau mit diesem Platz hinter dem Ofen, der auch als Hölle bezeichnet wird. Das Bettelweib wird hier also buchstäblich und entgegen seiner christlich anmutenden Herkunft zur Hölle geschickt. Doch ist der Befehl des Marquese nicht eindeutig als Tötungsabsicht lesbar, denn auch die unwillige Haltung, mit der der Marchese dem Bettelweib begegnet, gibt Rätsel auf. Unwillig bedeutet nicht nur »widerwillig«, sondern auch »absichtslos, nicht gewollt«, womit der Befehl, der die Position des Marchese als Herrscherposition auszeichnet, von einem Moment durchkreuzt ist, in dem der Schlossbesitzer offensichtlich nicht Herr seiner Sinne ist. Dem Befehl, so scheint es, ist ebenso ein Moment der Verkennung wie der Intentionslosigkeit eingeschrieben. Soll das Bettelweib tatsächlich verschwinden oder sich einfach an einen wärmeren Ort begeben, erfüllt sich mit seinem Tod ein Todeswunsch, oder handelt es sich nicht vielmehr um einen nicht vorhersehbaren Unfall? Das »Verfügen«, welches das

---

104 Heinrich von Kleist: Das Bettelweib von Locarno, S. 9.

Bettelweib hinter den Ofen platzieren soll, eröffnet jedoch noch eine weitere Bedeutungsschicht. Denn das Verfügen enthält auch die Fuge und verweist damit auf den Zwischenraum, den der angewiesene Platz zwischen Ofen und Wand bildet. Wenn also das Bettelweib sich hinter den Ofen verfügen soll, so verfugt es damit zugleich dieses Zwischen. Im Zwischenraum ist es nicht mehr sichtbar, verborgen in einem Abseits des Zimmers und dennoch gegenwärtig. Zugleich stellt es an diesem Ort aber auch eine Verbindung her. Denn in Bezug auf die christlichen Implikationen des Textes, auf die einerseits durch die Hölle, andererseits durch das Verbum »aufstehen« angespielt sind, wird das im Winkel, also an einem Kreuzpunkt liegende Bettelweib erneut zur christlichen Erlöserfigur, dessen Fleischwerdung und Auferstehung ja ebenfalls die Lücke des abwesenden Gottes verfugt. In Verkehrung der christlichen Lehre jedoch entpuppt sich hier die Auferstehung nicht als Himmelfahrt, die den lebendigen Körper in der Vorstellung des ewigen Lebens konserviert, sondern als ein Gang zur Hölle. Das Bettelweib bewegt sich damit als Grenzgängerin zwischen symbolischen Gegensatzpaaren, wie Geburt und Tod, Himmel und Hölle, Auferstehung und Niedergang, ohne eindeutig platziert werden zu können. Die Ankunft am angegebenen Platz erweist sich allerdings als unfallgefährdete Angelegenheit, die Verfügung, sich zu verfügen und mithin eine Lücke zu schließen, führt paradoxerweise zu einem Bruch, der nicht nur das Gebäude des Schlosses aus den Fugen geraten lässt. Denn was der Marchese mit seinem Befehl verkennt, ist, dass er nicht als Schlossherr und Bezeichnender das Heterogene, Verstreute zusammenhält, sondern dass dieses als Unverfügbares das Schloss und das Textgebäude im Innersten trägt.

Gespenstergeräusche

»Die Frau, da sie sich erhob, glitschte mit der Krücke auf dem glatten Boden aus, und beschädigte sich, auf eine gefährliche Weise, das Kreuz; dergestalt, daß sie zwar noch mit unsäglicher Mühe aufstand und quer, wie es vorgeschrieben war, über das Zimmer ging, hinter den Ofen aber, unter Stöhnen und Ächzen niedersank und verschied.«[105]

Der Befehl des Marchese, sich hinter den Ofen zu verfügen, zieht, wie es heißt, einen gefährlichen Schaden nach sich. Im Gefüge der Zeichen, das der Marchese als Herren-Signifikant zu kontrollieren sucht, wurde offenbar nicht mit der Glätte des Bodens und dem Gleiten zwischen den Positionen gerechnet. Wie überhaupt der Bodenkontakt des Bettelweibs, der dieses auf festem Grund platzieren und in die bestehende Ordnung einfü-

---

105   Ebd., S. 10.

gen würde, in der Erzählung nicht zustande kommt: Zunächst wird ihm Stroh untergeschüttet, dann glitscht es mit der Krücke aus, um schließlich *über* und nicht durch das Zimmer hindurchzugehen bzw. zu schweben. Die Anweisung des Marchese, die dem Bettelweib einen festen Ort zuweist, führt dagegen zu einem Bruch, der das Symbol des Kreuzes erneut ins Spiel bringt.

Das Kreuz kann zunächst als Knochengestell gelesen werden, welches wie das Gestell der Sprache den Körper, die fleischliche Existenz des Menschen, trägt. Das Bettelweib verkörpert damit die Schnittstelle zwischen Realem und Symbolischem, gehört jedoch weder dem einen noch dem anderen zu, sondern markiert wiederum einen Zwischenraum. Als christliches Symbol steht das Kreuz zudem für die Passion Christi, die den Übergang von der gemarterten irdischen Existenz ins ewige Reich Gottes bedeutet.[106] Im Zuge dieses Übergangs wird der sterbliche Körper, die materielle Existenz durch die Auferstehung zur unsterblichen göttlichen Existenz verklärt. Mit dem Schaden am Kreuz ist also die Verbindung zwischen Mensch und Gott, Körper und Geist unterbrochen. Das Aufstehen bzw. die Auferstehung gelingt nur noch mit unsäglicher Mühe, das Bettelweib erhebt sich, um hinter dem Ofen zu verscheiden. Stellt Jesus durch seinen erlösenden Opfertod in der christlichen Lehre die Verbindung, das Verfugen des Zwischenraums, zwischen göttlicher und menschlicher Sphäre her, so ist der Tod des Bettelweibs in Kleists Erzählung an ein Verscheiden gebunden, das einen Abschied ohne Verklärung und ohne Erlösung bedeutet. Mit dem Bettelweib bleibt vielmehr etwas Unerlöstes und Uneingelöstes bestehen, das weder zum Verschwinden gebracht noch zur geistigen Substanz transformiert werden kann. Der Schaden am Kreuz stellt einen Bruch dar, der die Möglichkeit der Wiederholung um den Preis eines Verlusts eröffnet.[107] Im ächzenden Niedersinken, dass auch an eine Niederkunft denken lässt, wird der Spuk geboren, der unsichtbar und allein als Geräusch vernehmbar die Schlossbewohner heimsuchen wird.

Aus der Sichtbarkeit verschwindend, bleibt vom Bettelweib nur ein a-signifikanter Rest, der das Sinngebäude durchzieht. Ihr Aufstehen unter »unsäglichen Mühen« wie ihr Tod markieren die Grenze des Sagbaren,

---

106 Zum Kreuz als Strukturmoment der Erzählung vgl. auch Gerhard Buhr: »Über den Anfang von Kleists Erzählung«, S. 23f.

107 Gerhard Neumann spricht vom Erbschaden der Kleistschen Anthropologie. Das Straucheln, der Sturz, markiert einen beschädigten Anfang. Vgl. Gerhard Neumann: »Das Stocken der Sprache und das Straucheln des Körpers. Umrisse von Kleists kultureller Anthropologie«, in: Ders.: Heinrich von Kleist. Kriegsfall – Rechtsfall – Sündenfall, Freiburg i. Breisgau 1994, S. 13-30, hier S. 21f.

einen gleichsam unsagbaren Übergang zwischen körperhaftem Laut und dem nun folgenden Versuch, diesen a-signifikanten materialen Rest in Bedeutung zu überführen. Dabei bleibt die bestehende Ordnung von dem, was da geräuschvoll verscheidet, nicht unberührt. Denn einen Bruch bzw. einen Zeitsprung markiert das Verscheiden des Bettelweibs auch auf der Ebene des Erzählens. Der Bericht um den Tod des Bettelweibs wird abgelöst durch die Schilderung von Ereignissen, die »mehrere Jahre nachher« stattfinden. Zwischen dem ersten und dem zweiten Teil der Erzählung klafft also eine Lücke, und es bleibt unklar, welchen Status der Bericht über den Tod des Bettelweibs eigentlich hat. Handelt es sich um eine mythische Vorgeschichte oder um eine Rahmenhandlung? Und warum wird die Urszene des Unfalls als Auflösung des Spuks, als Signifikat eines sinngebenden Lesens am Beginn und nicht am Ende der Geschichte erzählt? Insofern die Erzählung in ihren vor allem durch den Marchese in Szene gesetzten aufklärerischen Implikationen das Ende an den Anfang setzt und damit sozusagen den Leseprozess rückwärts laufen lässt, markiert sie den Schaden am Kreuz auch als Bruch zwischen Ereignis und Rede. Die Erzählung holt das Ereignis nicht als Signifikat des Textes ein, sondern schreibt sich von diesem Bruch her. Nur das Geräusch als Rest, der sich bis zum Ende der Erzählung nicht in die Sichtbarkeit bringen lässt, durchzieht als Übergangsphänomen, das keiner Zeit anzugehören scheint, den Text. In der Folge nun gerät der Marchese, was die äußeren Umstände seiner Existenz betrifft, selbst in die Nähe der alten bettelarmen Frau, ist er doch, wie es heißt, durch »Krieg und Miswachs« in »bedenkliche Vermögensumstände« geraten. Der prekären Lage soll nun durch die erneute Aufnahme eines Fremden begegnet werden, der sich ebenfalls im Schloss einfindet und im »obenerwähnten« Zimmer des Schlosses platziert wird.

»Mehrere Jahre nachher, da der Marchese, durch Krieg und Miswachs, in bedenkliche Vermögensumstände gerathen war, fand sich ein florentinischer Ritter bei ihm ein, der das Schloß, seiner schönen Lage wegen, von ihm kaufen wollte. Der Marchese, dem viel an dem Handel gelegen war, gab seiner Frau auf, den Fremden in dem obenerwähnten, leerstehenden Zimmer, das sehr schön und prächtig eingerichtet war, unterzubringen.«[108]

Nicht nur in Bezug auf die Vermögensverhältnisse aber hat das Verschwinden des Bettelweibs offensichtlich keineswegs zu geordneteren Verhältnissen oder gar zu größerer Eindeutigkeit geführt. So ist das leer stehende Zimmer, in das der potentielle Käufer nun einquartiert wird, merkwürdigerweise zugleich schön und prächtig eingerichtet. Und auch

---

108   Heinrich von Kleist: Das Bettelweib von Locarno, S. 10.

der Hinweis, es handele sich bei der Unterkunft des Ritters um das »obenerwähnte« Zimmer, klärt keineswegs seine räumliche Lage und Funktion. Vielmehr stellt der Hinweis auf das »obenerwähnte« Zimmer eine Verbindung zwischen Handlungs- und Darstellungsebene her, die das Erzählen selbstreflexiv kommentiert. Gerade indem das »obenerwähnte«, also schon einmal erzählend beschworene Zimmer noch einmal ins Spiel gebracht wird, wird die Verschiebung seiner Bedeutung innerhalb des umgebenden Kontextes ausgestellt. Mal handelt es sich um einen stallähnlichen Unterschlupf für arme Bettlerinnen, mal um das Jagdzimmer des Marchese und schließlich um das Gästezimmer für finanzkräftige Käufer. Mit dem »obenerwähnten« Zimmer wird also gerade nicht auf einen bestimmten Referenten Bezug genommen, sondern das Zimmer in seiner Zeichenfunktion reflektiert und die Wiederholung als konstitutives Merkmal des Textes in Szene gesetzt. Die Bedeutung des Zimmers aktualisiert sich allerdings, so lässt sich der kleine Hinweis lesen, nicht nur durch den jeweils gegenwärtigen Kontext, der das Zimmer in stets anderer Funktion einsetzt, sondern indem sie ein Vergangenes, »obenerwähntes« anruft. Nicht nur die Schlossbewohner, sondern auch der Leser ist also bei seiner Sinnsuche von den Geistern der vorangegangenen Lektüre heimgesucht. Diese Heimsuchung bildet ein Moment, das nicht in der signifikanten Ersetzungs- und Tauschlogik aufgeht, für die der florentinische Ritter einsteht und die sowohl die Welt des Handels als auch die Ordnung der Signifikanten konstituiert. Denn es ist die Wiederholbarkeit als Gespenstisches des Zeichens, ohne die weder ein Tausch- noch ein Signifikantenwert zu denken ist.

Der florentinische Ritter bringt zudem eine historische Figur ins Spiel, die bezüglich der sozialen Ordnung, die mit dem Gegensatz zwischen Bettelweib und Marchese etabliert wurde, von Interesse ist. Mit dem vermögenden Gast aus Florenz, der in einem prächtigen Zimmer untergebracht wird, taucht Lorenzo de Medici, genannt ›der Prächtige‹, am Horizont des Textes auf. De Medici, einflussreicher Sohn einer Bankiersfamilie und Förderer von Kunst und Wissenschaft, war beim Volk von Florenz beliebt und verkörperte den Konflikt zwischen weltlicher und geistlicher Macht. Als Ritter aus Florenz steht der Gast des Marchese zudem in einer zeitlichen Zwischenstellung, denn er gehört der christlich geprägten mittelalterlichen Welt an und verweist zugleich auf die durch Wissenschaft und Handel erblühende Neuzeit. Ist die christliche Glaubenswelt durch die Themen der Erbsünde, der Schuld und Erlösung durch Christus charakterisiert, so beginnt mit dem Ritter aus Florenz nicht nur der Geist des Renaissance, sondern auch die Welt des Handels Einzug zu halten, in der nicht Schuld, sondern Schulden auszulösen sind. An die Stelle des Opfers bzw. Selbstopfers Gottes, das unvergleichlich ist, tritt die Welt der austauschbaren Werte, der Ersetzung und Abgleichung. Doch der Handel misslingt, denn es zeigt sich, dass sowohl die christliche Auferstehungslehre, als auch der Austausch der Werte vom Spuk heimgesucht wird.

»Aber wie betreten war das Ehepaar, als der Ritter mitten in der Nacht, verstört und bleich, zu ihnen herunter kam, hoch und theuer versichernd, daß es in dem Zimmer spuke, indem etwas, das dem Blick unsichtbar gewesen, mit einem Geräusch, als ob es auf Stroh gelegen, im Zimmerwinkel aufgestanden, mit vernehmlichen Schritten, langsam und gebrechlich, quer über das Zimmer gegangen, und hinter dem Ofen, unter Stöhnen und Ächzen, niedergesunken sei.«[109]

Die erste Begegnung mit dem Spuk stellt die Ordnungen der Sichtbarkeit in Frage. Unsichtbar und dennoch vernehmbar taucht hier etwas, das nicht bezeichenbar ist, in der Gegenwart auf, der es nicht angehört. Diese andere Zeit, die die Zeit des Gespensts ist, beschreibt Jacques Derrida als Dasein eines Abwesenden, das sich dem Wissen nicht fügt. Es ist weder tot noch lebendig, ein »Ding (*une chose*) zwischen Ding und Person (*quelqu'un*)«.[110] In Kleists Erzählung verkörpert sich das Ding jedoch nicht unter dem Schutz eines sichtbar-unsichtbaren artefaktischen Leibs,[111] es bleibt vielmehr als Geräusch auf der Schwelle zwischen akustischem Phänomen und einer konstruierten visuellen Szene. Denn das Auftauchen des Geräuschs ist an seine Diskursivierung geknüpft. Es betritt die Bühne des Geschehens nur, insofern der fremde Gast von ihm berichtet. Wie ein Botenbericht lässt die im Konjunktiv gehaltene Rede des Ritters den Spuk, der sich sozusagen an einem anderen Schauplatz ereignet, in der Gegenwart der Schlossbesitzer erscheinen. Doch die Einordnung der Geräusche, die das, was zu hören ist, mit einer Vorstellung verknüpft, bleibt im Bericht des Ritters vage. Dem undefinierbaren Etwas, das sich vom Winkel her erhebt, entspricht das schwankende »als ob«, in dem die weiteren Umstände beschrieben werden und das die Zuordnung der akustischen Erscheinungen zum vorhergehenden Geschehen in der Schwebe hält. An die Stelle eindeutiger Sinnbezüge und Referentialitäten tritt die hypothetische Konstruktion. Die Wahrnehmung des Spuks berührt damit jene Grenze zwischen der Wahrnehmung eines Objekts und der von subjektiven Einbildungen und Fantasien durchzogenen Eindrücke, die Kant so sorgfältig voneinander scheiden wollte. Kleists Erzählung plädiert aber nicht einfach für das Reich des Fantastischen als

---

109   Ebd.

110   Jacques Derrida: Marx' Gespenster, S. 20.

111   Derrida beschreibt den artefaktischen Leib mit dem Bild der Rüstung als Visier-Effekt. Vgl. ebd., S. 20f.

bevorzugten Gegenstand der Literatur. Sie zeigt stattdessen, dass der Wille zum Wissen, der den Marchese (und den Leser) umtreibt, und die Wahrnehmung dessen, was ist, nicht ohne einen Prozess der Bedeutungsgebung, der Übersetzung der a-signifikanten Geräusche in eine von Fiktionen durchzogene Bedeutung zu haben ist. Der Spuk ist damit auch eine gespenstische Urszene des Sinns, die die Übersetzung des Unfugs, der a-signifikanten Geräusche in Sinn beschreibt. Das Geräusch ist Rest eines Abgeschiedenen, ein materiales Etwas vor jeder Bedeutung, dessen intervallartige Wiederkehr den Prozess der Sinngebung zugleich in Gang hält und unterbricht. Und während nun der Ritter nicht weiß, wie ihm geschieht und der Leser den Spuk zwangsläufig mit dem »obenerwähnten« Tod des Bettelweibs verknüpft, sind die Schlossbewohner von einer eigentümlichen Verdrängung befallen. Dabei ist die scheinbare Wiederholung des tragischen Unfalls auf der akustischen Ebene nur auf den ersten Blick offensichtlich. Denn der geräuschhaften Angelegenheit fehlt ein entscheidendes Detail: der Sturz des Bettelweibs und sein anschließendes Verscheiden. Ein Fehlen, das die zeitlichen und kausalen Bezüge unterbricht. Denn das Fehlen des Bruchs lässt offen, ob sich das Geräusch auf das erste oder zweite Emporheben des Bettelweibs, vor oder nach dem Sturz bezieht. Das Geräusch ist zudem nicht einfach als Wiederholung des tragischen Unfalls, eines vergangenen Geschehens zu lesen. Vielmehr handelt es sich bei dem unheimlichen Spuk um die paradoxe Wiederkehr eines Etwas, von dem nicht mehr eindeutig gesagt werden kann, ob es tot oder lebendig, vergangen oder zukünftig ist. Der Bruch, den der Sturz des Bettelweibs figuriert, ist ein Bruch in der Zeit, der die Gegenwart selbst aus den Fugen geraten lässt und die Grenze zwischen der Präsenz des Spuks und dem Gespenstischen der Gegenwart befragt. Dass die Lage des Marchese nicht nur hinsichtlich seiner Vermögensverhältnisse von wachsender Unsicherheit geplagt ist, zeigt die ambivalente Reaktion des Schlossherren auf den nächtlichen Boten.

»Der Marchese erschrocken, er wußte selbst nicht recht warum, lachte den Ritter mit erkünstelter Heiterkeit aus, und sagte, er wolle sogleich aufstehen, und die Nacht zu seiner Beruhigung, mit ihm in dem Zimmer zubringen.«[112]

Schwankend zwischen Wissen und Nicht-Wissen mimt der Marchese den überlegenen Schlossherrn, der sich allerdings bezüglich seines Territoriums keineswegs mehr so sicher ist, wie er vorgibt. Denn der grammatische Bezug lässt unklar, wessen Beruhigung die angebotene gemeinsame Übernachtung eigentlich dienen soll. Geht es darum, den Ritter von der Nicht-Existenz des Spuks zu überzeugen, oder will sich der Marchese

---

112   Heinrich von Kleist: Das Bettelweib von Locarno, S. 11.

selbst versichern, dass der Ritter der einzige Fremde im Haus ist? Und ist
das Nicht-Wissen, das Vergessen, von dem die Schlossbesitzer befallen
sind, nicht konstitutiv für ihre Existenz, sofern sich diese als gegenwärtig
setzt? Doch einmal erwähnt, ist das Verhältnis zum Spuk von der Erwartung seines Wiedererscheinens geprägt, der Bericht des Ritters infiziert
das Schloss und lässt ein Gerücht unter dem Gesinde emporsteigen. Und
während das Gerücht, das sich wie einst das Bettelweib selbst *erhebt*, das
Wiederkommen des Spuks geradezu heraufbeschwört, ist der Marchese
ganz aufklärerisch entschlossen, dem Gespenst den Garaus zu machen
und die diskursive Beschwörung dieser kollektiven Vorstellung »mit
einem entscheidenden Verfahren niederzuschlagen«.[113] Die Jagd auf das
Gespenst, die der Marchese unternimmt, ist dabei eine Wiederholung
seines ursprünglichen Befehls, welcher das Bettelweib hinter dem Ofen
verschwinden lassen wollte. Der Wille, sich bezüglich der Existenz des
Geräuschs Gewissheit zu verschaffen, markiert damit ein paradoxes Verhältnis zum Gespenstischen. Denn man verjagt das Gespenst, so Derrida,
um von ihm heimgesucht zu werden, um sein Leben damit zu verbringen,
sich ihm anzunähern.[114] Das Verfahren des Marchese, welches das Gespenst für nicht-existent erklären soll, verkennt somit, dass dem Verjagen
des Bettelweibs die Heimsuchung bereits inhärent war. Dabei geht es
nicht eigentlich darum, den Spuk loszuwerden, denn in diesem Fall wäre
ein Verlassen des Schlosses, welches der Marchese ohnehin um jeden
Preis veräußern möchte, die nahe liegende Lösung. Vielmehr hängt das
Leben des Marchese an dem Spuk, insofern es sich zwischen der wiederholenden Beschwörung der Toten, der Vergangenheit, und einer sich an-
kündigenden Zukunft ereignet. Das juridisch anmutende Verfahren, das
dem Gespenst den Prozess machen soll, ruft dieses erneut herbei. Beim
Schlage der Geisterstunde wird der Schlossherr selbst Ohrenzeuge der
mitternächtlichen Geräuschkulisse.

»Aber wie erschüttert war er, als er in der That, mit dem Schlage der Geisterstunde, das unbegreifliche Geräusch wahrnahm; es war, als ob ein Mensch sich
von Stroh, das unter ihm knisterte, erhob, quer über das Zimmer ging, und hinter dem Ofen, unter Geseufz und Geröchel niedersank.«[115]

Das Auftauchen des Geräuschs ist mit einer Erschütterung verbunden,
die sich bereits im Stroh, auf dem das Bettelweib lag, ankündigte. Ebenso ist im Knistern, das im Bericht des Ritters noch nicht genannt wird,
bereits das Feuer, dem das Schloss und der Marchese zum Opfer fallen

---

113 Ebd., S. 11f.
114 Vgl. Jacques Derrida: Marx' Gespenster, S. 191.
115 Heinrich von Kleist: Das Bettelweib von Locarno, S. 12.

werden, enthalten. Wie das Gerücht das Hausgesinde infiziert, so scheint auch der Text von den Wortbedeutungen heimgesucht und buchstäblich angesteckt zu werden. Das Geräusch, von dem nun im Indikativ und nicht mehr im Konjunktiv berichtet wird, rückt dem Marchese näher, ohne dass es dem Verstand zugänglich wäre. Dem Willen zum Wissen und zur Aufklärung des Spuks stellt sich das Geräusch als unbegreifliches, dem Sinn nicht zugängliches Moment gegenüber. Doch während der Bericht des Ritters noch vom langsamen und gebrechlichen Gang eines undefinierbaren Etwas spricht, ist es nun, als ob ein Mensch sich von Stroh erhebt, um schließlich unter Geseufz und Geröchel niederzusinken.

Fast unmerklich findet in der Wiederholung des Geschehens eine Verschiebung statt. Denn insofern der Gang nicht mehr als gebrechlich erscheint, kann auch das Geseufz und Geröchel nicht mehr eindeutig als Todeskampf identifiziert werden. Einerseits wird das Geräusch also mit dem Hinweis auf seinen scheinbaren menschlichen Ursprung vereindeutigt, zugleich kann es aber nicht nur auf den Tod, sondern auch auf einen Geburtsvorgang verweisen. Die Erschütterung, die das Vernehmen des Geräuschs beim Marchese hervorruft, ist damit nicht allein als Angst vor der Wiederkehr einer Toten zu deuten, sondern das auf einen Menschen hindeutende Geräusch stellt in Frage, an welchem Ort das Menschliche, das Lebendige und das Tote anzusiedeln sind. Oder anders gesagt: Die Erhebung dieses menschenähnlichen Etwas erschüttert die Gewissheit des Marchese bezüglich seiner eigenen Lebendigkeit. Ebendeshalb muss er Jagd auf das Gespenst machen und die Angelegenheit in Anwesenheit seiner Frau einer erneuten kaltblütigen Prüfung unterziehen, ein Unternehmen, welches beide angesichts ihres offenbar erkalteten Blutes selbst in die Nähe des Todes rückt. Nachdem nun der Versuch, vor den Bediensteten »dem Vorfall irgend eine gleichgültige und zufällige Ursache, die sich entdecken lassen müsse, unterzuschieben«, dem Entsetzen des gräflichen Paares selbst offensichtlich keine Beruhigung verschaffen kann, beschließen die Schlossbesitzer am folgenden Abend »der Sache auf den Grund zu kommen«.

»Am Abend des dritten Tages, da beide, um der Sache auf den Grund zu kommen, mit Herzklopfen wieder die Treppe zu dem Fremdenzimmer bestiegen, fand sich zufällig der Haushund, den man von der Kette losgelassen hatte, vor der Thür desselben ein; dergestalt, daß beide, ohne sich bestimmt zu erklären, vielleicht in der unwillkührlichen Absicht, außer sich selbst noch etwas Drittes, Lebendiges, bei sich zu haben, den Hund mit sich in das Zimmer nahmen. Das Ehepaar, zwei Lichter auf dem Tisch, die Marquise unausgezogen, der Marchese Degen und Pistolen, die er aus dem Schrank genommen, neben sich, setzen sich, gegen eilf Uhr, jeder auf sein Bett; und während sie sich mit Gesprächen, so gut sie vermögen, zu unterhalten suchen, legt sich der Hund, Kopf und Beine zusammen gekauert, in der Mitte des Zimmers nieder und schläft ein.«[116]

Wie vordem das Bettelweib und der florentinische Ritter sich im Schloss des gräflichen Paares wie zufällig einfanden, so findet sich nun ein Hund als Dritter vor dem Fremdenzimmer ein. Bereits die Eingangsformulierung »Am Abend des dritten Tages« erinnert an die biblische Schöpfungsgeschichte und verweist damit auf jenen religiösen Mythos, der von der Verlebendigung der Materie durch den Geist und das Wort Gottes spricht. Dass es auch in Kleists Erzählung im Folgenden um die Frage des Lebendigen gehen soll, deutet die Aufnahme des Hundes in das Zimmer an. Denn der Marchese und seine Frau sind von der unwillkürlichen Absicht beseelt, »außer sich selbst noch etwas Drittes, Lebendiges, bei sich zu haben«. Abgesehen davon, dass diese Handlung in ihrer unwillkürlichen Absicht zwischen Intentionalität und reflexartigem bzw. unbewusstem Tun schwankt, gibt auch der auffällige Einschluss des Lebendigen zwischen zwei Kommata zu denken, stellt sich doch die Frage, ob nun lediglich dem Hund als Drittem, nicht aber dem Marchese und seiner Frau das Attribut des Lebendigen zugesprochen werden kann.

Unterstrichen wird dieser Eindruck noch durch die merkwürdige Platzierung des Paares im Fremdenzimmer, das nun kurzerhand zum ehelichen Schlafgemach umfunktioniert wird. Das Paar nimmt hier buchstäblich eine Setzung vor, indem jeder auf seinem Bett Platz nimmt, »die Marquise unausgezogen, der Marchese Degen und Pistolen, die er aus dem Schrank genommen, neben sich«. Die Inszenierung der Schlossbesitzer, ausgestattet mit den kulturellen Zeichen ihrer symbolischen Position, erinnert dabei eher an ein Gemälde als an eine lebendige Szene. Insbesondere die vollständige Bekleidung auf dem Bett unterstreicht den Eindruck des Unlebendigen, denn während im Leben die Kleidung zur Nacht abgelegt wird, ist es auf dem Totenbett üblich, den Körper der Verstorbenen durch Gewänder zu verhüllen. Die Repräsentation des Herrscherpaares im Bild enthält also zugleich den Hinweis, dass dem, was zu sehen ist, offensichtlich das Leben fehlt. Angesichts des Geräusche machenden Spuks, der ja ebenfalls zwischen Leben und Tod schwankt, erfährt die so selbstverständlich anmutende Formulierung des Dritten, Lebendigen damit noch eine weitere Komplikation. Denn der Marchese, der sich angesichts des Spuks erschüttert sah und nun wild entschlossen ist, den geräuschhaften Spuk, der die selbstvergessene Präsenz der Schlossbewohner heimsucht, zu stellen und zur Strecke zu bringen, erscheint in dieser Szene selbst als lebloses Bild, das an die Stelle des Lebendigen tritt.

---

116 Ebd., S. 13f.

Ungewöhnlich ist aber auch die Position des Hundes, der sich »Kopf und Beine zusammen gekauert, in der Mitte des Zimmers« niederlegt. Nicht im Winkel, sondern mitten im Zentrum des Raumes beschreibt die Haltung des Hundes eine kreisförmige Figur, die sich auch als Loch oder Null lesen lässt. Diese Figur ist nun im Zusammenhang mit einer ebenfalls im Text genannten Ziffer, nämlich der Uhrzeit, »eilf Uhr«, von Interesse, die jenen Zeitpunkt markiert, an dem sich das Ehepaar auf seiner jeweiligen Schlafstätte platziert. Denn die Elf ist, wie Marianne Schuller schreibt, als Ziffer durch zwei nebeneinander gestellte gleiche Zahlen zu schreiben, zwischen denen die Null nicht repräsentiert ist. »Indem ›11‹ zweimal die ›1‹ und, paradox zu sagen, das Fehlen der Null aufführt, zeigt sie verdeckt die Differenzstruktur des Symbolischen, das auch noch im Materialgleichen insistiert.«[117] Die 1 wiederholt sich zwar scheinbar identisch, ist aber aufgrund ihrer Position zugleich verschieden. Die Erzählung selbst wiederholt zusätzlich die 11 noch einmal im Bild der zwei Lichter auf dem Tisch, die sich zudem deutlich auf die Paarstruktur des Marchese und seiner Frau beziehen. Ist in den Adelstiteln die Differenz durch die italienische bzw. französische Variante markiert, so betont die Formulierung »Das Ehepaar, zwei Lichter auf dem Tisch« die Wiederholung des Identischen im Moment der Setzung. Oder anders gesagt: Die Setzung als Bild, die Repräsentation des Lebendigen als mit sich selbst Identischem, setzt voraus, dass sich die Null als Nicht-Identisches, als konstitutive Leerstelle zwischen den Ziffern schlafen legt. Doch was geschieht im Augenblick der Mitternacht?

»Drauf, in dem Augenblick der Mitternacht, läßt sich das entsetzliche Geräusch wieder hören; jemand, den *kein Mensch mit Augen sehen kann*, hebt sich, auf Krücken, im Zimmerwinkel empor; man hört das Stroh, das unter ihm rauscht; und mit dem ersten Schritt: tapp! tapp! erwacht der Hund, hebt sich plötzlich, die Ohren spitzend, vom Boden empor, und knurrend und bellend, grad' als ob ein Mensch auf ihm eingeschritten käme, rückwärts gegen den Ofen weicht er aus.«[118] [Herv. M.E.]

Im Augenblick der Mitternacht, um null Uhr also, erhebt sich erneut jemand, den »kein Mensch mit Augen sehen kann«. Das nahende Ereignis kündigt sich zudem im Tempuswechsel vom Präteritum zum Präsens an. Der Augenblick der Mitternacht markiert dabei allerdings einen Zeitpunkt, der nicht nur an der Grenze von einem Tag zum anderen angesiedelt ist, seine Momenthaftigkeit lässt ihn auch selbst als Ereignis außer-

---

117 Marianne Schuller: »Ur-Sprung. Kleists Erzählung *Der Findling*«, S. 20.

118 Heinrich von Kleist: Das Bettelweib von Locarno, S. 14.

halb einer linearen Zeitstruktur erscheinen. Die zweifache Wiederholung des Wortes Augen verbindet dabei die Zeitlichkeit mit der Ordnung der Sichtbarkeit. Der »Augenblick der Mitternacht« ruft nicht nur das zeitliche Moment, sondern auch das Öffnen und Schließen der Augen als skandierenden Rhythmus auf, durch den das Objekt zwischen An- und Abwesenheit hervorgebracht wird.

Doch in Kleists Erzählung kommt es zu keiner Wiederkehr im Sinne einer Wieder-Holung, denn das Auftauchen eines sichtbaren Objekts bleibt aus. Im Augenblick der Mitternacht scheint es vielmehr, als blicke die Mitternacht selbst, ein Blick, der angesichts der nächtlichen Dunkelheit zugleich verhüllt und verhüllend ist. Auch das Geräusch, das sich, wie es heißt, »hören lässt«, betont das Moment des Entzugs innerhalb des Wahrgenommenen. Denn die passivische Konstruktion »sich hören lassen« rückt das Objekt, das Geräusch, in den Vordergrund und verschweigt zugleich denjenigen oder dasjenige, von dem das Geräusch verursacht wird. Im Auftauchen des Spuks bleiben die wahrgenommenen Geräusche ungebundene Zeichen ohne Agens und ohne Referenten. Statt einer visuellen Erscheinung taucht nun eine onomatopoetische Wendung, die lautmalerische Nachahmung des ersten Schritts auf, die buchstäblich schlafende Hunde weckt. Es heißt: »[...] und mit dem ersten Schritt: tapp! tapp! erwacht der Hund«. Doch der Anfang, der erste Schritt, der hier mimetisch aufgerufen werden soll, besteht genau genommen aus zwei Schritten. Nicht die mimetische Annäherung an einen natürlichen Referenten also, sondern die Wiederholung des »tapp!«, der Anfang als Wiederkehr, als performative Ankündigung, lässt das onomatopoetische Zeichen aus dem undifferenzierten Rauschen des Strohs hervortreten. Doch anders als es in den vorhergehenden Heimsuchungen der Fall war, kommt es hier zu einer bemerkenswerten Überkreuzung zwischen den akustischen Phänomenen und einer visuellen Übertragungsszene. Denn nun ist es der Hund, der »knurrend und bellend, grad' »als ob ein Mensch auf ihm eingeschritten käme«, rückwärts gegen den Ofen ausweicht. Während die Erscheinung des Spuks als visuelles Phänomen ausbleibt, findet eine buchstäbliche Inkarnation im Hund statt, der den Gang des Bettelweibs zum Ofen wiederholt, wobei auch das Geräusch im Knurren und Bellen auf das Tier überzuspringen scheint. Der erste Schritt, das sich wiederholende »tapp! tapp!«, löst die Stillstellung der Szene auf, ein Anfang, dem nicht nur die Figur eines handelnden Subjekts fehlt – handelt es sich bei dem Spuk überhaupt um das Bettelweib? –, sondern der als Anfang bereits Wiederholung ist.

Dieser unmögliche Anfang, die Erweckung des Hundes, geht dabei mit einem raffinierten Buchstabenspiel einher, der die Verlebendigungsszene mit der Schrift oder besser: mit dem Verhältnis von Geist, Materie und Schrift in Verbindung bringt. Denn das italienische Wort für Hund lautet *cane*. Fügt man dem Wort *cane* nun das im Knurren enthaltene r hinzu, so wird *cane* zu *carne*, und der Hund verwandelt sich in das Fleisch. Umgekehrt notiert die Ersetzung von *carne* durch *cane* im Fehlen des r auch den Verlust, der sich im Zuge der Übersetzung ereignet haben wird. Doch was geschieht hier mit dem *cane/carne*? Die Nähe zwischen beiden Signifikanten scheint zunächst auch eine Nähe zwischen dem Hund und dem Bettelweib von Locarno zu implizieren. Wie die arme Bettlerin zum einen als Angehörige der unteren sozialen Schicht, zum anderen in ihrer Beziehung zum *carne*/Fleisch auf das Andere verweist, so ist auch im Hund das Tier als Anderes des Menschen repräsentiert, das – von der Kette losgemacht – auch auf das unkontrollierte Instinkt- und Triebleben hinweist, das ja in der Schlafzimmerszene zwischen Marchese und Marquise gerade nicht stattfindet.

Im Zuge der Erhebung des Menschen zum vernunftbegabten Wesen repräsentiert das Tier das instinktgeleitete Leben, das der vergeistigten Existenz weichen muss. In der Erzählung allerdings ist die Erweckung des Tiers gleichursprünglich mit dem angekündigten Erscheinen eines Menschen, seiner Erhebung als geistiges Wesen. Als komplizierte Überkreuzung erweist sich folglich auch die Beziehung zwischen der verkörperten Existenz des Hundes, dem Materiellen des *carne*, und der immateriellen Existenz des geisterhaften, unsichtbaren Spuks. Denn der Geist erscheint hier nicht einfach wie Goethes Mephisto im Körper des Hundes,[119] es kommt auch nicht zu einer Verlebendigung der toten Klumpen des Materiellen durch das Wort oder gar zu einer Auferstehung des toten Körpers. Vielmehr wird die Grenze zwischen dem Materiellen und dem Geist (im doppelten Sinn des Wortes), zwischen Tod und Leben zum Problem. Denn der Spuk wird als visuelles Phänomen nur wahrnehmbar in der Reaktion des Hundes, die neben dem Knurren und Bellen vor allem darin besteht, dass er jemandem, den kein Mensch mit Augen sehen kann, ausweicht. Dieses Ausweichen aber veruneindeutigt die Grenzziehung zwischen der materiellen Existenz des Hundes und der immateriellen Existenz dessen, was sich hier im Geräusch ankündigt. Denn nach Kant zeichnet sich nur die Materie durch das Merkmal der Undurchdringlichkeit aus. Damit aber stellt sich die Frage, warum der Hund ausweichen muss, ist es doch das Kennzeichen der geistigen Wesen, dass sie – hier sei Kant noch einmal zitiert –»so gar in einem von Materie erfüllten Raume gegenwärtig sein können«.[120] Insofern der Hund ausweicht,

---

119 Vgl. hierzu auch Christoph Meyring: Verfügung in die Schrift: Un-fug. Zu Kleists Erzählung ›Das Bettelweib von Locarno‹, Hannover 2005.
120 Immanuel Kant: Träume eines Geistersehers, S. 10.

kommen dem unsichtbaren, immateriellen Spuk demnach doch gewisse Eigenschaften des Materiellen zu. Während also Kant im Einklang mit der philosophischen Stufenfolge das Geistige zum Lebendigen und die Materie für tot erklärt und so die Stellung des Menschen als vernünftiges und zugleich lebendiges Wesen sichert, lässt Kleist zwei Wesen auftreten, die diese Grenzziehung herausfordern. Während der Hund einerseits als Körper, als materielles Wesen gegenwärtig ist, ihm aber streng genommen das Attribut des Geistigen und damit des Lebendigen nicht zugesprochen werden kann, ist dem Spuk zwar als immateriellem Wesen die Nähe zum Geistigen sicher, als auferstandenem Toten aber gehört er nicht in die Gegenwart der Lebendigen. Doch gerade der Anblick dieser Szene führt nun auf Seiten des aufklärerisch ambitionierten Marchese und seiner Frau buchstäblich zum Ent-Setzen.

»Bei diesem Anblick stürzt die Marquise mit sträubenden Haaren, aus dem Zimmer; und während der Marquis, der den Degen ergriffen: wer da? ruft, und da ihm niemand antwortet gleich einem Rasenden, nach allen Richtungen die Luft durchhaut läßt sie anspannen, entschlossen, augenblicklich, nach der Stadt abzufahren. Aber ehe sie noch einige Sachen zusammengepackt und nach Zusammenraffung einiger Sachen aus dem Thore herausgerasselt, sieht sie schon das Schloß ringsum in Flammen aufgehen. Der Marchese, von Entsetzen überreizt, hatte eine Kerze genommen, und dasselbe, überall mit Holz getäfelt wie es war, an allen vier Ecken müde seines Lebens angesteckt. Vergebens schickte sie Leute hinein, den Unglücklichen zu retten; er war auf die elendiglichste Weise bereits umgekommen, und noch jetzt liegen, von den Landleuten zusammengetragen, seine weißen Gebeine in dem Winkel des Zimmers, von welchem er das Bettelweib von Locarno hatte aufstehen heißen.«[121]

Die Szene hinterlässt im wahrsten Sinne des Wortes Spuren im Bild des souveränen Herrscherpaares und in ihrem Reich, der Ontologie. Nicht nur rückt die Marquise mit ihren sträubenden Haaren in die Nähe des verängstigten Hundes, auch der Marchese, der sich nun seiner Gattin angleicht und sich in der Bezeichnung zum Marquis wandelt, sieht die Grenzen in Gefahr. Sein Ausruf »wer da?« überschreitet dabei jedoch selbst die Grenze des literarischen Textes, indem er auf einen anderen Gespenstertext verweist, nämlich auf Shakespeares *Hamlet*, der mit ebendieser Frage »Wer da?« beginnt.[122] Dem sich wiederholenden Spuk, so lässt sich an dieser Stelle bereits ahnen, wird innerhalb des Kleistschen Textes nicht beizukommen sein, verschiebt sich doch mit der Zita-

---

121   Heinrich von Kleist: Das Bettelweib von Locarno, S. 15.
122   William Shakespeare: Hamlet, S. 5.

tion des Shakespeareschen Dramas die Frage nach dem Anfang des Textes erneut.

Doch auch wenn man innerhalb der Grenzen der Erzählung verweilt, wird die Frage nach der Identität dessen, der da kommt, die der Marquis von Panik ergriffen stellt, angesichts der sich wiederholenden Spukszenen zum zentralen Problem. Denn wenn man die Spukszene als Wiederholung des einstigen Unfalls liest und es diesmal der Hund ist, der gegen den Ofen rückwärts ausweicht und damit die Position des Bettelweibs übertragen bekommt, dann ist zu fragen, wer sich auf der anderen Seite unsichtbar in die Richtung des Ofens bewegt und den Hund, der nun wie einst das Bettelweib daliegt, verscheucht. Das Bettelweib? Oder der Marchese, der in der Anfangsszene die Frau aus dem Winkel verscheuchte und nun seine zentrale Position durch den in der Mitte, also im Zentrum liegenden Hund bedroht sieht? Mit dem Austausch der Signifikanten, der aus dem Marchese von einst einen gegenwärtigen Marquis macht, tritt das differentielle Moment der Wiederholung hervor, innerhalb derer der Marchese seinem eigenen gespenstischen Kommen begegnet. Es ist also die Gegenwart, die Zeit als Identitätsprinzip, die hier vom Gespenstischen heimgesucht und ent-setzt wird. Der Spuk wiederholt nicht einfach die Vergangenheit, von dessen Erbe sich der Marchese nicht befreien kann, er setzt zugleich die Zukunft des Marchese in Szene, dessen Gegenwart eben kein sich selbst gegenwärtiges Ich sein kann, weil sich diese nur im Verhältnis zur Vergangenheit wie zu einer nicht zu wissenden Zukunft momenthaft, im uneinholbaren Augenblick der Mitternacht, ereignet haben wird.

Die Figur dessen aber, der sich erhebt, als ob er ein Mensch wäre, das ist nicht mehr die Figur des Menschen als Inbegriff des Geistes und der Vernunft, die der Marchese/Marquis nur noch im Zerrbild des Rasenden repräsentieren kann. Doch damit stellt sich die Frage, was es heißt, das sich hier ein Mensch ankündigt? Angesichts der christlichen Motive, die die Erzählung durchziehen, erinnert der Mensch, der sich erhebt, noch einmal an die Figur Christi, die hier allerdings nicht als Fleisch gewordener Erlöser auftritt. Der Mensch, der sich erhebt, bleibt im Modus der Ankündigung, er wird kommen, er kommt von der Zukunft her, und die Ankündigung seiner Ankunft stellt ein seismisches Ereignis im Sinne Derridas dar, ein Ereignis, das vom schwankenden, chaotischen und ungefügten Grund der Zeiten her gegeben ist.[123] Dieses Uneingelöste, das sich ankündigt, verbindet die Begegnung mit dem Bettelweib mit einer Verpflichtung auf den anderen Menschen, das heißt mit einer Schuld, die nicht in der Sühne oder Erlösung aufgeht, weil der

---

123   Vgl. Jacques Derrida: Marx' Gespenster, S. 232.

Bruch in der Zeit, der die Bedingung der Möglichkeit der Gegenwart ist und der das eigene Leben in die Verantwortung gegenüber dem Anderen einbindet, kein zu vermeidender Unfall ist. Es ist daher auch nicht der Spuk, das wiederkehrende Geräusch, welches den Schlossbesitzern zum Verhängnis wird, sondern der Versuch des Marchese und seiner Frau, die Enteignung ihrer Selbstgewissheit abzuleugnen. Im Versuch, die Winkel des Zimmers zu vernichten und so die Wiederholung des Spuks zu verhindern, verkennt der Marchese seine eigene Abhängigkeit von dem, was er vernichten will. Nicht zuletzt die Holztäfelung des Zimmers, in der auch die Tafel als Schriftgrund enthalten ist, macht das »obenerwähnte Zimmer« schließlich zu einem Ort des Gesetzes und der Schrift. Wenn also der Marchese an diesem Ort versucht die Wiederholung selbst zu verhindern, zielt sein Vernichtungswunsch auf die Iterabilität des schriftlichen Zeichens. Der Winkel aber bleibt, er überdauert als unzerstörbarer Rest die Zeit, auch die Zeit des Marchese. Und noch heute, so heißt es, liegen in dem Zimmer, »von den Landleuten zusammengetragen« die weißen Gebeine des Schlossherrn. Die merkwürdige Wendung, nach der »noch jetzt« die Gebeine in dem Winkel des Zimmers liegen, überkreuzt das Ende der Erzählung mit ihrem Anfang, dem evozierten Blick auf das zerstörte Schloss. Während das Schloss von einem bestimmten Blickwinkel aus zerstört erscheint, bleibt der Zimmerwinkel paradoxerweise erhalten. Die toten Überreste bewahrend, wird er zu einer Grabstätte, die sich als kryptische Einschließung inmitten des zerstörten/unzerstörten Schlosses befindet. Dabei erinnern die Überreste des Schlossherrn in ihrer fleischlosen Materialität an jene Buchstaben aus Elfenbein, mit denen Nicolo im *Findling* seinen eigenen Namen anagrammatisch zu Colino verdreht und damit das Fremde im Eigenen zum Vorschein bringt. Verdreht ist hier auch der Beginn der Erzählung, denn nun sind es die Landleute, die wie das Bettelweib zur unteren sozialen Schicht gehören,[124] die die Überreste des Marchese zusammentragen. Wie eine archaische Knochenschrift markieren diese jenen Winkel, in dem das Fremde in Gestalt des Bettelweibs einst lag. Doch was könnte diese an den Tod, an die eigene Vergänglichkeit gemahnende Schrift bedeuten, die nun am Ende der Erzählung als eine Art unzugänglicher Urschrift an der Stelle des heterogenen Anderen im Winkel liegt? Zum einen stellt das Ende eine Umkehrung der christlichen Lehre dar, indem hier gerade nicht der Über-

---

124 Lynne Tatlock und Joseph Loewenstein haben sich ausführlich mit der sozialen Frage, die in Kleist Erzählung eingelassen ist, und dem Status der Bettler beschäftigt. Vgl. Lynne Tatlock/Joseph Loewenstein: »Wer da? The Displaced *Bettelweib von Locarno*«, in: Paul Michael Lützeler/David Pan (Hg.): Kleists Erzählungen und Dramen. Neue Studien, Würzburg 2001, S. 61-75.

gang zum Fleisch, die Fleischwerdung als Verlebendigung des Wortes thematisiert wird. Vielmehr wird mit der Knochenschrift, die noch jetzt in der Gegenwart des Erzählens, an einem unzugänglichem, unmöglichen Ort sich befindet, dem Leben der Tod eingeschrieben, markiert der Körper-Rest den Übergang vom Fleisch zum Wort unter dem Zeichen des Todes. Das Lebendige bleibt damit eine innerhalb des Symbolischen nicht zu überschreitende Grenze. Und doch bleibt das Bettelweib von Locarno, das, was vom Fleisch herkommt, auf der Schwelle, ein Fremdes, das die Schrift heimsucht. Innerhalb der Schrift ist das Lebendige stets noch einzulösen, fordert es vom Text Gerechtigkeit ein, eine Gerechtigkeit, die der Text, weil er Schrift ist, niemals erfüllen kann. Eine Gerechtigkeit, die die Zeiten überdauert, die sich der christlichen Lehre ebenso wie der Aufklärung als Gespenst einschreibt. Eine Gerechtigkeit, die damit gerade nicht auf die Erfüllung der Schrift, auf die Totalität einer verwirklichten Utopie abzielt, sondern die Schrift und damit auch den literarischen Text in eine Hantologie einschreibt. Die Knochenschrift lässt das unwiderruflich Tote der Buchstaben hervortreten, das weder durch einen in der Schrift sich präsentierenden Geist noch im Rekurs auf ein außerhalb der Schrift liegendes Lebendiges zusammengehalten wird. Ihre Versammlung ist buchstäblich ein Zusammentragen von Fragmenten, Bruchstücken, die sich zu keiner Einheit mehr fügen. Und dennoch ›gibt es‹ ein ›Lebendiges‹ des Textes, das gerade in der Wiederholung des Spuks besteht, in der Ankündigung dessen, was die Schrift verfehlt und was dennoch im sich wiederholenden Geräusch seiner Ankunft harrt. Auffälligerweise taucht nun in der Erzählung die Titelzeile »Das Bettelweib von Locarno« noch einmal auf, und zwar nur dieses eine Mal am Ende des Textes: »[...] und noch jetzt liegen, von den Landleuten zusammengetragen, seine weißen Gebeine in dem Winkel des Zimmers, von welchem er das Bettelweib von Locarno hatte aufstehen heißen.« Die Wendung »heißen« bedeutet nicht nur einen Befehl, sondern verweist auch auf die namensgebende Funktion des Titels und damit auf den Anfang zurück. Mit der Ankündigung des Titels beginnt nicht nur für den Marchese, sondern auch für den Leser die Jagd auf das Gespenst des Sinns, soll sich das Bettelweib zu einer Identität versammeln und im Text zeigen. Doch die Erhebung des Bettelweibs in den Status der Ontologie missglückt. Denn dem Text selbst haftet das Gespenstische an. Anstelle eines rekonstruierbaren Ursprungs oder eines hinter dem Visier des Textes erscheinenden Geistes bleibt dem Text mit dem sich wiederholenden Geräusch ein Uneingelöstes eingeschrieben, das wiederkommen wird, das immer wieder noch zu schreiben und zu lesen ist.

ENTGRENZUNGEN

Die Frage der Grenze und der Grenzwahrnehmung ist nicht ohne Rekurs auf den seit Mitte des 18. Jahrhunderts – insbesondere zur Beschreibung weiter und unermesslicher Landschaften – verwendeten Begriff des Erhabenen zu denken. Dabei ist das Erhabene, das noch im 17. Jahrhundert innerhalb der Rhetorik stilistische Merkmale bezeichnet und erst in ästhetischen Theorien mit der Grenzenlosigkeit der äußeren Natur in Verbindung gebracht wird, von vielfältigen Umschriften geprägt.[1] Mal rückt es in die Nähe des Sinnlichen, mal ist es Zeichen eines transzendentalen Prinzips, mal wird es der Natur selbst, mal dem Subjekt zugeschrieben, um von dessen Erhebung ebenso zu künden wie von seinem Scheitern.[2] Das Erhabene bringt die Grenze ins Spiel, es überfordert das Vermögen des Subjekts, sei dieses nun als Sinnesleistung oder Einbildungskraft beschrieben. Als ästhetische Grenzerfahrung steht es für die Öffnung auf ein Absolutes hin. Damit fordert es strukturell die Darstellungsstrategien und Begriffssysteme heraus, denn wo der Rahmen des Unbegrenzten nicht mehr begrifflich gefasst werden kann, wird auch das Denken der Grenze prekär. Als Überschreitung des Rahmens ist das Erhabene nicht repräsentativ. Während philosophische Untersuchungen daher das Erhabene als undarstellbares, grenzenloses Außerhalb ihrer begrifflichen Ordnung thematisieren, als parergonale Rahmung und Entgrenzung zugleich, gehen die Texte Kleists, aber auch Stifters den Ritualen und performativen Akten der Grenzziehungen nach, die diese Ordnungen etablieren und an denen zugleich ihre Kontingenz wie die Möglichkeit ihrer Neuverhandlung aufscheint. Iris Denneler hat Kleists anarchistische Ordnungen, die von Gewalt, widersprüchlichen Rechtsbegriffen und Uneindeutigkei-

---

1 Zur Genese des Begriffs der erhabenen Natur vgl. Christian Begemann: »Erhabene Natur. Zur Übertragung des Begriffs des Erhabenen auf Gegenstände der äußeren Natur in den deutschen Kunsttheorien des 18. Jahrhunderts«, in: Deutsche Vierteljahrsschrift für Literaturwissenschaft und Geistesgeschichte 58 (1984), S. 74-110.

2 Vgl. hierzu auch Christine Pries (Hg): Einleitung zu: Das Erhabene. Zwischen Grenzerfahrung und Größenwahn, Weinheim 1989, S. 1-30.

ten geprägt sind, als »Bankrotterklärung des Erhabenen«[3] bezeichnet. Obwohl sich Kleist nie theoretisch mit dem Erhabenen auseinandergesetzt habe, zeugen seine Texte, so Denneler, vom Schrecklichen im Menschen selbst, das sich weder durch die Vernunft noch durch die Kunst harmonisieren lasse. Dem entspreche Kleists monströser Stil, seine »Rhetorik des Terrors«, die sich in endlosen Sätzen wie in der durch Satzzeichen zerklüfteten Struktur seiner Texte ausdrücke.[4] Kleists zerstörerische Szenarien sind allerdings, wie die vorangegangen Lektüren zeigen konnten, nicht einfach das schreckliche Gegenbild einer auf dem Vernunftprinzip basierenden Ordnung der Welt. Die Herausforderungen an Kleists Ordnungen ergehen vielmehr von dem her, was gleichermaßen außerhalb und in ihnen ist. Die Katastrophen ereignen sich gerade dadurch, dass die Grenzen der Ordnungen absolut gesetzt werden, dass das, was diese notwendigerweise in ihrem Innersten als Fremdes durchzieht, was als Uneingelöstes, Mögliches, Zukünftiges in ihnen verharrt, zum Verschwinden gebracht werden soll. Es sind Ordnungen, die von ihren Zwischenräumen, Schwellen und Winkeln her heimgesucht werden. Orte, an denen Überschreitungen und Durchquerungen, Verstreuungen und Deplatzierungen der kulturellen Codes stattfinden. Nicht allein Skepsis, sondern das Wissen um die unhintergehbare Paradoxie jeder Ordnung, die sich durch performative und damit wiederholbare Grenzziehungen erst konstituiert und so immer schon ihre eigene Überschreitung impliziert, kennzeichnet das literarische Projekt Kleists. Kleists Texte gehen den Grenzen und Bruchstellen jener Ordnungen nach, sie treiben hervor, was der Gerechtigkeit harrt und sich keinem allgemeinen Gesetz fügt. Dass Kleist kein ungebrochenes Verhältnis zur Ästhetik des Erhabenen haben kann, zeigen gerade jene Texte, die sich mit dem Grenzenlosen als Thema der bildenden Kunst beschäftigen. Seine »Empfindungen vor Friedrichs Seelandschaft« sowie eine Beschreibung der populären Panoramenkunst in einem Brief an Wilhelmine von Zenge bezeugen Kleists Absage an eine didaktische Funktion der Kunst, wie sie beispielsweise Schillers Ästhetik des Erhabenen entwirft. Kleist, dem der Bezug auf die Vernunft zum Problem geworden ist, inszeniert sich vielmehr als ein ironischer und melancholischer Betrachter, der sich vor dem Bild weder erhebt noch verliert, sondern die vom Erhabenen markierte Grenze der Repräsentation im imaginierten Eintritt in das Bild noch einmal beschwört, um aus dem Abbruch heraus einen Raum zu eröffnen für das noch nicht Gesagte.

---

3   Iris Denneler: »»Denn nie besser ist der Mensch, als wenn er es recht innig fühlt, wie schlecht er ist«« – Kleists Bankrotterklärung des Erhabenen«, in: Études germaniques 50 (1995), Nr. 4, S. 713-732.

4   Ebd., S. 722ff.

Schrecken und Erhabenheit bei Edmund Burke

Edmund Burke veröffentlichte seine Schrift *A Philosophical Enquiry into the Origin of our Ideas of the Sublime and the Beautiful* 1757 in London. Wie später Kant, so untersucht auch Burke zunächst das Erhabene in Abgrenzung zum Schönen. Anders als klassische Theorien der Schönheit sieht Burke das Gefühl des Schönen nicht durch gleichmäßige Proportionen, Zweckmäßigkeit oder Vollkommenheit hervorgerufen, sondern durch eine Idee von Schwäche – Kleinheit, Zartheit, Glätte, Weichheit – die Liebe und Vergnügen hervorruft. Sowohl für das Schöne wie auch für das Erhabene postuliert Burke, dass dieses Gefühl ohne Beimischung von Reflexion auf das Subjekt wirke. Ist der Schönheit das Vergnügen zugeordnet, so ist das Erhabene in seiner stärksten Form durch ein dem Erschrecken ähnliches Gefühl auf Seiten des Subjekts gekennzeichnet.

»Alles, was auf irgendeine Weise geeignet ist, die Idee von Schmerz und Gefahr zu erregen, das heißt alles, was irgendwie schrecklich ist oder mit schrecklichen Qualitäten in Beziehung steht oder *in einer dem Schrecken ähnlichen Weise wirkt,* ist eine Quelle des *Erhabenen.*«[5] [Herv. M.E.]

Das Erhabene ist mit der Erfahrung von Schmerz verbunden, einem Überwältigtwerden des Subjekts. Was erhaben ist, ist zugleich Vorbote des Todes, jenes »Königs der Schrecken«, dessen Macht das Subjekt absolut ausgeliefert ist. Burke beschreibt das erhabene Gefühl einerseits als ein durch Schmerz verursachtes Frohsein, das dadurch zustande kommt, dass das Gemüt angesichts des Erhabenen erschüttert wird, dies aber nicht als Vernichtung des Selbst empfindet. Andererseits erscheint der Schrecken bei Burke aber auch als eine absolute Bedrohung. Im Unterschied zu Kants späterer philosophischer Abhandlung über das Erhabene ist dieses bei Burke zunächst auf der Seite des Objekts situiert, und er nimmt eine erste Klassifizierung verschiedener Objekte vor, die geeignet sind, das Gefühl des Schreckens und des Erhabenen hervorzurufen. Für das Gefühl des Erhabenen kommt es nach Burke nicht so sehr auf die Größe eines Objekts an, sondern allein auf den Schrecken.

»Was also für den Gesichtssinn schrecklich ist, das ist auch erhaben, – einerlei ob die jeweilige Ursache des Schreckens durch die Größe seiner Dimensionen ausgezeichnet ist oder nicht.«[6]

---

5   Edmund Burke: Philosophische Untersuchung über den Ursprung unserer Ideen vom Erhabenen und Schönen, hg. und eingeleitet v. Werner Strube, Hamburg 1989, S. 72.

6   Ebd., S. 91.

Anders als Kant betont Burke die Rolle des Sinnesapparates und damit des Körpers, der als Mittler für das Erhabene fungiert. Nicht der Verstand bzw. die Einbildungskraft wird überfordert, sondern die Sinne selbst werden durch den Schrecken des Erhabenen überwältigt: »Gemüt und Körper sind bei uns so eng und innig verbunden, daß eins ohne das andere unfähig zu Schmerz und Vergnügen wäre.«[7] In besonderer Weise ist hierbei Grenzenlosigkeit die Voraussetzung für das Erhabene. Laut Burke kommt es allerdings nicht darauf an, ob ein Objekt tatsächlich unendlich ist, sondern ob der Sinnesapparat, hier vor allem das Auge, fähig ist, die Grenzen wahrzunehmen.[8] In diesem Sinne ist auch das scheinbar Unendliche erhaben sowie das Unendliche, dass durch Imagination fortgesetzt wird. Für Burke gibt es neben den natürlichen Objekten, die grenzenlos sind, auch ein künstliches Unendliches, das durch Sukzession oder Gleichartigkeit erzeugt wird. Die Einbildungskraft setzt dabei einen einmal gegebenen Impuls fort und erzeugt so in der Vorstellung den Eindruck des Unendlichen.

»Aber man bedenke nur, daß kaum irgend etwas dem Gemüt durch seine Größe imponieren kann, das sich nicht irgendwie dem Unendlichen näherte; dies kann kein Ding, solange wir seine Grenzen wahrzunehmen vermögen; aber *die Grenzen eines Objektes wahrnehmen und es deutlich sehen, das ist ein und dasselbe.*«[9] [Herv. M.E.]

Die Wahrnehmung des Objektes und die damit verbundene Affizierung des Gemüts hängt für Burke also entscheidend von der Rahmung des Gesehenen ab. Eine deutliche Wahrnehmung setzt ein begrenztes Objekt voraus, während das Fehlen einer rahmenden Grenze den visuellen Apparat überfordert. Doch nicht nur die Größe eines Objekts kann in diesem Sinne unendlich sein, sondern auch die äußerste Kleinheit trägt das Kennzeichen des Erhabenen, denn auch angesichts der absoluten Winzigkeit versagt die sinnliche Wahrnehmung.[10] Neben dem unendlich Großen und dem grenzenlos Kleinen nennt Burke weitere erhabene Objekte, so die Leere, die Finsternis, die Einsamkeit und das Schweigen sowie extremes Sonnenlicht, das durch ein Übermaß an Helligkeit blendet. Vor allem aber die Finsternis und Schwärze ist es, die nach Burke eine Überforderung des Auges darstellt. Für die rassistischen Implikationen, die hierbei auftreten, bleibt Burke jedoch blind. Vielmehr versucht er den Schrecken des Schwarzen durch das überlieferte Beispiel eines

---

7   Ebd., S. 173.
8   Ebd., S. 98.
9   Ebd.
10 Ebd., S. 109.

blind geborenen Jungen zu belegen, der sich vor einem ›Schwarzen‹ fürchtet.[11]

Neben der visuellen Wahrnehmung sind es aber auch der Hörsinn sowie der Geschmacks- und Geruchssinn, die bei Burke als Mittler des Erhabenen auftreten können. Töne können erhaben sein, wenn sie plötzlich auftreten und eine Spannung der Aufmerksamkeit erzeugen oder aber wenn die organischen Schwingungen sich fortsetzen, obwohl der Ton schon abgeklungen ist. Ebenso erweckt das Geräusch gewaltiger Wasserfälle, tosender Stürme, aber auch das Geschrei einer großen Menschenmenge das Gefühl des Erhabenen. Für den Geruchssinn und den Geschmack findet Burke allerdings nur wenige Bespiele, der Schwerpunkt liegt also auch hier auf den Fernsinnen als privilegierten Mittlern des Erhabenen. Dennoch unterscheidet sich Burkes Analyse des Erhabenen durch die Einbeziehung aller Sinne und durch die Einbeziehung des Körpers von seinen Nachfolgern Kant und Schiller, die das Erhabene vor allem als Überforderung der Einbildungskraft thematisieren.

Das schlechthin Große.
Kant und die Analytik des Erhabenen

Rahmungen

Immanuel Kant entwickelt seine Analytik des Erhabenen 1790 im Rahmen der *Kritik der Urteilskraft,* die die Zweckmäßigkeit des ästhetischen Urteils in der Vermittlung zwischen Verstand und Vernunft bzw. sinnlicher Welt und übersinnlichen Prinzipien leisten soll. Da es nach Kant keinen Weg von der sinnlichen Welt zu den Ideen der Vernunft gibt, vom Subjekt aber dennoch die Teilhabe an diesen Prinzipien gedacht werden soll, fungiert die ästhetische Erfahrung als Bindeglied zwischen beiden Bereichen. Versucht wird hierbei zunächst die Bestimmung des Erhabenen in Abgrenzung zum Schönen, doch diese begriffliche Einfassung bleibt äußerst widersprüchlich, eine Widersprüchlichkeit, die nicht zuletzt als Affizierung der Abhandlung durch ihren Gegenstand gelesen werden muss. Anders als das Erkenntnisurteil, welches auf die Welt der Objekte gerichtet ist, ist das ästhetische Urteil durch die Empfindung von Lust und Unlust vermittelt und damit allein auf das Subjekt bezogen. Das Geschmacksurteil ist, wie Kant betont, ohne alles Interesse, das heißt, es ist weder von moralischen Prinzipien noch durch Sinneslust getrübt. Das ästhetische Urteil soll zudem frei von Reiz und Rührung sein und sich nur auf die Zweckmäßigkeit der Form als einer Zweckmäßigkeit ohne

---

11 Ebd., S. 186.

Zweck beschränken.[12] Es bezieht sich damit auf jenen Freiraum, in dem der Gegenstand sich der Begriffsbestimmung durch den Verstand entzieht. Zugleich aber ist das Geschmacksurteil nicht rein subjektiv, sondern mit dem Anspruch auf subjektive Allgemeingültigkeit verbunden. Schön ist also, was ohne Begriffe als Objekt eines allgemeinen Wohlgefallens vorgestellt wird. Als Beispiele für die Schönheit der Form nennt Kant die Zeichnung als das Wesentliche der schönen Künste, die Komposition als das Schöne der Musik. Farben und Töne können als Reiz hinzukommen, dürfen aber das Schöne der Form nicht stören. Dies gilt auch für die sogenannte *parerga*, die als Zierat zum Kunstwerk hinzukommen und der Vorstellung des Gegenstandes nicht innerlich, sondern äußerlich zugehören.

»Selbst was man Z i e r a t e n (*parerga*) nennt, d.i. dasjenige, was nicht in die ganze Vorstellung des Gegenstandes als Bestandstück innerlich, sondern nur äußerlich als Zutat gehört und das Wohlgefallen des Geschmacks vergrößert, tut dieses doch auch nur durch seine Form: wie *Einfassungen der Gemälde*, oder Gewänder an Statuen, oder Säulengänge um Prachtgebäude. Besteht aber der Zierat nicht selbst in der schönen Form, ist er, wie der goldene Rahmen, bloß um durch seinen Reiz das Gemälde dem Beifall zu empfehlen angebracht: so heißt er alsdann S c h m u c k, und tut der echten Schönheit Abbruch.«[13]

Nun ist, wie Derrida in seiner Kant-Lektüre zeigt, dass *Parergon* nicht nur vom Inneren des *ergons* getrennt, das es supplementiert, sondern es trennt dieses auch vom Außen, der Mauer oder der Umgebung eines Gebäudes. Insofern ist es die Rahmung durch das Parergon, das weder dem Innen noch dem Außen zugehört, welches das Werk rahmt und zugleich überschreitet. Das Parergon schwankt also zwischen Begrenzung und Entgrenzung, es supplementiert einen Mangel im Inneren und dehnt sich daher auf ein Äußeres hin aus, ohne dieses in sich aufzunehmen. Die Bestimmung des Parergon ist nicht einfach an seine Äußerlichkeit gebunden, eine Entscheidung, die ohnehin weitere Schwierigkeiten nach sich zieht. Die Besonderheit des Parergons liegt vielmehr in seiner strukturellen Verbindung zu einem Mangel im Inneren des Werkes. Die *parerga* als Supplemente fügen sich dem Werk bzw. seinem Mangel hinzu, und dieser Mangel ist konstitutiv für die Einheit des Werkes. »Ohne diesen Mangel«, so Derrida, »bedürfte das *Ergon* nicht des *Parergons*.«[14] Die

---

12 Immanuel Kant: Kritik der Urteilskraft, Werkausgabe Bd. X, hg. v. Wilhelm Weischedel, Frankfurt/M. 1974, S. 143.

13 Ebd., S. 142.

14 Jacques Derrida: Die Wahrheit in der Malerei, hg. v. Peter Engelmann, Wien 1992, S. 80.

Besonderheit des Schönen nach Kant ist demnach die Rahmung eines Mangels, denn Kant zieht alle Merkmale ab, die für das Objekt eines Erkenntnisurteils kennzeichnet wären, und bindet das Schöne an ein ästhetisches Urteil, das ohne intentionale Bedeutung, ohne Zweck, ohne Begriff ist und sich auf einen Gegenstand bezieht, von dem alle Farbe, alles Material abgezogen ist. Was an diesem Schönen des ›Ohne‹ letztlich bleibt, ist, so Derridas pointierte Lektüre, das Parergon, das dieses ›Ohne‹ einfasst.[15] Das Problem des Rahmens und des Parergons taucht in der Analytik des Erhabenen wieder auf. Bereits am Beginn seiner Analytik bemerkt Kant:

»Das Schöne der Natur betrifft die Form des Gegenstandes, die in der Begrenzung besteht; das Erhabene ist dagegen auch an einem formlosen Gegenstande zu finden, sofern Unbegrenztheit an ihm, oder durch dessen Veranlassung, vorgestellt und doch *Totalität derselben hinzugedacht wird*: so daß das Schöne für die Darstellung eines unbestimmten Verstandesbegriffs, das Erhabene aber eines dergleichen Vernunftbegriffs genommen zu werden scheint.«[16] [Herv. M.E.]

Insofern das Erhabene hier die von Kant implizierte Öffnung der Einbildungskraft auf die Vernunft hin vollbringen soll, stellt die Analytik des Erhabenen nicht einfach einen Gegensatz zur Analytik des Schönen dar, sie rahmt gewissermaßen die Analytik des Schönen, und zwar indem sie von einem Unbegrenzten spricht. Das Erhabene rahmt einerseits den Bereich des Verstandes, zu dem auch das Schöne als Darstellung eines unbestimmten Verstandesbegriffs noch gehört, und eröffnet zugleich den Bereich der Vernunft, deren Ideen undarstellbar bleiben, die sich nur im Ungenügen der Darstellung zeigen.[17] Das Erhabene markiert also die Grenze zwischen Darstellung und Undarstellbarem, Verstand und Vernunft, ohne der einen oder der anderen Seite zuzugehören. Doch die kurze Passage lässt das Kantsche Erhabene nicht nur im Verhältnis zum Schönen in seiner parergonalen Struktur hervortreten. Denn wie in einer Miniatur zeichnet Kant hier den Weg des Erhabenen nach, indem dem Formlosen des Gegenstandes zunächst die Vorstellung der Unbegrenztheit und diesem wiederum die Totalität der Vernunft hinzugedacht wird. Gemäß dieser Betrachtungsweise wird das Erhabene als Totalität einem Mangel des sinnlich wahrnehmbaren Gegenstandes hinzugefügt, um als-

---

15 Ebd., S. 56ff.

16 Immanuel Kant: Kritik der Urteilskraft, S. 165.

17 Ulrike Dünkelsbühler spricht vom Erhabenen auch als Prozess der Öffnung des Rahmens. Vgl. Ulrike Dünkelsbühler: Kritik der Rahmen-Vernunft. Parergon-Versionen nach Kant und Derrida, München 1991, S. 56.

dann das Ungenügen jeder sinnlichen Darstellung zu verzeichnen. Und doch ist es gerade die Kette der Hinzufügungen – die notwendig wird, weil das Erhabene sich nicht einfach finden lässt – die das Verhältnis zwischen formloser Natur und Vernunft umzukehren droht. Denn der Supplementstatus der hinzugedachten Totalität macht die Vernunft letztlich zu einer Hinzufügung des Formlosen. Zugleich entzieht die hier inszenierte Kette der Supplemente, die dem Erhabenen ein Gesicht verleihen – Formlosigkeit des Gegenstandes, Unbegrenztheit der Vorstellung, Totalität der Vernunft –, der Verortung des Erhabenen jede Festlegung, und es gibt keinen Grund, warum die Kette der parergonalen Supplemente bei der Vernunft als subjektivem Vermögen enden sollte. Dem Erhabenen ist damit nicht nur ein Mangel an Darstellbarkeit, sondern auch eine Instabilität in der Verortung eingeschrieben, die dieses stets in anderen Figuren auftreten lässt.

Doch was versteht Kant nun unter dem Erhabenen, was sind seine Merkmale? Kant bezieht das Erhabene im Folgenden auf die Größe, die allerdings keine messbare Größe meint, sondern eine absolute Größe. »Erhaben nennen wir das, was schlechthin groß ist«.[18] Wie aber kann diese Größe erfahren werden, und worin besteht sie? Kant betont, dass das Erhabene keine Qualität des Gegenstandes ist, sondern ein Geistesgefühl bezeichnet, das von den Gegenständen zwar hervorgerufen wird, aber nicht mit ihnen identisch ist. Diese Gemütsverfassung ist, wie Kant an anderer Stelle expliziert, der Achtung ähnlich, die wir »für unsere eigene Bestimmung« haben und die die »Überlegenheit der Vernunftbestimmung unserer Erkenntnisvermögen über das größte Vermögen der Sinnlichkeit gleichsam anschaulich macht.«[19] Das Erhabene als Verfasstheit des Subjekts verbindet also Subjekt und Vernunft. Dieses lässt mit dem Erhabenen nicht nur den Bereich des Sinnlichen hinter sich, sondern auch den Bereich des Verstandes, nämlich der durch die Einbildungskraft synthetisierten Anschauungen. In gewisser Weise entschädigt Kant das Denken, das nach seiner Auffassung niemals Aussagen über das Ding an sich machen kann, durch eine Fähigkeit zur Selbstreflexion, die die subjektiven Denkoperationen auf das – wenn auch nur hypothetisch angenommene – Absolute hin öffnet, ohne dass dieses im Denken jemals erreichbar wäre. Denn das Erhabene ist keine vom Subjekt geleistete Erweiterung seiner Erkenntnis, sondern ein Erleiden des Subjekts. Insofern die Ideen der Vernunft als geistige Prinzipien nicht darstellbar sind und das Subjekt genötigt ist, etwas zu denken, das sein Vorstellungsvermögen übersteigt, markiert der durch das Erhabene eröffnete Übergang zu-

---

18 Immanuel Kant: Kritik der Urteilskraft, S. 169.
19 Ebd., S. 180.

gleich eine Unmöglichkeit. Objekte, die gemeinhin als erhaben bezeichnet werden, sind damit nicht erhaben zu nennen. Sie dienen dazu, im Gemüt die Unangemessenheit jeder Darstellung des Erhabenen durch sinnliche Darstellung fühlbar zu machen, um sich alsdann den Ideen der Vernunft als dem undarstellbar Erhabenen zuzuwenden.

»[…] denn das eigentlich Erhabene kann in keiner sinnlichen Form enthalten sein, sondern trifft nur Ideen der Vernunft: welche, obgleich keine ihnen angemessene Darstellung möglich ist, eben durch diese Unangemessenheit, welche sich sinnlich darstellen läßt, rege gemacht und ins Gemüt gerufen werden. So kann der weite, durch Stürme empörte Ozean nicht erhaben genannt werden. Sein Anblick ist gräßlich; *und man muß das Gemüt schon mit mancherlei Ideen angefüllt haben, wenn es durch eine solche Anschauung zu einem Gefühl gestimmt werden soll, welches selbst erhaben ist*, indem das Gemüt die Sinnlichkeit zu verlassen und sich mit Ideen, die höhere Zweckmäßigkeit enthalten zu beschäftigen angereizt wird.«[20] [Herv. M.E.]

Das Gefühl des Erhabenen stellt sich nur in Bezug auf die Vernunft ein, es vollzieht eine Übersetzung von der Einbildungskraft zu ihrer sittlichen Bestimmung, sie erweitert sich, indem sie an die Grenze ihres Darstellungsvermögens gelangt und scheitert.[21] Allerdings enthält die Passage einige Uneindeutigkeiten, denn wie Kant anführt, muss das »Gemüt schon mit mancherlei Ideen angefüllt« sein, damit ein Gegenstand in der Sinnenwelt als ungenügend für die Darstellung der Ideen angesehen werden kann. Das heißt, Kant setzt voraus, dass das Subjekt Ideen der Vernunft denken kann, und nur von dieser immer schon vorausgesetzten Trennung vom Sinnlichen her ist das Erhabene als dem Subjekt zugehörige Gemütsverfassung zu denken. Es muss eine Differenz geben zwischen dem formlos-grässlich Sinnlichen und dem Erhabenen. Der Moment dieses Übergangs, dieses Ur-Sprungs bleibt jedoch uneinholbar, Spur eines Bruchs, dessen Rand vom Grässlichen wie vom Erhabenen umschrieben wird. Das ästhetische Urteil ist an diesen uneinholbaren Ur-Sprung, an die Fiktionalität eines Anfangs gebunden, der als Wechsel von Unlust und Lust stets aufs Neue wiederholt wird. Im Grässlichen, Formlosen, Amorphen zeigt sich nicht nur die Erhebung des Subjekts als Vernunftwesen, sondern auch seine Bedrohung durch den Schrecken des Formlos-Sinnlichen. Synthese, Rahmung und Begrifflichkeit erscheinen vor diesem Hintergrund eher als ein äußerst fragiler Zustand des Verstandesvermögens.

---

20 Ebd., S. 166.
21 Vgl. Ulrike Dünkelsbühler: Kritik der Rahmen-Vernunft, S. 130f.

Die zwei Arten des Erhabenen

Die Zweiseitigkeit des erhabenen Gefühls zeigt sich im Mathematisch-Erhabenen und im Dynamisch-Erhabenen auf unterschiedliche Weise. Das Mathematisch-Erhabene bezieht sich auf eine Größe, die jeden Maßstab übertrifft. Sie kann nicht in Zahlen gedacht werden und übersteigt jede relative Messbarkeit und jeden Vergleich. »Erhaben ist das, mit welchem in Vergleichung alles andere klein ist.«[22] Kein Gegenstand in der Sinnenwelt kann also erhaben genannt werden, wie groß er auch sein mag. Die Unmöglichkeit einer Messung kann lediglich das Gemüt auf die absolute Größe der Ideen einstimmen. Damit das Mathematisch-Erhabene als rein subjektives Empfinden gedacht werden kann, trennt Kant die Größenschätzung nicht nur von der Messung eines Gegenstandes durch die äußeren Sinne, was einem Erkenntnisurteil entspricht. Vielmehr unterscheidet er auch die subjektive Größenschätzung der Einbildungskraft, die sich auf einen Raum oder einen Gegenstand bezieht und die Sinneswahrnehmungen zur Anschauung synthetisiert, den inneren Sinn also, von der ästhetischen Größenschätzung, die das Vermögen zur Synthese überschreitet. Die Messung eines Raums ist nach Kant eine Beschreibung desselben und damit eine objektive Bewegung in der Einbildung und ein Progressus. Diesem stellt Kant eine subjektive Größenschätzung an die Seite, die die Vielheit der Einzelteile in der Anschauung zur Einheit zusammenfasst. Dasjenige, was das Gefühl des Erhabenen hervorruft, muss weit genug entfernt sein, damit die volle Größe sichtbar ist, und zugleich nah genug, um erfasst zu werden. Es ist diese subjektive Größenschätzung, deren Scheitern das Gefühl des Erhabenen angesichts eines schlechthin Großen hervoruft. Die Unlust wird also nicht erzeugt, weil die Messung objektiv an ihre Grenzen kommt, sondern weil das subjektive Synthesevermögen in der Anschauung überschritten wird. Doch die Unlust wird in dem Maße angemessen und damit zur Lust, wie das Unvermögen der Einbildungskraft diese auf die Idee des absoluten Ganzen als Vermögen der theoretischen Vernunft hin öffnet.

»Also ist die innere Wahrnehmung der Unangemessenheit alles sinnlichen Maßstabes zur Größenschätzung der Vernunft eine Übereinstimmung mit Gesetzen derselben, und eine Unlust, welche das Gefühl unserer übersinnlichen Bestimmung in uns rege macht, nach welcher es zweckmäßig, mithin Lust ist, jeden Maßstab der Sinnlichkeit den Ideen des Verstandes *unangemessen* zu finden.«[23]

---

22 Immanuel Kant: Kritik der Urteilskraft, S. 171.
23 Ebd., S. 181.

Während also im Schönen das Spiel von Einbildungskraft und Verstand als harmonisch vorgestellt ist, so zeichnet sich das Erhabene durch einen Widerstreit von Einbildungskraft und Vernunft aus, welcher aber letztlich als zweckmäßig beurteilt wird.

Das Dynamisch-Erhabene dagegen bezieht sich auf das Verhältnis von Mensch und Natur als ein Verhältnis der Macht. »Die Natur, im ästhetischen Urteile als Macht, die über uns keine Gewalt hat, betrachtet, ist dynamisch-erhaben.«[24] Dabei ist entscheidend, dass die Natur über das Subjekt keine Gewalt mehr hat, sondern bloß als furchterregend vorgestellt wird. Der Schrecken ist mithin ein simulierter Schrecken, denn »es ist unmöglich, an einem Schrecken, der ernstgemeint wäre, Wohlgefallen zu finden«.[25] Das Erhabene als ästhetisches Urteil setzt also den Abzug der Furcht voraus. Die vorgestellte Ohnmacht, das simulierte Unterliegen des Subjekts angesichts der Naturgewalten, ruft wiederum jenes zweifache Gefühl von Unlust und Lust hervor. Die antizipierte physische Ohnmacht, die den Menschen als Naturwesen ohnmächtig erscheinen lässt, ruft zunächst Unlust hervor. Zugleich aber lässt sie das Subjekt sein Vernunftvermögen entdecken, durch welches »die Menschheit in unserer Person unerniedrigt bleibt«.[26] Was immer die Naturgewalt vernichten könnte, ihre Macht ist klein gegen das Vermögen der Vernunft.

»Also heißt die Natur hier erhaben, bloß weil sie die Einbildungskraft zu Darstellung derjenigen Fälle erhebt, in welchen das Gemüt die eigene Erhabenheit seiner Bestimmung, selbst über die Natur, sich fühlbar machen kann.«[27]

Kants Ausführungen zum Dynamisch-Erhabenen lassen nun unterschiedliche Interpretationen zu. Das Dynamisch-Erhabene setzt eine Trennung voraus, die das Subjekt als endliche, als nackte, gefährdete Existenz vom vernunftbegabten Subjekt unterscheidet. Die Debatte um das Erhabene hat daher auch das Moment der Naturbeherrschung wie des Überlegenheitswahns als Kehrseiten dieser Erhabenheitskonzeption diskutiert.[28] Allerdings ist in Kants Denken des Dynamisch-Erhabenen die vorausgesetzte Trennung von der Natur, das heißt die Fähigkeit des Subjekts zum Urteil an die Vernunft gebunden, an der das Subjekt zwar teilhat, deren Ideen es aber nicht erfassen kann. Denn die Überlegenheit des Subjekts über die Natur kann wie diese selbst nur nichts sein gegen die Macht der

---

24 Ebd., S. 184.
25 Ebd., S. 185.
26 Ebd., S. 186.
27 Ebd.
28 Zu dieser Ambivalenz vgl. Christine Pries: Einleitung zu: Das Erhabene, S. 1-30.

Vernunft. Diese Verpflichtung des Subjekts auf ein es selbst übersteigendes Prinzip, sein notwendiges Scheitern oder auch seine symbolische Kastration,[29] ist genau jene Trennung von der Macht der Natur. Dennoch stellt sich die Frage, ob das Verhältnis zwischen Subjekt und Natur nur in Bezug auf ein ästhetisches Urteil und damit in Bezug auf das Ungenügen jeglicher Darstellung der Ideen der Vernunft gedacht werden kann oder ob Kants Konzeption des Dynamisch-Erhabenen nicht auch die Frage nach dem untersagten Genießen, der Aufhebung der Trennung vom Formlos-Grässlichen also, die nichts anderes bedeutet als den Tod des Subjekts, herausfordert. Oder anders gesagt: Stellt sich die Frage der Darstellbarkeit nur in Bezug auf die Ideen der Vernunft, oder rührt das Dynamisch-Erhabene sowie Kants anfängliche Rede von der Formlosigkeit, die das Gemüt zum Erhabenen führt, nicht auch an der Frage des Dings im Sinne Lacans, als jenem unmöglichen, nachträglichen Objekt einer ersten Trennung, das uneinholbar und unnennbar ist und zu dem das Subjekt dennoch in ein Verhältnis tritt? Und ist die grässliche Formlosigkeit der Natur nicht eine Imagination des undifferenzierten Zustands, der mit der symbolischen Kastration verloren ist?[30] Der Übergang von Unlust zur Lust in Kants Konzeption des Erhabenen lässt nicht nur den Schrecken und das Grauen eines möglichen Zusammenbruchs des subjektiven Vermögens hinter sich, er ist auch an eine Suspendierung der Melancholie gebunden, die mit jener für das Leben und Begehren des Subjekts konstitutiven Grenzziehung unwiderruflich verbunden ist. Die Melancholie bezeugt nicht nur ein notwendiges Scheitern der Darstellung als Zeichen des Intelligiblen im Sinnlichen, wie es vor allem im Kontext postmoderner Lesarten des Erhabenen an Bedeutung gewinnt,[31] sie spricht auch, wie an Kleists *Empfindungen vor Friedrichs Seelandschaft*

---

29 Zum Verhältnis von Kant und Lacan vgl. Hans-Dieter Gondek: »Vom Schönen, Guten, Wahren. Das Gesetz und das Erhabene bei Kant und Lacan«, in: Ders./Peter Widmer (Hg.): Ethik und Psychoanalyse. Vom kategorischen Imperativ zum Gesetz des Begehrens. Kant und Lacan, Frankfurt/M. 1994, S. 133-168.

30 Hans-Thies Lehmann setzt das Erhabene mit dem Unheimlichen gleich, suspendiert dabei allerdings den für Kant konstitutiven Sprung zwischen dem Unheimlichen als dem formlos sich Auflösendem und dem Erhabenen und die damit verbundene Nachträglichkeit des Schreckens. Vgl. Hans-Thies Lehmann: »Das Erhabene ist das Unheimliche. Zur Theorie einer Kunst des Ereignisses«, in: Karl-Heinz Bohrer: Das Erhabene nach dem Faschismus. Merkur. Deutsche Zeitschrift für europäisches Denken, Jg. 43 (1989), Heft 9/10, S. 751-764, S. 758f.

31 Vgl. hierzu Jean-François Lyotard: Die Analytik des Erhabenen. Kant-Lektionen, München 1994, S. 146f.

zu zeigen ist, von einem unnennbaren Verlust, der die Erkenntnis- und Darstellungsfähigkeit des Subjekts begleitet. Der Trennung zwischen Sinnlichem und Sinn bzw. sinnlich Wahrnehmbarem und intelligibler Anschauung geht ein unvordenklicher Einschnitt voraus, eine Trennung, die für die Möglichkeit der Wahrnehmung überhaupt konstitutiv ist. Dem Erhabenen ist die Janusköpfigkeit dieses Übergangs eingeschrieben, es kennzeichnet die Verfasstheit des Subjekts als Schwellenfigur, Effekt einer Ordnung, die sich im Übergang zwischen vernichtungsdrohender Formlosigkeit, in der nichts zu sehen ist,[32] und unerreichbarem Absoluten etabliert.

Das Erhabene der Kunst bei Friedrich Schiller

Auch Schiller entwickelt in Anlehnung an Kant und Burke seinen Begriff des Erhabenen als zweiseitiges Gefühl, das den Bezug des Menschen zur Vernunft anzeigt. In seinen Ausführungen betont er aber stärker die Rolle der Fantasie als Bindeglied zum Erhabenen, da es ihr möglich ist, auch scheinbar gleichgültige Gegenstände furchtbar erscheinen zu lassen.[33] Hieraus ergibt sich zum einen eine Verschiebung des Erhabenen vom Gemütszustand zum Gegenstand, zum anderen leitet sich aus dieser Verschiebung auch die besondere Rolle ab, die Schiller der Kunst in der Vermittlung des Erhabenen zuspricht. Wie Burke, der den Schrecken letztlich aus dem Schrecken des Todes herleitet, denkt auch Schiller das Erhabene vom Tod her. Die Vernunft als Vermögen des Menschen begründet sich für Schiller darin, dass er mit Bewusstsein und Willen handelt. »Alle anderen Dinge müssen; der Mensch ist das Wesen, welches will.«[34] Diese Begründung des Menschen als wollendes Wesen ist vor allem durch den Tod bedroht, der das menschliche Wesen wie ein Gespenst begleitet und seine Freiheit zunichte macht. Dem König der Schrecken versucht Schiller gerade durch das Erhabene zu entkommen. Im Angesicht seiner Endlichkeit, die den Menschen als ein Unerledigtes

---

32 Und zwar nicht nichts im Sinne einer negierten Präsenz, sondern eines logischen ›vor jeder Sichtbarkeit‹. Es wird Adalbert Stifter sein, der sich dieser Grenze nähert.

33 Vgl. Friedrich Schiller: Vom Erhabenen. Zur weiteren Ausführung einiger Kantischen Ideen, in: Ders.: Schillers Werke, Bd. 20/1: Philosophische Schriften, hg. v. Benno von Wiese unter Mitwirkung v. Helmut Koopmann, Weimar 1962, S. 171-195, hier S. 186ff.

34 Friedrich Schiller: Über das Erhabene, in: Ders.: Schillers Werke Bd. 21/2, hg. v. Benno von Wiese unter Mitwirkung v. Helmut Koopmann, Weimar 1963, S. 38-54, hier S. 38.

heimsucht, ist die Wiedererlangung der Freiheit nur durch die Kultur möglich. Schiller unterscheidet hierbei einen realistischen und einen idealistischen Weg. Die realistische Wiedererlangung der Freiheit bedient sich der Naturbeherrschung als Mittel der Behauptung des Subjekts über die Naturkräfte. Dieser Weg führt nach Schiller nur zu einer relativen Freiheit, denn die Beherrschung kann nie vollständig sein. Auch der eigenen Endlichkeit entrinnt das Subjekt letztlich nicht durch die Unterwerfung der Natur. Erst als moralisches Wesen, auf dem idealistischen Weg also, gelangt der Mensch zur Freiheit. Anders als bei Kant stellt für Schiller sowohl das Schöne als auch das Erhabene einen Bezug zur Vernunft her, doch gestaltet sich dieser auf unterschiedliche Weise. Während das Schöne die Harmonie des Sinnlichen mit den Gesetzen der Vernunft anzeigt, begründet das Erhabene die Freiheit des Menschen vom Sinnlichen gerade durch eine Disharmonie, die sich wie bei Kant als zweiseitiges Gefühl zu erkennen gibt.

»Das Gefühl des Erhabenen ist ein gemischtes Gefühl. Es ist eine Zusammensetzung von Wehseyn, das sich in seinem höchsten Grad als ein Schauer äußert, und von Frohseyn, das bis zum Entzücken steigen kann und ob es gleich nicht eigentlich Lust ist, von feinen Seelen aller Lust doch weit vorgezogen wird.«[35]

Gerade weil ein Gegenstand dieses widersprüchliche Gefühl auszulösen vermag und diese Paradoxie nicht Inhalt des Gegenstandes sein kann, sondern das Verhältnis des Subjekts zu ihm betrifft, beweist das erhabene Gefühl die Unabhängigkeit des menschlichen Geistes von der Sinnlichkeit. Auch Schiller bezieht im Folgenden die Erhabenheit einerseits auf die Fassungskraft, also auf die Unmöglichkeit, sich vom Erhabenen ein Bild oder einen Begriff zu machen, und andererseits auf die Lebenskraft, das heißt, die Erhabenheit zeigt eine Macht an, die die menschliche Macht zum Verschwinden bringt. Für Schiller ist die Disharmonie demnach ein konstitutives Moment des Erhabenen und die eigentliche Begründung seiner Befreiung von den Fesseln des Sinnlichen.

»Beim Erhabenen stimmen Vernunft und Sinnlichkeit nicht zusammen, und eben in diesem Widerspruch zwischen beiden liegt der Zauber, womit es unser Gemüt ergreift.«[36]

Das Gefühl des Erhabenen wird angesichts wilder Naturmassen hervorgerufen, die aber nur relativ groß sind und wie ein Spiegel die Größe im

---

35 Ebd., S. 42.
36 Ebd. S. 43.

Subjekt selbst reflektieren.[37] Das Verhältnis von Subjekt und Natur als dem sinnlich Wahrnehmbaren ist bei Schiller somit widersprüchlich. Einerseits ist die Nichtübereinstimmung mit der Vernunft die Voraussetzung für den ›Zauber‹ des Erhabenen, andererseits fungiert das Gewaltige der Natur hier auch als Spiegel der Größe des Subjekts und deutet somit die Einfassung in ein Bild an. Neben den Naturgewalten fügt Schiller seinen Ausführungen aber auch die Weltgeschichte als ewigen Konflikt der Naturkräfte den erhabenen Objekten hinzu. Erhaben ist die Naturgeschichte gerade nicht im Sinne einer durch das Subjekt rekonstruierbaren Teleologie oder Gesetzmäßigkeit, sondern in ihrer absoluten Grundlosigkeit. Der Welt der Erscheinungen steht die Natur gegenüber, die im Fluss des Lebendigen jede fixierbare Identität mit sich fortreißt und zunichte macht. Gerade aber die Unmöglichkeit, durch Naturgesetze die Natur zu erklären, treibt das Subjekt ins Unbedingte.

»Eben der Umstand, daß die Natur, im großen angesehen, aller Regeln, die wir durch unseren Verstand ihr vorschreiben, spottet, daß sie auf ihrem eigenwilligen freien Gang die Schöpfungen der Weisheit und des Zufalls mit gleicher Achtlosigkeit in den Staub tritt, daß sie das Wichtige wie das Geringe, das Edle wie das Gemeine in einem Untergang mit sich fortreißt […] *macht die Unmöglichkeit sichtbar, durch Naturgesetze die Natur selbst zu erklären und von ihrem Reiche gelten zu lassen*, was in ihrem Reiche gilt, und das Gemüt wird also unwiderstehlich aus der Welt der Erscheinungen heraus in die Ideenwelt, aus dem Bedingten ins Unbedingte getrieben.«[38]

Auch Schiller denkt also kein Erhabenes, das allein auf der Seite der Natur verortet ist, sondern sieht im Scheitern des Menschen, die Natur zu erklären, die Übereinstimmung mit den Ideen der Vernunft. Anders aber als Kant spielt für Schiller die Kunst eine besondere Rolle in der ästhetischen Erziehung des Menschen und in der Vermittlung des Erhabenen. Denn während die Schönheit zwischen sinnlicher Welt und Vernunft Harmonie stiftet, ist es erst das Erhabene, welches den Menschen über die Sinneswelt hinausträgt. Durch die Kunst soll die Empfindungsfähigkeit des Menschen für das Erhabene entwickelt werden, denn die Natur erscheint Schiller als defizitäres Medium, nicht zuletzt weil sie einen unbeherrschbaren Rest in sich birgt, der die ästhetische Betrachtung zunichte zu machen droht.

»Wenn die Natur in ihren schönen organischen Bildungen entweder durch die mangelhafte Individualität des Stoffes oder durch Einwirkung heterogener

---

37 Ebd., S. 47.
38 Ebd., S. 50.

Kräfte Gewalt erleidet, oder wenn sie, in ihren großen und pathetischen Scenen Gewalt ausübt und als eine Macht auf den Menschen wirkt, da sie doch bloß als Objekt der freyen Betrachtung aesthetisch werden kann, so ist ihre Nachahmerinn, die bildende Kunst völlig frey, weil sie nur den Schein und nicht die Wirklichkeit nachahmt. Da aber der ganze Zauber des Erhabenen und Schönen nur in dem Schein und nicht in dem Inhalt liegt, so hat die Kunst alle Vortheile der Natur, ohne ihre Fesseln mit ihr zu theilen.«[39]

Der ästhetischen Betrachtung der Natur droht bei Schiller von zwei Seiten Gefahr. Zum einen droht die Natur als Macht damit, die notwendige Distanzierung des Subjekts zu unterminieren, und kehrt so ein ästhetisches Verhältnis in ein Verhältnis der Furcht um, wobei die Beschreibung der Naturgewalten als große pathetische Szenen den theatralischen und mithin imaginären Charakter dieser Vorstellung von der entfesselten Natur anklingen lässt. Zum anderen wird die Natur in ihren schönen organischen Bildungen durch heterogene Kräfte oder durch mangelnde Individualität des Stoffes gestört und erscheint damit auch hier als, vom Standpunkt des Kunstwerks aus betrachtet, defizitäres Medium. Da aber letztlich nicht nur die ästhetische Betrachtung, sondern jegliches urteilende Verhältnis des Subjekts bereits bei Kant auf einer Vorstellung der Natur und ihrer Macht beruht, führt Schiller in das Imaginäre eine weitere Ersetzung durch das Bild ein. Das Bild materialisiert gleichsam den Schein der Bedrohung. Ein inneres Vermögen des Subjekts wird somit erneut ins Außen verlagert, die bedrohliche Natur über den Umweg der Einbildungskraft des Künstlers ins Bild gebannt. Die Kunst, so Schiller, hat »alle Vorteile der Natur, ohne ihre Fesseln mit ihr zu teilen«.[40] Allerdings droht Schillers Privilegierung der Kunst und seine Klage über die Unbeherrschbarkeiten der Naturvorstellungen letztlich die Unterscheidung zwischen dem Schönen und dem Erhabenen zu unterminieren. Schiller rehabilitiert die Kunst im Dienste des Erhabenen als Zugang zur Vernunft, nicht jedoch die unmittelbare sinnliche Wahrnehmung, die in seiner ästhetischen Konzeption untergeordnet und durch den Schein der Kunst ersetzt wird. Wie genau eine solche Kunst aussehen soll, führt Schiller an dieser Stelle nicht aus. Doch um die Grenze zwischen der durch die Kunst ersetzten Sinneswelt und dem Schein der Kunst aufrechtzuerhalten, darf die Betrachtung des Scheins durch nichts gestört werden. Der Prozess der Inszenierung des Kunstwerks muss folglich ebenso aus dem Blick geraten wie der Verlust, der mit der Repräsentation einhergeht, als vollständig durch das Bild ersetzbar erscheinen muss. Es ist Heinrich von Kleist, der den Aporien einer solchen auf Grenzenlo-

---

39 Ebd., S. 53f.
40 Ebd.

sigkeit verpflichteten Kunst nachgeht und der sich schwankend zwischen Ironie und Melancholie mit dem unbegrenzten Blick beschäftigt.

Sehen ohne Rahmen. Kleists Wanderungen von Rom zum Meeresufer

Arbeit am Rahmen: Das Panorama von Rom

Die populäre Kunstform des Panoramas, die seit dem späten 18. Jahrhundert die Städte erobert und dem 19. Jahrhundert eine Art Vorläufer des Kinos beschert, hat sich ebenfalls von den Fesseln des Lebendigen befreit. Zwar sind dabei die Darstellungen des Panoramas, die Gipfelblicke und Städteansichten an der Ästhetik des Erhabenen orientiert, doch ist in ihnen gerade das Moment des Undarstellbaren, das vor allem Kants Ästhetik des Erhabenen kennzeichnet, zugunsten einer visuellen Totalität verabschiedet. Auch steht nicht der Triumph der Vernunft über die Naturgewalt im Vordergrund, sondern eine simulierte Naturerfahrung, die der überwältigenden Größe des Dargestellten letztlich durch die Gewöhnung des Körpers an die neue Darstellungsform Herr werden kann. Begriffsgeschichtlich ist das Panorama eine Neuschöpfung des späten 18. Jahrhunderts, zusammengesetzt aus dem griechischen *pan*, was so viel wie »alles, von allen Seiten« bedeutet, und *horama*, dem griechischen Wort für »sehen«. Das Panorama bezeichnet das 1787 von Robert Barker als Patent angemeldete technische Kunstwerk. Im Verlauf des 19. Jahrhunderts wird der Begriff sowie die mit ihm verbundene Blickweise der Rundumsicht jedoch auf unterschiedlichste Lebensbereiche übertragen.[41]

Zwar rufen auch die rahmenlosen Rundgemälde bei den auf einer Plattform stehenden Betrachtern ein ambivalentes Gefühl, Unlust und Lust, Schwindelgefühl und Selbstbehauptung, hervor, doch dient die Einübung der panoramatischen Schau vor allem der Überwindung des anfänglichen Schwindelgefühls und stellt mithin eine Disziplinierung des Körpers dar. Effekt dieser Disziplinierung ist die Fähigkeit, sich eines Raumes im Blick zu bemächtigen und die umgebende Landschaft visuell in Besitz zu nehmen. Der rauschhafte Sieg über die Grenzen des Körpers enthebt den Betrachter seiner tatsächlichen Begrenztheit und körperli-

---

41 So bezeichnet man die populäre Bildungspresse auch als Rundschau. Ihr Ziel ist jeweils das Erfassen einer Ganzheit, die angesichts der in den Wissenschaften produzierten Fülle der Beobachtungen bereits verloren ist. Vgl. Gerhart von Graevenitz: »Wissen und Sehen«, in: Lutz Danneberg u. a. (Hg.): Wissen in Literatur im 19. Jahrhundert, Tübingen 2002, S. 147-189, hier S. 152.

chen Unzulänglichkeit.[42] Umschlossen von Städteansichten, Schlachtge-
tümmel, Landschaftsszenen und Impressionen aus fernen Ländern, lässt
sich eine Übersichtsposition imaginieren, die sich der Begegnung mit
dem Fremden und den Unübersichtigkeiten anwachsender Städte nicht
aussetzen muss. Das Panorama suspendiert dabei den absoluten Schrecken bei Burke ebenso wie das in Kants Ästhetik angelegte Scheitern der
Darstellung des Absoluten durch die Imagination eines allumfassenden,
göttlichen Überblicks auf Seiten des Subjekts. Dabei verabschiedet das
Panorama einerseits ästhetische Prinzipien des 18. Jahrhunderts wie
Rahmenschau und Zentralperspektive,[43] indem es noch die schwächste
Andeutung eines Rahmens versucht zu vermeiden und so den Bildstatus
des Gemäldes vergessen macht.[44] Andererseits aber knüpft das Panorama
in vergrößerter Form durchaus an bekannte Sehmodelle wie den Guck-
kasten bzw. die Camera obscura an. Allerdings bezieht das Panorama
den Körper des Betrachters nun vollständig ein und schließt ihn von jedem Bezug zur Außenwelt ab. Indem sich der Anspruch der Panorama-
malerei nicht allein auf die kunstvolle Nachahmung einer natürlichen
Szenerie, sondern auf die Herstellung eines möglichst perfekten, täu-
schenden Blendwerks, das nichts anderes als Blendwerk sein will, richtet,[45] schickt sie sich an, die Natur durch das Mediale vollständig zu ersetzen.[46] Dem Panorama sind dabei jedoch einige Ambivalenzen eingeschrieben. Denn als disziplinierendes Instrument eines schwindelfreien

---

42 Vgl. Stephan Oettermann: Das Panorama. Geschichte eines Massenme-
    diums, Frankfurt/M. 1983, S. 26 sowie Albrecht Koschorke: Die Geschich-
    te des Horizonts, S. 138ff. Für Kant dagegen ist Erkenntnis im Schwindel
    nicht möglich, da es keine ruhige, bleibende Anschauung gibt. Vgl. Mi-
    chael Hagner: »Psychophysiologie und Selbsterfahrung. Metamorphosen
    des Schwindels und der Aufmerksamkeit im 19. Jahrhundert«, in: Aleida
    Assmann/Jan Assmann (Hg.): Aufmerksamkeiten, München 2001, S. 241-
    263, hier S. 249. Hagner untersucht vor allem die Entwicklung der subjek-
    tiven Sinnesphysiologie im Kontext moderner Beschleunigungserfahrun-
    gen.
43 Vgl. August Langen: Anschauungsformen in der deutschen Dichtung des
    18. Jahrhunderts (Rahmenschau und Rationalismus), Jena 1934, insbeson-
    dere S. 5-44. August Langen beschreibt die Rahmenschau als Prinzip der
    Wahrnehmung und Darstellung im 18. Jahrhundert.
44 Vgl. Dolf Sternberger: Panorama oder Ansichten vom 19. Jahrhundert,
    Frankfurt/M. 1974, S. 14.
45 Ebd., S. 17.
46 So weist Benjamin darauf hin, dass der französische Maler David seine
    Schüler aufforderte, im Panorama »Studien nach der Natur« (!) zu machen.
    Vgl. Walter Benjamin: Das Passagen-Werk, hg. v. Rolf Tiedmann, Frank-
    furt/M. 1983, S. 658.

Überblicks stellt es diesen zugleich als Täuschung aus. Im Kontext einer sich ausbildenden Disziplinargesellschaft, die in Benthams *Panopticon* die Vision einer vollkommenen gesellschaftlichen Überwachung entwirft,[47] scheint es die Möglichkeit zu bieten, sich dem totalen Blick einer anonymisierten Macht zu entziehen und noch einmal den Traum der visuellen Selbstermächtigung zu träumen. Der Gang ins Panorama ist somit Bestätigung und Subversion disziplinierender Machtmechanismen zugleich. Auch zeigt nicht zuletzt der durch die Rahmenlosigkeit der bildlichen Darstellung ausgelöste anfängliche Schwindel und die Lust daran, die auf ein Genießen des Unbegrenzten verweisen, dass die Trennung von Betrachter und Bild und damit auch der Standpunkt eines distanzierten, übergeordneten Betrachters prekär wird.

Auch Heinrich von Kleist hat sich mit dem Panorama als Kunst der Täuschung in einem Brief an Wilhelmine von Zenge nicht ohne Ironie beschäftigt. Anlass ist ein Besuch Kleists im *Panorama der Stadt Rom*. Am 16. August 1800 schreibt er:

>»Ich sage es ist die erste Ahndung eines Panoramas, u. selbst die bloße Idee ist einer weit größeren Vollkommenheit fähig. Denn da es nun doch einmal darauf ankomt, den Zuschauer ganz in den Wahn zu setzen, er sei in der offnen Natur, so daß er durch <u>nichts</u> an den Betrug erinnern wird, so müssten ganz andere Anstalten getroffen werden.«[48]

Kleist spricht deutlich aus, worum es bei einem Besuch im Panorama geht: um den Wahn der Täuschung, um einen Zuschauer also, der weiß, dass er in einen Wahn versetzt wird und zugleich nicht um den Betrug wissen will. Schuld an der unzureichenden illusionären Wirkung des *Panoramas von Rom* ist nach Kleist nicht das eigentliche Gemälde, sondern eine mangelhafte Ausblendung der Maschinerie, die die Illusionswirkung hervorbringt.

>»Am Eingange wird man höflichst ersucht, sich einzubilden, man stünde auf den Ruinen des Kaiserpallastes. Das kann aber wirklich, wenn man durch einen dunkeln Gang hinaufgestiegen ist bis in die Mitte, nicht ohne große Gefälligkeit geschehen. *Man steht nämlich auf tüchtigen Fichtenbrettern, welche wie bekannt, mit dem cararischen Marmor nicht eben viele Ähnlichkeit haben. Aus*

---

47 Vgl. Michel Foucault: Überwachen und Strafen, Frankfurt/M. 1989, S. 251-292.

48 Heinrich von Kleist: Brief an Wilhelmine von Zenge v. 16. August 1800, in: Ders.: Sämtliche Werke, BKA IV/1: Briefe 1: März 1793-April 1801, hg. v. Peter Staengle in Zusammenarbeit mit Roland Reuß, Basel u. a. 1996, S. 167.

der Mitte erhebt sich ein vierkantiger Pfal, der eine glatte hölzerne Decke trägt, um die obere Öffnung zu verdecken. Was das eigentlich vorstellen soll, sieht man gar nicht ein; und um die Täuschung vollends mit dem Dolche der Wirklichkeit niederzubohren, hangen an jeder Seite des Pfahles vier niedliche Spiegel, die das Bild des Gemäldes auf eine widerliche künstliche Art zurückwerfen. Der Raum für die Zuschauer ist durch eine hölzerne Schranke begrenzt, die ganz an die Barriere der Luftspringer oder Kunstreiter erinnert. Drüberhin sieht man zunächst, weiß und roth marmorirte Leinwand in gestaltlosen Formen aufgehängt u. gestützt, und vertieft u. gehoben, was denn, wie Du Dir leicht denken kannst, nichts weniger als die durch den Zahn der Zeit zerknirschten Trümmer des Kaiserpallastes vorstellen soll. Nächst diesem Vordergrunde, folgt eine ohngefähr 3 Fuß hohe im Kreise senkrecht umhergestellte Tapete, mit Blättern, Gesteinen, und Trümmern bemalt, welches gleichsam den Mittelgrund, wie auf unsern Theatern, andeutet. Denke Dir dann im Hintergrunde, das eigentliche Gemälde, an einer senkrechten runden Wand, denke Dir einen inwendig bemalten runden Thurm, u. du hast die ganze Vorstellung des berühmten Panoramas.«[49] [Herv. M.E.]

Nicht die Aufforderung an den Betrachter, die illusionäre Wirkung selbst aktiv mit hervorzubringen, stört den gewünschten Wahn. Der Mangel des Panoramas liegt in seinem Beiwerk, einem falschen Rahmen im Sinne Kants, der die gewünschte Imaginationsleistung, den Anteil des Betrachters an seiner eigenen Täuschung, unmöglich macht. Denn die Fichtenbretter Berlins, die hier als störender Rest der Panoramakonstruktion in den Bildraum eindringen, untergraben die Wirkung der künstlich hergestellten Realität. Was dabei allzu deutlich in den Blick gerät, ist die Grenze zwischen der Repräsentation des Gemäldes und dem Raum seiner Inszenierung, denn das störende Beiwerk gibt einen Rahmen ab, der die Spuren seiner Herstellung ausstellt, statt sie verschwinden zu lassen. Der Wirklichkeitseffekt des Panoramas ist jedoch nicht nur von der vollkommenen Ausblendung seines rahmenden Gehäuses abhängig, sondern auch vom Vermeiden des Eindrucks von Künstlichkeit bei gleichzeitiger absoluter Künstlichkeit. Das Gemälde soll eben nicht wie das Abbild eines Spiegels künstlich und damit als Bild erkennbar sein, sondern sein Bildstatus selbst muss zum Verschwinden gebracht werden. Denn das Panorama vollzieht keine mimetische Annäherung an die Natur, sondern eine Simulation des Natürlichen, in die der Betrachter eingespannt ist. Die Position des Betrachters soll daher auch nicht mehr durch eine sichtbare Grenze, eine hölzerne Schranke, vom Bildraum getrennt sein. Während die Landschaftsmalerei des 17. und 18. Jahrhunderts den Blick in die Weite noch durch rahmendes Beiwerk absicherte, sollen die Schran-

---

49 Ebd., S. 168.

ken nun endgültig fallen. Um den gewünschten Wahn des Panoramas zu erreichen, bedarf es also einer Arbeit am Rahmen, an Vordergrund, Lichtregie und Betrachterstandpunkt, einer Ausblendung der Maschinerie des Panoramas. Kleist macht hierzu einige Vorschläge:

»Keine Form des Gebäudes kann nach meiner Einsicht diesen Zweck erfüllen, als allein die kugelrunde. Man müsste auf dem Gemälde selbst stehen, und nach allen Seiten zu keinen Punkt finden, der nicht Gemälde wäre. Weil aber das Licht von oben hinein fallen und folglich oben eine Öffnung sein muß, so müßte um diese zu verdecken, etwa ein Baumstamm aus der Mitte sich erheben, der dick belaubte Zweige ausbreitet und unter dessen Schatten man gleichsam stünde.«[50]

In seinem Vorschlag plädiert Kleist nun nicht für eine perfektere Imitation der Kaiserruinen und damit für eine möglichst genaue Rekonstruktion des natürlichen, erhöhten Aussichtspunktes, sondern für einen Betrachter, der in das Bild eintritt und somit die trennende Distanz zum Bild überwindet. Dieser Effekt wird jedoch nicht nur durch die vollständige Umschließung des Betrachters durch ein rahmenloses Gemälde erreicht, sondern durch die Integration eines Baums als natürliches Element. Der Baumstamm dient, wie Kleist schreibt, zum einen dazu, die Lichtöffnung im Deckenraum zum Verschwinden zu bringen und so das Licht als konstitutives Element der Hervorbringung eines sichtbaren Objekts zu verhüllen. Zugleich supplementiert der Baum aber auch den Ort außerhalb des Panoramas, seine rahmende Umgebung. Der Baum setzt sich an die Stelle dieses leeren Platzes und unterminiert als hybrides Objekt die Grenzziehung zwischen Natur und Kultur, indem es diese selbst noch einmal innerhalb des Panoramas wiederholt. Denn der Baum ist einerseits ein natürliches Element der äußeren Welt, womit er repräsentiert, was dem Kunstwerk fehlt, zugleich aber ist er Teil des Kunstwerks – ein Parergon, dessen Hinzufügung den Rahmen des Kunstwerks überschreitet. Indem die Rahmenkonstruktion durch ein hybrides Element ersetzt wird, das die Natürlichkeit in der Künstlichkeit erscheinen lässt, wird der Wahn perfekt. Nach dieser Arbeit am Rahmen widmet sich Kleist dem eigentlichen Gemälde. Dieses ist, so stellt Kleist fest, zuweilen schlecht ausgeführt. Doch ist es zumindest das »prächtige Rom«, welches gerahmt von einer Fülle von Gegenständen – »Thäler, Hügel, Alleen, heilige Haine, Grabmäler, Villen, Ruinen, Bäder, Wasserleitungen (nur kein Wasser selbst), Kapellen, Kirchen, Pyramiden, Triumphbögen, der große

---

50 Ebd., S. 167f.

ungeheure Zirkus und das prächtige Rom«[51] – als besonders perfekte Täuschung erscheint.

»Das letzte besonders thut sein Möglichstes zum Betrug. Der Künstler hat grade d[as]en Moment des Sonnenunterganges gut getroffen, ohne die Sonne selbst zu zeigen, die ein Felsen (Numro 1) verbirgt. Dabei hat er Rom, mit seinen Zinnen u. Kuppeln so geschickt zwischen die Sonne u. dem Zuschauer situirt, daß der melancholische dunkle Azurschleier des Abends, der über die große Antike liegt, und aus welchem nur hin u. wieder mit heller Purpurröthe die erleuchteten Spitzen hervorblitzen, seine volle Wirkung thut.«[52]

Inmitten der Fülle der Gegenstände erscheint das prächtige Rom, das als besonders gelungene Täuschung eingeführt wird, gerade *nicht* als erfüllte Präsenz. Der gelungene Betrug ist folglich nicht der perfekten Nachahmung geschuldet, vielmehr bildet die Fülle der Gegenstände einen Rahmen für den melancholisch dunklen Schleier, aus welchem hin und wieder erleuchtete Spitzen momenthaft hervorblitzen. Die Täuschung ist also deshalb perfekt, weil der Schleier das Begehren zu sehen als Spiel von Auftauchen und Verschwinden *zwischen* der verborgenen Sonne und dem Zuschauer hervorbringt. Der Schleier aber markiert keine Schwelle und folglich auch keine Entgrenzung, sondern eine Begrenzung, die das Begehren zu sehen erzeugt.[53] Das gemalte prächtige Rom erinnert damit an den antiken Wettstreit zwischen Zeuxis und Parrhasius. Denn hier ist es Parrhasius, der den Sieg im Malerwettstreit davonträgt. Warum? Weil es Zeuxis mit einer perfekten Nachahmung von Trauben zwar gelingt, die Vögel zu täuschen, doch ist es Parrhasius, der den Konkurrenten täuschen kann, indem er einen Schleier malt, der Zeuxis schließlich veranlasst, Parrhasius zu bitten, er möge den Schleier heben und sein Bild vorführen.[54] Der gelungene Betrug im Gemälde von Rom ist somit einem Spiel geschuldet, das der Funktion des Imaginären als Schleier Rechnung trägt und mitten im Bild die Malerei selbst als eine Augentäuschung in Szene setzt, eine kleine Maschinerie des Sehens und Begehrens, die nicht

---

51 Ebd., S. 169.

52 Ebd., S. 168.

53 Jan und Aleida Assmann unterscheiden daher die Schwelle, die einen Zwischen bildet, vom Schleier, der als Grenze fungiert und deren performative Inszenierung Kleist hier mitschreibt. Aleida Assmann/Jan Assmann (Hg) in Verbindung mit Alois Hahn und Hans-Jürgen Lüsebrink: Schleier und Schwelle, Bd. 1: Geheimnis und Öffentlichkeit, München 1997, S. 7-16, hier S. 8.

54 Vgl. Plinius: Natural History, Bd. IX, Buch 35, hg. v. H. Rackham, London 1961 [1952], S. 309f.

vom Betrachter beherrscht wird. Kleists Vorstellung eines perfekten Panoramas verstellt nicht den Zugang zu einer unvermittelten Wirklichkeit, spielt nicht Kunst gegen Natur aus, sondern setzt die Funktionsweise des Imaginären performativ in Szene, das den Betrachter paradoxerweise zwischen einem entgrenzenden Rahmen und einer verschleierten Repräsentation einspannt. Der dunkle Schleier des Abends, der über der großen Antike liegt, erinnert dabei auch an einen Trauerschleier, der das prächtige Rom zum Supplement eines Fehlens macht. Halb ironisch, halb ernst endet schließlich der Besuch Kleists mit einer Flucht vor diesem Rom, denn

»kein kühler Westwind wehte über die Ruinen, auf welchen wir standen, es war erstickend heiß in dieser Nähe von Rom, und ich eilte daher wieder nach Berlin, welche Reise diesmal nicht beschwerlich u. langwierig war«.[55]

Kleists Betrachtung stellt die Reflexion eines nicht geglückten Wahns dar, der durch die Sichtbarkeit der störenden Rahmungen die perfekte Simulation, den Eintritt in das Bild unmöglich macht. Doch zugleich thematisiert der Text gerade die Schnittstelle zwischen Natürlichkeit und Künstlichkeit als Raum der Grenzverwischung, in dem die Zuordnung Kunst/Natur ins Schwanken gerät. Und dies gilt nicht nur für das Panorama, sondern letztlich auch für den Betrachter. Denn um selbst zu einem Teil der simulierten Welt zu werden, muss der Betrachter jene Außenposition aufgeben, die Kleist in seinem Brief noch möglich ist und der sich die Unterscheidung zwischen Wirklichkeit und Künstlichkeit verdankt. Ein perfekter Wahn wäre einer, von dem nicht einmal gesagt werden könnte, dass es sich um einen Wahn handelt, weil der Moment des Eintritts, des Überschreitens der Grenze zwischen Wirklichkeit und Künstlichkeit, der selbst nicht Teil des Panoramas ist, ausgeblendet wäre. In dieser Hinsicht ist der illusionäre Anspruch des Panoramas ein unmöglicher.

Weggeschnittene Augenlieder.
Die Melancholie des Grenzenlosen

Der Frage des entgrenzten Blicks hat sich Kleist ebenfalls in seiner vielbesprochenen, kurzen Schilderung *Empfindungen vor Friedrichs Seelandschaft* gewidmet. Dem im Oktober 1810 in den *Berliner Abendblättern* veröffentlichten Text liegt ein von Clemens Brentano unter Mitarbeit von Achim von Arnim verfasster Aufsatz zugrunde, den Kleist nur

---

55 Heinrich von Kleist: Brief an Wilhelmine von Zenge v. 16. August 1800, S. 169.

teilweise übernommen, im Folgenden jedoch gekürzt und – abgesehen von einzelnen Satzfragmenten, die ebenfalls aus dem Aufsatz Brentanos und von Arnims stammen – umgeschrieben hat.[56] Anlass der Texte ist das von Caspar David Friedrich 1810 bei der Berliner Akademie-Ausstellung gezeigte Gemälde *Der Mönch am Meer*, das nicht zuletzt aufgrund seines Bruchs mit den Wahrnehmungs- und Darstellungskonventionen seiner Zeit für Aufsehen sorgte. Das Bild zeigt einen weiten Himmel, der fast ohne Übergang in die dunkle See übergeht, die am vorderen Rand von einem hellen Dünenstreifen gesäumt wird. Das Fehlen der Vordergrundstaffage und jeglicher Gegenstände ruft den Eindruck absoluter Gleichförmigkeit und Leere hervor. Das Bild bricht mit den Prinzipien der Zentralperspektive und der Rahmenschau und lässt den Betrachter wie die Figur des Mönchs verloren zurück.[57] Friedrich selbst hat seine Landschaftsdarstellungen allein als Ausdruck seelischer Empfindungen charakterisiert. Damit befreit er sie von jedem Anspruch auf Abbildlichkeit. Entscheidend ist für Caspar David Friedrich nicht die Wahrnehmung des leiblichen Auges, sondern allein das geistige Auge. Die Bilder der Seele sind nach seinen eigenen Vorstellungen Ausgangspunkt der Bildproduktion.

»Nicht die treue Darstellung von Luft, Wasser, Felsen und Bäumen ist die Aufgabe des Bildners, sondern seine Seele, seine Empfindung soll sich darin widerspiegeln.«[58]

Es ist allerdings nicht allein die Subjektivität der Darstellung, die die Modernität des Bildes begründet. Wie Monika Wagner darlegt, fordert

---

56 Vgl. Clemens Brentano: »Verschiedene Empfindungen vor einer Seelandschaft von Friedrich, worauf ein Kapuziner«, in: Ders: Werke, Bd. 2, hg. v. Wolfgang Frühwald, Darmstadt 1963, S. 1034-1038. Zum Verhältnis beider Texte vgl. insbesondere: Christian Begemann: »Brentano und Kleist vor Friedrichs *Mönch am Meer*. Aspekte eines Umbruchs in der Geschichte der Wahrnehmung«, in: Deutsche Vierteljahrsschrift für Literaturwissenschaft und Geistesgeschichte 64 (1990), S. 54-95. Der Text ist ab der Zeile »Nichts kann trauriger und unbehaglicher sein [...].« von Kleist, allerdings übernimmt Kleist einzelne Textsegmente auch aus den Gesprächen in Brentanos Vorlage.

57 Vgl. Monika Wagner: »Das Problem der Moderne«, in: Dies. (Hg.) in Zusammenarbeit mit Franz-Joachim Verspohl und Hubertus Gaßner: Moderne Kunst. Das Funkkolleg zum Verständnis der Gegenwartskunst, 1997, S. 15-29 sowie Christian Begemann: »Brentano und Kleist vor Friedrichs *Mönch am Meer*«, S. 78ff.

58 Sigrid Hinz: Caspar David Friedrich in Briefen und Bekenntnissen, München 1968, S. 107.

das Fehlen konventioneller Zeichen den Betrachter selbst zu einer aktiven Sinnkonstruktion, zu einem Dialog mit dem Bild auf.[59] Insofern sind es gerade die von Kleist gekürzten bzw. gestrichenen Gesprächspassagen, die im Aufsatz Brentanos und von Arnims diese Herausforderung an den Betrachter in Szene setzen.[60] Dabei greifen die Gespräche der imaginären Ausstellungsbesucher in der Wahrnehmung des Bildes zunächst auf unterschiedliche kunsttheoretische Deutungsmuster, nämlich Erhabenheitsästhetik und romantischer Sehnsuchtsdiskurs, zurück.[61] Wenn allerdings Kleist die Gespräche der Besucher und damit den Versuch, die Herausforderungen des Bildes im Rückgriff auf ästhetische Paradigmen zu rahmen, aus seinem eigenen Text herausstreicht, so scheint Friedrichs Bild in Kleists Auffassung letztlich nicht in diesen Konzeptionen aufzugehen. Erst am Ende seines Textes wird Kleist, und zwar in ironisch-witzelnder Weise, die kunsthistorische Reflexion des Werkes aufnehmen. Doch bleibt dabei ein beunruhigender Rest, der auch den Betrachter Kleist mit ›verworrenen‹ Gedanken zurücklässt. Worin liegt nun der Grund für diese Verwirrung? Kleists Text beginnt, zunächst dem ursprünglichen Aufsatz folgend, mit einem einsamen Betrachter am Meeresufer:

»Herrlich ist es, in einer unendlichen Einsamkeit am Meeresufer, unter trübem Himmel, auf eine unbegränzte Wasserwüste, hinauszuschauen. Dazu gehört gleichwohl, daß man dahin gegangen sei, daß man zurück muß, daß man hinüber mögte, daß man es nicht kann, daß man Alles zum Leben vermißt, und die Stimme des Lebens dennoch im Rauschen der Fluth, im Wehen der Luft, im

---

59 Vgl. Monika Wagner: »Das Problem der Moderne«, S. 23.

60 Nur wenige Interpreten wie Ekkehard Zeeb unterziehen dabei in ihrer Analyse auch den Originaltext von Brentano und von Arnim einer genauen Lektüre. Vgl. Ekkehard Zeeb: Die Unlesbarkeit der Welt und die Lesbarkeit der Texte. Ausschreitungen des Rahmens der Literatur in den Schriften Heinrich von Kleists, Würzburg 1995, S. 33f.

61 Beide Deutungsmuster wiederholen sich wiederum in der Rezeption des Kleist-Textes. So analysiert Bernhard Greiner die *Empfindungen vor Friedrichs Seelandschaft* im Kontext der Kant-Krise Kleists als Wende zur Kunst. Vgl. Bernhard Greiner: Kleists Dramen und Erzählungen, Tübingen/Basel 2000, S. 1-36, sowie ders.: »Bildbeschreibung und ›Selbstsorge‹ – zwei Grenzfälle: Kleists Essay *Empfindungen vor Friedrichs Seelandschaft* und das Kunstgespräch in Büchners *Lenz*«, in: Heinz J. Drügh/Maria Moog-Grünewald (Hg.): Behext von Bildern? Ursachen, Funktionen und Perspektiven der textuellen Faszination durch Bilder, Heidelberg 2001, S. 87-100, hier S. 93-96. Christian Begemann hat das romantische Sehnsuchtsmotiv herausgearbeitet. Vgl. Christian Begemann: »Brentano und Kleist vor Friedrichs *Mönch am Meer*«.

Ziehen der Wolken, dem einsamen Geschrei der Vögel vernimmt. Dazu gehört ein Anspruch, den das Herz macht, und ein Abbruch, um mich so auszudrücken, den Einem die Natur thut.«[62]

Obwohl hier der Blick auf eine unbegrenzte Seelandschaft die Ästhetik des Erhabenen aufruft, fehlt bereits in dieser Eingangspassage jeder Umschlag in eine lustvolle Erhebung. Die Betrachtung des Meeres ist vielmehr durch einen melancholischen Zug geprägt. Doch dieser melancholische Zug ist gerade nicht an das Visuelle geknüpft, sondern an eine akustische Wahrnehmung, die Stimme des Lebens, die vom Meer herüberweht. Der unbegrenzten Wasser*wüste*, die dem Auge nichts als das Bild einer endlosen Ödnis zu sehen gibt, ist über das Akustische das Leben zugeordnet, dessen An- und Abschwellen der Mensch am Meer gerade noch verzeichnet. Nicht der Blick in die endlosen Weiten allein, sondern die innerhalb des Visuellen wahrgenommene Leere eröffnet die Hinwendung zum Hören der Stimme. Der Ort dieser Stimme aber bleibt unzugänglich. Körperlos schwebend ist sie ortlos und doch von überall her vernehmbar. Ihrem An- und Abschwellen, das wie die Flut des Meeres kommt und geht, lauscht das Subjekt wehmütig. Am Meeresufer, am Rand der unbegrenzten Wasserwüste stehend, wird es vom Rauschen der Stimme umspült. Der Bewegung ihres Auftauchens und Verschwindens entspricht eine Ankunft des Menschen am Ufer, die schon vom Abschied gezeichnet ist, vom Wissen, »daß man zurück muß«. Wissend um den Abschied, ist die Stimme des Lebens vom Verlust durchzogen, ein kommendes und wieder verschwindendes Versprechen auf ungeschiedenes Glück, eine Fülle des Lebendigen vor jeder Trennung, die immer schon vergangen und verloren ist.

In diesem melancholischen Vernehmen der Stimme des Lebens bedeutet der Anblick der Natur keine Erhebung des Subjekts mehr, noch kann die Natur den Projektionsraum einer noch zu erfüllenden Einheitsvorstellung abgeben. Der Abbruch, den die Natur dem Subjekt tut, bezeugt vielmehr ein Wissen um die Unmöglichkeit der Verschmelzung. Das Glück des Ungeschiedenen winkt in keiner Ferne, keiner Zukunft mehr, sondern weht momenthaft von einem Ort herüber, der abgeschieden bleibt. Die Ankunft des Betrachters, die bereits vom Abschied gekennzeichnet ist, verzeichnet dabei sowohl die Trennung von der Fülle der sinnlichen Welt, als auch die von der Möglichkeit, der Grenzenlosigkeit der Natur die Unbegrenztheit der Vernunft lustvoll entgegenzuset-

---

62 Heinrich von Kleist: Empfindungen vor Friedrichs Seelandschaft. Berliner Abendblätter, 12. Blatt, 13. Oktober 1810, in: Ders.: Sämtliche Werke, BKA Bd. II/7: Berliner Abendblätter I., hg. v. Roland Reuß und Peter Staengle, Basel u. a. 1996, hier S. 61f.

zen. Der Betrachter ist im Folgenden auf das Bild verwiesen, auf eine Repräsentation, die weder den Hauch jener Stimme noch die Unbegrenztheit der See darzustellen vermag. Dem Bild ist die Wunde dieses zweifachen Verlusts eingeschrieben.

»Dies aber ist vor dem Bilde unmöglich, und das, was ich *in* dem Bilde selbst finden sollte, fand ich erst zwischen mir und dem Bilde, nehmlich einen Anspruch, den mein Herz an das Bild machte, und einen Abbruch, den mir das Bild that; und so ward ich selbst der Kapuziner, das Bild ward die Düne, das aber wo hinaus ich mit Sehnsucht blicken sollte, die See, fehlte ganz.«[63] [Herv. M.E.]

Die Übersetzung des Verhältnisses von Anspruch und Abbruch wird nicht als Darstellung im Bild realisiert, sondern in der Beziehung zwischen dem Betrachter und dem Bild, im Zwischenraum. Dem Anspruch des Herzens korrespondiert dabei zunächst in der Betrachtung des Bildes das Fehlen des sinnlich Wahrnehmbaren. In der Identifikation des Betrachters mit dem Kapuziner wird das Bild selbst zur Düne. Damit markiert es, wie das Meeresufer, einen Rand, der nun nicht mehr die Grenze zum abgeschiedenen Lebendigen bezeichnet, sondern sein Fehlen rahmt. Das Bild wiederholt damit keine vorgängige Präsenz, dessen Abbild es ist, sondern einen Verlust, der nicht zur Darstellung kommt. Während am Meeresufer die Düne den Rand der unbegrenzten See markiert, auf dem der Mönch steht, wird das Bild zum Rand eines Nichts. An dieser Stelle nun verändert Kleist den Originaltext. Während bei Brentano/von Arnim die Zumutungen des Bildes durch die kunsthistorischen Betrachtungen der Ausstellungsbesucher erneut gerahmt werden, verstärkt Kleists Text den Eindruck der grenzenlosen Leere, die als visuelle Überforderung erfahren wird, indem er den Rand der Düne zum Verschwinden bringt und eine Rundumsicht des Todes inszeniert.

»Nichts kann trauriger und unbehaglicher sein, als diese Stellung in der Welt: der einzige Lebensfunke im weiten Reiche des Todes, der einsame Mittelpunct im einsamen Kreis. Das Bild liegt, mit seinen zwei oder drei geheimnißvollen Gegenständen, wie die Apokalypse da, als ob es Joungs Nachtgedanken hätte, und da es, in seiner Einförmigkeit und Uferlosigkeit, nichts, als den Rahm, zum Vordergrund hat, so ist es, wenn man es betrachtet, *als ob Einem die Augenlieder weggeschnitten wären.*«[64] [Herv. M.E.]

---

63 Ebd.
64 Ebd.

Die Wirkung des Bildes liegt nun gerade nicht mehr in der Identifikation des Betrachters mit dem einsamen Mönch am Meeresufer, denn Kleists Text suspendiert buchstäblich das rettende Ufer eines distanzierten Betrachterstandpunkts. Er dreht das ursprünglich am Meeresufer inszenierte Verhältnis von Leben und Tod um. Die Stimme des Lebens weht nicht mehr von der See herüber, sondern der Betrachter wird zum einzigen Lebensfunken im Kreis des Todes. Der Verlust der Stimme im Bild, der akustischen Wahrnehmung, lässt nur die Leere des Todes zurück. Von der Erfahrung der Endlichkeit und Einsamkeit wird der Betrachter vor dem Bild überwältigt. Die Beschreibung des Bildes, das mit seinen nicht beschriebenen Gegenständen da*liegt*, inszeniert das Verhältnis zwischen Betrachter und Bild als ein melancholisches, das an die Darstellung der *Melancholia* von Dürer erinnert. Im Blick auf das Bild werden nicht nur die Gegenstände auf dem Bild, sondern das Bild selbst in den melancholischen Prozess des unabschließbaren Bedenkens der Zeichen hineingezogen. Die Bedeutung und die Wirkung des Bildes sind nicht mehr in bislang gültige ästhetische Konzepte zu überführen. In Frage steht stattdessen die Repräsentationsfunktion des Bildes, das wie ein Gegenstand vor dem Betrachter daliegt und dessen Funktion sich entleert. Was bleibt, ist die Uferlosigkeit und Einförmigkeit einer Leere, die, da sie nichts als den Rahmen zum Vordergrund hat, diesen zu überschreiten und damit auch das Bild als abschirmendes Medium aufzulösen droht. Die Metapher von den abgeschnittenen Augenlidern schreibt den physischen Schmerz mit, der in der Wahrnehmung einer undarstellbaren Leere begründet liegt, die weder in einem Rekurs auf die Vernunft noch auf eine unerfüllte Sehnsucht aufgehoben werden kann. Dem fehlenden Uferrand des Bildes und dem fragil werdenden Halt durch die Rahmung entspricht das Wegschneiden der Augenlider, die als Ränder und Rahmen den Augapfel umgrenzen. Das Fehlen der Augenlider verhindert nicht nur die Möglichkeit, die Augen zu schließen und damit Distanz herzustellen. Ohne Augenlider ist auch der Wechsel von Bild und Nicht-Bild, der das lebendige Sehen kennzeichnet, unterbrochen. Der immer andauernde Blick, der nicht mehr durch den Lidschlag strukturiert wird, entspricht letztlich dem starren Blick eines Toten. Und als ob auch das Nachdenken über das Bild hier an eine Grenze kommt, bricht Kleists Text an dieser Stelle unvermittelt in eine ironische Witzelei um, die noch einmal auf Brentanos und von Arnims Aufsatz Bezug nimmt.

»Gleichwohl hat der Mahler Zweifels ohne eine ganz neue Bahn im Felde seiner Kunst gebrochen; und ich bin überzeugt, daß sich, mit seinem Geiste, eine Quadratmeile märkischen Sandes darstellen ließe, mit einem Berberitzenstrauch, worauf sich eine Krähe einsam plustert, und daß dies Bild eine wahrhaft Ossianische oder Kosegartensche Wirkung thun müßte. Ja, wenn man diese Landschaft mit ihrer eigenen Kreide und mit ihrem eigenen Wasser mahlte; so, glaube ich, man könnte die Füchse und Wölfe damit zum Heulen bringen: das Stärkste, was man, ohne allen Zweifel, zum Lobe für diese Art von Landschaftsmahlerei beibringen kann. – Doch meine eigenen Empfindungen, über dies wunderbare Gemählde, sind zu verworren; daher habe ich mir, ehe ich sie ganz auszusprechen wage, vorgenommen, mich durch die Äußerungen derer, die paarweise, von Morgen bis Abend, daran vorübergehen, zu belehren.«[65]

Die Einordnung des Bildes in eine Tradition todessüchtiger Naturpoesie und erhabener Landschaftsempfindung, wie sie der Verweis auf Ossian und Kosegarten vornimmt, findet sich bereits in den von Kleist gestrichenen Gesprächspassagen.[66] Die ironische Brechung dieser Kunstbetrachtung – Ossians Dichtung ist nicht zuletzt eine Fälschung – markiert hier demnach die Inadäquatheit einer solchen Betrachtungsweise. Das Bild schreibt sich in Kleists Text gerade nicht ungebrochen in die Tradition bildlicher und literarischer Angstvisionen ein, die versuchen den Schrecken der Endlichkeit und Leere ins Bild zu bannen, um sich der Lebendigkeit oder der Erlösung zu versichern. Doch auch der ebenfalls anklingende Hyperrealismus, der die Materialen der Natur zu Zeichen macht, um einen gesteigerten Wirklichkeitseffekt zu erreichen,[67] wird hier von Kleist gebrochen. Denn wenn das Heulen der Füchse und Wölfe angesichts eines solchen Naturbildes zum Zeichen der Kunst Friedrichs werden soll, dann spielt dies auf die im Zeuxis-Mythos unterliegende Darstellungsweise an, der es lediglich gelingt, die Vögel zu täuschen. Nicht um die Abbildung des Natürlichen oder eine künstliche Natur also geht es Kleist hier. Doch worin besteht der Rest, der seine Gedanken verwirrt? Einen Hinweis gibt ein von Kleist verfasster Brief an Wilhelmine von Zenge, in dem er ebenfalls die Kunst aus Naturmaterialien beschreibt. Und zwar handelt es sich hier um die sogenannte Spielerei eines Naturforschers, der die gesammelten Stoffe in zweifacher Weise verwendet. Einerseits fertigt er eine Ordnung der Natur an, andererseits entstehen aus den gesammelten Materialien Landschaftsbilder. Kleist schreibt:

---

65 Ebd., S. 61f.
66 Vgl. hier auch Rolf-Peter Janz: »Mit den Augen Kleists: Caspar David Friedrichs ›Mönch am Meer‹«, in: Kleist-Jahrbuch 2003, Stuttgart 2003, S. 137-148.
67 Vgl. Helmut Pfotenhauer: »Kleists Rede über Bilder und in Bildern. Briefe, Bildkommentare, erste literarische Werke«, in: Kleist-Jahrbuch 1997, Stuttgart 1997, S. 126-148, hier S. 135f.

»Schon der bloße Apparat ist sehenswürdig u. erfordert einen fast beispiellosen Fleiß. Da sind in vielen Gläsern, in besondern Fächern und Schränken, Gefieder aller Art, Häute, Holzspäne, Blätter, Moose, Saamenstaub, Spinngewebe, Schilfe, Wolle, Schmetterlingsflügel & & in der größten Ordnung aufgestellt. Aber dieser Vorrath von bunten Materialien hat den Mann auf eine Spielerei geführt. Er ist weiter gegangen, als bloß seine nützliche Gallerie von Vögeln u. Mosen zu vervollkommnen. Er hat mit allen diesen Materialien, ohne weiter irgend eine Farbe zu gebrauchen, gemahlt, Landschaften, Blumenbouquets, Menschen && oft täuschend ähnlich, das Wasser mit Wolle, das Laub mit Moose, die Erde mit Saamenstaub, den Himel mit Spinngewebe, u. immer mit der genauesten Abwechselung des Lichtes u. des Schattens.«[68]

Die Naturgalerie als Ordnung der Dinge klassifiziert die gesammelten Materialien und ordnet sie räumlich an. Wie Michel Foucault schreibt, liegt das besondere dieser Art Naturkabinett in einer Verschmelzung von Dingen, Rede und Blick.[69] Die Anordnung der Dinge folgt allein sichtbaren Merkmalen und kann unter dem Paradigma der Konstanz vollständig gelesen werden. Überliefertes Wissen, Fabeln, aber auch andere Sinneswahrnehmungen spielen seit dem 17. Jahrhundert für die Erforschung der Natur keine Rolle mehr. Die Reduktion auf das Visuelle verdrängt die am Meeresufer wahrnehmbare Stimme des nicht fassbaren Lebendigen. Doch die so entstandene Ordnung der Dinge gebiert ganz nebenbei eine Spielerei mit den bunten Materialien, die diese wie Farben ins Bild setzt. Was aber zeigt sich in der Spielerei? Die Spielerei stellt die Anfertigung der Naturbilder gerade nicht als Abbilder einer vorgängigen Natur aus, sondern als konstellatives Verfahren, das, indem es die Dinge neu zusammenstellt, das Bild als Effekt erzeugt. Im Spiel mit den Dingen der Natur wird auch ›die Natur‹ als Objekt und damit der scheinbar ›natürliche Blick‹ als Inszenierung von Zeichen lesbar. Das Spiel der Umordnungen und Konstellationen aber ist von jener Leere durchzogen, die Friedrichs Bild ›zeigt‹ und um die herum sich ein Gewirr aus bunten Materialen und verworrenen Gedanken einfindet, welche durch kein Sinnzentrum mehr gehalten werden. Das Spiel mit den Naturmaterialen ist wie das Spiel des Kleistschen Textes, das den Aufsatz Brentanos und von Arnims zerbröckelt, umschreibt und kommentiert, ein Spiel mit signifikantem Material über dem Abgrund eines Nichts. Gerade im Abbruch des Bildes artikuliert sich eine Differenz zwischen dem Bild und der Re-

---

68 Heinrich von Kleist: Brief an Wilhelmine von Zenge v. 11. u. 12. September 1800, in: Ders.: Sämtliche Werke, BKA IV/1: Briefe 1: März 1793-April 1801, hg. v. Peter Staengle in Zusammenarbeit mit Roland Reuß, Basel u. a. 1996, S. 278.

69 Vgl. Michel Foucault: Die Ordnung der Dinge, Frankfurt/M. 1995, S. 172.

de über das Bild. Zugleich eröffnet sich der Raum des Sprechens, den Kleist nicht mit kunsttheoretischer Reflexion füllt und den er damit auch zwischen sich und seinen Lesern offenhält.

Wahrnehmungsstörungen.
Ritual und Chaos in der Prosa Adalbert Stifters

»Körnchen nach Körnchen«.
Stifters Betrachtungen über das Kleine und das Erhabene

Adalbert Stifter spricht in seiner *Vorrede* zu den *Bunten Steinen*, die ein eher fragmentarischer poetologischer Entwurf zu nennen ist, ebenfalls von einer Spielerei. Diese Spielerei bezieht sich jedoch zunächst nicht auf die künstlerische Produktion, sondern auf die Wissenschaft, genauer: auf die ersten Anfänge einer Erforschung der Welt, die mit der Beobachtung scheinbar unbedeutender Details beginnt. Stifters skizzenhafte Ausführungen sollen jedoch nicht zuletzt dem an seine eigene Prosa gerichteten Vorwurf Hebbels, seine Literatur stelle nur das Kleine und Unbedeutende dar, entgegentreten. Denn es sind, so Stifter, gerade die scheinbar geringen Alltagsbeobachtungen, die den Ausgangspunkt bilden für eine Erkenntnis allgemeiner Gesetzmäßigkeiten. Die *Vorrede* wird daher geradezu zu einem Plädoyer für das Kleine, eine Haltung, die im Kontext einer Ästhetik des Erhabenen keineswegs nur als biedermeierlicher Konservatismus gelesen werden muss, sondern eine Neubestimmung literarischer Gestaltungsprinzipien vornimmt.[1] Nach Stifters Auffassung sind

---

1 Dass Stifter nicht nur den Naturgewalten, sondern auch revolutionären Umbrüchen ablehnend gegenüberstand, soll hier nicht bestritten werden. Allerdings weist Eckehard Czucka darauf hin, dass Stifters poetisches Konzept Züge enthält, die erst in der Poetik des Naturalismus bestimmend wurden und damit avantgardistischer ist, als manche Interpreten meinen. Vgl. Eckehard Czucka: Emphatische Prosa, Stuttgart 1992, S. 145. Marianne Schuller sieht in Stifters Konzept einer Poetik des Kleinen einen Gegenentwurf zur Ästhetik des Erhabenen. Vgl. Marianne Schuller: »Das Kleine der Literatur. Stifters Autobiographie«, in: Dies./Gunnar Schmidt: Mikrologien. Literarische und philosophische Figuren des Kleinen, Bielefeld 2003, S. 77-89, hier S. 77f.

erschütternde Naturereignisse wie der Blitz, der Sturm oder das Erdbeben – anders als beispielsweise in Burkes Ästhetik, für den das Erhabene ohne Schrecken nicht denkbar ist – kleiner als die Naturgesetze selbst, die deren Wirkung hervorrufen. Diese wiederum zeigen sich ebenso in der schrecklichen Naturgewalt wie in der nächsten Umgebung, weshalb auch das scheinbar Geringste Anlass sein kann, der Wunder der welterhaltenden Gesetzmäßigkeiten gegenwärtig zu werden.

»Die Kraft, welche die Milch im Töpfchen der armen Frau empor schwellen und übergehen macht, ist es auch, die die Lava in dem feuerspeienden Berge empor treibt, und auf den Flächen der Berge hinab gleiten läßt. Nur augenfälliger sind diese Erscheinungen, und reißen den Blick des Unkundigen und Unaufmerksamen mehr an sich, während der Geisteszug des Forschers vorzüglich auf das Ganze und Allgemeine geht, und nur in ihm allein Großartigkeit zu erkennen vermag, weil es allein das Welterhaltende ist.«[2]

Die Gesetzmäßigkeit des Allgemeinen also ist es, durch die der Schrecken der Natur klein erscheint. Die Erkenntnis aber dieser Gesetzmäßigkeiten ist für Stifter an die wissenschaftliche Forschung geknüpft. Die Wissenschaft mit ihrem geistigen Auge ergänzt die Mängel der sinnlichen Wahrnehmung, durch die zwar einzelne Dinge beobachtet, aber nicht deren Gesetzmäßigkeit erkannt werden kann. Am Beginn der Frage nach den Gesetzen, die in der Welt walten, steht die unbedeutende Kleinheit der ersten Beobachtung, die noch nichts von den Wirkungen verborgener Gesetze weiß und die, so Stifter, für den Unkundigen als bloße Spielerei gelten könnte.

»Wenn ein Mann durch Jahre hindurch die Magnetnadel, deren Spitze immer nach Norden weist, tagtäglich zu festgesetzten Stunden beobachtet, und sich die Veränderungen, wie die Nadel bald mehr bald weniger klar nach Norden zeigt, in einem Buche aufschriebe, so würde gewiß ein Unkundiger dieses Beginnen für ein Kleines und für Spielerei ansehen: wie ehrfurchterregend wird dieses Kleine und wie begeisterungserweckend diese Spielerei, wenn wir nun erfahren, daß diese Beobachtungen wirklich auf dem ganzen Erdboden angestellt werden, und daß aus den daraus zusammengestellten Tafeln ersichtlich wird, daß manche kleine Veränderungen an der Magnetnadel oft auf allen Punkten der Erde gleichzeitig und in gleichem Maße vor sich gehen, daß also ein magnetisches Gewitter über die ganze Erde geht, daß die ganze Erdoberfläche gleichzeitig gleichsam ein magnetisches Schauern empfindet. Wenn wir, so wie wir für das Licht die Augen haben, auch für die Electrizität und den aus ihr

---

2   Adalbert Stifter: Vorrede zu ›Bunte Steine‹, in: Ders.: Werke und Briefe. Historisch-Kritische Gesamtausgabe, Band 2,2, hg. v. Alfred Doppler und Wolfgang Frühwald, Stuttgart u. a. 1982, S. 10.

kommenden Magnetismus ein Sinneswerkzeug hätten, welche große Welt welche Fülle von unermesslichen Erscheinungen würde uns da aufgetan sein.
Wenn wir aber auch dieses leibliche Auge nicht haben, so haben wir dafür das
geistige der Wissenschaft, und diese lehrt uns, daß die electrische und magneti-
sche Kraft auf einem ungeheuren Schauplatze wirke, daß sie auf der ganzen Erde und durch den ganzen Himmel verbreitet sei, daß sie alles umfließe, und
sanft und unablässig verändernd bildend und lebenerzeugend sich darstelle.«[3]

Der Beginn aller Wissenschaft und die Erkenntnis der Erhabenheit der
Gesetzmäßigkeiten in der Natur und im Leben des Menschen, der vernünftigen Ordnung also, liegt in einem spielerischen Anfang begründet,
der nicht einfach den Gegensatz zum Gesetzmäßigen darstellt, sondern
selbst ein Spiel der *différance* betreibt, welches die unterschiedlichen
Positionen der Nadel als erste Markierungen hervorbringt. Der Anfang
eines ersten Unterschieds, der unbedeutend kleinen Beobachtung, verdankt sich diesem jeder Gesetzmäßigkeit vorgängigen Spiel. Vor jeder
Notation im differenziellen System der Schrift und vor jeder Verkettung
zu einer Gesetzmäßigkeit steht diese Bewegung, die nicht zuletzt auch
den Gegensatz vom Kleinen und Großen hervorbringt. Obwohl Stifter
nun bemerkt, dass im Wechsel der Ansichten über das Große die einzelnen Erscheinungen an Bedeutung verloren haben, so ist es dennoch das
unbedeutend Kleine, welches für ihn den Zugang zu neuen ›Wundern‹,
den Wundern der Naturgesetze nämlich, ermöglicht. Denn die Wissenschaft erringt nur »Körnchen nach Körnchen« und trägt aus dem Einzelding das Allgemeine zusammen, und nur dieses Einzelne ist letztlich darstellbar, nie das Allgemeine, »denn dies wäre die Schöpfung«.[4]
Das Kleine bleibt somit der einzig mögliche Zugang zum Erhabenen.
Das Sammeln der Dinge wie die wissenschaftliche Beobachtung des Einzelnen stehen im Dienste einer Erkenntnis allgemeiner Gesetze, die letztlich wie die Ideen der Vernunft undarstellbar bleiben. Stifter verknüpft so
die Naturgesetze mit einem religiösen Schöpfungsplan und verbindet
aufklärerische Vernunft und vormoderne, religiöse Sinnstiftung, die auch
seine Auffassung vom sanften Gesetz prägt. Das sanfte Gesetz bewirkt
im Leben einen Ausgleich zwischen den Einzelkräften des Menschen
und dem Gesetz der Gerechtigkeit und der Sitte, jenem Bereich also, den
Kant als praktische Vernunft kennzeichnet.

»Es gibt daher Kräfte, die nach dem Bestehen der gesammten Menschheit hin-
wirken, die durch die Einzelkräfte nicht beschränkt werden dürfen, ja im Ge-
gentheile beschränkend auf sie selber einwirken. Es ist das Gesez dieser Kräfte

---

3 Ebd., S. 10f.
4 Ebd., S. 11.

das Gesez der Gerechtigkeit das Gesez der Sitte, das Gesez, das will, daß jeder geachtet geehrt ungefährdet neben dem andern bestehe, daß er seine höhere menschliche Laufbahn gehen könne, sich Liebe und Bewunderung seiner Mitmenschen erwerbe, daß er als Kleinod gehütet werde, wie jeder Mensch ein Kleinod für alle anderen Menschen ist.«[5]

Auch das Verhältnis unter den Menschen ist damit vom Kleinen geprägt, die »Hingabe eines armen Weibes«[6] ist nicht weniger erhaben als der Mut eines Helden. Das Erhabene des sanften Gesetzes wirkt in jedem Menschen und erhebt damit auch die kleinsten und unbedeutendsten Protagonisten zu literarischer Größe. Mit dieser Auffassung vom Kleinen erhält auch die Literatur Stifters ihre Berechtigung. Denn wie der Wissenschaftler nur Körnchen nach Körnchen zusammenträgt, so hofft auch Stifter trotz des scheinbar bescheidenen Gestus, dass seine Schriften »ein Körnlein Gutes zu dem Baue des Ewigen«[7] beitragen. Die literarische Tätigkeit ist damit dem konzentrierten Blick auf das scheinbar unbedeutende Einzelding, dem Tun des Geringsten verpflichtet, einem spielerischen Anfang und einem unermüdlichen Sammeln des Kleinsten. Diese Bewegung des Sammelns geht jedoch über die bloße detaillierte Beschreibung hinaus, sie ist vor allem Reflexion der sprachlichen Verfasstheit von Wirklichkeit. Und sowenig sich das Gesetz, das Stifter in seiner *Vorrede* beschwört, letztlich zeigt, so wenig kann das Gesammelte, Beobachtete und Beschriebene in einen einheitlichen Sinnzusammenhang überführt werden, denn das Spiel zwischen den Körnchen fügt sich zu keiner Ganzheit zusammen.[8] Das Sammeln des Kleinsten gebiert die Beschreibungswut Stifters, die wie die Erstellung der wissenschaftlichen Tafeln Beobachtungen zusammenstellt, deren Zusammenhang durch kein übergeordnetes Prinzip gehalten wird. Für Stifter repräsentieren die Dinge daher nicht mehr einander, er praktiziert ein Nebeneinander. Mit dem Verzicht auf die repräsentative Funktion, die die Erwartung einer aufgeschobenen Präsenz beinhaltet, etabliert Stifter eine andere Ordnung der Dinge, die im Nebeneinanderstellen vom einen zum Nächsten fortschreitet, ohne an einen Ursprung oder an ein Ziel zu gelangen. Die Unermüdlichkeit des Sammelns und Beschreibens bezeugt dabei weniger die

---

5   Ebd., S. 12f.
6   Ebd., S. 10.
7   Ebd., S. 9f.
8   Vgl. hierzu auch Hartmut Laufhütte: »Das sanfte Gesetz und der Abgrund. Zu den Grundlagen der Stifterschen Dichtung ›aus dem Geist der Naturwissenschaft‹«, in: Walter Hettche/Johannes John/Sybille von Steinsdorff (Hg.): Stifter-Studien. Ein Festgeschenk für Wolfgang Frühwald zum 65. Geburtstag, Tübingen 2000, S. 61-74, hier S. 62.

Wunder der Naturgesetze als den Verlust tradierter Sinnsysteme, die Stifter dennoch immer wieder aufzurufen und zu modifizieren sucht.

Zu fragen bleibt nun, wie das Verhältnis zwischen Erhabenheitsästhetik und einer Poetik des Kleinen zu denken ist. Immerhin hat Stifter in seinen Prosastücken auf das Erhabene verwiesen und in seinen Naturdarstellungen Szenarien des Erhabenen entworfen. Sowohl das Erhabene als auch das Kleinste berühren die Grenze der Wahrnehmung und die Grenzen des Darstellbaren. Während das Erhabene durch Grenzenlosigkeit und Rahmenlosigkeit überwältigt, unterläuft das Kleine die begriffliche Einfassung durch eine Atomisierung, eine immer weitergehende Zersplitterung. Scheitert beim Erhabenen die Einbildungskraft in ihrer Fähigkeit, das Sinnliche zu einer einheitlichen Vorstellung zu synthetisieren, so stellt das Kleine ein Fortschreiten der Zergliederung dar, das die begriffliche Bestimmung an die Grenzen des sprachlich Fassbaren treibt. Dem Großen und dem Kleinen in der Literatur Stifters soll daher im Folgenden nachgegangen werden. Bereits die frühe Erzählung *Der Condor* beschreibt anhand einer Ballonfahrt in den unendlichen Raum des Weltalls eine Grenzüberschreitung, in der die Wahrnehmung vom Schrecken der kosmischen Leere heimgesucht wird.

Der Schwindel des Überblicks: *Der Condor*

In Stifters 1840 publizierter Erzählung *Der Condor* ist es der Blick in den kosmischen Abgrund, der nicht nur die Wahrnehmung der Protagonistin Cornelia überfordert, sondern den Abgrund als eine jede Ordnung durchquerende innere Grenze beschreibt. Die Erzählung nimmt dabei das Problem der Rahmung und Grenzziehung bereits in ihrer Inszenierung als Bilderkette auf, die in vier nebeneinander stehenden Ausschnitten unterschiedliche Wahrnehmungs- und Grenzkonstellationen aufruft. Der auf der Erde verweilenden Himmelsbeobachtung durch den Maler Gustav im einleitenden »Nachtstück«, die als Rahmenschau konzipiert ist, folgt der Aufstieg des Ballons im »Tagstück«, der eine Überschreitung des Rahmens im Kontext einer Ästhetik des Erhabenen in Szene setzt. Das »Blumenstück« berichtet von der Wiederbegegnung Gustavs und Cornelias und dem Versuch, eine erneute Rahmung im Rekurs auf tradierte Geschlechterdiskurse zu etablieren. Das abschließende »Fruchtstück« beschreibt schließlich die Trennung der Liebenden: Während Gustav versucht, der abgründigen Leere durch eine wiederholende Darstellung immer neuer Himmelsbilder zu begegnen, wird Cornelia zur Repräsentantin einer Grenzüberschreitung und eines Wissens, von dem sich der Mann abzuwenden sucht. Ergänzt werden die vier Einzelbilder durch einen Anhang, der einige Erklärungen für »Nicht-Physiker« enthält und die Erzählung in einen naturwissenschaftlichen Rahmen einfügen soll.

Glänzen, Flimmern und Leuchten

Das einleitende »Nachtstück« inszeniert eine bis zum 18. Jahrhundert gültige Wahrnehmungskonstellation, die das Objekt der Sichtbarkeit durch Einrahmung und Begrenzung konstituiert. Der Maler Gustav sitzt am Fenster seiner Dachstube in Erwartung des Ballons, der die Geliebte Cornelia in kosmische Höhen entführen wird. Mit einem Fernrohr ausgestattet, schreibt sich der Beobachter zugleich in die Tradition der Himmelsschau ein, die in den Bewegungen der Gestirne seit der Antike die Harmonie der göttlichen Schöpfung abliest. Der Blick auf die Stadt und in den Himmel ist dabei durch den Rahmen des Fensters begrenzt, der als ordnendes Element die Außenwelt als ausschnitthaftes Bild erscheinen lässt, während der Betrachter selbst im Schutz des Innenraums verweilt. Erkenntnistheoretisch entspricht die Rahmenschau[9] als Anschauungsform des 18. Jahrhunderts einem Verständnis der Grenze als Umriss, als Abgrenzung vom unbestimmt Grenzenlosen, durch die eine Konzentration des Blicks ermöglicht wird und ein begrifflich bestimmbarer Gegenstand hervortritt. In Stifters Erzählung jedoch wird dieses vom betrachtenden Subjekt beherrschte Ordnungsgefüge von Beginn an irritiert. Denn die Szene schreibt mit, was in der gerahmten Sicht aus dem Blick geraten muss.

»[...] die Zeiten haben sich nun einmal sehr geändert, [...] die weißen Kissen liegen unzerknittert dort auf dem Bettgestelle, und der Vollmond malt die lieblich flirrenden Fensterscheiben darauf, statt daß er in mein schlummerndes Angesicht schiene, welches Gesicht ich dafür da am Simse in die Nacht hinaushalten muß, um damit schon drei Viertheile derselben auf den Himmel zu schauen; denn an demselben wird heute das seltenste und tollste Gestirn emporsteigen, was er je gesehen.«[10]

Hinter dem Rücken des Betrachters wird die Fensteröffnung zur Lichtquelle, durch die der Vollmond die »lieblich flirrenden Fensterscheiben« auf die unzerknitterten Kissen malt. Werden die Kissen hierbei zur Leinwand, die das projizierte Bild auffangen, so zeigt die Reflexion gerade kein Bild, sondern jenes irritierende Spiel des Lichts, welches in der

---

9   August Langen: Anschauungsformen, hier insbesondere S. 5-44.

10   Adalbert Stifter: Der Condor, in: Ders.: Werke und Briefe. Historisch-Kritische Gesamtausgabe, Band 1,4, hg. v. Alfred Doppler und Wolfgang Frühwald, Stuttgart u. a. 1980, S. 17.

Idee eines transparenten Blicks, wie er für die Zentralperspektive charakteristisch ist, als störendes Element verdrängt werden muss. Angekündigt wird dabei eine künstlerische Darstellungsweise, die nicht den Gesetzen der Geometrie und Identität verpflichtet ist, sondern im Einfangen flirrender Lichtreflexe eine beinahe impressionistisch anmutende, sich in Bewegung und Veränderlichkeit auflösende künstlerische Darstellung impliziert. In Frage steht damit nicht nur die gerahmte Sicht auf die betrachteten Objekte, sondern auch die Position des Betrachters. In einer Leseransprache wird der Blick aus dem Fenster noch einmal reflektierend wiederholt.

»Da aber alles wahr ist [...], so sehe ich nicht ab, warum ich es nicht auch einem noch liebern Menschenauge eröffnen, dem einst dieses Blatt vorkommen könnte, warum ich nicht sagen sollte, daß mich wirklich ein närrisches und unglückliches Verhängniß an dieses Fenster kettete, und meine Blicke die ganze Nacht in die Lüfte bannte. Es will fast närrisch sein, aber jeder säße auch bei mir heroben, wenn er vorher das erlebt hätte, was ich.«[11]

Entwarf die Fensterszene zunächst einen Betrachter, der wie ein Astronom das nahe Erscheinen eines Himmelskörpers beobachtet, mithin also einen Blick in Anschlag bringt, in dem die mathematische Berechnung das kosmische Ordnungsgefüge verifiziert, so erscheint nun das schreibende Ich des Tagebuchs nicht mehr als souveräner Beobachter, sondern als Gefangener einer Blickökonomie, die ihn als Betrachter konstituiert und reflexiv nicht einzuholen ist. Mit dem Auftauchen des Ich bricht die Rede ab, das Geschehen aber, welches den Blick aus dem Fenster begründen soll, bleibt unerzählt. Die Betrachtung des Nachthimmels wird damit zu einem Ereignis, das dem sehenden Subjekt selbst fremd bleibt. Erst nachträglich wird das Auftauchen des Ballons die Leerstelle des Anfangs besetzen. Doch indem sich Anfang und Ende des Erzählten in dunklen Andeutungen verlieren,[12] fehlt auch der Erzählung der Rahmen zeitlicher Begrenzungen. Wie der Ballon, so taucht das Erzählte am Horizont des Lesers auf, um alsdann wieder aus dem Blickfeld zu verschwinden. Das Fehlen einer begrenzten, linearen Zeitstruktur kennzeichnet im Folgenden auch den Blick auf die nächtliche Stadtlandschaft. Der Aufstieg zum Aussichtsraum der Dachkammer erfolgt nämlich »viel zu früh«. Kein fertiges Bild erwartet den Betrachter, sondern im Glänzen, Flimmern und Leuchten verschwimmen Kontur und Form der Objekte in der Materialität von Licht und Farbe.

---

11 Ebd., S. 18.
12 Auch das abschließende Fruchtstück endet mit fragmentarischen »Bildchen« und einem in den Cordillieren verschwindenden Gustav.

»Der Mond hatte sich endlich von den Dächern gelöset, und stand hoch im Blau – ein Glänzen und ein Flimmern und ein Leuchten durch den ganzen Himmel begann, durch alle Wolken schoß Silber, von allen Blechdächern rannen breite Ströme desselben nieder, und an die Blitzableiter, Dachspitzen und Thurmkreuze waren Funken geschleudert. Ein feiner Silberrauch ging über die Dächer der weiten Stadt, wie ein Schleier, der auf den hunderttausend schlummernden Herzen liegt. Der einzige Goldpunkt in dem Meere von Silber war die brennende Lampe drüben in dem Dachstübchen der armen Waschfrau, deren Kind auf den Tod liegt.«[13]

Kein transparenter Bildraum wird hier imaginiert, dessen mathematisch errechnete Punkte und Flächen die Illusion der perfekten Koinzidenz von Bild und Wirklichkeit erzeugen. Vielmehr löst sich die flüssige Farbe von den Konturen der Objekte ab, um einen Schleier zu bilden, der sich »über die Dächer der weiten Stadt« legt und dessen einziger Gold- und Fluchtpunkt letztlich der Tod ist. Wie im »Tagstück« das vertraute Bild der Erde vor den Augen Cornelias endgültig zerfließen wird, so konstituiert bereits im »Nachtstück« der Rahmen kein fixierbares Objekt mehr. Vielmehr tritt das Bild selbst als Verhüllung und Grenze hervor. Es erscheint als flüssige Farbschicht, die den Tod, der sich unwiderruflich in die menschliche Existenz einschreibt, abschirmt. Die Ambivalenz von berauschendem Farbspiel und tödlicher Stille kennzeichnet die Szene bis zum Auftauchen des Ballons.

»Da auf einmal in einem lichten Gürtel des Himmels, den zwei lange Wolkenbänder zwischen sich ließen, war mirs, als schwebe langsam eine dunkle Scheibe – ich griff rasch um das Fernrohr, und schwang es gegen jene Stelle des Firmaments – Sterne, Wolken, Himmelsglanz flatterten durch das Objectiv – ich achtete ihrer nicht, sondern suchte angstvoll mit dem Glase, bis ich plötzlich eine große schwarze Kugel erfaßte und festhielt. Also ist es richtig, eine Voraussage trifft ein: gegen den zarten weißen Frühhimmel, so schwach roth erst, wie eine Pfirsichblüthe, zeichnete sich eine bedeutend große Kugel, unmerklich emporschwebend – und unter ihr an unsichtbaren Fäden hängend, im Glase des Rohres zitternd und schwankend, klein wie ein Gedankenstrich am Himmel – das Schiffchen, ein gebogenes Kartenblatt, das drei Menschleben trägt, und sie noch vor dem Frührothe herabschütteln kann, so naturgemäß wie aus der Wolke daneben ein Morgentropfen fällt.«[14]

Als undeutliche, dunkle Scheibe erscheint der Ballon in einem Spalt zwischen zwei langen Wolkenbändern, die den lichten Gürtel einrahmen. Doch erst im Blick durch das Fernrohr, der von der durch das Objektiv

---

13 Ebd., S. 19.
14 Ebd., S. 20.

flatternden Umgebung aus Sternen, Wolken und Himmelsglanz absieht, schält sich der Ballon als fixierbares Objekt, als schwarze Kugel heraus. Das Fernrohr erweitert also nicht nur das menschliche Sichtfeld, es schafft eine vom menschlichen Auge losgelöste Realität, die nur im Blick durch das technische Gerät existiert. Wie die Zentralperspektive den mittelalterlichen Bildraum zur geometrisch berechenbaren Fläche macht, so überschreitet das Fernrohr die Distanz zwischen Himmel und Erde, indem es das flirrende Licht mathematisch berechnet, bündelt und fixiert.[15]

Doch Gustavs Blick durch das Fernrohr lässt nun auch die Spaltung zwischen technischem und menschlichem Auge aufscheinen. Denn das Fernrohr erweitert die Welt des Sichtbaren und fügt zugleich dem menschlichen Auge ein Unsichtbares hinzu. Im Fernrohr wird nicht nur sichtbar, was mit bloßem Auge nicht zu erkennen ist, es entzieht zugleich dem Wissen seine Verankerung im Sichtbaren. Der Anblick des Schiffchens nämlich, das im Glase des Rohres zittert, verkehrt sich ins Grauen.

»Ich mußte das Rohr weglegen [...] denn es wurde mir immer grauiger, daß ich durchaus die Stricke nicht sehen konnte, mit denen das Schiff am Ballon hing.«[16]

Die schwarze Kugel des Ballons, die gerahmt von hellen Wolkenbändern in einer Spalte des Himmels erscheint und wieder verschwindet, verweist als flüchtig aufscheinendes Auge bereits auf den Abgrund der glotzenden Sonne, welche die Ohnmacht Cornelias begleitet. Der durch das Fernrohr erweiterte Blick des Betrachters trifft auf einen Himmel, an dessen Horizont die schwarze Pupille eines im Verschwinden begriffenen göttlichen Auges erscheint. Die Unsichtbarkeit der Stricke symbolisiert das Fehlen einer Bindung an tradierte Sinnsysteme. Das Schiffchen, das wie ein Gedankenstrich über einer leeren Fläche den symbolischen Halt des Subjekts markiert, garantiert keine erhabene Überblicksposition mehr, son-

---

15 Vgl. Friedrich A. Kittler: Optische Medien, Berlin 2002, S. 86. Zur Zentralperspektive vgl. Erwin Panofsky: »Die Perspektive als symbolische Form«, in: Ders.: Aufsätze zu Grundfragen der Kunstwissenschaft, hg. v. Hariolf Oberer und Egon Verheyen, Berlin 1993, S. 99-167. Zur Geschichte der Zentralperspektive siehe auch Samuel Y. Edgerton: Die Entdeckung der Perspektive, München 2002, S. 113-148 sowie Leonhard Schmeiser: Die Erfindung der Zentralperspektive und die Entstehung der neuzeitlichen Wissenschaft, München 2002. Die Diskursivierung der zentralperspektivischen Sehweise untersucht Birgit Seidenfuß: ›Dass wirdt also die Geometrische Perspektiv genandt‹: deutschsprachige Perspektivtraktate des 16. Jahrhunderts, Weimar 2006.

16 Adalbert Stifter: Der Condor, S. 21.

dern wird zum schwankenden Kartenblatt. Am Ende der Mondnacht stellt der Ballon – und mit ihm Cornelia – einen schwindenden Punkt im Sichtfeld Gustavs dar, und für den als »knäblich« beschriebenen Maler beginnt »ein neues Leben, voll Seligkeit und Unruhe, aber fernabliegend von der friedlichen Insel seiner Kindheit«.[17] Die Trennung vom imaginären paradiesischen Ort der Kindheit, die zugleich das Einrücken in die Ordnung der Geschlechter markieren soll, vollzieht sich somit über den Akt der Grenzüberschreitung, den die Ballonfahrt der tollkühnen, leichtsinnigen Cornelia darstellt. Doch damit wird entgegen der im Verlauf des Textes vom Ballonführer Coloman postulierten Wiederherstellung der Geschlechtergrenzen gerade die Aneignung männlichen Lebens durch eine Frau zu einem destabilisierenden Moment innerhalb der binären Geschlechterordnung. Denn wenn die symbolische Position der Männlichkeit sich nur über die Identifikation mit einem Akt verfehlter Weiblichkeit herstellt, wird auch die Männlichkeit zu einer immer schon verfehlten Position. Für Cornelia dagegen soll die Ballonfahrt ein Beispiel aufstellen, »daß auch ein Weib sich frei erklären könne von den willkürlichen Grenzen, die der harte Mann seit Jahrtausenden um sie gezogen hatte – frei, ohne doch an Tugend und Weiblichkeit etwas zu verlieren«.[18] Dem Paradox dieses Anspruchs korrespondiert die Bezeichnung Cornelias als Jungfrau, die wie das Knäbliche ein »noch-nicht« der Geschlechtswerdung ins Spiel bringt. Die Ballonfahrt zeigt somit Cornelias Weiblichkeit als ihren Effekt, eine Weiblichkeit, die im Urteil Colomans, »das Weib erträgt den Himmel nicht«,[19] ihren vorläufigen Abschluss finden soll. Der Wunsch Cornelias, die Fesseln des Geschlechts zu überwinden, scheitert jedoch nicht an ihrer Weiblichkeit, sondern lässt sich vielmehr als eine Schwellenerfahrung lesen, die das Imaginäre nicht nur der Ordnung der Geschlechter aufscheinen lässt.[20]

Der Abgrund des Grenzenlosen

Insofern der Aufstieg des Ballons im Kontext einer Konjunktur des erhabenen Blicks zu lesen ist, wiederholt Colomans Urteil ebenjene Positionen, die dem weiblichen Geschlecht einen geringer ausgeprägten Sinn für das Erhabene oder auch eine konstitutionelle Schwäche zuschreiben. Die hiermit verbundene Naturalisierung einer sich in ohnmächtigem

---

17 Ebd., S. 22.
18 Ebd., S. 23.
19 Ebd., S. 28.
20 Bernhard Waldenfels spricht von dem, was jenseits der Schwelle ist, auch als Heterotopie und markiert damit das der Ordnung Fremde. Bernhard Waldenfels: Der Stachel des Fremden, S. 31.

Schwindel offenbarenden weiblichen Schwäche verdrängt allerdings, dass sich der erhabene Blick, sofern er als Überblickposition in Szene gesetzt wird, selbst einer Körperpolitik verdankt, die das Schwindelgefühl angesichts des Schauens in unendliche Weiten erst überwinden muss.[21] Der souveräne Überblick verdankt sich somit einer Organisationsleistung des Auges, einer eingeübten visuellen Selbstbehauptung. Die Erzählung beschreibt den Aufstieg der Ballonfahrer im Folgenden als panoramatische Rundsicht. Stifters Ballonfahrern erscheint dabei das Erhabene zunächst wie ein sich entfaltendes Pergament.

»So schwebten sie höher und höher, immer mehr und mehr an Rundsicht gewinnend […]. Die Erhabenheit begann nun allgemach ihre Pergamente auseinanderzurollen – und der Begriff des Raumes fing an mit seiner Urgewalt zu wirken.«[22]

Indem der bildlichen Darstellung des Panoramas mit dem Pergament ein Material hinzufügt wird, das vor allem als Träger schriftlicher Zeichen dient, erscheint die Natur ebenfalls nicht mehr als fertiges Bild, sondern als Schriftrolle, deren Zeichen zu entziffern sind. Auch in der Rundumsicht ist das Bild einer vermeintlich ursprünglichen Totalität nicht einfach gegeben. Die Erzählung beschreibt die panoramatische Übersicht vielmehr als nachträglichen Effekt einer Syntheseleistung, die durch Akte der Grenzziehung, Lichtregie und Entzifferung des Gesehenen begleitet wird. Die Blickführung innerhalb des Textes geht von der »schwarzen« und »unentwirrbaren Erde«, der Undifferenziertheit eines amorphen Objekts, das buchstäblich nichts zu sehen gibt, durch ein Archipel von Wolken hindurch, die als schimmernde Eisländer mit Schlünden und Spalten fragmentierte Objekte zu sehen geben und sich schließlich wie ein Vorhang als weißer Nebel auflösen.

»In diesem Augenblick ging auf der Erde die Sonne auf, und *diese* Erde wurde wieder weithin sichtbar. Es war noch das gewohnte Mutterantlitz, wie wir es von hohen Bergen sehen […].«[23] [Herv. M.E.]

Das vertraute Bild der weiten Landschaft konstituiert sich hier als nachträglicher Effekt des Sonnenlichts, welches das Objekt der Sichtbarkeit hervortreten lässt, und über den Blick durch den wallenden Nebel, der das Objekt im Wechsel von An- und Abwesenheit hervorbringt. Das Wiedererkennen eines identischen Bildes jedoch bleibt stets durch die

---

21 Vgl. Albrecht Koschorke: Die Geschichte des Horizonts, S. 147.
22 Adalbert Stifter: Der Condor, S. 25.
23 Ebd.

fragile Grenze des Nebels bedroht, der sich zwischen das einheitliche Bild der Erde und die fragmentierten Eisländer des Wolkenhimmels schiebt. Der folgende Bericht über die Ballonfahrt spaltet nun die Wahrnehmungsweisen der Protagonisten entlang der Geschlechtergrenzen auf. Der Blick Cornelias wird als entfremdende Wahrnehmung beschrieben, die die Verortung des Subjekts destabilisiert. Wie der Blick Gustavs die Fäden des Schiffchens nicht mehr erkennen konnte, so löst sich hier die Wahrnehmung Cornelias vom vertrauten Bild der Erde. Die entfremdete Erde wird zu einem inkonsistenten, an den Rändern zerfließenden, fremden Objekt, das kaum entzifferbar nur noch durch vage Ähnlichkeiten beschrieben werden kann.

»[…] aber siehe, alles war fremd und die vertraute Wohnlichkeit [der Erde] war schon nicht mehr sichtbar, und mithin auch nicht die Fäden, die uns an ein theures, kleines Fleckchen binden, das wir Heimath nennen. Wie große Schatten zogen die Wälder gegen den Horizont hinaus – ein wunderliches Bauwerk von Gebirgen, wie wimmelnde Wogen, ging in die Breite, und lief gegen fahle Flecken ab, wahrscheinlich Gefilde.«[24]

Während Cornelia das sprachliche Verfehlen der fremd gewordenen Erde dokumentiert, ist der Blick Colomans und des jungen Lords von einem Sichtbarkeitsparadigma gekennzeichnet, welches das Sichtbare im Zuge seiner Vermessung als konstantes Objekt konstituiert. Nach Foucault ist es das Kennzeichen der modernen Wissenschaft, dass in ihr die Endlichkeit zum Ursprung eines positiven Wissens wird. Die Korrelation von vermessendem Blick und sprachlicher Aufzeichnung konstituiert dabei ein identisches Objekt, indem sie die Veränderlichkeit des Wahrgenommenen durch Konstanz und Dauer ersetzt.[25] Diesen Blick der modernen Wissenschaft, der Sichtbares und Aussagbares zur Deckung bringt, verkörpern Coloman und der junge Lord, wenn sie den Weltraum vermessen, ohne vom Schwindel des Abgründigen erfasst zu werden.

»Die beiden Männer arbeiteten mit ihren Instrumenten […] Die Stille wurde nur unterbrochen durch eintönige Laute der Männer, wie der eine dictierte, der andere schrieb.«[26]

Der wissenschaftliche Blick verdankt sich dabei allerdings einer erneuten Grenzziehung, die zwischen normaler und pathologischer Wahrneh-

---

24 Ebd.
25 Michel Foucault: »Nachwort«, in: Ders.: Die Geburt der Klinik, Frankfurt/M. 1988, insbesondere 206f.
26 Adalbert Stifter: Der Condor, S. 26.

mung, die hier auf die weibliche Figur übertragen wird, zu unterscheiden sucht. Wo Cornelia nur ungeheure »schimmernde Schneefelder« sieht, die sie »nicht enträtseln« kann, identifiziert Coloman das Mittelmeer, dessen veränderliche Einfärbungen letztlich als »schöne[r] Spiegel« zu einem Bild der Einheit von Objekt und betrachtendem Subjekt werden. Wird anhand der Wahrnehmungen Cornelias und Colomans vor allem der Blick auf die fremd gewordene Erde thematisiert, verweist der ungewöhnliche Gebrauch eines Teleskops, welches der junge Lord am Schiff befestigt, auf eine Verschiebung im Feld des Sichtbaren, in deren Zentrum die Frage nach Größen und Entfernungen innerhalb des Weltalls steht.[27] In den Tiefen des Weltraums wird das Unsichtbare als noch nicht Sichtbares, noch zu Vermessendes zu einer Grenze, die als sukzessiv einholbar gedacht wird. Die Grenze des Kosmos ist für den jungen Lord keine Schwelle im Sinne einer Heterotopie, die die eigene Identität und die sicher geglaubte Ordnung aufs Spiel setzt, sondern eine Grenze, deren Erweiterung und Verschiebung innerhalb der Ordnung denkbar ist. In diesem Sinne aber stellt der bei Stifter inszenierte ›männliche‹ Blick trotz des Rekurses auf die Ästhetik des Erhabenen keine Erfahrung des Erhabenen im Sinne Kants dar. Denn für Kant ist das Erhabene durch das Versagen der Einbildungskraft vor dem Absoluten, dem Unendlichen der Ideen der Vernunft gekennzeichnet und nicht durch ein mathematisierbares sukzessives Fortschreiten auf ein Unendliches hin. Die Erfahrung des Erhabenen ist noch in ihrem Umschlag zur Lust gebunden an die Unlust, den Schrecken angesichts einer Größe, die nichts als den Verlust des Darstellungsvermögens registrieren kann.[28] Diesen Schrecken aber, der in kein erhabenes Triumphgefühl mehr umschlägt, dokumentiert Cornelias Aufstieg »in den höchsten Äther«,[29] der sich zunächst als weitere Trennung vom vertrauten Grund der Erde vollzieht.

»Der erste Blick Cornelias war wieder auf die Erde – diese aber war nicht mehr das wohlbekannte Vaterhaus; in einem fremden goldenen Rauche lodernd, taumelte sie gleichsam zurück, an ihrer äußersten Stirn das Mittelmeer, wie ein schmales, gleißendes Goldband tragend, überschwimmend in unbekannte phantastische Massen.«[30]

---

27 Die moderne Kosmologie ist vor allem mit der Weiterentwicklung der Teleskope durch Herschel verbunden. Vgl. Bernard Lovell: Das unendliche Weltall. Geschichte der Kosmologie von der Antike bis zur Gegenwart, München 1983, S. 99-122.

28 Vgl. Immanuel Kant: Kritik der Urteilskraft, insbesondere S. 169-184.

29 Adalbert Stifter: Der Condor, S. 27.

30 Ebd.

Wie ein zerfließendes Gemälde, umrahmt von einem schmalen Goldband, löst sich das Bild der Erde in überströmenden, fremdartigen Massen auf. Der Aufstieg des Ballons bedeutet somit nicht nur eine Loslö-
sung von der väterlichen symbolischen Ordnung, er markiert auch die
Unmöglichkeit der Darstellung des grenzenlosen Raums im zweidimen-
sionalen, gerahmten Bild. Vor dem »Ungeheuer« des sich auflösenden
Bildes der Erde »flieht« Cornelias Blick durch Wolken, die als wallende,
sich dehnende und regende Leichentücher einen unheimlichen Grenzbe-
reich zwischen Leben und Tod markieren, hinauf zum Himmel.

»[…] aber siehe, er war gar nicht mehr da: das ganze Himmelsgewölbe, die
schöne blaue Glocke unserer Erde, war ein ganz schwarzer Abgrund geworden,
ohne Maß und Grenze in die Tiefe gehend.«[31]

Stellte im »Nachtstück« die brennende Lampe im Zimmer des sterbenden
Kindes den Gold- und Fluchtpunkt des Sichtfeldes dar, so erblickt Cornelia in der öden, unendlichen Weite des Weltalls kein Zentrum mehr, sondern nur verloren verstreute Sterne »winzige, ohnmächtige Goldpunkte«
– und »endlich die Sonne, ein drohendes Gestirn, ohne Wärme, ohne
Strahlen, eine scharfgeschnittene Scheibe aus wallendem, blähendem,
weißgeschmolzenem Metalle: so glotzte sie mit vernichtendem Glanze
aus dem Schlunde«.[32] Weder als Himmelsglocke, als schützender göttlicher Raum, noch als zu erobernde kosmische Weite, sondern als lebens-
feindliche Zone imaginiert Cornelia den Weltraum. Mit der Auflösung
des Bildes der vertrauten Erde wird die Betrachterin vom Blick einer
teilnahmslosen Sonne aus dem Abgrund getroffen. Das göttliche Auge
als Symbol des Aufgehobenseins in einer religiösen Ordnung hat in Stifters Erzählung seine Funktion verloren. Erfasst vom tödlichen Glanz einer toten Sonne, die ohne Wärme und ohne Strahlen keinen Bezug mehr
zur menschlichen Existenz aufweist, zeichnet nur ein starres, grelles
Licht auf dem Ballon die Gesichter der Ballonfahrer »todtenartig, wie in
einer laterna magica«.[33] Der Ballon wird damit selbst zu einer technischen Apparatur, welche die Gesichter der Ballonfahrer »von der umgebenden Nacht abhebt« und als Bild hervorbringt. Mit der Laterna magica,
der Zauberlaterne, ist eine Apparatur aufgerufen, deren Projektionen mit
der Täuschbarkeit des Betrachters spielen. Denn im Gegensatz zur Camera obscura, die durch ein Loch im Kasten das spiegelverkehrte Bild
der Außenwelt einfängt, arbeitet die Laterna magica mit künstlichen Vor-
lagen und Bildern, die als illusionistisches Spektakel nach außen proji-

---

31 Ebd., S. 27.
32 Ebd.
33 Ebd.

ziert werden. Als technische Apparatur repräsentiert die Laterna magica daher, wie Friedrich Kittler deutlich macht, nicht den Vorgang der Repräsentation, sondern den Prozess der Vorstellung, der ohne Bezug zu einer äußeren Wirklichkeit Bilder hervorbringt.[34] Doch nicht der Weltraum erscheint hier als projiziertes Bild, von dem sich der getäuschte Betrachter verführen lässt, sondern gerade die Vorstellung eines souveränen Betrachters, der noch die grenzenlose Weite im Blick beherrscht, wird als Trugbild einer Laterna magica ausgestellt. Fast wörtlich nimmt Stifters Erzählung hierbei Jean Pauls *Rede des toten Christus* auf, indem er die Attribute des von Gott verlassenen Himmels auf die lebensspendende Funktion der Sonne überträgt.[35] Doch anders als im *Siebenkäs* folgt dem Anblick der toten Sonne kein Erwachen und keine Wiederkehr eines sicheren Glaubens trotz der Abwesenheit einer göttlichen Instanz. Die Zitation literarischer Vorbilder muss vielmehr als Scheitern der Darstellung gelesen werden. Zwar beschreibt die Erzählung die abgründige Leere des Himmels, doch sie kann dies nur, indem sie Textfragmente einstreut, die

---

34 Zur Differenz von Camera obscura und Laterna magica vgl. Friedrich A. Kittler: Optische Medien, bes. S. 92. Die Camera obscura repräsentiert wie die Rahmenschau die geometrische Optik, die an der Schwelle zum 19. Jahrhundert durch neue Formen der Aufmerksamkeitslenkung abgelöst wird. Vgl. Jonathan Crary: Techniken des Betrachters, S. 37-73; zur Camera obscura vgl. Larry J. Schaaf: »Camera Obscura und Camera Lucida. Bild und Vorstellung vor Erfindung der Photographie«, in: Bodo von Dewitz/Werner Nekes (Hg.): Ich sehe was, was Du nicht siehst, S. 48-53. Zur Entwicklung der Laterna magica vgl. Klaus Bartels: »Proto-kinematographische Effekte der Laterna magica in Literatur und Theater des achtzehnten Jahrhunderts«, in: Harro Segeberg (Hg.): Die Mobilisierung des Sehens. Zur Vor- und Frühgeschichte des Films in Literatur und Kunst, Mediengeschichte des Films, Bd. 1, München 1996, S. 113-147. Außerdem Deac Rossell: »Die Entwicklung der Laterna Magica«, in: Bodo von Dewitz/Werner Nekes (Hg.): Ich sehe was, was Du nicht siehst, S. 134-145.

35 Jean Paul: Sämtliche Werke. Historisch-Kritische Ausgabe, 1. Abt., Bd. 6: Blumen-, Frucht- und Dornenstücke (Siebenkäs), hg. v. Kurt Schreinert, Weimar 1928, S. 247ff. Weitere Bezüge lassen sich zu Jean Pauls *Seebuch des Luftschiffers Giannozzo*, das einen Anhang zum *Titan* bildet, herstellen, dem auch das Motiv der Ballonfahrt entnommen ist. Vgl. Jean Paul: Sämtliche Werke. Historisch-Kritische Ausgabe, 1. Abt., Bd. 8: Titan, hg. v. Eduard Berend, Weimar 1933. Die Forschung hat auf die Korrespondenzen zwischen Jean Pauls *Siebenkäs* und Stifters *Condor* immer wieder hingewiesen. Eine detaillierte Gegenüberstellung unternimmt Kurt Mautz: »Natur und Gesellschaft in Stifters ›Condor‹«, in: Helmut Arntzen u. a. (Hg.): Literaturwissenschaft und Geschichtsphilosophie. Festschrift für Wilhelm Emrich, Berlin u. a. 1975, S. 406-435.

das Geschehen nicht mehr in einen Sinnzusammenhang zu bringen vermögen. Wie Cornelias Blick nur die Auflösung des vertrauten Bildes der Erde registrieren und in verfehlenden Beschreibungen sprachlich fassen kann, so kann auch die Erzählung die Undarstellbarkeit des Abgrunds allein in der Zitation sich auflösender literarischer Bilder thematisieren.

Der Erfahrung der Endlichkeit, die durch keine göttliche Instanz mehr aufgehoben wird, entspricht die Ausgesetztheit der Betrachter an Bord des Ballons. Das Schiff, heißt es, geht mit »fürchterlicher Schnelligkeit« in Schieflage dahin, und in dem lautlosen Raum sind nur die a-signifikanten Geräusche des Ballonmaterials, das gewaltige Rütteln und Zerren an dem Taffet »wie das Wimmern eines Kindes«[36] zu hören. Die Ohnmacht Cornelias entspricht einem symbolischen Schwindel, der nicht nur das Überschreiten der Schwelle zum Fremden des Kosmos anzeigt, sondern zugleich mit einem unheimlichen Wissen in Bezug auf die Geschlechterdifferenz einhergeht. Insofern nämlich die Selbstbehauptung des Subjekts vor dem grenzenlosen Abgrund als täuschendes Bild einer Laterna magica ausgestellt wird, wird auch die Ordnung der Geschlechter zu einem abgründigen Spiel mit imaginären Positionen, deren Halt im Symbolischen so schwankend ist wie das Schiffchen des Ballons. Am Ende der Ballonfahrt bietet daher auch der souveräne Blick des jungen Lords keine Beruhigung mehr, vielmehr erscheint er als unsichere Wahrnehmung, schwankend zwischen undeutbarer Beobachtung, Wunschproduktion und wahnhaftem visuellen Eindruck.

»Die Männer arbeiteten noch Dinge, die sie gar nicht verstand; nur der junge, schöne, furchtbare Mann, *däuchte es ihr*, schoß zuweilen einen majestätischen Blick in die großartige Finsterniß und spielte dichterisch mit Gefahr und Größe – an dem Alten war nicht ein einzig Zeichen eines Affectes bemerkbar.«[37] [Herv. M.E.]

Im Kontext dieses Spiels markiert Colomans Urteil weniger eine sich bestätigende Erkenntnis über das weibliche Geschlecht als vielmehr ein Verkennen innerhalb der männlichen Betrachterposition, deren instabile Setzung die Erzählung ironischerweise mitschreibt. Denn nach »diesen Worten«, heißt es von Coloman, »saß er wieder nieder, klammerte sich an ein Tau und zog die Falten seines Mantels zusammen«.[38]

Cornelias Wunsch, die Grenzen des Geschlechts zu überschreiten, scheitert damit, insofern in der Aneignung männlichen Lebens auch das Imaginäre einer vermessenden und vermessenen Wahrnehmungsökono-

---

36 Adalbert Stifter: Der Condor, S. 28.
37 Ebd.
38 Ebd.

mie aufscheint. Der Auflösung ins Formlose, dem Blick ins Grenzenlose, folgt keine Erhebung des Subjekts, keine lustvolle Erfahrung des Erhabenen im Sinne Kants. Die Überschreitung der Schwelle und das Wissen um den leeren Abgrund eröffnet kein Denken des Absoluten, sondern führt zu Deplatzierungen, die nicht mehr zurückzunehmen sind. Nicht nur das dem Ballonflug folgende »Blumenstück«, sondern auch die dem Text angefügten Anmerkungen »für Nichtphysiker«, die das Geschehen nachträglich im Kontext von Naturgesetzlichkeiten zu rahmen versuchen, tragen dieser abgründigen Erfahrung Rechnung.[39] Denn laut der kleinen Erklärung, die die Bilderkette der Erzählung supplementiert, stehen die Wahrnehmungen Cornelias mit den Gesetzmäßigkeiten der Lichtreflexion in Einklang. Die Anmerkungen objektivieren also, was in der Erzählung als subjektiv weibliche und wahnhafte Wahrnehmung erscheint. Zugleich nehmen sie die von Stifter in der *Vorrede* zu den *Bunten Steinen* vollzogene Sinnstiftung durch die Erhabenheit von Naturgesetzen vorweg.[40] Ob diese Sinnstiftung jedoch gelingt bleibt fragwürdig. Denn die von Stifter in der *Vorrede* postulierten Gesetzmäßigkeiten stellen wiederum eine Aneinanderreihung fragmentarischer Einzelbeobachtungen dar, die sich zu keiner Einheit zusammenfügen wollen. Ebenso setzen die Anmerkungen, die der Erzählung einen naturwissenschaftlichen Rahmen geben sollen, die Grenze zwischen literarischem und wissenschaftlichem Diskurs aufs Spiel. Denn indem sie sich explizit an »Nichtphysiker« adressieren, stellen sie auch den Status der Erzählung in Frage: Ergänzen die Anmerkungen einen literarischen oder einen naturwissenschaftlichen Text? Dient der Bericht über den Aufstieg des Condors der Illustration naturwissenschaftlicher Gesetzmäßigkeit? Bilden die Anmerkungen den Rand des literarischen »Textes«, oder stellt die Erzählung den sich auflösenden Rand wissenschaftlicher Diskurse dar? Wo beginnt und wo endet der literarische bzw. der wissenschaftliche Text?

---

39 Ebd., S. 41. Das Verhältnis Stifters zu naturwissenschaftlichen Diskursen untersuchen Moritz Enzinger: »Die Welt der Sterne bei Adalbert Stifter«, in: Ders.: Gesammelte Aufsätze zu Adalbert Stifter, Wien 1967, S. 391-412 sowie Martin Selge: Adalbert Stifter. Poesie aus dem Geist der Naturwissenschaft, Stuttgart 1976, S. 18f. Neuere Arbeiten fokussieren die wissenschaftstheoretischen und literarischen Bezugstexte Stifters. Vgl. Christian-Paul Berger: »...welch ein wundervoller Sternenhimmel in meinem Herzen«. Adalbert Stifters Bild vom Kosmos, Wien u. a. 1996 sowie Barbara Hunfeld: Der Blick ins All. Reflexionen des Kosmos der Zeichen bei Brockes, Jean Paul, Goethe und Stifter, Tübingen 2004, S. 185-207.

40 Adalbert Stifter: Vorrede, S. 12f.

Ein unmöglicher Rahmen

Mit der Unmöglichkeit der Integration des Geschehens ist die Erzählung im Folgenden weiterhin beschäftigt. Bereits zu Beginn des »Blumen-stücks« erscheint Gustav malend vor einem großen skizzierten Bilde, »das bereits ein schwerer Goldrahmen umfing«.[41] Erfolgte der Aufstieg in die Dachkammer im einleitenden »Nachtstück« »zu früh«, so markiert nun der schwere Goldrahmen, der das bloß als Skizze vorhandene Bild umfängt, ein »zu früh« der Einfassung. Doch gerade in der Ungleichzei-tigkeit von abschließendem Rahmen und skizzenhaftem Anfang stellt der Text die Präsenz des Bildes als Stillstellung des Malprozesses aus, wobei der Rahmen hier gerade das zeigt, was im Zuge der Bildherstellung übli-cherweise unter der Farbschicht verschwindet – nämlich die Skizze, der unfertige Entwurf, das »noch-nicht« des Unabgeschlossenen. Die Un-möglichkeit der vollen Repräsentation im Bild, das sich zu keiner Einheit mehr schließen will, betrifft im Folgenden auch die Geschlechterdiffe-renz. In der Wiederbegegnung mit Gustav erscheint Cornelia zunächst buchstäblich wie ein Gemälde, arrangiert als lebendes Blumenstück.

»An einem Fenster [...] mitten in einem Walde fremder Blumen, saß eine junge Dame. Sie war in einem weißen Atlaskleide, dessen sanfter Glanz sich edel ab-hob von den dunkelgrünen Blättern der Camellien.«[42]

Wie die Kamelie als Blume ohne Duft gilt, so ist auch die Inszenierung der jungen Dame dazu angetan, jegliche Spur des Geschehens im Bild der Reinheit zu tilgen. Die Integration der Entfremdung durch die Bal-lonfahrt, die Wahrnehmung »fürchterlicher Dinge«, »jene Sache«, von der sie, wie es heißt »nicht ein leises, leises Wörtchen«[43] sagt, vollzieht sich über eine Struktur, die die unsagbare Überschreitung, das Undar-stellbare des fremden, abgründigen Himmels durch eine exotisierende Kulisse ersetzt, in die sich Cornelia einfügt. Doch die Novelle schreibt auch den Prozess dieser Einrahmung in einer Wiederholung der Szene als Verfehlen der Frau im Bild mit. Denn während Gustav trotz des zuvor imaginierten Aufbruchs zu neuen Ufern »seinen Ort« buchstäblich »nicht um die Breite eines Haares« verrückt, geht Cornelia

---

41 Adalbert Stifter: Der Condor, S. 29. Zum goldenen Rahmen vgl. Bettine Menke: »Rahmen und Desintegration. Die Ordnung der Sichtbarkeit, der Bilder und der Geschlechter. Zu Stifters ›Der Condor‹«, in: Weimarer Bei-träge. Zeitschrift für Literaturwissenschaft, Ästhetik und Kulturwissen-schaft, Jg. 44 (1998), Heft 3, S. 325-363, hier S. 340.
42 Adalbert Stifter: Der Condor, S. 30.
43 Ebd.

»[…] gegen die Camellien, wo eine Staffelei stand, rückte dort etwas, dem kein Rücken Noth that; stellte etwas zurechte, das ohnedies recht stand, sah in die grünen Pflanzenblätter, als suche sie etwas – und kam dann wieder zurück«.[44]

In der Verdopplung der Szene tritt das Kulissenhafte des zuvor arrangierten Bildes durch das Hin- und Herrücken des Inventars hervor. Die Staffelei, die nun anstelle der »jungen Dame« in den Kamelien steht, verweist auf den Prozess der Konfigurierung der Frau als Bild. Doch gerade Cornelias scheinbar sinnlose Handlungen stellen die Inszenierung der Kulisse und damit das Maskeradenhafte der Weiblichkeit aus. Der verfehlenden Inszenierung folgt eine Seh- und Darstellungsschulung durch den Maler Gustav, durch die der schweifende Blick Cornelias auf den rechten Weg gebracht werden soll.

»[…] mit dem langen Stiele des Pinsels zeigte er, was zu verbinden war, was zu trennen; oder er setzte plötzlich ein Lichtchen oder einen Drucker hin, wo es Noth that und sie es nicht wagte.«[45]

Wird die wagemutige Cornelia im Zuge der Disziplinierung scheinbar zum zaghaften Weib, so stellt die Inszenierung bereitwilliger Demut, »wie sie immer fortmalte und auch nicht eine Seitenbewegung ihres Hauptes machte, und auch nicht ein Wort sagte«, zugleich die erneute Integration und Rahmung Cornelias als unendliche Wiederholung des Identischen aus, in der »keine Sekunde etwas Anderes« bringt »als immer dasselbe Bild«.[46] Nicht vom Ungeheuer des sich auflösenden gerahmten Bildes wird die Wahrnehmung heimgesucht, sondern im Blick aus dem Fenster erscheinen Gustav »ein traurig blauer Himmel« und »reglose grüne Bäume« ohne Leben. Erst das Hervorbrechen der Tränen Cornelias löst die Stillstellung der Szene auf.

»Man erzählt von einer fabelhaften Blume der Wüste, die jahrelang ein starres Kraut war, aber in einer Nacht bricht sie in Blüthen auf, sie erschrickt und schauert in der eignen Seligkeit – so war's hier.«[47]

Den Ausbruch der Tränen begleitet eine stockende Rede Cornelias, die das Eingeständnis weiblicher Schwäche in den Worten Colomans wiederholt und so körperliche und sprachliche Zeichen scheinbar zur Deckung bringt. Doch die Legende der Wüstenblume, die die Metamorpho-

---

44 Ebd.
45 Ebd., S. 32.
46 Ebd., S. 33.
47 Ebd., S. 34.

se des starren, leblosen Krauts als Hervorbrechen des wahren Wesens er-
zählt, stellt ein Urbild dar, das nur noch als fiktiver Anfang zu haben ist.
Denn ob die Tränen Cornelias als Ausdruck eines wahren Wesens zu lesen sind, ist angesichts der in der Szene ausgestellten Inszenierung von
Weiblichkeit nicht entscheidbar. Die Begegnung zwischen Gustav und
Cornelia wird vielmehr von einer Bewegung des Verschließens begleitet.
Denn Cornelia verbirgt ihr Gesicht hinter den Armen, die Gustav vergeb-
lich versucht herabzuziehen. In der tränenreichen Eröffnung bleibt also
etwas der Sicht und dem Wissen entzogen, das sich auch in der schließli-
chen Hinwendung Cornelias, in der Enthüllung ihrer Augen nicht er-
schließt und damit keine komplementäre Einheit der Geschlechter etabliert.

»Aus den Locken des Knaben schaute ein gespanntes, ernstes Männerantlitz
empor, schimmernd in dem fremden Glanze tiefsten Fühlens; – aber auch sie
war anders: in den stolzen dunklen Sonnen lag ein Blick der tiefsten Demuth,
und diese demüthigen Sonnen hafteten beide auf ihm, und so weich, so lieb-
reich wie nie – hingegeben, hilflos, willenlos – sie sahen sich sprachlos an – die
heiße Lohe des Gefühles wehte – das Herz war ohnmächtig – ein leises Ansich-
ziehen – ein sanftes Folgen – und die Lippen schmolzen heiß zusammen, nur
noch ein unbestimmter Laut der Stimme – und der seligste Augenblick zweier
Menschenleben war gekommen, und – vorüber. Der Kranz aus Gold und Eben-
holz um ihre Häupter hatte sich gelöset, der Funke war gesprungen, und sie
beugten sich auseinander – aber die Häupter blickten sich nun nicht an, sondern
sahen zur Erde und waren stumm.«[48]

Das Bild einer zur schönen Seele gewandelten Cornelia und eines ernsten
zum Mann und Künstler gereiften Gustav löst sich hier bereits im Moment seines Entstehens wieder auf. Anders als in Jean Pauls *Siebenkäs*,
in dem das zweite »Blumenstück« gerade die menschliche Liebe als trös-
tendes Bild der Einheit aufruft und die *Rede des toten Christus* harmoni-
siert, bleibt die Wahrnehmung des Abgrunds in Stifters Erzählung ohne
Trost. Die demütig blickenden Augen Cornelias, die ihre innere Konver-
sion bestätigen sollen, rufen unweigerlich zugleich den Blick der toten
Sonne auf. Denn wie ein Nachbild auf der Netzhaut werden die Augen zu
dunklen Sonnen, zur Spur eines Abgrunds, der auch das Geschlechterverhältnis durchkreuzt. Und so bleibt die Bedeutung der Szene, die Cornelia eigentlich in die Ordnung der Geschlechter einrücken sollte, für
Gustav ein Rätsel. Die Unmöglichkeit, sich im liebenden Blick des Anderen zu erkennen, wiederholt sich im Folgenden in einer Rede Gustavs,

---

48 Ebd., S. 35.

die das grenzenlose Universum nach romantischem Vorbild zum Spiegel des eigenen Seelenlebens machen soll.[49]

»O Cornelia hilf mir's sagen, welch' ein wundervoller Sternenhimmel in meinem Herzen ist, so selig, leuchtend, glänzend, als sollt ich ihn in Schöpfungen ausströmen, so groß, als das Universum selbst, – aber ach, ich kann es nicht, ich kann ja nicht einmal sagen, wie grenzenlos, wie unaussprechlich, und wie ewig ich Sie liebe, und lieben will, so lange nur eine Faser dieses Herzens halten mag.«[50]

Die Rede Gustavs von der Grenzenlosigkeit des Universums etabliert nicht einfach das hierarchische Verhältnis von schweigender Weiblichkeit und männlichem Schöpferdrang, sie kehrt vielmehr in der Adressierung an Cornelia das Geschlechterverhältnis in Bezug auf das Wissen um. Denn der wundervolle Sternenhimmel ist nach Cornelias Blick in den Abgrund nur noch um den Preis einer Verdrängung des Wissens um die Leere des Kosmos zu haben. Was sich jedoch in der Adressierung an Cornelia zugleich eröffnet, ist der Raum einer Übertragung der Darstellung, in der nicht nur das Geschlechterverhältnis, sondern auch die Darstellung als Verfehlen konstituiert wird.[51] So wie Gustav Cornelia ein unmögliches Wissen über den wunderbaren Sternenhimmel als Ausdruck *seines* innersten Gefühls unterstellt, werden seine Schöpfungen auf jenen anderen abgründigen Himmel verweisen, über den Cornelia nicht spricht. Mit diesem Umweg der Übertragung auf den Anderen ist die Darstellung weder Abbild einer äußeren Realität noch romantischer Spiegel einer subjektiven Befindlichkeit, sondern die Wiederholung eines Entzugs, der die Darstellung strukturell mit dem Undarstellbaren des Abgrunds verschränkt. Und in diesem Sinne ist auch die »Macht des Geschehenen«, die Cornelia »schamvoll«[52] neben den Blumen stehend zurücklässt und so ihre Deplatzierung im Bild markiert, weder ein zu vermeidender Verstoß gegen die Grenzen des Schicklichen noch ein durch christliche Bußrituale zu reparierender Schaden.

---

49 Zu den romantischen Anklängen bei Stifter vgl. ausführlich Christian Begemann: Die Welt der Zeichen. Stifter-Lektüren, Stuttgart 1995, hier S. 144f.

50 Adalbert Stifter: Der Condor, S. 36.

51 Auf das Verfehlen der Geschlechter gerade durch die Erfüllung der Geschlechterkonventionen in Bezug auf das Erhabene weist vor allem Bettine Menke hin. Vgl. Bettine Menke: »Rahmen und Desintegration«, S. 331ff.

52 Adalbert Stifter: Der Condor, S. 38.

Verhüllen des Abgrunds

Nicht ein goldumrahmtes Meisterwerk steht daher am Ende des *Condor*.
Die Novelle verliert sich vielmehr im Fragmentarischen und beschließt
die Erzählung mit einem »ganz, kleinen Bildchen«[53] aus späterer Zeit,
das wie der Ballon am Horizont des Lesers entschwindet. Gustav, so
heißt es, wandelt in den »Urgebirgen der Cordillieren«, der Heimat des
Kondors, auf der Suche nach immer »neuen Himmeln«[54], die in eine Se-
rie von Mondbildern übersetzt werden. Und es sind diese Mondbilder,
die den Blick der kunstinteressierten Öffentlichkeit, sowie des Erzählers
und Cornelias auf sich ziehen.

»Es waren zwei Mondbilder – nein, keine Mondbilder, sondern wirkliche
Mondnächte, aber so dichterisch, so trunken, wie ich nie solche gesehen […]
Das erste war eine große Stadt von oben gesehen, mit einem Gewimmel von
Häusern, Thürmen, Kathedralen, im Mondlichte schwimmend – das zweite eine
Flußpartie in einer schwülen, elektrischen, wolkigen Sommermondnacht.[55]

Gustavs künstlerische Produktion ist damit an ein Verlassen der schützenden und rahmenden Funktion seines Atelierfensters gebunden. Wo
Cornelia den Abgrund des Kosmos schaut, begibt sich Gustav auf eine
Suche, in der sich die Leere des Himmels in die Endlosigkeit einer Wan-
derschaft übersetzt. Die Suche nach jenem wundervollen Sternenhimmel
in Gustavs Herzen, einem vom Schrecken des undarstellbaren Abgrunds
gereinigten Urbilds, wird damit zum Ausgangspunkt einer seriellen Produktion immer neuer Himmel. Anders als die Geliebte bleibt Gustav jedoch unterhalb der Schwelle, die Möglichkeit der Darstellung seiner fragilen Mondbilder ist gebunden an eine Abwendung von der Leere und
von Cornelia, die die Überschreitung der Schwelle und das abgründige
Wissen repräsentiert. Und dennoch verweist die serielle Produktion der
Bilder als unabschließbarer Prozess auf die beständige Wiederkehr des
Undarstellbaren als Bedingung der Darstellung. Nicht das Wiederfinden
einer uranfänglichen Einheit, sondern deren Unmöglichkeit kennzeichnet
Gustavs künstlerische Produktionen. Seine »unschuldigen, keuschen Bilder«, die den Schrecken des leeren, kosmischen Raums verdecken sollen,
tendieren dabei in ihrer Serialität dazu, ein künstliches Unendliches zu
schaffen, das wiederum jede Rahmung überschreitet. Auch Cornelias
Blick wird am Ende der Novelle auf diesen »unschuldigen« Mondbildern
haften bleiben. Während das kunsthistorisch geschulte Publikum ver-

---

53 Ebd.
54 Ebd., S. 41.
55 Ebd., S. 39.

sucht, die Bilder in eine kulturell codierte Form der Kunstbetrachtung einzuordnen, vollzieht Cornelia eine melancholische Versenkung in den Gegenstand, durch die sich die Bilder in ein leises »Flimmern und Leuchten« auflösen.

»Wie zuckte in ihrem Gehirne all das leise Flimmern und Leuchten dieser unschuldigen, keuschen Bilder, gleichsam leise, leise Vorwürfe einer Seele, die da schweigt, aber mit Lichtstrahlen redet, die tiefer dringen, die immer da sind, immer leuchten, und nie verklingen, wie der Ton.«[56]

Das Flimmern und Leuchten, das sich hier von den Bildern ablöst und als innerpsychischer Abdruck erhalten bleibt, erinnert zunächst an das leuchtende Farbspiel des Himmels im »Nachtstück«. Doch löst sich nun das Leuchten vollständig aus dem Rahmen heraus und unterminiert damit als unverorteter visueller Abdruck die Trennung zwischen Objekt und Subjekt, innen und außen. Wie in Stifters spätem Prosastück *Aus dem bairischen Walde* so stellt die vom Subjekt nicht beherrschbare visuelle Wahrnehmung auch hier die Spur einer Schwellenerfahrung dar, von der das Subjekt überwältigt wird. Und in dieser Hinsicht kann das zuckende Flimmern in Cornelias Gehirn als gebrochenes Auge im Sinne Foucaults beschrieben werden. Die Erzählung kehrt damit nicht zu einer bestehenden Ordnung zurück, sondern schreibt die Fragilität dieser Ordnung in der Verhüllung des Undarstellbar-Abgründigen mit, für das die Frau einzustehen hat: Cornelia lässt nicht nur einen Schleier über ihre Augen fallen, sie repräsentiert hinter den niedergelassenen Fenstervorhängen zugleich eine ins Innere verlagerte Grenze, einen Ort, der dem Raum der öffentlichen Kunstbetrachtung entgegengesetzt ist und dieser eine Subjektivität gegenüberstellt, die an die Erfahrung der Leere, des undarstellbaren Abgrunds gebunden ist. Cornelias durch den Anblick der Bilder hervorgerufene Trauer geht damit über den Verlust des Geliebten hinaus. Sie verweist vielmehr auf die Überschreitung als Ereignis, welches in den unschuldigen Bildern Gustavs unverfügbar bleibt. Erst in der angedeuteten Lichtsprache, die, schwankend zwischen visuellem und akustischem Phänomen, als schweigende Rede hervortritt, wird eine Darstellungsweise aufgerufen, welche die Undarstellbarkeit der Schwellenerfahrung aufnimmt. In seiner Schilderung der *Sonnenfinsterniß am 8. Juli 1842* wird Stifter eine ähnliches Bild, nämlich die Idee einer reinen Lichtmusik, einer von jeder Konturierung losgelösten Verwendung von

---

56 Adalbert Stifter: Der Condor, S. 40.

Farbe und Licht aufnehmen.[57] Doch während hier erneut ein, wenn auch zweifelhaft gewordener Bezug zu einer göttlichen Ordnung hergestellt wird, bleibt im *Condor* die Leere des Abgrunds eine jedes Ordnungs- und Sinnsystem unterhöhlende Erfahrung. Die Erzählung thematisiert damit die Schwelle zur Moderne in der Auflösung und Entleerung tradierter ästhetischer und literarischer Wahrnehmungs- und Darstellungskonventionen. Cornelias Ballonfahrt wird zur Metapher einer Überschreitung, für die eine Sprache wie »schimmernde Schneefelder« noch zu erfinden ist.

»Es war immer dasselbe, das Außerordentliche«. Lackerhäuserschneeflirren im *Bairischen Walde*

Textgrenzen

Nicht der schwindelerregende Abgrund des Kosmos, sondern die heilende Wirkung einer Berglandschaft, die unvermittelt von einem Schneesturm heimgesucht wird, steht im Mittelpunkt der Schilderung *Aus dem bairischen Walde*[58], die 1868, im Todesjahr Stifters, in der *Katholischen Welt* publiziert wird. Bereits in seinen *Winterbriefen aus Kirchschlag*, die 1866 in der *Linzer Zeitung* erschienen, hatte es sich Stifter zum Ziel gemacht, seinen Lesern die Berglandschaft bei Linz als Erholungsgebiet nahe zu bringen. Neben den klimatischen Verhältnissen, die Stifter ausführlich beschreibt, ist es vor allem die Nähe zum Himmel, dessen Anblick die Seele erhebt. Angesichts der Unvorstellbarkeit des unendlichen Universums

»[...] steht eine Schönheit vor uns auf, die uns entzückt, und schaudern macht, die uns beseligt und vernichtet. Da hat menschliches Denken und menschliche Vorstellung ein Ende. Und doch kann auf der Spitze des Berges unter der ungeheuren Himmelsglocke, wenn in klaren Winternächten die millionenfache und millionenfache Welt über unsern Häuptern brennt, und wir in Betrachtung unter ihr dahin wandeln, ein Gefühl in unsere Seele kommen, das alle unsere

---

57 Adalbert Stifter: Die Sonnenfinsterniß am 8. Juli 1842, in: Ders.: Sämmtliche Werke in 25 Bänden, Bd. 15, hg. v. Gustav Wilhelm, Reichenberg 1935, S. 16.

58 Adalbert Stifter: Aus dem bairischen Walde, in: Ders.: Sämmtliche Werke in 25 Bänden, Bd. 15, hg. v. Gustav Wilhelm, Reichenberg 1935, S. 321-353.

kleinen Leiden und Bekümmernisse majestätisch überhüllt und verstummen macht, und uns eine Größe und Ruhe gibt, der man sich beugt.«[59]

Die Linderung des Leidens durch jene beinahe religiöse Naturerfahrung hatte Stifter selbst bei seinen Aufenthalten erfahren. Noch nach dem Schneesturm vom November 1866, welcher der Schilderung zugrunde liegt, beschreibt Stifter in einem Brief an den Freiherrn von Kriegs-Au die beruhigende Wirkung, die die erhabene Natur »wie im baierischen Walde oder auf meinem Kirchschlagberge« auf sein Nervenleiden hatte. Nur »an den Schnee in den Lackerhäusern« dürfe er »gar nicht denken, ohne daß ich in Aufregungen« komme.[60] Die Größe und Ruhe der Berglandschaft scheint somit zunächst durch kein Gefühl der Unlust oder des Schreckens getrübt, die Erhabenheit der Natur wirkt vielmehr heilend auf die zu starke Denktätigkeit, die Stifter »selbst bei körperlicher Arbeit« und im Schlaf heimsucht.[61] Diese Wirkung setzt ein Verhältnis zur Natur voraus, welches die Bedrohlichkeit der Berge hinter sich gelassen hat und die Größe der »ungeheuren Himmelsglocke« anders als im *Condor* nicht als visuelle Überforderung erlebt. Stifter kann damit an frühaufklärerische Positionen anknüpfen, die die heilende Wirkung erhabener Naturerfahrungen vor allem in der Melancholietherapie beschreiben.[62] Dieses Verhältnis des Subjekts zur Natur wird nun durch den Einbruch der Schneekatastrophe empfindlich gestört. Eine Störung, die sich im Folgenden vor allem als Wahrnehmungsstörung zeigt und den Brief- und Personenverkehr zwischen dem erzählenden Ich, einem Alter Ego Stifters, und seiner erkrankten Frau Amalia nachhaltig beeinträchtigt. Das Unwetter trifft, wie es heißt, zufällig mit einer »Schickung« zusammen, von der nicht eindeutig gesagt werden kann, ob sie den Ausbruch des preußisch-österreichischen Krieges oder die Krankheit Amalias meint. Angesichts der postalischen Kommunikation lässt sich die Verbindung

---

59 Adalbert Stifter: Winterbriefe aus Kirchschlag, in: Ders.: Sämmtliche Werke in 25 Bänden, Bd. 15, hg. v. Gustav Wilhelm, Reichenberg 1935, S. 280.

60 Adalbert Stifter: Brief an Adolf Freiherrn von Kriegs-Au, Linz 8. Februar 1867, in: Ders.: Die Mappe meines Urgroßvaters. Schilderungen. Briefe, München 1954, S. 898-899, hier S. 898.

61 Ebd., S. 898.

62 Vgl. hierzu: Harald Schmidt: Melancholie und Landschaft. Die psychotische und ästhetische Struktur der Naturschilderungen in Georg Büchners ›Lenz‹, Opladen 1994, S. 228f. Zum Wandel der Naturerfahrung auch Ruth und Dieter Groh: »Von den schrecklichen zu den erhabenen Bergen«, in: Heinz-Dieter Weber (Hg.): Vom Wandel des neuzeitlichen Naturbegriffs, Konstanz 1989, S. 53-95.

von Unwetter und Schickung aber auch als Metaphorisierung der Schrift lesen, deren Erfüllung in der Linearität des Schicksals mit dem Aufschub der Schickung rechnen muss, die durch den anhaltend weißen Fall des Schnees verursacht wird. Dem Erzähler allerdings erscheint die Schickung zunächst so absichtsvoll, dass der Stoff eigentlich nicht zur Dichtung taugt. Wenn »die Sache eine Dichtung wäre, man [würde] ihr den Vorwurf der Absichtlichkeit machen«.[63] Doch damit stellt sich die Frage, als was nun die Schilderungen *Aus dem bairischen Walde* zu gelten haben, wenn ihnen doch der Status der Dichtung offenbar nicht zukommt. Wie schon die »Winterbriefe aus Kirchschlag« durch die ausführliche Diskussion der klimatischen Verhältnisse und physikalischen Bedingungen die Grenze zwischen Reisebericht und naturwissenschaftlicher Abhandlung überschreiten, so stellt auch die Schilderung der Schneekatastrophe in *Aus dem bairischen Walde* ein Gebilde an der Grenze zwischen autobiografischem Bericht und Erzählung dar. Der Text steht einerseits im Kontext der Briefe Stifters, andererseits stellt er auch eine Verbindung zu anderen Erzählungen her, so zu *Granit* und zu *Bergkristall* aus der Sammlung *Bunte Steine*. Insofern erweist sich die Schilderung selbst als ein undefinierbares Gemisch aus Autobiografischem und Fiktionalem.

Brüchige Idyllen

Die Frage der Grenze stellt sich zunächst in Bezug auf die Zweiteilung der kurzen Schilderung. So scheint der erste Teil die idyllische Landschaft des Bayerischen Waldes zu beschreiben, während der zweite Teil den Einbruch des Schneesturms und die damit einhergehende verstörende Veränderung der Landschaft darstellt. Doch die strikte Entgegensetzung beider Sequenzen trügt. So lässt sich zum einen, wie bereits Eva Geulen anmerkt, anhand der Wortwiederholungen eine Verbindung und damit Grenzverwischung zwischen idyllischer Waldlandschaft und schreckenerregendem Naturschauspiel aufzeigen.[64] Zum anderen ist die Schilderung der heilenden Waldlandschaft mit ihren Höhen, Aussichten und Wegen in auffälliger Weise selbst mit der Frage von Rändern und Grenzen beschäftigt. Bereits der Ort des Geschehens, die sogenannten Lackerhäuser, stellen einen Grenzort dar. Sie stehen, wie es heißt, »auf baierischem Boden hart an der österreichischen Grenze. Man gelangt in einigen Minuten von dem Rosenbergerhause zu dem Bache, der die

---

63 Adalbert Stifter: Aus dem bairischen Walde, S. 321.
64 Eva Geulen: Worthörig wider Willen. Darstellungsproblematik und Sprachreflexion in der Prosa Adalbert Stifters, München 1992, S. 27.

Grenze bildet.«[65] Der Bach als eher schmales, fließendes Gewässer macht die Grenze zu einem fließendem Übergang, und auch der Hinweis darauf, dass sowohl die Lackerhäuser als auch die Häuser der jenseits der Grenze liegenden Ortschaft Schwarzenberg zerstreut stehen, lässt die Grenze hier gerade nicht als Ort der Rahmung, sondern der Auflösung und Verstreuung erscheinen. Dieses Moment der Auflösung kennzeichnet auch den Blick des Erzählers auf die idyllische Waldlandschaft. Zunächst wird die Ankunft in den Lackerhäusern und die Wahrnehmung der Umgebung von einem typisch touristischen Begehren gekennzeichnet, das versucht, das bereits vertraute Bild der Landschaft stets aufs Neue wiederzufinden und vertraute Stellen noch einmal aufzusuchen.[66]

»Wir gingen auch heute wieder auf dem Raine hin, und zeigten uns wechselseitig bekannte Höhen des Waldes. Mit dem Fernrohre fanden wir manche befreundete Stellen.«[67]

Im Blick durch das Fernrohr wird die Landschaft in abgegrenzte, kreisrunde Einheiten unterteilt, deren Wiedererkennungswert nicht durch Entfernungen gestört wird. Das Fernrohr ermöglicht hier eine Konsistenz der Objekte, die mit bloßem Auge kaum zu halten wären. Denn gerade durch die Entfernung eines Objekts drohen die Grenzen zwischen einzelnen Bestandteilen und der Umgebung zu verwischen, entgleitet dem Betrachter die Möglichkeit der eindeutigen Zuordnung, wie der Blick des Erzählers auf die Lehnen des Dreisesselberges, die von Ferne wie Würfel auf dem Waldesrand erscheinen, bezeugt.[68] Das Bild der Waldlandschaft zeigt sich im Blick durch das Fernrohr erwartungsgemäß als Idylle, deren Details dem Auge abwechslungsreiche Objekte zu sehen geben.

»Berge, Hügel, Abhänge, Schluchten, Täler, Flächen, Wälder, Wäldchen, Wiesen, Felder, unzählige Häuser und mehrere Ortschaften mit Kirchen sind in diesem Kreise. Man kann Jahre lang hier weilen, und ersättigt sich nicht an der Mannigfaltigkeit der Gestaltungen.«[69]

---

65 Adalbert Stifter: Aus dem bairischen Walde, S. 332.

66 Vom 18. Jahrhundert an ist die Idylle mit dem ewig Wiederkehrenden, mit der natürlichen Ursprünglichkeit assoziiert. Im Zuge von Modernisierung und Industrialisierung wird die verlorene Idylle in der Fremde ›wiedergefunden‹. Zur Idylle vgl. Renate Böschenstein-Schäfer: Idylle, Stuttgart 1977, S. 13f.

67 Adalbert Stifter: Aus dem bairischen Walde, S. 322.

68 Ebd., S. 322.

69 Ebd.

Der Blick aus dem Fenster, der die Landschaft in ihrer Veränderlichkeit wie ein Guckkastenbild erscheinen lässt, stößt nun aber im Verlauf der Betrachtung an einen brüchigen Rand.

»Links, wenn man über das Haus hinblickt, zieht sich die ungemeine Mächtigkeit des Rückens des Sesselwaldes fort, der gegen seinen Rand hinauf einige entblößte Geröllstellen hat, die aber in der Nähe ein Gewirr häusergroßer Granitblöcke sind. Rechts ist die noch höhere Seewand mit noch mehr solcher Geröllstellen. An ihrer entgegengesetzten Seite liegt der Blöckensteiner See.«[70]

Die idyllische Landschaft ist also am Rande von Stellen durchzogen, an denen sich Geröll zeigt. Als Geröll bezeichnet man üblicherweise Gesteinsbrocken und Bruchstücke, die vom strömenden Wasser fortbewegt werden. Damit werden sie zu Zeichen der Fragmentierung und Auflösung im Fließenden des Wassers. Auf der anderen Seite liegt dann auch der Blöckensteinsee, der sich im Folgenden als schwarz schillernde Untiefe erweisen wird. Das Vorhandensein der Geröllstellen, ihre Verstreuung im Raum der Landschaft, verweist aber nicht nur auf die Brüchigkeit der Idylle. Denn das Geröll, das vom Wasser angeschwemmt wird, lässt sich selbst nicht mehr auf einen eindeutigen Ursprung zurückführen. Seine Herkunft bleibt fremd, ein Gewirr, das sich keiner Ordnung fügt und als Ablagerung eines strömenden Wassers auf ein beständiges Werden und Vergehen verweist. Was also den Rand der idyllischen Landschaft bildet und als brüchige Rahmung des pittoresken Bildes hinzukommt, droht die einheitsstiftende Funktion des Randes selbst zu unterlaufen. Das Geröll wird hier zum Parergon, zur Rahmung, die zugleich entgrenzt. Die entblößten Geröllstellen verweisen auf die Arbeit einer ständigen Transformation, als deren kurzzeitiger Effekt die pittoreske Landschaftsszene gelesen werden kann. Angesichts des Geschiebes der Geröllstellen verändert sich auch der Blick durch das Fernrohr, das nun eher einem Kaleidoskop gleichkommt, das kein identisches Bild erzeugt, sondern aus fragmentierten Einzelstücken momenthaft ein Bild zusammensetzt und wieder auflöst. Das Geröll stellt sich zudem bei näherem Hinsehen als Granit und damit als eine Gesteinsart dar, die in ihrer Zusammensetzung keine Einheit bildet, handelt es sich doch um ein Gemisch aus Feldspat, Quarz und Glimmer, das durch kein drittes Mittel verbunden ist. Granit leitet sich vom lateinischen *granum*, was so viel bedeutet wie »Korn«, her, und damit ist nicht nur das Körnige dieser Gesteinsart beschrieben. Im Kontext der literarischen Tätigkeit Stifters taucht das Korn nämlich einerseits in der *Vorrede* zu den *Bunten Steinen* als letztlich bedeutsames Körnchen auf. Andererseits meint es als einzelner

---

Kornhalm im Rahmen von Stifters autobiografischem Fragment auch ein sich der Bedeutsamkeit entziehendes Kleines, ein unverfügbares Un-Ding, welches am Beginn der Symbolisierung steht.[71]

Doch die Uneindeutigkeit und Disparatheit des Granitgerölls durchbricht nicht erst die Schilderungen Stifters. Bereits in Goethes 1784 erschienener Studie über den Granit, auf die Stifters Text deutlich Bezug nimmt, wird die Uneinheitlichkeit und Rätselhaftigkeit des Granits zum Problem der naturwissenschaftlichen Beobachtung.[72] Goethe beschreibt den Granit in seiner kurzen Skizze zunächst als Urgestein, das vor jedem Leben und jeder Schöpfung immer schon vorhanden ist. Dieses Urgestein bietet zugleich dem schöpferischen Subjekt einen festen Grund. Im Blick von der Höhe eines Granitfelsens entwirft sich ein erzählendes Subjekt, das sich auf dem Grunde des Granits ruhend aller Vergänglichkeit und Veränderlichkeit des Lebens enthoben fühlen kann.

»Hier ruhst du unmittelbar auf einem Grunde, der bis zu den tiefsten Orten der Erde hinreicht, keine neuere Schicht, keine aufgehäuften zusammengeschwemmten Trümmer haben sich zwischen dich und den festen Boden der Urwelt gelegt, du gehst nicht wie in jenen fruchtbaren schönen Tälern über ein anhaltendes Grab, diese Gipfel haben nichts Lebendiges erzeugt und nichts Lebendiges verschlungen, sie sind vor allem Leben und über alles Leben.«[73]

Von dieser göttlichen Position aus, die das Subjekt aus dem Bereich der Trümmer und Gräber emporhebt, wird der Betrachter selbst zum Zeugen und zum Erzeuger eines gleichsam biblischen Schöpfungsprozesses. Der Blick auf die Täler hinab wird damit zur Wiederholung einer Kreation vor jeder Zeit. Das Leben, so scheint es, wird erst im Blick des Subjekts hervorgebracht.

»[...] hier auf dem ältesten ewigen Altare, der unmittelbar auf die Tiefe der Schöpfung gebaut ist bring ich dem Wesen aller Wesen ein Opfer. Ich fühle die ersten festesten Anfänge unsers Daseins, ich überschaue die Welt, ihre schrofferen und gelinderen Täler und ihre fernen fruchtbaren Weiden, meine Seele wird über sich selbst und über alles erhaben und sehnt sich nach dem nähern Himmel. [...] Diese Klippe sage ich zu mir selber stand schroffer zackiger, höher in die Wolken, da dieser Gipfel noch als eine meerumfloßne Insel, in den alten Wassern dastand; um sie sauste der Geist, der über den Wogen brütete,

---

71 Vgl. hierzu Marianne Schuller: »Das Kleine der Literatur«, hier S. 84.

72 Vgl. Johann Wolfgang von Goethe: Granit II, in: Ders.: Sämtliche Werke. Briefe, Tagebücher und Gespräche, Bd. 25: Schriften zur allgemeinen Naturlehre, Geologie und Mineralogie, hg. v. Wolf von Engelhardt und Manfred Wenzel, Frankfurt/M. 1989, S. 312-316.

73 Ebd., S. 314.

und in ihrem weiten Schoße die höheren Berge aus den Trümmern des Urgebürges und aus ihren Trümmern und den Resten der eigenen Bewohner die späteren und ferneren Berge sich bildeten. Schon fängt das Moos zuerst sich zu erzeugen an schon bewegen sich seltner die schaligen Bewohner des Meeres es senkt sich das Wasser die höhern Berge werden grün, es fängt alles an von Leben zu wimmeln – –«[74]

Wird hier der Granit als Urgestein und unzerstörbares Urgebirge darstellt, welches das schöpferische Genie trägt, so endet Goethes Untersuchung dennoch in Zweifeln und Widersprüchlichkeiten. Denn ein abschließender Blick auf das Urgestein zeigt einen von Unordnung und Zerstörung durchzogenes Granitgebirge.

»Ich sehe ihre Masse von verworrnen Rissen durchschnitten hier gerade dort gelehnt in die Höhe stehen, bald scharf über einander gebaut, bald in unförmlichen Klumpen wie über einander geworfen, und fast möchte ich bei dem ersten Anblicke ausrufen hier ist nichts in seiner ersten alten Lage hier ist alles Trümmer Unordnung und Zerstörung.«[75]

Auch ein Blick in die Bücher löst die Frage nach der Einheit des Urgesteins nicht. Denn hier heißt es einmal, das Urgebirge sei aus einem Stück gegossen, ein andernmal, es sei in »Lager und Bänke getrennt«. Mit dieser Unsicherheit gerät auch der feste Grund des Subjekts ins Wanken. Denn wenn das Urgebirge zerklüftet und getrennt erscheint, dann ist auch die Einheit dieses Urgesteins eine nachträgliche imaginäre Konstruktion, die selbst vom Geschiebe der Gesteinsblöcke erfasst wird. Stifters Schilderung bezieht sich nun von Beginn an auf diesen fragmentarischen Charakter des Granitgebirges. Reste und verstreute Blöcke sind es, die die Waldlandschaft unterbrechen. Auch eine übergeordnete Position des Subjekts auf dem festen Grund des Granitfelsens scheint nicht länger möglich. Zwar imaginiert der Erzähler eine Fernsicht von den Höhen der Berge hinab, doch zugleich scheint der erhabene Überblick von Verzögerungen begleitet zu sein. In Anlehnung an Goethes Studie, die den Granitfelsen mit einem Altar vergleicht, spricht der Erzähler Stifters vom Sesselfels als einem riesigen Predigerstuhl. Das Projekt des Erzählers, in den Felsen einen Sitz hineinhauen zu lassen, »so daß man von ihm die ganze südliche Fernsicht genießen könnte«, scheitert jedoch, denn die »viele Zentner schweren Lehnen« werden »in die südliche Tiefe« gestürzt und »Dort liegen sie nun unter anderem Steingetrümmer.«[76]

---

74 Ebd., S. 314f.
75 Ebd., S. 315f.
76 Adalbert Stifter: Aus dem bairischen Walde, S. 329.

Dem fehlenden Überblick über das Ganze der Waldlandschaft stellt der Erzähler nun die konzentrierte Betrachtung der Dinge im Gang durch den Wald gegenüber.

»Der Blick wird beschränkt, nur das Nächste dringt in das Auge und ist doch wieder eine unfaßbare Menge der Dinge. Die edlen Tannen, wie mächtig ihre Stämme auch sein mögen, stehen schlank wie Kerzen da und wanken sanft in dem leichtesten Luftzuge, und wenn der stillste Tag draußen ist, so geht in das Ohr, kaum vernehmlich und doch vernehmlich, ein schwaches erhabenes Sausen – es ist wie das Atemholen des Waldes.[...] Und zwischen den Stämmen ist die Saat der Granitblöcke ausgebreitet, einige grau, die meisten mit Moos überhüllt, dann scharen sich die Millionen Waldkräuter, die Waldblumen, dann sind die vielfarbigen Schwämme, die Ranken und Verzweigungen der Beeren, die Gesträuche und es ist manches Bäumchen, das sein junges Leben beginnt. Hie und da blickt ein ruhiges Wässerlein auf, oder schießt ein bewegtes durch die Dinge dahin. Wenn draußen das breite Meer des Lichtes war, so ist es hier in lauter Tropfen zersplittert, die in unzähligen Funken in dem Gezweige hängen, die Stämme betupfen, ein Wässerchen wie Silber blitzen machen und auf Moossteinen wie grüne Feuer brennen. [...] Und wie eindringlicher und erweckender wirkt es erst, wenn man irgend ein Ding zum Gegenstande seiner Betrachtung oder wissenschaftlichen Forschung macht, sei es das Leben der Himmelsglocke mit ihren Farben und Wolken, oder sei es das Leben mancher Tiergattung, oder seien es nur die verachteten Moose, die mit ihren verschiedenen Blättchen oder den dünnsten goldenen Seidenfäden den Stein überkleiden. Da zeigt sich im Kleinsten die Größe der Allmacht.«[77]

Stifter knüpft hierbei nicht nur an seine in der *Vorrede* zu den *Bunten Steinen* formulierte Philosophie des Kleinen an, sondern nimmt auch philosophische Traditionen einer Spiegelung von Mikro- und Makrokosmos auf.[78] Der Gang durch den Wald zeigt somit die Größe der Schöpfung noch im kleinsten Ding. Wie in einem geschlossenen Raum bewegt sich das Auge durch die Fülle der Pflanzen und Tiere, um schließlich die Aufmerksamkeit auf das Allerkleinste und Unbedeutendste zu lenken. Und wie das Meer des Lichts zu lauter Tropfen zersplittert, so weicht der überschauende Blick in die Weite der Landschaft einer Wahrnehmung des Details, an dem Auge und Ohr beteiligt sind. Mit der Konzentration auf das Detail geht eine Atomisierung des Wahrgenommenen einher, und es ist vor allem das Licht, welches dem Betrachter eine Fülle aufblitzender Objekte zu sehen gibt. Im Gang durch den Wald entsteht also ebenfalls kein einheitliches Bild, sondern ein zersplitternder, blitzender, farbiger Funkenteppich, der das Auge des Betrachters an sich zieht. Doch

---

77 Ebd., S. 327f.
78 Marianne Schuller: »Das Kleine der Literatur«, S. 79.

während in Goethes Beschreibung des Granits das Mannigfaltige, die unzähligen Mischungen der Farben des Granits »im ganzen doch wieder
immer einander gleich« erscheinen, ist bei Stifter die Beschreibung jener
Fülle der Dinge zunächst nicht in einer Wiederholung des Gleichen aufgehoben. Vielmehr markiert die Wiederholung einen Bruch, an dem das
Verhältnis von Dingen und Worten sich als erzählerisches Problem darstellt. So heißt es zu Beginn des Waldganges:

»Man glaubt, die Welt ist voll Ruhe und Herrlichkeit. Und wenn man von dieser Ruhe in eine andere geht, in die des großen Waldes, so ist es wirklich wieder eine Ruhe und wirklich wieder eine andere.«[79]

Die Wiederholung der Ruhe steht hier erklärtermaßen nicht im Zeichen
des Identischen, sondern der Differenz. Doch dieser Unterschied ist
sprachlich nicht anders zu fassen als durch die fast beschwörende For-
mel, es handele sich *wirklich* (!) wieder um eine Ruhe und *wirklich* wieder um eine andere. Mit anderen Worten: Die immer genauere Beschreibung des Mannigfaltigen treibt die Sprache selbst an die Grenzen ihrer
Referenzialität. Was aufscheint, ist ein Mangel der Sprache, die die Fülle
des Lebendigen nicht zu repräsentieren und die Fülle der Einzeldinge
auch nicht mehr zu einem einheitlichen Bild zu synthetisieren vermag.
Dies unterscheidet die Beschreibungen Stifters von frühaufklärerischen
Positionen.[80] Zugleich aber markiert die kleine Szene eine andere Wirklichkeit, nämlich die des Sprachzeichens, dessen Verschiebung in einen
anderen Kontext als Gang von einer Welt in die andere eben stets eine
andere Wiederholung macht. Erst die Verdrängung des differenziellen
Moments lässt vor dem Auge des Betrachters ein einheitliches, vertrautes
Bild entstehen. Wenig später heißt es in Anlehnung an Goethes Granit-
studie:

»[...] wenn man fortwandert, ändert sich Alles und bleibt doch Alles dasselbe.
So kann man viele Stunden wandern, und spannt der heilige Ernst des Waldes
Gemüter, die seiner ungewohnt sind, Anfangs wie zu Schauern an, so wird er
doch immer traulicher, und ist endlich eine Lieblichkeit wie die draußen, nur
eine feierlichere.«[81]

---

79 Adalbert Stifter: Aus dem bairischen Walde, S. 327.
80 So zeigt etwa Barbara Hunfeld an Brockes *Irdischem Vergnügen in Gott*
    wie die Beschreibung der einzelnen Naturdinge zu einem Bild zusammen-
    gefügt wird, das letztlich Bild der Schöpferkraft Gottes ist. Vgl. Barbara
    Hunfeld: Der Blick ins All, S. 50-59.
81 Adalbert Stifter: Aus dem bairischen Walde, S. 328.

Die Vertrautheit des Waldes, die Lieblichkeit des Bildes, die der Erzähler auch am Ende seiner Prosaskizze wiederherzustellen versucht, basiert somit auf einem Prozess, der die Kette von Einzeleindrücken in einer auf Identität angelegten Wiederholung zu einem einheitlichen Ganzen synthetisiert. Das vertraute Bild ist damit jedoch nicht mehr als ursprünglicher Zustand markiert, der durch den Einbruch des Schneesturms verfremdet wird, sondern die Idylle selbst erscheint als Effekt einer Verdrängung des differenziellen Moments, das sich nur noch in der kleinen Nuance des abschließenden Vergleichs zeigt, die festhält, das die Lieblichkeit des Waldes wie die draußen sei, »nur eine feierlichere«.

Auch an einer anderen Stelle wird das Verhältnis der Worte und der Dinge zu einem Problem des Beschreibens. So bemerkt der Erzähler, während er die Reste eines ausgewitterten, gewaltigen Granitrückens beschreibt: »Von andern Blöcken solcher Art, die noch auf der ungeheuren Scheide des ganzen Waldes stehen, ist hier nicht die Rede.«[82] An die Stelle einer repräsentativen Funktion des Einzelnen rückt bei Stifter das Nebeneinander der Dinge, das zu keiner Totalität mehr vereinigt wird. Die Auswahl des Beschriebenen erweist sich damit selbst als zufällig. Im Kontext der Beschreibung einer unfassbaren Menge der Dinge aber kommt der Erwähnung jener Blöcke, die keine Erwähnung finden sollen und dennoch erwähnt werden, noch eine weitere Bedeutung zu. Denn die Rede ist nun von jenem konstitutiven Außen des Textes, das seine Grenze angibt und das üblicherweise eben nicht genannt wird, durchkreuzt. Die anderen Blöcke sind damit einerseits außerhalb des Textes, denn von ihnen soll, wie es heißt, nicht die Rede sein, und dennoch sind sie als Abwesende im Text genannt und damit präsent. Indem der Text diese Grenze des Erzählten mitschreibt, reflektiert er die Bedingung seines eigenen Entstehens als einen letztlich grundlosen Akt der Grenzziehung, die er zugleich überschreitet. Versucht die detaillierte Beschreibung des Waldes noch die Fülle des Lebendigen in die sprachliche Repräsentation zu überführen, so zeigt sich nun, dass die Beschreibungswut das Problem der Repräsentation nicht zu lösen vermag. Sprache als Repräsentation bedeutet eine Grenzziehung, die Ausschlüsse produziert, eine Ersetzung der Vielfalt, die auch durch eine endlose Hinzufügung weiterer Details nicht umgangen werden kann und die zugleich keine sinnhafte Einheit mehr herzustellen vermag. Doch diese Grenze, die das Innere des Textes als Einheit markieren soll, erweist sich nicht nur als grundlose Setzung, sondern produziert auch ein das erzählende Subjekt bedrängendes Außen, eine das Innen der Beschreibung unterbrechende Differenz, die in

---

82 Ebd., S. 329.

der Herstellung des idyllischen Bildes verdrängt wurde und sich nun an seinen Rändern wieder einschreibt.

Dieses verdrängte Außen zeigt sich nicht erst mit dem Beginn des Schneesturms, sondern stellt bereits eine Schwelle innerhalb der Idylle dar. So berichtet der Erzähler von einem Freund, der auf einer Felsplatte stehend gleichsam über dem schwarzen Gewässer des Blöckensteinsees schwebt und vom Blick in ein abgründiges Dunkel angezogen wird. Ist der Weg zum Sesselberg hinauf durch einen trefflichen Weg erleichtert, den »eine Frau mit Stadtschuhen begehen kann«,[83] so gelangt der Wanderer vom Sesselberg aus auf »einem knorrigen, steinigen, oft sumpfigen Wege, der streckenweise, namentlich gegen das Ende, gar kein Weg mehr ist«,[84] zum Blöckensteinsee.

»Wenn man jedoch um den Steingiebel, der den Namen Seeturm führt, links herum wendet und einige Schritte abwärts geht, steht man plötzlich auf dem Rande einer steilrecht abfallenden Felswand. Links sieht man gewaltige Felsen niedersteigen, rechts steigen Felsen hinab, überall gehen Wälder hinab, und auf dem Grunde dieser Nische an dem Saume eines Gewirres hinabgestürzter und bleichender Baumstämme steht ein ruhiges starres schwarzes Wasser, jenseits von einem schmalen dunkeln Waldbande gesäumt. Es ist der Blöckensteinsee. An sonnigen Tagen zeigt der Hinabblick in all das blaue Dämmern und Weben der hinuntersteigenden Wälder, der hinunter stehenden Felsen, des bleichenden Saumes, des stahlblau und schwarz schillernden Wassers, des Uferbandes, und dann ein Blick auf das einfärbige Himmelblau etwas so zauberhaft düster Holdseliges, daß manche Gemüter davon mächtiger erfasst werden, als von der Pracht des Blickes von den Sesseln aus. Ich konnte einmal einen Freund von der Felsplatte, die an der Wand gleichsam über dem See schwebt, kaum fortbringen.«[85]

Wie der Erzähler zuvor berichtet, befindet sich der Blöckensteinsee genau auf der anderen Seite der geröllartigen Granitblöcke. Am Rand der idyllischen Landschaft, des lieblichen Kreises, findet also ein Übergang statt, der die Waldlandschaft in einen bleichen Saum und schließlich in ein schwarz schillerndes Gewässer übergehen lässt. Die Beschreibung der Landschaft ist hier von einer abfallenden Bewegung gekennzeichnet. Fast scheint es, als ob die Wälder und Felsen in das dunkle Gewässer hinabstürzen. Auch der Betrachter steht nicht mehr auf einer waagerechten Felsplatte, sondern am Rande einer steil abfallenden Felswand. Was zunächst als Bild in einem kreisförmigen Ausschnitt im Inneren des

---

83 Ebd., S. 328.
84 Ebd., S. 331.
85 Ebd.

Fensterrahmens erscheint, wird nun selbst zum Rahmen eines abgründigen Gewässers, eines schillernden schwarzen Lochs, in welches das umgebende Landschaftsszenario hineingezogen zu werden droht. Die Ränder des zuvor beschriebenen Bildes erweisen sich so als ausgeblichen und farblos, das vielfarbige und mannigfaltige Landschaftsidyll löst sich auf in einem schwarzen Sog. Das Gewirr bleicher Baumstämme, die wie Knochen das dunkle Wasser umsäumen, verkehrt die idyllische Landschaft in eine Todeszone, die auch das Blickverhältnis zwischen Betrachter und Natur umkehrt. Denn der Blick geht nun nicht mehr von einem souveränen erhabenen Betrachter aus. Vielmehr ist es das stahlblau und schwarz schillernde Wasser, welches den Blick fesselt und den Betrachter gleichsam immobilisiert.

Anders als Goethe, der auf den Höhen des Granitfelsens eine Position imaginiert, die der Vergänglichkeit enthoben ist, wird der Betrachter in Stifters Schilderung vom Blick einer Todeslandschaft getroffen und in einen Bann gezogen, eine Darstellung, die an die letztlich tödliche Spiegelung des Narziss in der Quelle erinnert. An die Stelle des idealen Bildes, der imaginären Ganzheit aber, die sich Narziss in der Quelle zeigt, tritt nun eine irrisierende schwarze Oberfläche, die dem Betrachter kein Bild, sondern ein dunkles Nichts zurückgibt. Die ungemein genaue und wie in einem Reiseführer angelegte Darstellung der idyllischen Berglandschaft verliert sich somit nicht nur buchstäblich im Sumpf der Beschreibung, sondern sie führt den Leser auch an jene dunkle Grenze, an der sich das idealisierte Bild nicht nur der Landschaft, sondern auch des Subjekts in einer schwarzen Untiefe aufzulösen beginnt. Wie eine Vorwegnahme der Schneekatastrophe, in der Konturen und feste Grenzen zu verschwinden drohen, zeigt sich der Abgrund am Rande eines brüchig gewordenen Idylls.

Das Lackerhäuserschneeflirren

Die Frage der Grenze kennzeichnet im Folgenden auch das Szenario des beginnenden Schneesturms. Die Außentemperatur beträgt, wie es heißt, null Grad und liegt damit an der Grenze zum Gefrierpunkt, zwischen Flüssigem und Vereistem.[86] Die Null beschreibt einen Zustand des uneindeutigen Zwischen. Als Zahl vor der Eins, mit der das Zählen beginnt, verweist die Null auf einen ›voranfänglichen‹ Zustand, auf ein Nichts,

---

86 Insbesondere Eva Geulen hat auf die wiederkehrende Verwendung der Schnee- und Eismetaphern in Stifters Texten aufmerksam gemacht und sie als Verbildlichung einer Übersetzung des Lebendigen in das tote Wort, als eine Metapher für die sprachliche Erstarrung gelesen. Vgl. Eva Geulen: Worthörig wider Willen, S. 25.

das zwar nicht zählbar, aber dennoch nicht nichts ist. Während der Erzähler zu Beginn seiner Ankunft im Bayerischen Wald im Blick durch das kreisrunde Fenster einen gerahmten Landschaftsausschnitt betrachtet, der trotz des Blicks in die Weite ein sicheres, abgegrenztes Sehfeld bietet, so zeigt sich nun im Ausschnitt des Fensters die Auflösung jeglicher Ordnung im Gewirr und Gemisch des Schneegestöbers.

»Ich kehrte meine Aufmerksamkeit nach Außen. Die Gestaltungen der Gegend waren nicht mehr sichtbar. Es war ein Gemische da von undurchdringlichem Grau und Weiß, von Licht und Dämmerung, von Tag und Nacht, das sich unaufhörlich regte und durcheinander tobte, alles verschlang, unendlich groß zu sein schien, in sich selber bald weiße fliegende Streifen, gebar, bald ganze weiße Flächen, bald Balken und andere Gebilde, und sogar in der nächsten Nähe nicht die geringste Linie oder Grenze eines festen Körpers erblicken ließ. Selbst die Oberfläche des Schnees war nicht klar zu erkennen. Die Erscheinung hatte etwas Furchtbares und großartiges Erhabenes. Die Erhabenheit wirkte auf mich mit Gewalt und ich konnte mich nicht von dem Fenster trennen. Nur war ich des Kutschers wegen, der jetzt zwischen mir und Schwarzenberg sein mußte, besorgt. Das Thermometer stand unbeweglich auf 0.«[87]

Nicht der Übergang in die Erstarrung kennzeichnet die Landschaft bei null Grad, die Null lässt sich vielmehr als Zustand jenseits der gegebenen Ordnung lesen, in der Gegensätzliches zusammenfällt und folglich auch keine abgegrenzten Einheiten und Konturen sichtbar sind. Der Blick aus dem Fenster ist ohne rahmende Grenze, die Grenze selbst erscheint hier in ihrer Doppelgesichtigkeit als Ort der Uneindeutigkeit, des Übergangs. Der Übergang von Grau und Weiß, Licht und Dämmerung, Tag und Nacht, die entstehenden und wieder vergehenden Gebilde, das tobende Gemisch erinnern dabei an ein mythisches Chaos, das in sich selbst »bald weiße fliegende Streifen« gebiert, »bald ganze weiße Flächen, bald Balken und andere Gebilde« hervorbringt, um diese sogleich wieder zu verschlingen. Zerstörung und Schöpfung gehen hier ineinander über. Das Bild des Chaos ist die Umkehrung einer geordneten, gerahmten Welt, imaginierter undifferenzierter Ursprung und Schreckensvision zugleich. Die Erzählung setzt somit den Akt der Grenzziehung zwischen formloser Natur und strukturierender Ordnung in Szene.[88] Die Betrachtung dieses unstrukturierten, sich bewegenden Gemisches aber ist beinahe ein Zustand der Blindheit, denn die Gestaltungen der Landschaft sind ebenso wenig zu erkennen wie die Oberfläche des Schnees. Wie der Blick in den

---

87 Adalbert Stifter: Aus dem bairischen Walde, S. 338f.
88 Zum Bild des Chaos vgl. Bernhard Waldenfels: Ordnung im Zwielicht, S. 23.

Blöckensteinsee, so fixieren auch die amorphen, sich auflösenden, grenzenlosen Gebilde, die im Rahmen des Fensters erscheinen, den Blick des Betrachters, der, in den Anblick des Gewirrs versunken, den Rahmen des Fensters, der das Chaos begrenzt und auf Distanz hält, ausblendet. Anders als bei Kant, der die Distanz zur Natur als Voraussetzung für das Gefühl des Erhabenen der Vernunft begreift, die jede Größe der Natur übersteigt, ist es bei Stifter die chaotische, sich bewegende Naturgewalt, die den Betrachter visuell in den Bann zieht. Wo keine Beherrschung des Objekts durch Distanzierung möglich ist, ist der Betrachter dem Schrecken eines konturlosen Objekts ausgesetzt, das die Rahmung zu durchbrechen droht. »Ueberall im Hause«, so heißt es, »war Schnee, weil er durch die feinsten Ritzen eindrang«.[89] Stifters Erzähler nimmt nun jedoch ausdrücklich Bezug auf die Ästhetik des Erhabenen, indem er die Grenzenlosigkeit und Konturlosigkeit der Objekte als erhabenen Schrecken beschreibt. Doch bleibt bei Stifter gerade die Erhebung des Subjekts durch den Bezug auf die Vernunft aus. Die Trennung vom fixierenden Anblick des Schneetreibens wird ihm vielmehr erst durch eine ritualisierte Bewegung, im Hin- und Hergehen durch den ersten Stock, erträglich.[90] Das Ritual des Gehens wird damit selbst zu einem Akt, der eine vom Chaos heimgesuchte Ordnung erst zu etablieren sucht.

»Da ich einen Spaziergang im Freien nicht machen konnte, nahm ich meinen Mantel um, und ging in dem Gange des Hauptgebäudes im ersten Stockwerke hin und wieder. Ich blickte auch hier mit Staunen durch die Fenster der beiden Enden des Ganges hinaus. Es war immer dasselbe, das Außerordentliche. Ueberall im Haus war Schnee, weil er durch die feinsten Ritzen eindrang.«[91]

Der Spaziergang im Hauptgebäude dient, wie es heißt, dem Ersatz eines Spaziergangs im Freien und ist damit als Wiederholung des zuvor beschriebenen Waldspaziergangs markiert. Doch während der Waldspaziergang mit seiner Fülle von Details an die Stelle der panoramatischen Übersicht tritt und der Betrachter, von der Natur umhüllt, durch die Landschaft wandert, blickt der Erzähler nun im Hin- und Hergehen durch zwei Fenster, welche die beiden Enden des Ganges markieren. Der Gang wird damit buchstäblich zu einem Übergang, einem schwebenden Brückenschlag, dem sowohl der Anfang wie das Ende zu entschwinden

---

89 Adalbert Stifter: Aus dem bairischen Walde, S. 339.

90 Zur Ritualität bei Stifter vgl. auch Michèle Godau: Wirkliche Wirklichkeit. Mythos und Ritual bei Adalbert Stifter und Hans Henny Jahnn, Würzburg 2005 sowie Alice Bolterauer: Ritual und Ritualität bei Adalbert Stifter, Wien 2005.

91 Adalbert Stifter: Aus dem bairischen Walde, S. 339.

droht. Zugleich aber kommentiert der Erzähler das sich wiederholende Bild des Schneegestöbers mit der beinahe lapidaren Feststellung, im Rahmen der Fenster zeige sich »immer dasselbe, das Außerordentliche«. Die sprachliche Wendung etabliert eine Paradoxie, die das Außerordentliche, das als bedrohliches Außen erscheint, zugleich in eine identische Wiederholung einbindet, die den Einbruch des Fremdartigen zu bannen sucht. Im wiederholten Hin- und Hergehen soll das Schreckenerregende zum immer wiedererkennbaren selben Bild gerahmt werden.

Doch die Paradoxie vom immer gleichen Außerordentlichen kann auch als kritische Reflexion auf eine Konjunktur des Erhabenen gelesen werden, die die Frage der Darstellbarkeit mit einschließt. Denn während dem Betrachter im Rahmen der Fenster das immer gleiche Bild einer auf Distanz gehaltenen Natur erscheint, dringt der Schnee bereits durch alle Ritzen und rückt ihm buchstäblich auf den Leib. Das Widerständige der sinnlich erlebten Natur, die sich den Versuchen der Eingrenzung und Darstellung zu widersetzten scheint, unterminiert damit zugleich einen Diskurs über das Erhabene, der eine letztlich simulierte Erfahrung der Naturgewalten zugunsten einer vernunftorientierten Erhebung ästhetisiert. Stifters Schilderung besteht damit auf einer Gewalt des Sinnlichen, die das Subjekt zu überwältigen droht, und wiederholt das Moment einer Trennung, das Kant stets als gegeben voraussetzt. Die Etablierung dieser Schwelle ist an das Ritual des Gehens gebunden. Doch die Grenze zur Natur, die eben nicht mit dem Bild der Natur, sei es idyllisch oder schreckenerregend, identisch ist, etabliert damit keinen sicheren Ort des Subjekts, sondern eine fragile Zone des Übergangs. Ebenso scheitert die Darstellung der Natur, die so großen Raum nicht nur in diesem kurzen Prosastück Stifters einnimmt, letztlich im Bild wie in der Sprache. Was beschrieben wird, ist zunächst nicht das Erhabene der Vernunft oder eines sanften Gesetzes, sondern die Natur als Anderes, die sich als Objekt der Wahrnehmung wie der Darstellung entzieht, die fremd bleibt, gerade in jenen Momenten, in denen der Versuch unternommen wird, sie in ein einheitliches Bild, eine beschreibbare Ordnung oder auch in eine Ästhetik des Erhabenen zu überführen. In der Anrufung der Ästhetik des Erhabenen, die den Schrecken nicht mehr zu bannen vermag, kündigt sich der Übergang zu einer anderen Ordnung an, die nicht mehr von einer totalisierenden Vernunft getragen sein wird. Was bleibt sind Störungen und Verwirrungen.

»Ich konnte nichts thun, als immer in das Wirrsal schauen. Das war kein Schneien wie sonst, kein Flockenwerfen, nicht eine einzige Flocke war zu sehen, sondern wie wenn Mehl von dem Himmel geleert würde, strömte ein weißer Fall nieder, er strömte aber auch wieder gerade empor, er strömte von links gegen rechts, von rechts gegen links, von allen Seiten gegen alle Seiten, und dieses Flimmern und Flirren und Wirbeln dauerte fort und fort und fort wie Stunde an Stunde verrann. Und wenn man von dem Fenster weg ging, sah man es im Geiste, und man ging lieber wieder zum Fenster. Der Sturm tobte, daß man zu fühlen meinte, wie das ganze Haus bebe. Wir waren abgeschlossen, die ersten Bäume der Allee, zwanzig Schritte entfernt, waren nicht mehr sichtbar.«[92]

Wie der Blick in den Blöckensteinsee so fixiert auch das Schneeflirren die Wahrnehmung des Betrachters. Keine einzelne Flocke ist mehr zu sehen, vielmehr erinnert der Schneefall an einen wirbelnden weißen Strom, der wie eine Bildstörung die Sicht versperrt. Die im Waldspaziergang so entscheidende Wahrnehmung des kleinsten Details geht nun in einem Flimmern und Flirren auf, das weder Richtung noch Grenzen aufweist. Dem strömenden Fall des Schnees entspricht auf der Seite des Betrachters ein Verrinnen der Zeit, ein durch keine Begrenzung unterteilter Zeitstrom, der ewig fort und fort zu dauern scheint und das Zeitgefühl des Subjekts auflöst. Wie das Wirrsal der Granitblöcke so markiert nun das Wirrsal des Schneestreibens die Auflösung ordnender Strukturen, die nicht zuletzt die Grenze zwischen innen und außen, Subjekt und Objekt unterminiert. Denn der beinahe zwanghafte Blick in das Schneetreiben hinterlässt im Geiste ein Nachbild.[93] Der Schnee dringt damit nicht nur in das Haus ein, sondern auch in den Körper bzw. die Psyche des Subjekts. Mit der Ablösung vom Fenster wird das Schneeflirren zu einem unverorteten visuellen Gebilde im Zwischenraum, weder dem Innen noch dem Außen zugehörig, in der Einbildung des Subjekts hervorgebracht und doch nicht von ihm gesteuert. Der Gang zum Fenster stellt den Versuch dar, das gleichsam losgelöste visuelle Bild erneut in einen strukturierenden Rahmen einzufügen und zu verorten, das Flimmern aus dem Geiste zurück in ein äußeres Bild und damit in eine zu beherrschende Distanz zu bannen. Doch das innere Flirren erweist sich nicht nur als hartnäckige Erscheinung, es unterminiert auch das Wissen um das äußere Flirren, um das, was sichtbar und was nicht sichtbar ist.

---

92 Ebd., S. 340f.

93 Goethe beschäftigt sich in Abgrenzung zu Newtons optischen Experimenten ausführlich mit jenen optischen Phänomenen, die wie das Nachbild vom Auge produziert werden, ohne dass ein entsprechendes äußeres Bild noch vorhanden ist. Vgl. Johann Wolfgang von Goethe: Zur Farbenlehre, in: Ders.: Sämtliche Werke. Briefe, Tagebücher und Gespräche, Bd. 23/1, hg. v. Manfred Wenzel, Frankfurt/M. 1991, S. 31-69, hier 35f. Hierzu auch Jonathan Crary: Techniken des Betrachters, S. 102.

»In der Finsternis, da man das Flirren nicht sah, mußte man es sich vorstellen, und stellte es sich ärger vor, als man es bei Tage gesehen hatte. Und zuletzt wusste man auch nicht, ob es nicht ärger sei.«[94]

Was nun durch den Wahrnehmungsapparat des Subjekts als Flirren hervorgebracht wird, ersetzt das äußere Flirren, das in der Finsternis nicht mehr sichtbar ist. Was zu sehen ist, ist kein durch eine Beleuchtungsquelle hervorgebrachtes Objekt der Sichtbarkeit, sondern ein visueller Eindruck, der sich, wie das chaotische Schneegestöber, selbst hervorzubringen scheint. Das Sehen entzieht sich damit der vernunftmäßigen Beherrschbarkeit des Subjekts. Dieses verfügt nicht länger über die Objekte seiner Wahrnehmung, sondern die Wahrnehmung wird von den sinnlichen Eindrücken infiziert. Das virtuelle Flirren beginnt dabei selbst noch den äußeren Sinneseindruck zu überlagern und die Grenze zwischen innen und außen zu unterminieren. Verstört wird damit nicht nur die visuelle Wahrnehmung, sondern der Bezug zu einer erkennbaren Realität, deren Ordnung sich von der Sichtbarkeit der Dinge herleitet, zeigt hier doch das Auge offensichtlich etwas, das keinerlei Referenz besitzt. Mit der unmöglichen Distanzierung vom inneren Flimmern und Flirren verkehrt sich auch der erhabene Eindruck in den bloßen Schrecken. Das Wirbeln des Schnees wird zum Schauspiel, dem das Subjekt wie hypnotisiert ausgeliefert ist.

»Was Anfangs furchtbar und großartig erhaben gewesen war, zeigte sich jetzt anders, es war nur mehr furchtbar. Ein Bangen kam in die Seele. Die Starrheit des Wirbelns wirkte fast sinnbestrickend, und man konnte dem Zauber nicht entrinnen.«[95]

Dem unablässigen, immer stärker werdenden Flirren in der Dunkelheit entspricht die akustische Wahrnehmung des Sturms, der »tönte, als wollte er den Dachstuhl des Hauses zertrümmern«.[96] Was im Wald noch als schwaches Sausen in der Außenwelt verortet war, wird nun zu einem akustischen Eindruck, schwankend zwischen psychischem Phänomen und wirklicher Wahrnehmung: »Es war mir immer, ich höre ein schwaches Sausen. Das Sausen war auch wirklich, es wuchs, und noch vor Mitternacht war Sturm.«[97] Wie das Flirren eine unstrukturierte, visuelle Wahrnehmung beschreibt, in der Bewegung und Starrheit ineinanderfallen, so ist auch das Sausen ein Geräusch, das von keinem festen Ort aus-

---

94 Adalbert Stifter: Aus dem bairischen Walde, S. 341.
95 Ebd., S. 342.
96 Ebd.
97 Ebd., S. 344.

zugehen scheint. Es scheint ebenso innen wie außen zu sein und wie das
Flirren beständig anzuwachsen, welches »nun geradezu entsetzlich« ist
und »die Augen an sich« reißt, »wenn man es auch nicht wollte«.[98] Das
Schneegestöber kehrt nicht zuletzt auch die Dinge in der Außenwelt um.
Der folgende Tag zeigt eine entfremdete Landschaft, in der keine Orien-
tierung möglich ist.

»Der folgende Tag, Sonntag, war still, aber trüb. Die Leute traten, da sie zu uns
kamen, und von uns gingen, mit Schneereifen auf den feuchten Schnee so feste
Fußstapfen, daß man auf ihnen gehen konnte. Jeder Tritt seitwärts hätte unbe-
rechenbares Einsinken zur Folge gehabt. Nachmittags ging ich auf diese Fußstapfen tretend die Allee entlang und weiter fort. Ich ging Schneestiegen hinan,
und Schneestiegen hinab. Alleebäume sahen mit ihren Kronen wie Gesträuche
aus dem Schnee. Alles war anders. Wo ein Tal sein sollte, war ein Hügel, wo
ein Hügel sein sollte, war ein Tal, und wo der Weg unter dem Schnee gehe,
wußte ich nicht; denn man hatte die Ruten zur Bezeichnung desselben noch
nicht gesteckt. Der erhabene Wald, obwohl ganz beschneit, war doch dunkler
als all das Weiß, und sah wie ein riesiger Fleck fürchterlich und drohend herunter. Bekannte Gestaltungen der Ferne vermochte ich nicht zu finden.«[99]

Die Umordnung der Dinge lässt keine vertrauten Stellen mehr entdecken.
Die weiße Schneelandschaft ist ohne feste Wegmarkierung, nur die Fuß-
stapfen bilden eine Spur, die im Gang des Erzählers wiederholt wird. Je-
der Tritt seitwärts jedoch droht im Abgrund zu versinken. Das flirrende,
unstrukturierte Chaos erscheint nunmehr als weiße Fläche, in der sich der
Erzähler als einsamer Wanderer bewegt. Erinnert der Gang durch den
Schnee auch an Expeditionen in das ewige Eis der Polargebiete, die der
Markierung und Eroberung der letzten weißen Flecken des geografischen
Wissens dienten, so lässt sich Stifters Schneewanderung gerade nicht als
Bemächtigungsakt lesen. Denn die Spuren des Anderen, denen der Erzähler wiederholend folgt, sind bereits vorhanden, an die Stelle der er-
obernden Geste tritt das unsichere Schwanken über dem Abgrund und
der Blick des Waldes, der »obwohl ganz beschneit, [...] doch dunkler
war als all das Weiß« und der »wie ein riesiger Fleck fürchterlich und
drohend«,[100] heruntersieht. Insofern der Wald wie ein riesiges dunkles
Auge aus dem Schnee herausblickt, markiert die Szene den Vorrang des
Blicks vor dem Sehen des Subjekts, der als Fleck dem Bild der unberühr-
ten Landschaft eingeschrieben ist. Der Erzähler bewegt sich nicht über
eine unberührte Fläche, er wird durch die Natur angeblickt, und dieser

---

98   Ebd., S. 344f.
99   Ebd., S. 345.
100 Ebd.

Blick ist außerhalb des Rahmens. Der Gang durch den Schnee, der nun einen Weg bahnen soll, folgt zudem Fußspuren, die bereits vorhanden sind. Die Schneeverwehungen unterbrechen jedoch den Verkehr zwischen den Orten Schwarzenberg und Lackerhäuser. An die Stelle einer Grenze zwischen bestehenden Orten treten nun »Schneehügel, Schneewülste, Schneefelder«, in die ein Weg gebahnt werden muss.

»Die Männer stampften Fuß neben Fuß setzend vor mir einen Pfad. Es ging so langsam, daß ich kaum in jeder Sekunde einen Schritt machen konnte; aber der Pfad trug mich [...]. Wir überwanden Schneehügel, Schneewülste, Schneefelder. Um und über uns war dichtes Grau, unter uns das Weiß. Ich hätte allein die Richtung nicht gefunden. Ich fand mich erleichtert. Der Mann mit dem Schlitten kam uns nach und war erfreut; denn der Wind verwehte in kurzer Strecke hinter uns den Pfad.«[101]

Was in der Szene hervortritt ist der Schnee, das Weiß eines Zwischenraums, das nicht einfach betretbar ist, sondern einen Widerstand markiert, der die Verbindung zwischen den Lackerhäusern und Schwarzenberg nachhaltig stört. Keine Grenze zwischen bereits bestehenden Orten wird hier überquert, sondern der Prozess der Bahnung einer Spur verzeichnet, die die beiden Orte erst hervorbringt. Wird die Anwesenheit der Personen in der gesamten Szene durch Briefe angekündigt,[102] die eine zukünftige Präsenz versprechen, ihr Ziel jedoch immer erst verspätet erreichen, so kann der Gang durch den Schnee als eine Szene der Schrift gelesen werden. Das Schneegestöber stellt mithin ein visuelles Ausnahmeereignis dar, dessen Darstellung im Medium der Schrift nicht mehr auf etablierte Sinnordnungen zurückgreifen kann. An dieser Stelle verbindet sich das Erzählte mit dem Problem des Erzählens, das als buchstäbliche Bearbeitung einer weißen Fläche erscheint, die das, was zu sehen sein wird, erst hervorbringt und somit aus dem autobiografischen Ereignis ein literarisches Szenario macht.

Doch ist zunächst beinahe nichts zu sehen, nur ein dichtes Grau, eine Art visuelle Übergangszone, die man nicht mehr wahrnimmt, wenn man beginnt, etwas zu sehen. Die Bewegung des Erzählers durch den Schnee folgt nun den Tritten der vorausgehenden Männer, während ihm selbst

---

101 Ebd., S. 346f.
102 Auf den auffälligen Schriftverkehr in der Erzählung geht Isolde Schiffermüller ein. Schiffermüller deutet den Briefverkehr in Anlehnung an Geulen als obsessiven Schreibzwang, der die Unkontrollierbarkeit der Wörter und ihre Zerstreuung bezeugt. Vgl. Isolde Schiffermüller: Buchstäblichkeit und Bildlichkeit bei Adalbert Stifter. Dekonstruktive Lektüren, Wien 1996, hier S. 84.

wiederum ein Mann mit Schlitten folgt, der den Spuren des Erzählers folgt. Die Spuren des Ichs sind damit durch eine zweifache Wiederholung gekennzeichnet, die das geschriebene Ich zwischen einer vorausgehenden und einer folgenden Spur einschreibt und seine Gegenwart als durchzogen von vergangenen und zukünftigen Spuren hervorbringt. Hinter den Schneewanderern aber, so heißt es weiter, verweht der Wind den Pfad. Keine bleibende Markierung also kennzeichnet die Wegbahnung, der Grenzgang zwischen den Lackerhäusern und Schwarzenberg erzählt vielmehr eine Szene der Schrift als wegbahnender Arbeit der Spur, die einen Raum von seinem Verschwinden her eröffnet. Jacques Derrida hat diese Bewegung der Verräumlichung im Sinne einer Urschrift beschrieben. In seiner Lektüre von Freuds *Wunderblock* zeigt Derrida, dass die Spuren den Raum ihrer Niederschrift nur in einem Intervall von Auslöschung und Wiederholung erzeugen, und löst damit den Begriff der Spur aus einem Denken der Präsenz.

„Die Spur ist die Selbstlöschung, die Auslöschung ihrer eigenen Präsenz […]. Eine unauslöschbare Spur ist keine Spur. […] Diese Auslöschung der Spur ist nicht nur ein Zufall, der sich hier oder dort ereignen könnte, noch die notwendige Struktur einer bestimmten Zensur, die diese oder jene Präsenz gefährdet, sie ist die Struktur selbst, die als Bewegung der Temporalisierung und als reine Selbstaffizierung etwas ermöglicht, das man die Verdrängung im allgemeinen nennen könnte, die originäre Synthesis der originären und der ›eigentlichen‹ oder sekundären Verdrängung.«[103]

Das Denken der Schrift als Urspur berührt auch die Frage der Wahrnehmung, insofern diese sich nicht mehr als Präsenz bezeugen kann. Nicht nur das erzählte Ich, die Natur als Objekt der Wahrnehmung, sondern auch die Differenz von Schrift und Natur ist nur von der bahnenden Arbeit der Spur her zu denken. Doch diese ist eben keine Grenze, die überschritten werden könnte, keine Präsenz, die vergangen ist, sondern ein Anderes, das niemals anwesend war und sein wird. Die differierende Spur ist nicht nichts, doch sie ist sowohl dem Bild der idyllischen Natur wie dem verschlingenden Chaos als Schreckensbild vorgängig. Noch das Flimmern, das den Erzähler bis zum Ende begleitet, hält sich in diesem Intervall von An- und Abwesenheit auf, welches die Spur eröffnet. Die Erzählung thematisiert jedoch nicht einfach die Nicht-Präsenz, sondern die Wahrnehmungsstörung, das unablässige Flirren als Modus der Wahrnehmung, das den Akt der Wahrnehmung im Medium des Bildes bzw. der bildhaften Darstellung überschreitet. Die visuelle Störung kündigt

---

103   Jacques Derrida: Die Schrift und die Differenz, Frankfurt/M. 1992, S. 343f.

dabei die Subversion einer Wahrnehmungskonstellation an, welche die Herrschaft des Subjekts über das Objekt sichert, indem sie die nicht mehr zu rahmende Erscheinung eines visuellen Phänomens ins Spiel bringt, das einfach da ist, ohne sinnhaft interpretiert oder als Objekt dingfest gemacht werden zu können. Das Lackerhäuserschneeflirren erweist sich als hartnäckige visuelle Spur, als buchstäbliche Bildstörung, die sich der Kontrolle des Subjekts entzieht.

Dabei wird die Ankunft in Linz und das Wiedersehen mit der Gattin zunächst als wiedergefundenes Idyll geschildert, denn die »freundlichen, warmen, von jedem Unwetter geschützten Räume meiner Wohnung waren mir wie ein Paradies«.[104] Mit der Etablierung der Grenze zur Natur und der Ankunft im Haus einer schützenden kulturellen Ordnung konstituiert sich nachträglich nicht nur der paradiesische Ort, sondern auch das Bild der Natur als Ort des Schreckens, dem der Erzähler gerade eben entronnen ist. Stellt das Paradies den Ort der ersten Menschen dar, so heißt es vom Kutscher Martin, der die Reise auf dem Schlitten begleitet und der nun in den Bayerischen Wald zurückkehrt, er sei der letzte Mensch »aus jenem herrlichen und nun so schrecklichen Walde«.[105] Das Paradies der Idylle schreibt sich somit nachträglich von der Bedrohlichkeit des Schreckens her, das zugleich den Ort des letzten Menschen, des Endes also, markiert. Strukturell entspricht die Bahnung des Weges damit dem Gang im Hauptgebäude, an dessen Enden jedoch weder das Bild des Paradieses noch das verschlingende Chaos gegeben ist. In Szene gesetzt wird vielmehr die Arbeit der Bahnung selbst, die die Gegensätze erst hervorbringt. Dabei erweist sich das Lackerhäuserschneeflirren als gespenstischer Rest, ein virtuelles visuelles Chaos, das weiterlebt und wiederkommt.

»Eines war aber da, merkwürdig für den Naturforscher; mir jedoch hätte es, wenn es sich nicht täglich gemindert hätte, wirkliche Verzweiflung gebracht. Ich sah buchstäblich das *Lackerhäuserschneeflirren* durch zehn bis vierzehn Tage vor mir. Und wenn ich die Augen schloß, sah ich es erst recht. Nur durch geduldiges Fügen in das Ding und durch ruhiges Anschauen desselben als eines, das einmal da ist, ward es erträglicher und erblaßte allmählich. Ich kann die Grenze seines Aufhörens nicht angeben, weil es, wenn es auch nicht mehr da war, doch wieder erschien, sobald ich lebhaft daran dachte. Endlich verlor es sich, und ich konnte daran denken und davon erzählen. Auch die Unruhe der Nerven wich. Jedoch Monate lang, wenn ich an die prachtvolle Waldgegend dachte, hatte ich statt des grün und rötlich und violett und blau und grau schimmernden Bandes, nur das Bild des weißen Ungeheuers vor mir. Endlich

---

104   Adalbert Stifter: Aus dem bairischen Walde, S. 352.
105   Ebd., S. 352.

entfernte sich auch das, und das lange eingebürgte edle Bild trat wieder an seine Stelle.«[106] [Herv. M.E.]

Das virtuelle Flirren wird damit zur Wiederholung einer Sinnesspur, die das Subjekt buchstäblich ein geisterhaftes Objekt sehen lässt, das weder präsent noch nicht präsent ist, sondern als heterogenes, die Gegenwart des Betrachters unterbrechendes Phänomen einer anderen Zeitlichkeit angehört. Das Flirren fügt sich damit keiner rahmenden Ordnung, es stellt vielmehr die Frage, was die Präsenz eines Objekts ist, indem es ›zeigt‹, was ›vor‹ jedem Bild, jeder gerahmten Repräsentation ›ist‹. Erst am Ende, ohne dass der Erzähler das Aufhören des Flirrens vor seinen Augen hätte angeben können, stehen zwei Bilder, die die Natur als weißes Ungeheuer und als Idylle repräsentieren. Doch wenn sich am Ende die Idylle nicht als Präsenz eines einheitlichen Anfangs, sondern als Repräsentation des lange eingebürgten Bildes des Bayerischen Waldes wiederherstellt, so ist dies eben kein Bild einer vorgängigen, idyllischen Natur mehr, sondern der Effekt eines Ersetzungsprozesses, der ein anderes Bild verdrängt. Das Bild des weißen Ungeheuers aber verschwindet nicht. Es bleibt ein Bild, auf das die Idylle unwiderruflich verweist, ein Bild, das kein Bild ist, sondern Nicht-Bild einer bedrohlichen Natur an der Schwelle zu jenem undifferenzierten Grau(en), von dem her sich der Erzähler seinen Weg bahnt.

Todesschwellen:
Ein Gang durch die Katakomben

Leben und Tod

In seiner kurzen Schilderung *Ein Gang durch die Katakomben* hat sich Stifter vielleicht am unmittelbarsten mit der Endlichkeit als Erfahrung des modernen Subjekts beschäftigt. Der Gang durch Katakomben führt in die Tiefen einer unterirdischen Totenstadt, in ein Labyrinth aus Grabkammern unterhalb des Stephansdoms in Wien. Der literarische Gang durch die Katakomben dient nicht allein einer schaurigen Wanderung durch das Reich des Todes, vielmehr soll der Besuch der unterirdischen Grabkammern, so lässt der Erzähler wissen, den Leser vom »Indifferentismus« des modernen Zeitgeistes befreien, damit er anfange, »über Gott, über Weltgeschichte, Ewigkeit, Vergeltung u.s.w. nachzudenken, und

---

106   Ebd., S. 353.

vielleicht ein anderer zu werden«.[107] Jene Klage über den Indifferentismus in der Welt, durch die noch die Literatur etwas »wässriges« und »familienähnliches«[108] an sich hat, bildet die in antimodernem Gestus gehaltene Vorrede des Erzählers. Der Kraftlosigkeit des modernen Zeitgeistes, der sich nur auf das Materiell-Nützliche versteht, wird die »tiefe Gemütskraft und Glaubenstreue« der Vorfahren entgegengestellt, deren Sinn »jene rührend erhabenen Kathedralen« baute und künstlerische Werke schuf, die »wir heute bloß bewundern«[109] können.

Der Gang durch die Katakomben stellt somit eine Reise in die Vergangenheit und zugleich eine Grenzerfahrung dar, die eine Unterbrechung des »frivolen Treibens«[110] hervorrufen soll und steht so im Kontext einer Läuterung, deren Ausgang allerdings am Ende des geschilderten Abstiegs in die Welt der Toten nicht mehr in religiösen Sinnsystemen aufgehen wird. Die Frage der Grenze zwischen Leben und Tod wird als Verschiebung von Sichtbarkeitsgrenzen in Szene gesetzt, innerhalb derer sich räumliche Strukturen auflösen und die Grenzen zwischen Körpern und Zeichen, zwischen lebenden Betrachtern und betrachteten Toten prekär werden. Bereits die erste räumliche Skizzierung des Stephansplatzes nimmt auf die Trennung zwischen den Lebenden und den Toten Bezug. Denn dem heutigen Betrachter, so der Erzähler, erscheint der Stephansplatz als geordneter Raum, deren organisierendes Zentrum, der Stephansdom, inmitten des Häusermeers steht. Bei ihrer Entstehung allerdings lag die Kirche außerhalb der Stadt, von einem Friedhof umgeben, stieg sie »aus den Monumenten des Todes« empor und war »selbst von seinen Schauern umweht«.[111] Mit der Einschließung der Kirche in den Raum der Stadt, den Ort der Lebenden, geht also der Verlust einer ehemals gültigen Beziehung zum Tod einher. In früheren Zeiten markierte die Stadtgrenze nämlich zugleich den Übergang zum symbolischen Ort der Toten, eine Trennung, die sich erst seit dem späten 15. Jahrhundert etabliert und die das enge Band zwischen Lebenden und Toten, wie es noch im Mittelalter besteht, auflöst.[112]

---

107 Adalbert Stifter: Ein Gang durch die Katakomben, in: Ders.: Werke und Briefe. Historisch-Kritische Gesamtausgabe, Band 9,1, hg. v. Alfred Doppler und Wolfgang Frühwald, Stuttgart u. a. 2005, S. 51.

108 Ebd., S. 50.

109 Ebd.

110 Ebd, S. 51.

111 Ebd.

112 Vgl. Koslofsky, Craig: »Die Trennung der Lebenden von den Toten: Friedhofverlegungen und die Reformation in Leipzig 1536«, in: Otto Gerhard Oexle (Hg.): Memoria als Kultur, Göttingen 1995, S. 335-387.

Die Verbindung von Kirche und Friedhof stellt in Stifters Vergangenheitsbeschwörung ein von der Stadt aus sichtbares Jenseits dar, das sowohl den Ort des unausweichlichen Endes als auch die tröstende Zuflucht zu einer religiös konnotierten Ewigkeitsvorstellung anzeigt. Der Wunsch des Erzählers, dass die Toten wieder »an ihrer Kirche ruhen [könnten und] […] jede Kirche, selbst in den Städten, mit einem großen Garten der Toten umgeben wäre, der durch eine Mauer von der leichten Lust der Lebenden getrennt wäre, daß sie ein Gedanke der Ewigkeit anwandeln müsste, wenn sie durch das Gitter einträten«,[113] rekurriert auf eine Glaubensgewissheit, die angesichts der modernen Welt zweifelhaft geworden ist. Die Kirche als Symbol religiöser Jenseitsvorstellungen beschreibt dabei ein Verhältnis zu den Grabstätten, die mit Didi-Huberman als Übung des Glaubens beschrieben werden kann.[114] Denn der Friedhof stellt nicht nur ein sichtbares Monument des Todes dar, seine Gräber blicken auch selbst auf den Betrachtenden, indem sie ihm die Wunde des Verlusts des Körpers, die Gewissheit der eigenen Sterblichkeit zufügen. Der Blick auf das Grab stellt eine Spaltung des Blicks aus: Einerseits sieht der Betrachter einen mit Inschriften versehenen Steinblock, andererseits blickt ihn auf der anderen Seite etwas an, was keinerlei Evidenz besitzt, »eine Art Höhlung«, die an das Unausweichliche rührt.[115] Dieser Blick, der die Spaltung als Leere, als Verschwinden des Leiblichen anzeigt, wird in der religiösen Verklärung des Körpers, dem Glauben an die Auferstehung Christi gleichsam aufgehoben. Was der Erzähler der »Katakomben« schildert, ist somit eine Verschiebung im Verhältnis zu jener Spaltung, die in der Moderne nicht mehr in der Figur einer religiösen »Trostkonstruktion«[116] aufgehoben werden kann. Diese Verschiebung zeigt sich in Stifters Text bereits in der Beschreibung des Stephansplatzes, der kein Friedhof mehr ist, sondern »ein geräumiger Stadtplatz mit schönen Häusern und Warenauslagen«.[117] An diesem Ort verschwinden die Zeichen des Todes. Kreuze und Monumente verfallen, Tafeln, Embleme und Wappen verwittern, die Namen der Toten werden unlesbar. Mit der Auflösung der symbolischen Zeichen löst sich auch das genealogische Band zwischen Lebenden und Toten, das sich in der Übertragung

---

113 Adalbert Stifter: Ein Gang durch die Katakomben, S. 51.
114 Vgl. Georges Didi-Huberman: Was wir sehen, blickt uns an. Zur Metapsychologie des Bildes, München 1999, S. 24; zum Verhältnis von Stimme, Blick und Tod vgl. auch Susanne Gottlob: Stimme und Blick: zwischen Aufschub des Todes und Zeichen der Hingabe. Hölderlin – Carpaccio – Heiner Müller – Fra Angelico, Bielefeld 2002.
115 Vgl. Georges Didi-Huberman: Was wir sehen, blickt uns an, S. 19.
116 Ebd., S. 30.
117 Adalbert Stifter: Ein Gang durch die Katakomben, S. 51.

von Familienwappen und Namen konstitutiert, »es ist da«, so heißt es, »keiner mehr, um zu sagen; er war unser Ahnherr«.[118] Das Verwittern der Grabinschriften kündigt zudem den Abbau einer Grenze an, der den Blick auf die toten, verfallenden Körper bislang verdeckte. Was im Folgenden hervortritt ist das Innere des Grabes als Fülle der körperlichen Überreste, der Knochen und Schädel, die zu keinem menschlichen Wesen mehr zu gehören scheinen.

»Es ist in neuester Zeit, gegenüber von der Rückseite der Kirche, ein sehr großes Haus aufgeführt worden, und als es bereits prachtvoll und wohnlich mit mehr als hundert Fenstern glänzte, als zu ebener Erde schon die grünen Flügeltüren der Verkaufsgewölbe hoch und elegant eingehängt waren, und längs derselben ein breites flaches Trottoir hinlief, so ging man auch daran den Platz vor dem Hause bis zur Kirche zu ebnen, und das bisherige schlechte Pflaster zu verbessern. Es mussten einst die Grabhügel bedeutend höher gelegen haben, als das heutige Pflaster; denn als man zum Behufe der oben angeführten Planierung und Pflasterung die Erde lockerte, so kamen die Knochen und Schädel der Begrabenen zum Vorscheine, und wie ich nebst vielen andern Menschen zufällig da stand und sah, wie man bald die Röhre eines Oberarmes, bald ein Stück eines Schädels, ein Gebiß mit etlichen Zähnen, ein Schulterblatt oder anderes, gelassen auf einen bereit stehenden Schubkarren legte, und lachend und scherzend und die Pfeife stopfend weiter schaufelte, so dachte ich: vor so und so viel Jahren hat man euch eingegraben, und an eurem Grabe wurde gesungen: ›Requiem aeternam dona eis, domine!‹ dann deckte man es mit Erde zu, und setzte ein Denkmal auf den Hügel, daß man wisse, wer da in Ewigkeit ruhe – – und jetzt legt man eure Reste, die niemand kennt, wie das wertloseste Ding auf einen Haufen, um sie an einen anderen Ort zu bringen, wo sie wieder nicht bleiben; denn wer weiß, zu welchem Zwecke unsere Nachkommen denselben wieder werden brauchen können.«[119]

Mit dem Verschwinden der symbolischen Zeichen der Toten verliert das Grab seine Bedeutung als Ort des individuellen Todes. Die Überreste der toten Körper werden zum »wertlosesten Ding« ohne Namen, ohne Bezug zu den Lebenden, ortlos gewordene Knochen und Schädel. Doch obwohl mit der Öffnung der Grabhügel die sterblichen Überreste hervortreten, bleibt der Schrecken des Todes aus. Was sich in der distanzierten, scherzenden Haltung gegenüber den Körperresten vollzieht, ist vielmehr eine Leugnung, die nicht nur das Grab, sondern auch den verfallenden Körper auf ein Ding der bloßen Sichtbarkeit reduziert und damit diesseits der Spaltung bleibt. Kein Blick vom Ort des Grabes aus trifft die Anwesenden. Die Knochen und Schädel verweisen weder auf einen Verlust noch

---

118 Ebd.
119 Ebd., S. 52.

auf die Unausweichlichkeit des eigenen Verschwindens.[120] Die religiöse Verklärung des Körper, die in der Szene vom Erzähler noch einmal aufgerufen wird, weicht einem verkennenden Triumph, der den Tod im Leben suspendiert, indem er das einstige Leben der toten Körper negiert und nur das unmittelbar Evidente, die Gebeine als bloßes Ding wahrnimmt. Nur im scheinbar überlegenen Lachen und Scherzen zeigt sich ein destabilisierender Rest, der den toten Körpern anhaftet. Im Kontext dieser Verschiebung im Verhältnis zum Tod stellen die Katakomben einen Ort dar, in dem sich eine andere Beziehung zum Tod abzeichnet.

Überkreuzungen. Im Abseits der Katakomben

»Außer den Hügeln des Stephansfriedhofes, deren Ruhe, wie wir erfahren haben, nichts weniger als ungestört blieb, haben sich aber Jene, deren Rang oder Reichtum es erlaubte, noch ganz andere, festere, sicherere Grabesstätten auserwählt; nämlich nicht nur unter dem ganzen riesenhaften Baue von St. Stephan, sondern auch rückwärts hinaus unter dem ganzen Platze, ja selbst bis unter die umliegenden Häuser, wie z.B. bis unter das sogenannten deutsche Haus, unter die Post, ist ein System von Gewölben und Gängen, nach Art unserer Voreltern äußerst fest gebaut, und man weiß heut zu Tage noch gar nicht, wie weit sie sich erstrecken. Sie sind hier unter dem Namen der Katakomben von St. Stephan bekannt, und waren lauter Begräbnisstätten, gleichsam eine weitläufig unterirdische Totenstadt.«[121]

Die unterirdischen Gänge sowie die fest gebauten Grabstätten, die, wie es heißt, »als Fundament der Kirche aufgeführt sind«, rufen den Eindruck des Unzugänglichen, Verschlossenen hervor. Die Öffnung mancher Gänge und Gewölbe, das Betreten der Katakomben, steht somit im Zeichen der Übertretung, ein Eingriff in die Welt der Toten, der »teils fromm ordnend, teils mutwillig zerstörend« wirkt. Die labyrinthische Struktur stellt jedoch zugleich ein Fundament dar, das nicht nur die Kirche, sondern auch die Stadt zu unterhöhlen scheint. Es bildet gleichsam ein Unbewusstes, in dessen grenzenlosen Verzweigungen und Abwegen sich der Besucher zu verlieren droht. Wie ein Rhizom führt das Labyrinth des Todes an kein Ziel, es besteht aus sich wiederholenden, verzweigten, übereinandergelagerten Grabkammern, deren räumliche Be-

---

120 Didi-Huberman spricht von einem Glauben, der diesseits der Spaltung bleibt, indem er das Grab auf das Sichtbare reduziert und von dem verfallenden Körper ebenso absieht wie von der Leere des Grabes, die dem Körper als Behältnis dient. Vgl. Georges Didi-Huberman: Was wir sehen, blickt uns an, S. 22.

121 Adalbert Stifter: Ein Gang durch die Katakomben, S. 52.

grenzung sich dem Wissen entzieht. Bereits der Eingang in die Katakomben erweist sich als verwinkeltes Abseits.

»Nicht von der Kirche aus, wie ich wähnte, war der Hinabgang, sondern einer der Führer winkte uns an ein Haus des Platzes, das einen vorspringenden Winkel bildet, und Wohnpartheien und Handelsgewölbe enthält, – es liegt mit dem Winkel schief gegenüber der Wohnung des Küsters, die sich im Erdgeschoße des Stephansturmes befindet. – An diesem Hause sperrte er eine dunkle schwarze hohe Thüre auf, an der ich wohl hundertmal vorüber gegangen war, und die ich immer für die zufällig zugemachte Hälfte des Thores einer Bude gehalten hatte.«[122]

Obwohl der Erzähler eine genaue Beschreibung der Lage des Eingangs zu liefern scheint, bleibt die räumliche Struktur dieses abseitigen Ortes für den Leser uneindeutig. Der hervorspringende Winkel drängt sich zunächst als räumliches Element auf, das den Weg der Besucher kreuzt und ein Umgehen oder einen Umweg zu erzwingen scheint. Der Eindruck des Verwinkelten, Schiefen, räumlich Verzerrten wird durch die doppelte Erwähnung des Winkels und durch die schiefe Lage verstärkt. Die dreifache Wiederholung des Wortstamms ›wink‹ enthält aber auch den Wink auf die Sprachlichkeit der Beschreibung, deren wiederholende Struktur den ›wink‹ im Winkel buchstäblich verschiebt und deplatziert. Uneindeutig bleibt dabei die Position der schwarzen Tür. Obwohl zunächst der Eindruck entsteht, es handle sich um eine Tür an dem zuerst genannten Haus mit Wohnparteien und Handelsgewölben, könnte sie sich ebenso an der in Parenthese erwähnten Wohnung des Küsters im Erdgeschoss des Stephansdoms befinden. Im Folgenden wird die Tür dann zur zufällig zugemachten Hälfte des Tores einer Bude, für die der Erzähler den Eingang stets gehalten hatte und an dem er wohl »hundertmal« vorübergegangen war. Die Mitteilung dieses wiederholten Eindrucks unterminiert dabei die vorhergehende Beschreibung. Denn das Tor als großer Eingang steht in einem paradoxen Verhältnis zur Kleinheit der Bude, deren Verortung ebenfalls unklar ist. Handelt es sich um das zuvor beschriebene Haus, welches nun zur Bude geschrumpft ist, oder um ein drittes Gebäude, das in der vorhergehenden Beschreibung einfach fehlt? Der Tod nistet gleichsam unscheinbar wie eine Bude mitten unter den Lebenden, der Eingang in sein Reich ist überall und nirgends zugleich. Als zufällig zugemachte Hälfte des Tores einer Bude wird auch die Funktion der Tür als räumliches Element der Abschließung subvertiert, denn wenn nur eine Hälfte des Tores als zufällig zugemacht erschien, scheint die andere Hälfte offen zu sein. Der düstere Eindruck der verschlossenen hohen Tür

---

122   Ebd., S. 53.

erscheint im Vorübergehen als offenes Geheimnis, zufällig zugemacht und zur Hälfte offen stehend, eine Grenze, die zugleich verschließt und öffnet. Und so erweist sich auch die scheinbare Abgesperrtheit der Grüfte, die Grenze zwischen den städtischen Gebäuden und den Gewölben der Totenstadt als durchlässig. Denn während die Besucher mit Fackeln und Wachskerzen in die Katakomben hinabsteigen, fällt, wie es heißt, »ein schwacher Tagesschein [...] in das erste Gewölbe durch einen schmalen Schacht herab, der in den Hof des deutschen Hauses mündet«.[123] Im Gängesystem der Katakomben schließlich erweisen sich die räumlichen Koordinaten, die eine Orientierung und eine visuelle Ordnung des Raumes ermöglichen, als unzuverlässig. An die Stelle eines geordneten Raums treten die Kreuzung und die Ähnlichkeit der gewölbten Zellen, die eine Orientierung unmöglich machen.

»Ob wir in diesen Gängen nach Ost oder West, nach Nord oder Süd gingen, konnten wir keiner erkennen, und da sie sich vielfach kreuzten, und die gewölbten Zellen sich alle ähnlich sahen, so war es uns einleuchtend, daß man sich hier verirren, und stundenlange herum suchen könnte, ohne den Ausgang zu finden.«[124]

Die Beschreibung des Erzählers spricht jedoch nicht nur von der Auflösung der räumlichen Ordnungspunkte, sie erinnert, insofern von Kreuzung, Zellen und Ähnlichkeit die Rede ist, auch an einen biologischen Diskurs. Der Tod selbst erscheint hier als ein sich reproduzierender, wuchernder Organismus, dessen vielfache Kreuzungen nicht mehr auf ein übergeordnetes Ordnungsschema, auf eine lineare Abstammungslinie zu bringen sind. Waren im städtischen Leben die genealogischen Verbindungen zu den Toten, die Gedenk- und Ahnentafeln, im Verfall begriffen, so zeigt sich innerhalb der Katakomben eine antigenealogische Ordnung des Todes, in der sich die Gänge in alle Richtungen hin ausdehnen und die gewölbten Zellen sich nach allen Seiten zu verketten und zu überkreuzen scheinen. Der Tod mit seiner unheimlichen deterretorialisierenden Produktivität erscheint als Ort, der sich dem Zugriff der Lebenden entzieht, und zugleich als Schwelle, die, obwohl das Gängesystem selbst betretbar ist, dennoch unüberschreitbar bleiben wird. Dem labyrinthischen Gängesystem steht der reterretorialisierende Eingriff in die toten Körper gegenüber. Die »vielfach zerstreuten Knochen der Katakomben, und die einst auf dem Stephansfriedhofe ausgegrabenen« sind nunmehr »der Ordnung wegen aufgeschichtet«. Der Auflösung der Körperreste und ihrer Verstreuung folgt eine Umordnung, die die zerstückel-

---

123 Ebd., S. 53.
124 Ebd., S. 54.

ten Körperteile in die Ordnung lebloser Dinge überführt, »wie Holz [...] viele Klafter lang und hoch, lauter Knochen von Armen und Füßen [...] eine wertlose, schauererregende Masse«.[125] Im Bild der Holzscheite taucht noch einmal der Baum bzw. der Stammbaum als genealogisches Ordnungsprinzip auf, der nun, wie die Körper selbst, zerlegt und abgestorben erscheint. Dabei kontrastiert die ausgestellte Fülle des Grabes und der verfallenen Körperteile mit einem völligen Fehlen der Geruchsempfindung. Die Luft ist, wie es heißt, »durch viele Schachte in Communikation mit der äußeren erhalten, ganz trocken und rein«.[126] Der Geruchssinn zeigt üblicherweise die Schwelle des Unreinen und damit eine kulturelle Grenze zum Verworfenen an.[127] Doch die Trennung zwischen dem Reinen und dem Unreinen, dem lebendigen und dem verfallenden Körper wird hier durchkreuzt. Während die toten Gebeine geruchlos und rein im Licht der Fackeln erglühen, heißt es wenig später beim Anblick eines Totenschädels über den Erzähler »[...] es rieselte mir seltsam in dem Körper«,[128] womit der Erzähler selbst in Auflösung und Verfall begriffen zu sein scheint. Eine distanzierte Haltung des Betrachters wird also trotz des ordnenden Eingriffs in die zerstreuten Knochen, trotz ihrer Überführung in die Dinghaftigkeit unterlaufen. Die Betrachtung der körperlichen Überreste weckt Imaginationen ihrer vollständigen Auflösung, doch erweist sich dabei die Möglichkeit einer vollständigen Suspendierung des Todes als trügerisch.

»Wir ließen das Licht unserer Kerzen und Fackeln längs des großen Knochenstoßes hingleiten, und beleuchteten bald diese, bald jene Partie, und das fahle verwitterte Grau dieser ausgetrockneten uralten Gebeine erglühte düster rot in dem Scheine unserer Lichter, die dem ungeachtet, trotz der anscheinenden Kleinheit dieser Räume, nicht bis zu den obern Rändern dringen konnten, so daß der Schein in unheimliche geheimnisvolle Schatten überlief, die hoch oben, und seitwärts in den Ecken saßen und glotzen.«[129]

---

125 Ebd., S. 54.
126 Ebd., S. 54.
127 Zur Funktion des Geruchs vgl. Waltraud Naumann-Beyer: Anatomie der Sinne, S. 180-183; zum Ekel vgl. Winfried Menninghaus: »Ekel. Vom negativen Definitionsmodell des Ästhetischen zum ›Ding an sich‹«, in: Robert Stockhammer (Hg.): Grenzwerte des Ästhetischen, Frankfurt/M. 2002, S. 44-57.
128 Adalbert Stifter: Ein Gang durch die Katakomben, S. 54.
129 Ebd., S. 55

Das momenthafte Aufglühen der Knochenscheite im Licht der Fackeln und Kerzen erinnert an Feuerbestattungen und archaische Opferrituale,[130] die den toten Körper im reinigenden Feuer verschwinden lassen. Die Suspendierung des Todes, die oberhalb des Stephansplatzes aus dem Blick der Lebenden gerät, wird in den Katakomben als performativer Akt der Etablierung einer kulturellen Grenze ausgestellt. Die Trennung zwischen den Lebenden und den Toten, der imaginäre Triumph über den Tod,[131] ist somit Effekt eines wiederholten Rituals. Innerhalb der Katakomben aber bleibt diese Grenzziehung als triumphale Behauptung prekär. Das partielle Erscheinen der uralten glühenden Gebeine geht durch die Verwischung der räumlichen Begrenzung in geheimnisvolle Schatten über, die einen Blick von allen Seiten aus dem nun grenzenlos erscheinenden Grab zurückgeben. An die Stelle einer Suspendierung des Todes durch die Vergegenständlichung der körperlichen Überreste tritt der Tod als Entzug, als Schwelle, die sich nicht zeigt und die den Betrachter dennoch zunehmend bedrängt.

»Der Körper ist wunderbar erhalten«. Der Tod zwischen Sichtbarkeit und Unsichtbarkeit

Der Betrachtung der Gebeine folgt die Ausstellung einer Frauenleiche im geöffneten Sarg: »blosgegeben dem Blicke jedes Beschauers, schnöde auf die bloße Erde niedergestellt, und unverwahrt vor rohen Händen; das Antlitz und der Körper ist wunderbar erhalten.«[132] Die Ausstellung der mumifizierten Leiche erinnert an eine von Philippe Ariès in seiner Geschichte des Todes beschriebene Praxis der Konservierung von Leichnamen, die erst im Laufe des 19. Jahrhunderts verschwindet. Die Mumienfriedhöfe und Beinhäuser entstanden aus der Überzeugung, das die Leichen sichtbar erhalten werden sollten. »Man ging sie besuchen, man konnte mit ihnen sprechen«.[133] Die Katakomben bewahren somit verdrängte Bezüge zu den Körpern der Toten, die einem zyklischen Wechsel

---

130   Aus hygienischen Gründen wurde im Verlauf der 1870er Jahre die Feuerbestattung stark diskutiert. Leichenverbrennungen waren aber auch in vorchristlicher Zeit üblich. Erst das Christentum tabuisierte die Feuerbestattung. Im späten 18. Jahrhundert war es vor allem die Begeisterung für die Antike, die auch der Feuerbestattung zum Aufwind verhalf. Vgl. Norbert Fischer: Geschichte des Todes in der Neuzeit, Erfurt 2001, S. 53.

131   Zur Suspendierung des Todes als Projekt der Moderne vgl. Zygmunt Baumann: Tod, Unsterblichkeit und andere Lebensstrategien, Frankfurt/M. 1994, S. 197-244.

132   Adalbert Stifter: Ein Gang durch die Katakomben, S. 55.

133   Vgl. Philippe Ariès: Geschichte des Todes, München 1982, S. 490.

von Leben und Tod entsprechen. Während sich der verdinglichende Blick auf die toten Überreste gerade durch die Fragmentierung und Neuordnung der Struktur des menschlichen Körpers konstituiert, die versuchte Distanzierung des Blicks also einer Unähnlichkeit mit dem lebenden Körper geschuldet ist, so ist nun der unfreiwillig voyeuristische Blick des Erzählers an die Ähnlichkeit zwischen totem und lebendem Körper gebunden, die auch eine libidinöse Beziehung zur Leiche aufruft.

»[...] die Züge des Gesichtes sind erkennbar, die Glieder des Körpers sind da, aber die züchtige Hülle desselben ist verstaubt und zerrissen, nur einige schmutzige schwarze Lappen liegen um die Glieder und verhüllen sie dürftig, auf einem Fuße schlottert ein schwarzer seidener Strumpf, der andere ist nackt, die Haare liegen wirr und staubig, und Fetzen eines schwarzen Schleiers ziehen sich seitwärts und kleben an einander wie ein gedrehter Strick – diese Zerfetzung des Anzuges und die Unordnung, gleichsam wie eine Art von Liederlichkeit, zeigte mir ins Herz schneidend die rührende Hülflosigkeit eines Todten, und kontrastierte fürchterlich mit der Heiligkeit einer Leiche.«[134]

Das Hervorzerren der Frauenleiche wird hier im Zerrissenen der Kleidung als Grenzüberschreitung und Eingriff in den toten Körper markiert. Die zerstörte Verhüllung des Körpers gibt den Blick auf den Leichnam frei, der gerade durch seine Unversehrtheit und damit durch seine Nähe zu einem lebenden Körper im Blick ambivalente Assoziationen weckt. Einerseits ist der Verfall durch den Tod gerade durch die Zerstörung der Schönheit eines weiblichen Körpers potenziert. Andererseits enthält das Bild der enthüllten Frauenleiche aber auch erotische Konnotationen. Die zerrissenen, schwarzen Strümpfe, das wirre Haar verknüpfen die Ausstellung des weiblichen Körpers mit einer erotisch gefärbten Entweihung der reinen Schönheit. Während die Leiche im Kontext religiöser Tabuisierung unberührbar ist, markiert die erotische Inszenierung der Leiche einen wenn auch abgewehrten libidinösen Bezug zum toten Körper, der im Zuge der Etablierung kultureller Tabus verdrängt wird.[135] Die Fürchterlichkeit der Szene ist damit nicht zuletzt der Entdifferenzierung, der Vermischung und Überschreitung des Tabus durch den libidinös gefärbten Blick geschuldet. Dem Anblick der weiblichen Mumie folgt schließlich ein genauerer Blick in das Angesicht der Toten, der mit einer erneuten Verhüllung einhergeht: »mit der Spitze« des Stockes werden die Reste der Kleidung über die Glieder gelegt. Die Gleichzeitigkeit von nahem

---

134 Adalbert Stifter: Ein Gang durch die Katakomben, S. 55.

135 Wie Winfried Menninghaus deutlich macht, ist dem Bereich des Verworfenen, der sich im Nein des Ekels anzeigt, immer auch eine geheime bis offene Bejahung inhärent. Vgl. Winfried Menninghaus: »Ekel«, S. 55.

Blick und distanzierter Berührung vollzieht eine Verschiebung innerhalb der Wahrnehmungsmodalitäten, in der Verdrängung des Tastsinns etabliert sich das Auge als distanzierender Sinn, wird das Sehen durch einen objektivierenden Blick begründet. Die Berührung mit der Spitze des Stockes verhindert die allzu große Nähe des toten Körpers, die eigene Berührung durch das Verworfene und das damit einhergehende Gefühl des Ekels. Erst der Akt dieser Grenzziehung lässt das tote Antlitz zum Zeichen werden.

»Es war im Todeskampfe und durch die nachher wirkenden Naturkräfte verzogen, und in dieser, dem Menschenangesichte gewaltsamen Lage erstarrt, und so blieb es, wer weiß wie viel hundert Jahre, in unheimlicher Ruhe ein Bild eines einstigen gewaltsamen Kampfes, der das so heiß geliebte Leben von diesen Formen abgelöset hatte, und eben das ist das Erschütternde an Mumien und Leichen, daß sie meistens in ihrer eisernen Ruhe doch auf einen furchtbar bewegten Moment zurückverweisen – und dann das, daß wir sie uns schon jenseits jenes Vorhanges denken müssen, der so geheimnisvoll zwischen diesseits und jenseits hängt, daß sie schon wissen wie es ist – und dennoch mit dem ehernen Schweigen da vor unseren Augen liegen, fremde Bürger einer andern Welt.«[136]

Das Antlitz der Toten wird in der Betrachtung zur Schwelle des Todes. Denn obwohl das Gesicht vom Todeskampf gezeichnet und dem Blick zugänglich ist, markiert das Antlitz die Unverfügbarkeit des Todes als Tod des Anderen. Die Zeichen des Todes sprechen nicht, sie hüllen sich in Schweigen und markieren eine Schwelle, die im Leben nicht zu überschreiten ist. Der Tod bleibt der Sichtbarkeit und dem Wissen auch im Anblick des Gesichts entzogen. In der anschließenden Klage aber über den Tod als großen Gleichmacher, der alle Unterschiede zwischen den Lebenden auszulöschen droht, klingt dagegen das Wissen um die eigene Endlichkeit an, die nicht durch religiöse Sinnstiftung aufgehoben ist. Kann in der libidinösen Beziehung zur weiblichen Leiche der Tod an die Frau delegiert werden, so markiert die Betrachtung des geschlechtlich undifferenzierten Angesichts der Mumie einen Übergang, der auch diesen Unterschied verwischt und keine Distanzierung mehr ermöglicht.

Die Szene der Betrachtung der mumifizierten Leiche wird schließlich von einer anderen Sinneswahrnehmung, dem Tönen der Orgel aus der Kirche oberhalb der Katakomben, unterbrochen. Wo das Auge als differenzierendes Wahrnehmungsorgan zu versagen droht und die Distanz zwischen Leben und Tod zu schwinden scheint, ist es das Hören, welches den Bezug zu den Lebenden wiederherstellt. Dem rationalen, distanzier-

---

136 Adalbert Stifter: Ein Gang durch die Katakomben, S. 55.

ten Blick und damit dem Auge als privilegiertem Sinnesorgan der Aufklärung, wird das Ohr an die Seite gestellt, das in Verbindung mit der Musik vor allem der Romantik als das eigentliche Seelenorgan gilt.[137]

»Wie durch Verabredung blieben wir stehen und horchten einige Augenblicke, bis die Orgel schwieg, und dann wieder in höheren sanfteren Tönen anhob, die wunderbar deutlich und lieblich durch die Gewölbe zu uns herabsanken – es mußte gerade Nachmittagsgottesdienst sein – und wie eine holde goldene Leiter, schien mirs, gingen diese gedämpften Töne von den geliebten Lebenden zu uns hernieder.«[138]

Die Skandierung der Töne überführt die Entdifferenzierung des Sichtbaren in die Ordnung strukturierter Tonfolgen. Im Bild der goldenen Leiter erscheint die Himmelsleiter als Symbol der Auferstehung, als tröstende religiöse Bewahrung einer imaginären Ganzheit des Körpers, die den Anblick des Verfalls jedoch nur noch für einen Moment aufheben kann. Eine romantische Einheitsvorstellung vermag auch die Musik nicht mehr herzustellen.

Im Reich des Todes

Der weitere Gang durch die Katakomben intensiviert den Eindruck der zerstörerischen Gewalt des Todes. Die Körper der Toten erscheinen nun nicht mehr als mumifizierte Leichen, deren menschliche Gestalt noch erkennbar ist, sondern als zerstückelte, desintegrierte Körper. Die einzelnen Glieder vermischen sich mit Holzsplittern, Moder und Fetzen von Lappen und Gewändern, Körperteile fehlen, Kleidungsstücke sind zerstäubt. In der Entdifferenzierung zwischen einst lebenden Körpern und toten Dingen wird »das Höchste und Heiligste dieser Erde, die menschliche Gestalt, ein werthlos Ding, hingeworfen in das Kehricht, daß es liege, wie ein anderer Unrath«.[139]

Die Nichtung allen menschlichen Lebens ist damit Zeichen einer Macht, die »im öden Kreislauf immer dasselbe« erzeugt und zerstört. Die Gewalt des Todes bezeugt bei Stifter jene narzisstische Wunde, von der Schiller, aber auch Burke in ihren Ausführungen zum Erhabenen sprechen und deren Schließung sich die Moderne mithilfe hygienischer und

---

137 Vgl. hierzu Caroline Welsh: Hirnhöhlenpoetiken. Theorien zur Wahrnehmung in Wissenschaft, Ästhetik und Literatur um 1900, Freiburg 2003, S. 56f.

138 Adalbert Stifter: Ein Gang durch die Katakomben, S. 56.

139 Ebd., S. 57.

medizinischer Disziplinierungen zum Ziel gesetzt hatte.[140] Anders aber als in Schillers Ausführungen über die erhabene Grundlosigkeit der Naturgeschichte, die alles, was sie hervorbringt, wieder zunichte macht, bleibt die Möglichkeit der distanzierten Betrachtung bei Stifter prekär, da der Besucher der Katakomben in den Kreislauf der Vernichtung hineingezogen wird. Wenn der Erzähler davon spricht, dass ihn inmitten der üppigsten Zerstörung »ein Funke der innigsten Unsterblichkeitsüberzeugung« durchflog, so ist diese Überzeugung nicht mehr von Dauer. Denn kurz darauf unterbricht noch einmal ein Geräusch den mächtigen, ernsten Eindruck des Todes.

»Ich war so aus mir selber getreten, daß mir das Rollen eines Wagens, das wir in diesem Augenblicke auf dem Pflaster über uns hörten, ganz abenteuerlich vorkam, ja durch den Contrast schauerlich. Ist es denn der Mühe werth, dachte ich, daß sich der im Wagen oben brüstet, und über das Pflaster weg rollt? Daß sie Häuser bauen, und bunte Lappen heraus hängen, als wäre es was?«[141]

An die Stelle der tröstenden Orgelmusik aus dem Stephansdom tritt das Geräusch eines Wagens, das wie von Ferne an die Welt der Lebenden erinnert. Diese Welt aber ist in der melancholischen Wahrnehmung des Erzählers selbst schon von der nahen Vernichtung gekennzeichnet. Dem Leben angesichts des Todes ist kein Sinn mehr abzugewinnen, sind doch die »bunten Lappen« ebenjene, die sich in den Katakomben mit menschlichen Überresten und Moder vermischen. Dem Zustand der Vermischung im Reich des Todes korrespondiert auf der textuellen Ebene eine Aneinanderreihung von Gedankenfetzen, durch die der Erzähler versucht, die Nichtigkeit des Menschen angesichts der zerstörerischen Gewalt des Todes zu fassen. Die aufgerufenen Bilder erhabener Größe, die Sage vom Hunnenkönig Attila oder das Anrufen des schönen, romantischen Sternenhimmels, sprechen jedoch nicht mehr von einer Erhabenheit, an der das Subjekt im Leben teilhat, sondern von der Nichtigkeit allen Lebens angesichts der erhabenen Gewalt des Todes. In Anlehnung an barocke Vorstellungen von der Vergänglichkeit allen irdischen Lebens, wird selbst der Kosmos zum Spiegel des Verschwindens allen Lebens, der keinen Trost in einem göttlichen Jenseits zu bieten hat.

»Und so ist jeder Ruhm; denn für uns Sterbliche ist keine Stelle in diesem Universum so beständig, daß man auf ihr berühmt werden könnte; die Erde selber wird von den nächsten Sonnen nicht mehr gesehen, und hätten sie dort auch

---

140   Vgl. Zygmunt Baumann: Tod, Unsterblichkeit und andere Lebensstrategien, S. 211.
141   Adalbert Stifter: Ein Gang durch die Katakomben, S. 57.

Röhre, die zehntausendmal mehr vergrößerten, als die unsern. Und wenn in jener Nacht, wo unsere Erde auf ewig aufhört, ein Siriusbewohner den schönen Sternenhimmel ansieht, so weiß er nicht, daß ein Stern weniger ist, ja hätte er sie alle einst gezählt, und auf Karten getragen, und zählte sie heute wieder, und sieht seine Karten an, so fehlt keiner, und so prachtvoll, wie immer glüht der Himmel über seinem Haupte. Und tausend Milchstraßen weiter außer dem Sirius wissen sie auch von seinem Untergange nichts, ja sie wissen nichts von unserm ganzen Sternenhimmel; nicht einmal ein Nebelfleck, nicht einmal ein lichttrübes Pünktchen erscheint er in ihrem Rohre, wenn sie damit ihren nächtlichen Himmel durchforschen.«[142]

Ist es im *Condor* der teilnahmslose Blick der toten Sonne aus der abgründigen Tiefe des Kosmos, die die Position eines souveränen Betrachters unterminiert, so wird hier die Weite der Weltraums zu einer Metapher für das Verschwinden des Subjekts ins Kleinste.[143] Das Fernrohr bezeugt nicht mehr die Erweiterung des Sichtfeldes, sondern den Widerstand eines »lichttrüben Pünktchens«, das nicht mehr erfassbar ist. In der Unmöglichkeit, das Verschwinden des Anderen wahrzunehmen, zeigt sich die Grenze des Wissens und der Wahrnehmung. Die Weite des Kosmos ruft keine erhabene Gemütsbewegung hervor, sondern verzeichnet in melancholischem Gestus die unbedeutende Kleinheit des menschlichen Lebens. Der Kosmos ist bei Stifter mit einem Entzug des Blicks verbunden, der ein Verschwinden in der Leere des Weltraums anzeigt, das von niemandem bezeugt wird. Wie im *Condor* so ist also auch hier der schöne Sternenhimmel des Erzählers von einem schmerzvollen Mangel gekennzeichnet. Der Kosmos wird zu einem Raum, in dem niemand das Erlöschen des Anderen wahrnimmt und der Tod ohne Spuren bleibt. In dem von Gott verlassenen Himmel, dem Fehlen eines sinngebenden Zentrums in den endlosen Weiten wiederholt sich das unbemerkte Verlöschen des Lebens stets aufs Neue, ist das Kleinste, das in der *Vorrede* zu den *Bunten Steinen* noch als Teil der großen Schöpfung bedeutsam wurde, in keinem Sinnbezug mehr aufgehoben. Die Imaginationen des Weltalls nehmen dabei erneut Bezug auf Jean Pauls *Titan*. Anders jedoch als im 52. Zykel des *Titan*, in dem Albano durch die Katakomben des Tarta-

---

142   Ebd., S. 58.
143   Die Erkenntnis, dass die Bedeutung der Erde angesichts der Weiten des Universums verschwindend ist, war zum Zeitpunkt der Entstehung des Textes erstmals in das Bewusstsein gelangt. Vgl. hierzu Christian-Paul Berger: »...welch ein wundervoller Sternenhimmel...«, S. 113.

rus irrt,[144] gibt es in Stifters Gängesystem keinen Lichtschacht, der die irdische und die himmlische Ordnung verbindet. Der Sternenhimmel eröffnet in den Katakomben nicht den Blick auf eine metaphysische Sphäre, sondern nähert sich der unheimlichen Produktivität des Totenreichs, denn hier wie dort gibt es nichts als ein Werden und Vergehen, das durch keine göttlichen Instanz mehr gehalten wird. Verliert sich das Verschwinden in den kosmischen Weiten ins Spurlose, so durchbrechen in den endlosen Grüften der Katakomben die Trümmer die räumlichen Begrenzungen und drängen sich in das Sichtfeld des Erzählers. An die Stelle des sich öffnenden Lichtschachts im *Titan* tritt das Durchbrechen einer Grenze innerhalb der Katakomben, die nicht vom Subjekt ausgeht. In die Schlussmauer, die die Grenze des sichtbaren Raums markiert, ist eine Bresche geschlagen, es klafft ein Loch, das den Blick auf eine Unzahl von Särgen, eine Mischung aus Gliedern, Trümmern und Holzsplittern freigibt.

»Und wirklich traten wir jetzt an eine Stelle, wo man eine Schlußmauer durchbrochen hatte, und siehe! aus der Bresche ragten eine Unzahl Särge hervor, klafterhoch auf einander geschichtet, mit gräßlichen Trümmern und Splittern herausragend aus der Finsternis des Gewölbes – die Zeit hatte Bretter und Fugen gelöset, daß ein ganzes Wirrsal derselben herabgegleitet da lag, und oben in der Oeffnung nackte Füße und Glieder der Todten in die Luft herausstanden, verlassen von der schützenden und bergenden Wand ihrer Särge, ebenfalls bestimmt, auf den hängenden Brettern vorwärts zu gleiten, und endlich wie sie herab zu stürzen. Es war ein Anblick, noch erschütternder, als jener in dem Gewölbe der Mumien, weil er unmittelbarer das Reich der Verwesung und Zerstörung aufthat, und näher der Zeit lag, wo alle diese noch wandelten und lebten, weil er eindringender wies, wie auch wir einst werden sollen und weil das Werk der Vergehung und Vernichtung gleich massenhafter und großartiger ersichtlich war.«[145]

In der Schlussmauer, die innerhalb der räumlichen Struktur den Blick des Betrachters versperrt, klafft ein Loch und gibt den Blick auf den Tod als Reales frei. Damit rückt das Lebensende als Prozess der Rückkehr in das Ungeschiedene nicht nur räumlich, sondern auch zeitlich an die Besucher heran. Insofern die Zerstörung mit der zeitlichen Nähe gerade zunimmt, droht auch die Grenze zwischen Lebenden und Toten als Differenz von intakten und zerstörten Körpern und Räumen zu verschwinden. Das Le-

---

144 Jean Paul: Titan, in: Ders.: Sämtliche Werke. Historisch-Kritische Ausgabe, 1. Abt., Bd. 8, hg. v. Eduard Berend, Weimar 1933, S. 233-238, hier S. 236.

145 Adalbert Stifter: Ein Gang durch die Katakomben, S. 59.

ben als Ganzheit erscheint als nachträgliche Illusion, als Effekt einer fragilen Grenzziehung zum Amorphen, das die Besucher angeht. Denn in der Anhäufung der Trümmer wird jede räumliche Begrenzung aufgelöst, unterhalb des Fußbodens verbergen sich nur weitere Grüfte, weitere Tote. Weder ein geordneter Knochenstapel noch die stummen Zeichen einer Mumie, sondern ein undifferenziertes Wirrsal hebt sich vom Hintergrund der Finsternis wie ein sich von innen her auflösendes Bild ab. Das Innere der Särge scheint nach außen gekehrt, die trennenden Wände aufgelöst. Die Glieder der Verstorbenen ragen in die Luft und kehren damit das Bild des verklärten Körpers in sein Gegenteil um. Denn innerhalb der christlichen Ikonografie stellen die nach unten gekehrten Leiber der Verstorbenen die Umkehrung der Auferstehung Christi, also eine höllische Gegenversion dar, die hier die Auflösung jeglicher Ordnung anzeigt.[146] Dem Trost der Aufhebung des Körpers steht das Bild seiner Vernichtung entgegen, das sich endlos in alle Richtungen fortsetzt. Die zeitliche und räumliche Nähe des Todes berührt auch die visuelle Wahrnehmung, die die Grenze zum Tod in der Imagination überschreitet. Wurden die Totenstadt und ihre Bewohner bislang vom Licht der Fackeln in die Sichtbarkeit gebracht, so findet die imaginäre Überschreitung der Schwelle als blindes Moment im Entzug der Beleuchtung, als Eintritt einer absoluten Finsternis statt. Im Wechsel vom Präteritum zum Präsens wird auch der Leser in die Todesvision hineingezogen.

»Es ist entsetzlich, dies zu denken, und furchtbar inhaltsschwer wäre die Geschichte solcher Augenblicke. Das Licht flackert noch einmal, und ist aus: eine Nacht, so dick, wie die Erde keine kennt, ist um ihn; die Todten, die ihm früher sein Licht gezeigt hatte, ist er nun genötiget, mit dem innern Auge zu schauen, und zwar, da ihm die Begrenzung seines Raumes, die ihm das Licht vorher so freundlich gewiesen hatte, durch die Finsternis entrückt ist, so muß er sich nun gleich das ganze Todtengewölbe auf einmal vorstellen, die ganze durchbrochene Todtenstadt mit all ihren Bewohnern – er horcht – vielleicht rührt sich heimlich etwas – alles stille, nur das Knistern seines Trittes, und das stumpfe Rascheln seiner Hände, wie er sich an den Mauern fortgreift – er ruft, er ruft – keine Hoffnung gehört zu werden; er geht in Todes- und Geisterangst – gestachelt fort durch Gänge und Gewölbe, die sich ewig in einander münden. [...] er faßt, an der Felsenmauer fortgreifend, einen Todten, und erkennt, daß es derselbe sei, den er schon einmal ergriffen habe – dabei hört er von oben herab die Orgel tönen, vielleicht auch das Singen der Gemeinde, oder das Läuten der Glocken, das Rasseln der lustigen Wägen auf dem Straßenpflaster – er ruft, er ruft [...] bis in der Gruft um einen Todten mehr ist.«[147]

---

146 Vgl. hierzu auch Georges Didi-Huberman: Was wir sehen, blickt uns an, S. 28.
147 Adalbert Stifter: Ein Gang durch die Katakomben, S. 61.

Wurde die Betrachtung der Toten bislang durch die räumlichen Grenzen innerhalb der Katakomben gerahmt und auf Distanz gehalten, so lässt nun die Dunkelheit jedes Gefühl von Begrenzung verschwinden. Die Finsternis tritt aus dem Rahmen heraus und hüllt den imaginären Besucher der Katakomben ein. Und während die visuelle Wahrnehmung durch Licht, Raum und Zeit strukturiert ist, ist in der Dunkelheit das innere Auge genötigt, eine Synthese dieser unendlichen Todeslandschaft zu leisten. Die Vorstellung des Todes aber überfordert die Vorstellungskraft, das Synthesevermögen im Sinne von Kants Theorie des Mathematisch-Erhabenen, sie endet hier jedoch nicht in Erhebung, sondern in orientierungsloser Blindheit und zirkulärer Bewegung. Wo die Orientierung durch die Fernsinne des Sehens und Hörens keine Ordnung mehr etablieren kann, die Verbindung zu den Lebenden auch durch Töne und Geräusche nicht mehr herstellbar ist, ist es schließlich nur noch der Tastsinn, der den Gang durch die Grüfte begleitet. An der Schwelle des Todes wird der Besucher zum Blinden, der in ewigem Kreislauf durch die Gänge irrt und dem die Toten buchstäblich auf den Leib rücken. Die Blindheit ist hier keine Figur eines höhn Sehens, einer visionären Schau mehr, sie kennzeichnet vielmehr den Verlust der Orientierung im zirkulären Kreisen des Ewiggleichen. Doch was bedeutet nun die Imagination des eigenen Todes, die Identifikation mit den Toten der Katakomben für die angekündigte Läuterung, die der Gang durch die Katakomben hervorrufen sollte? Ein Rückbezug auf religiöse Vorstellungen, wie sie noch am Beginn der Schilderung virulent sind, bleibt am Ende aus. In schwerem Traume tritt der Erzähler den Weg nach Hause an. Noch einmal wird inmitten des feinen Novemberregens der Glanz des unbegreiflichen Lebens der Menschen beschrieben.

»[...] ein feiner Novemberregen rieselte vom Himmel. Man zündete eben die Abendlichter an, Gold, Silber, schimmernde Seidenstoffe wurden davon in den strahlenden Kaufbuden beleuchtet – kostbar gekleidete Menschen wimmelten an mir vorüber; glänzende Karossen rollten; der Thurm St. Stephans stieg riesig empor, und Sprechen und Lachen erscholl ihm gegenüber, den beleuchteten Häusern entlang. – –«[148]

Angesichts des Wissens um die Vergänglichkeit des Glanzes aber werden die Stoffe und Karossen zu einem fragilen Schleier, einer verhüllenden Grenzziehung so fein wie der Novemberregen. Der Gang durch die Katakomben, der den Schleier des Imaginären hebt und den Blick auf das Wirrsal des Amorphen freigibt, unternimmt einen literarischen Grenz-

---

148 Ebd., S. 62.

gang, der nicht zuletzt das Schreiben selbst an der Schwelle des Todes verortet.

Abgründe des Erzählens

Während Stifter in der *Vorrede* zu den *Bunten Steinen* das sanfte Gesetz als Erhabenes denkt, dessen Wirkungen sich noch im Kleinsten und Unbedeutendsten zeigen, thematisieren die Erzählungen und Schilderungen immer wieder Zonen des Übergangs, in denen sich die Ordnung, die Welt als gesetzmäßige Einrichtung, als fragil erweist. Nicht nur die Figuren Stifters, sondern auch sein Erzählen gerät in Grenz- und Schwellenbereiche, die durch tradierte Sinnbezüge nicht beschrieben werden können und deren verstörender Einbruch mehr ist als nur die Vision einer sich im Chaos auflösenden Ordnung. Stifters exzessive Beschäftigung mit den kleinsten Details, sein Verfahren der Zitation, der Anrufung literarischer Vorbilder sowie die sich wiederholenden Sprechakte, die die Referentialität der Sprache in die Krise führen, bezeugen die Schwellenerfahrungen als erzählerisches Problem, als Unmöglichkeit, einerseits diesen Nicht-Ort sprachlich einzuholen und andererseits seinem Insistieren innerhalb der Ordnung Herr zu werden. Das Spannungsfeld rückbezüglicher Sinnvergewisserung, abgründiger Sinnentleerung und das Ich aufs Spiel setzender Grenzerfahrungen stellt ein Schreiben im Übergang dar, das tradierte ästhetische und literarische Konzepte aufruft, im Blick auf die Traditionen jedoch zugleich eine Öffnung betreibt, denn es zeigt sich, dass diese die Schwellenerfahrungen nicht mehr angemessen beschreiben können. Ihre Überschreitung vollzieht damit auf der Ebene des Erzählens den Übergang zu einer modernen Schreibweise, die Stifter in paradoxen Bildern zu fassen sucht. Und selbst dort, wo Stifters Texte scheinbar zur alten Ordnung zurückkehren, ist diese von ihrem Aussetzen gezeichnet. Doch gerade indem Stifter ebenjenen Übergang zwischen dem Schrecken des Formlosen und einer sich etablierenden Ordnung erzählerisch in den Blick nimmt, werden kulturelle Repräsentationen und Wahrnehmungsmuster als rituelle Wiederholungen lesbar, über die sich Ordnungen erst etablieren. Der Gestus der Wiederholung, der Stifters Schreiben durchzieht, stellt sich somit als ritualisierter Versuch einer erzählerischen Rahmung dar, die nicht mehr gelingt. Der Schrecken des Formlosen, Chaotischen, Abgründigen figuriert, was letztlich jeder Ordnung inhärent bleibt und was gerade in Grenzsituationen, an Schwellenorten hervortritt: jenes Intervall des Aussetzens, das für die Möglichkeit der Wiederholung als ritualisierte Ordnungsstiftung wie als transgressive Verschiebung konstitutiv ist.

»His imagination is wild and extravagant«. Grenzgänge des Erzählens bei Edgar Allan Poe

Sprechen die Texte Adalbert Stifters von einer vom Schrecken durchzogenen Idylle, so entfalten die Erzählungen Edgar Allan Poes eine Poetik des *terror*. Anders als Stifters Prosa inszenieren die Grotesken und Arabesken Poes keine vom formlos Abgründigen heimgesuchte Ordnung, die es durch ritualisierte Akte zu rekonstituieren gilt. Poe, der die Schwelle zwischen Leben und Tod zum immer wiederkehrenden Gegenstand seiner Dichtung macht, entzieht dem Leser gerade jenen wenn auch fragilen, imaginären Schleier, der sich bei Stifter immer wieder über die Szenarien der Auflösung und Abgründigkeit legt. Gerade das Moment der Auflösung wird in Poes Erzählungen zum eigentlichen Zentrum einer morbiden Betrachtung von Verfall und Vergänglichkeit.

Elisabeth Bronfen hat diesen Zug der Poeschen Prosa als ambivalente künstlerische Abwehrgeste gelesen. Wo der Tod an die meist weiblichen Figuren delegiert wird, behauptet sich das männliche Subjekt gegen die Drohung seiner eigenen Endlichkeit.[1] Die männlichen Subjekte erweisen sich dabei, wie im Folgenden zu zeigen sein wird, keineswegs als Herren in ihren Häusern, ihre künstlerischen Produktionen und spekulativen Exzentrizitäten weisen sie vielmehr als prekäre Existenzen aus, die beständig von für tot erklärten und in unterirdische Grüfte versenkten Gestalten heimgesucht werden. Diesen Heimsuchungen geht dabei nicht selten eine durch die Lektüre alter Schriften praktizierte Beschwörung der Geister der Vergangenheit voraus. Die Erzähler in Poes *Oval Portrait*, in *Berenice* und *The Fall of the House of Usher* sind damit immer auch Leser tradierter Zeichensysteme, die im Akt des Lesens zu Wiedergängern werden. Gerade die Reflexion des Lesens innerhalb der Poeschen Texte verbindet diese trotz ihrer scheinbaren Überzeitlichkeit mit einer historischen Schwellenphase, in der sich die junge amerikanische Literatur gegen die europäische Tradition zu behaupten sucht. Poes Texte sind, wie vor allem neuere Studien zeigen, durchaus in Prozesse nationa-

---

1 Vgl. Elisabeth Bronfen: Nur über ihre Leiche, S. 89-113.

ler und ›rassischer‹ Grenzziehungen verwickelt.[2] Zugleich aber konfrontieren die erzählerischen Grenzgänge Poes seine Leser mit einem Uneingelösten, das die in den Erzählungen beschriebenen Untergangsszenarien überdauert. Dass Poe nicht nur die Produktion, sondern auch die Rezeption künstlerischer Werke als Grenzakte denkt, macht seine vielbesprochene Erzählung *The Oval Portrait* deutlich.

Schwellenkunst: *Das ovale Porträt*

Arabeske, Groteske, Porträt

In Edgar Allan Poes kurzer Erzählung *The Oval Portrait* vollzieht sich eine vielfältige und komplizierte Überkreuzung von Körper, Schrift, Tod und visueller Wahrnehmung. Bereits der Titel der Erzählung spielt auf ein spezifisches Verhältnis von Körper und Bild an. Denn das Porträt soll in der Nachahmung der dargestellten Person deren Anwesenheit auch in ihrer Abwesenheit sichern. Das Bild stellt folglich ein Supplement dar, dem ein Fehlen, ein Mangel an Präsenz vorausgeht. Der Titel *The Oval Portrait* trägt dabei allerdings selbst bereits das Kennzeichen einer Ersetzung mit sich, denn die Erzählung wurde 1842 zunächst unter dem Titel *Life in Death* in *Graham's Magazine* publiziert. Der Titel *Life in Death* gibt also noch keinen Hinweis auf das Porträt, sondern ruft zunächst ein oppositionales Gefüge auf, das mehrdeutig bleibt. Geht es in der Erzählung um ein Leben im Angesicht des Todes? Um etwas Lebendiges im Toten? Um die unmögliche Begegnung mit dem eigenen Tod im Leben? Und wie ist die Änderung des Titels zu deuten, die an die Stelle der Überkreuzung von Leben und Tod das Porträt, die Abbildung eines Menschen, setzt – eine Ersetzung, in der sich die Platzierung des Porträts innerhalb der Erzählung wiederholt? Denn das Porträt markiert im Text einen Übergang zwischen der Gegenwart des Erzählers und der Legende vom Tod der porträtierten Frau. Zu fragen ist also nach dem Verhältnis von Bild, Tod und Leben nicht nur in Bezug auf die Erzählung, sondern auch in Bezug auf ihr erzählerisches Umfeld. Denn obwohl die Erzählung nicht in der von Poe 1840 publizierten Sammlung *Tales of the Grotesque and Arabesque* aufgenommen wurde, spricht, wie Ulla Haselstein deutlich macht, die Bezugnahme auf die Arabeske innerhalb der Erzäh-

---

2   Vgl. hierzu Toni Morrison: Im Dunkeln spielen, Reinbek 1998, S. 55-89. Zur Debatte um Poe und Race vgl. den von J. Gerald Kennedy und Liliane Weissberg herausgebenen Band: Romancing the Shadow. Poe and Race, Oxford 2001.

lung dafür, diese auch im zeitlichen Kontext dieser Sammlung zu sehen.[3] Während das Porträt die Nachahmung einer lebenden Person impliziert, ist mit dem Arabesken eine künstlerische Praxis aufgerufen, die sich aus dem islamischen Kulturkreis herleitet und auf ein Verbot der Darstellung des Lebendigen verweist. An die Stelle einer Abbildung des Lebendigen setzt die Arabeskenkunst ineinander verschlungene Rankenornamente.[4] Die streng mathematische Darstellungsweise der stilisierten Blüten und Ranken, ihre Verbindung mit der Kalligrafie, ist dem Verbot der Nachahmung göttlicher Schöpferkraft geschuldet, die dennoch die Harmonie der göttlichen Ordnung repräsentieren soll. Je nach Standpunkt des Betrachters erscheint die Gestalt der Arabeske unterschiedlich, treten andere Details und neue Verbindungen hervor. Die Arabeske als Kunstform erfährt im Verlauf des 19. Jahrhunderts mit der Herausbildung anthropologischer und psychiatrischer Diskurse eine auch für die Texte Poes bedeutsame Umdeutung. Während in der Romantik die Arabeske im Zeichen der Selbstreferentialität und der Autonomie des Kunstwerks steht, wird die ornamentale Kunst im Fin de Siècle zum Zeichen von Degeneration und Dekadenz. So ist für den Psychiater Cesare Lombroso die Vorliebe für Arabesken und Ornamente Symptom einer Geisteskrankheit, die sich im künstlerischen Stil zeige.[5] Zugleich aber sind diese Anzeichen der Überfeinerung und Nervösität stets auch Ausdruck einer außerordentlichen Begabung. Den Zeichen der Dekadenz ist somit eine Doppelgesichtigkeit eingeschrieben, die sowohl als Verfall als auch als letztlich jeder Epoche inhärentes dekomponierendes Moment begriffen werden kann.[6]

---

3   Vgl. Ulla Haselstein: »Arabeske/Allegorie. Zum Verhältnis von Bild und Text in E.A. Poes Erzählung *The Oval Portrait*«, in: Poetica Bd. 30 (1998), Nr. 3/4, S. 435-453, hier S. 440.

4   Zur Figur der Arabeske vgl. Jutta Ernst: Edgar Allan Poe und die Poetik des Arabesken, Würzburg 1996, S. 27ff. sowie Ann-Kathrin Reulecke: Geschriebene Bilder, München 2002, S. 302-304 und Ulla Haselstein: »Arabeske/Allegorie«, S.438f.

5   Vgl. Susan J. Navarette: The Shape of Fear. Horror and the Fin de Siècle Culture of Decadence, Lexington/Kentucky 1998, S. 39.

6   Vgl. hierzu auch: Charles Bernheimer: Decadent Subjects. The Idea of Decadence in Art, Literature, Philosophy, and Culture of the Fin de Siècle, hg. v. T. Jefferson Kline und Naomi Schor, Baltimore/London 2002, S. 57ff. Ursula Link-Heer, die den Begriff der Dekadenz im Kontext psychiatrischer Diskurse diskutiert. Vgl. Ursula Link-Heer: »»Le mal a marché trop vite‹. Fortschritts- und Dekadenzbewußtsein im Spiegel des Nervösitäts-Syndroms«, in: Wolfgang Drost (Hg.): Fortschrittsglaube und Deka-

Im *Ovalen Porträt* ist die Arabeske nun vor allem in ihrer Funktion als Rahmen des weiblichen Bildnisses präsent. Dieser Rahmen einer Darstellung des Lebendigen stellt damit eine Randzone dar, die einerseits ebendiese Darstellung verbietet (insofern die Arabeske auf das islamische Bilderverbot verweist) und ihr andererseits die Zeichen der Auflösung einschreibt. Was aber zeigt das ovale Porträt? Es handelt sich um die Darstellung einer jungen, schönen Frau, deren Tod in einem kleinen Kunstbändchen erzählt wird. Das ovale Porträt scheint damit zunächst geradezu als paradigmatische Umsetzung der Poeschen Poetik betrachtet werden zu können. Denn das Poetischste aller Themen ist ja laut Poes *Philosophy of Composition* der Tod einer schönen Frau, und zwar weil die Schönheit am vollkommensten in der Tonart der Trauer repräsentiert wird.[7]

Dem Porträt als Kunstform ist damit nicht nur die Bewahrung des Lebendigen aufgegeben, sondern es bewahrt dieses Lebendige gerade im Bewusstsein seiner Endlichkeit. Doch besonders die arabesken Rahmungen verschieben noch einmal das Verhältnis von Tod und Kunst. Insofern nämlich die Funktion des gemalten Porträts als Darstellung des individuellen Körpers in den folgenden Jahren von der Fotografie übernommen wird, ist nicht nur die dargestellte Schönheit, sondern auch die Porträtmalerei dem Verfall anheim gegeben. Die erklärte Absicht der Porträtkunst, die lebendigen Züge des individuellen Körpers zu erhalten, erfährt zudem im Kontext anthropologischer und biologischer Diskurse eine nicht unerhebliche narzisstische Kränkung, denn: »Nature cares nothing for that individuality and its desire to endure.«[8] Vor diesem Hintergrund stellt das Verschwinden des gemalten Porträts als Darstellungsprinzip ebenfalls ein Schwellenereignis dar, in dem Auflösung und Dekomposition zum Merkmal einer anderen künstlerischen Praxis werden. Die Arabesken und Grotesken setzten an die Stelle der Dauer und der gerahmten Identität das Verschlungene, im Werden Begriffene, Unabgeschlossene, Vermischte. Insbesondere mit der Grotesken, die ebenfalls im Titel der Sammlung *Tales of the Grotesque and Arabesque* erscheint, tritt eine Kunstform auf, die feste Grenzziehungen unterläuft. Die Groteske leitet sich über das italienische *grottesco* von *grotta*, der Grotte, her und bezeichnet Wandmalereien an antiken Thermen und Palästen, in

---

denzbewußtsein im Europa des 19. Jahrhunderts. Literatur – Kunst – Kulturgeschichte, Heidelberg 1986, S. 45-63, hier S. 59.

7   Edgar Allan Poe: The Philosophy of Composition, in: Ders.: The Complete Works of Edgar Allan Poe, Bd. XIV, hg. v. James Harrison, New York 1902, S. 536.

8   So Bernheimer über das Bewusstsein des Todes und die Dekadenz. Charles Bernheimer: Decadent Subjects, S. 57.

denen Pflanzen-, Tier- und Menschenteile ineinander verschlungen dargestellt sind. Die Besonderheit der Groteske besteht also in einer vermischten und fragmentierten Darstellung, die keinen Unterschied macht zwischen Mensch, Tier und Pflanze und wie die Natur in ihrer ungezügelten Produktivität eine wild wuchernde Verschlingung aller Teile betreibt. Im Kontext evolutionstheoretischen Fortschrittsglaubens bildet die Groteske damit eine Darstellungspraxis, die die besondere Stellung des Menschen zu unterlaufen droht, da sie an die Stelle einer Abstammungslinie, deren Zielpunkt letztlich der Mensch ist, bedrohliche Vermischungen und Mutationen der Gleichzeitigkeit setzt.

Die Erzählung mit dem Titel *Das Ovale Porträt* findet sich also in einem Kontext wieder, der der final gesetzten, idealisierten Gestalt des Menschen das Bild zufälliger Verbindungen und Verknüpfungen entgegenhält. Doch die im Titel angekündigte Darstellung einer lebendigen Person wird noch in anderer Weise unterlaufen. Auch hierauf gibt die Groteske einen Hinweis. Das italienische *grotta* leitet sich nämlich vom lateinischen *crypta* her und bezeichnet damit das unterirdische Gewölbe, die Gruft. Die Krypta aber stellt nach Derrida zugleich einen Raum dar, der im Inneren des Innen ein Außen abtrennt, einen Ort des Entzugs, der sich nicht präsentiert.[9] Während das in der Arabeske enthaltene Verbot also noch die Möglichkeit seiner Aufhebung und mithin die Fülle einer lebendigen Präsenz in Aussicht stellt, ist mit der in der Grotesken enthaltenen Figur der Krypta eine Einfaltung beschrieben, die unzugänglich bleibt, die aber für den Fortgang der Erzählung bedeutsam sein wird. Der Schauplatz der Erzählung stellt sich nämlich ebenfalls gleich zu Beginn als unzugänglicher Ort dar. Das Schloss, in welchem der Erzähler mitsamt seinem Diener Zuflucht sucht, muss gewaltsam geöffnet werden.

Tod und Bild

»The château into which my valet had ventured to make forcible entrance, rather than permit me, in my desperately wounded condition, to pass a night in the open air, was one of those piles of commingled gloom and grandeur which have so long frowned among the Apennines, not less in fact than in the fancy of Mrs. Radcliffe.«[10]

Mit dem Eindringen in das Schloss wird das Bild der Wunde in doppelter Hinsicht aufgerufen. Zunächst einmal ist es der Erzähler, der sich in ei-

---

9 Vgl. Jacques Derrida: »FORS«, in: Nicholas Abraham/Maria Torok (Hg.): Kryptonymie: das Verbarium des Wolfsmanns, Frankfurt/M. 1979, S. 10.

10 Edgar Allan Poe: The Oval Portrait, in: Ders.: The Complete Works of Edgar Allan Poe, Bd. IV, hg. v. James A. Harrison, New York 1902, S. 245.

nem nicht näher beschriebenen verwundeten Zustand befindet. Die Repräsentation eines unversehrten Körpers, wie sie mit dem im Titel genannten Porträt anklingt, ist somit bereits am Beginn der Erzählung in Frage gestellt. Insofern das Eindringen in das Schloss im Zeichen der Schutzsuche steht, erinnert sein Innenraum an den Mutterleib, der das Kind im Inneren trägt, und damit an einen imaginierten Ursprung als Ort der Einheit, der die Verwundung rückgängig zu machen sucht. Doch diese Rückkehr erweist sich als unmöglich. Die Wunde des Erzählers verschwindet nicht, sie überträgt sich mit dem Akt des Eindringens auf das Schloss. Das Schloss als Schauplatz ist dabei mit dem Verweis auf die Schauerromane Ann Radcliffes in den Kontext der Gothic Novel gestellt. Es erscheint als textueller Ort, als Zitat. Mit dem Hinweis auf die textuelle Verfasstheit des Schlosses stellt der Beginn der Erzählung auch einen Bezug zum Lesen und zum Leser her. Das Eindringen des Erzählers in das Schloss ist auch ein Eindringen des Lesers in den Textraum der Erzählung, in der es, ihrem ursprünglichen Titel nach, um nicht weniger geht als um Leben und Tod. Das Geheimnis um das ovale Porträt ist also mit dem Begehren nach einem Wissen verknüpft, das die narzisstische Wunde der Endlichkeit des Menschen durch ein Wissen heilen soll, das aufs Ganze geht.

Das Schloss stellt sich jedoch als ausgesprochen paradoxer Ort dar, die Beschreibung des Schlossinneren lässt kein eindeutiges Bild entstehen. Einerseits ist es »To all appearance […] temporarily and very lately abandoned«. Zugleich wird das Zierwerk des Turmzimmers, in welchem sich der Erzähler einrichtet, als »rich, yet tattered and antique« beschrieben. Sowohl alt als auch gerade erst verlassen wird das Turmzimmer in dem labyrinthisch angelegten Schloss wiederum zu einem abseitigen Ort, dessen Dekorationen, Tapetengewirk, Wappen und »very spirited modern paintings«[11] in Auflösung und Verfall begriffen sind. Der Eindruck des Verfalls steht dabei in merkwürdigem Kontrast zu den nicht näher beschriebenen modernen Malereien und ihren Rahmen aus reich goldener Arabeske (»richgolden arabesque«). Das Moment der Abstraktion, welches mit der arabesken Form eingeführt ist, wiederholt sich noch einmal in der Erwähnung der Wappen, die sich in der Nachbarschaft der modernen Malereien befinden. Denn das Wappen verweist auf eine Darstellungsform, die vom Körper abstrahiert und in der Ausdifferenzierung bildlicher Medien in der frühen Neuzeit in einen Gegensatz zum Porträt tritt. Während das Porträt den individuellen Körper zur Darstellung bringen soll, verweist das Wappen auf einen genealogischen Körper, der sich in Form abstrakter Zeichen repräsentiert. Das Wappen markiert einen

---

11 Edgar Allan Poe: The Oval Portrait, S. 245.

Rechtsstatus, der auch in Abwesenheit der repräsentierten Person Gültigkeit hat. Wappentafeln bilden nicht einfach die Kehrseite der Porträtmalerei, sie begründen auch den Rechtsstatus des Porträts als Repräsentation einer Person.[12] Die Rahmenhandlung der Erzählung rückt somit nicht das Porträt als Darstellung einer lebendigen Präsenz, das sich ja versteckt in einer Nische befindet, in den Vordergrund, sondern dessen Rahmung durch ein arabeskes Geflecht abstrahierender Darstellungsformen, in dem unterschiedliche Zeitebenen – Moderne und frühe Neuzeit – sowie die verschiedenen Kulturkreise des Islam und der westlichen Moderne ineinander verwoben sind.

Die explizit als reichgolden beschriebenen Rahmen führen dabei, hält man sich an Kants Ästhetik, zusätzlich ein störendes Element in die Funktion der Rahmengebung ein. Denn der goldene Rahmen ist nach Kant ein Rahmen, der seine eigentliche Bestimmung als Rahmung des Schönen nicht erfüllt.[13] Kant unterscheidet Zieraten, *parerga*, die »wie [z.B.] Einfassungen der Gemälde« als äußerliche Zutat das Wohlgefallen durch ihre reine Form vergrößern, von den goldenen Rahmen, die durch ihren Reiz das Gemälde hervorheben und damit der Schönheit Abbruch tun.[14] Die goldenen Rahmen der modernen Malereien stellen folglich die Funktion der Rahmengebung innerhalb des Textes in Frage, sie werden selbst zu einer Abirrung, einer grotesken Verschlingung der reinen Form der Arabeske mit ihrem Gegensatz, der sinnlichen Materialität des goldenen Rahmens. Wenn aber der goldene Rahmen ein Zuviel an sinnlicher Präsenz mit sich trägt und damit die Reinheit des Werkes stört, indem er die Aufmerksamkeit auf sich lenkt, wirft dies ebenfalls Fragen bezüglich der Erzählung auf, der es nicht mehr gelingt, durch die Rahmung einen abgegrenzten Innenraum herzustellen.[15] Diese Unsicherheit in Bezug auf die Rahmung wirkt sich auch auf die Position des männlichen Erzählers aus, dem angesichts der unzureichenden Einfassung des Porträts die in der folgenden Betrachtung vergänglicher weiblicher Schönheit notwendige Distanz abhanden kommen muss. Betrachtet man die Anordnung der arabesken Rahmen, die die gesamte umgebende Wandfläche des Zimmers bedecken, so erscheint nicht das eigentliche Porträt, sondern der in der Mitte des Zimmers positionierte Erzähler als Bild. Die Rahmenhandlung beschreibt folglich ebenfalls ein Porträt, nämlich das Bild

---

12 Vgl. Hans Belting: Bild-Anthropologie, München 2001, S. 115-142.

13 Vgl. Immanuel Kant: Kritik der Urteilskraft, S. 142.

14 Vgl. Kapitel 2.

15 Ulla Haselstein spricht in Bezug auf Poes Erzählung daher auch von einer mobilen Rahmenkonstruktion. Vgl. Ulla Haselstein: »Arabeske/Allegorie«, S. 451.

eines Kunstbetrachters, der sich von der Außenwelt abschließt und die modernen Malereien mit Hilfe eines schmalen Kunstbändchens anschaut.

»I bade Pedro to close the heavy shutters of the room […] to light the tongues of tall candelabrum which stood by the head of my bed – and to throw open far and wide the fringed curtains of black velvet which enveloped the bed itself. I wished all this done that I might resign myself, if not to sleep, at least alternately to the contemplation of these pictures, and the perusal of a small volume which had been found upon the pillow, and which purported to criticise and describe them.« [16]

Das Schließen der Fenster, die Positionierung auf dem Bett und das Auseinanderschlagen der Vorhänge des Bettes eröffnen ein abgegrenztes Sehfeld, das ganz auf den Erzähler zentriert ist. Die Betrachtung der Gemälde folgt mit der Lektüre des Bändchens einer kunsthistorischen Betrachtungsweise, die Sehen und Wissen, Bild und Text zu einer Einheit zusammenfügt. Doch die Beschreibung der geschulten Betrachtung »Long – long I read – and devoutly, devotedly I gazed«,[17] ist im Text durch Trennstriche unterbrochen, die auch den Riss innerhalb der Betrachtung der Bilder aufscheinen lassen. Was zu sehen sein wird, ist nicht durch die reichgoldenen arabesken Rahmungen als Werk konstituiert, sondern durch die Einfügung in einen kunsthistorischen Diskurs, die das, was zu sehen ist, als Objekt der Betrachtung im Rahmen konventioneller Betrachtungsweisen hervorbringt. Doch mit der Umkehrung des Verhältnisses von Betrachter und Bild, die sich durch die von Rahmen überzogenen Wandflächen ergibt, befindet sich der Betrachter nicht länger in wissender Distanz zu den betrachteten Bildern. Seine Positionierung auf dem Bett, die zurückgeschlagenen Vorhänge stellen ihn in eine ikonografische Tradition, die eng mit der Repräsentation des Weiblichen verbunden ist. Der weibliche, meist nackte Körper wird im Spiel von Verhüllung und Enthüllung als begehrtes Objekt des männlichen Blicks hervorgebracht. Die schwarzen Vorhänge des Bettes verweisen hier jedoch auch auf den Kontext des Todes. Insofern der Erzähler in fiebrigem Zustand auf einem Bett mit schwarzen Samtvorhängen platziert erscheint, wird das Nachtlager zum Totenbett. Das Bildnis des Erzählers verschlingt sich also mit dem abwesenden ovalen Porträt und der Legende seiner Entstehung. Die Frage von Repräsentation und Tod stellt sich somit nicht nur innerhalb der Legende vom ovalen Porträt, sondern ist bereits der Rahmenhandlung eingeschrieben. Und während die Legende den Tod der Frau als Bedingung ihrer lebensähnlichen Repräsentation im

16 Edgar Allan Poe: The Oval Portrait, S. 245f.
17 Ebd., S. 246

Bild zu beschreiben scheint, stellt das auf der Ebene der Rahmenhandlung inszenierte Bildnis eine Repräsentation des Todes dar – das Bild des Erzählers erscheint als Ort einer Leiche.

Das Bild als Schwelle

Der Wahrnehmung des ovalen Porträts geht in der Erzählung die Verschiebung der Beleuchtung voraus, die der besseren Lektüre dient. Die Bedeutung der Beleuchtung für die Wahrnehmung unterminiert abermals die beherrschende Position des Betrachters. Denn kein bewusster Wechsel der Perspektive, sondern eine zufällige Verschiebung des Leuchters lässt das ovale Porträt aus der Nische hervortreten. Der Kerzenleuchter, der das dunkle Zimmer in diffuses Licht taucht, lässt einen Übergangsraum entstehen zwischen hell und dunkel, Wachen und Träumen. Das plötzliche Auftauchen des Porträts scheint den Betrachter beinahe zu blenden, bevor er es einer näheren Ansicht unterziehen kann. Während die Rahmenhandlung die Betrachtung der modernen Malereien auf die gesamte Fläche des arabesk gerahmten Wandschmucks bezog, tritt nun ein einzelnes Bild, ein Detail in das Sichtfeld des Betrachters und des Lesers des Poeschen Textes.

»Rapidly and gloriously the hours flew by, and the deep midnight came. The position of the candelabrum displeased me, and outreaching my hand with difficulty, rather than disturb my slumbering valet, I placed it so as to throw its rays more fully upon the book. But the action produced an effect altogether unanticipated. The rays of the numerous candles (for there were many) now fell within a niche of the room which had hitherto been thrown into deep shade by one of the bed-posts. I thus saw in vivid light a picture all unnoticed before. It was the portrait of a young girl just ripening into womanhood. I glanced at the painting hurriedly, and then closed my eyes. Why I did this was not at first apparent even to my own perception. But while my lids remained thus shut, I ran over in my mind my reason for so shutting them. It was an impulsive movement to gain time for thought – to make sure that my vision had not deceived me – to calm and subdue my fancy for a more sober and more certain gaze. In a very few moments I again looked fixedly at the painting.«[18]

Wurde zu Beginn der Rahmenhandlung das Verhältnis von Bild und Betrachter durch das Auseinanderschlagen der samtenen Vorhänge als Spiel von Enthüllen und Verhüllen inszeniert, so scheint nun plötzlich durch die Verschiebung des Kandelabers das in einer Nische platzierte ovale Porträt aus dem Schatten des Bettpfostens hervorzutreten. Insofern die

---

18 Ebd.

Erzählung das Erscheinen des Bildes mit der Lektüre des Bändchens verknüpft, kann der Bettpfosten, der das Porträt in seinen Schatten hüllt,
auch als Balken im Sinne der Lacanschen Barre gelesen werden, die einerseits eine Trennung zwischen der Ebene der Signifikanten und der Si-
gnifikate, zwischen Symbolischem und Imaginärem etabliert, andererseits das Ding als Rest des Realen ›barrt‹.[19] Mit der Verschiebung des
Kandelabers, so scheint es zunächst, blitzt im Überspringen des Balkens
das Bild als Versprechen einer vollständigen Präsenz, als imaginäre
Ganzheit auf. Doch der Schwerpunkt der folgenden Beschreibung liegt
weniger in dem Bild selbst, von dem der Leser nur einen vagen und an
konventionellen Beschreibungsformeln orientierten Eindruck erhält. Es
geht folglich nicht darum, was zu sehen gegeben wird, sondern wie gesehen wird. Doch wie beschreibt die Erzählung die Wahrnehmung des ovalen Porträts? Das Erscheinen des Porträts ist zunächst an eine doppelte
Blickweise auf Seiten des Erzählers geknüpft, die insbesondere durch die
Verwendung der unterschiedlichen Begriffe *glance* und *gaze* markiert
wird. »I glanced at the painting hurriedly, and then closed my eyes«, so
beschreibt der Erzähler die plötzliche Wahrnehmung des Bildes. Der
Kunsthistoriker Norman Bryson hat den *glance* als eine Blickweise beschrieben, die nicht kulturell codiert ist, sondern das Subjekt als begeh-
rendes hervorbringt. Der *glance* ist ein flüchtiger Seitenblick, subversiv
und ungerichtet.[20] Der *glance* des Erzählers nimmt zunächst ein Bild
wahr, dessen Status und Verortung für den Leser unklar bleibt, denn der
Ausdruck *picture* kann sich auf ein Gemälde beziehen wie auf ein
Traumbild oder eine Vision. Wird im darauf folgenden Satz das *picture*
eindeutig als »portrait of a young girl just ripening into womanhood«
identifiziert, so betont das später eingeführte *vision* wiederum erneut das
Moment des Visionären bzw. der inneren Vorstellung. Der *glance* produziert offensichtlich ein Schwanken, dem es Herr zu werden gilt: Das
Schließen der Augen, »to gain time for thought«, dient dazu, die Fantasien des Erzählers (und des Lesers) zu beschwichtigen »for a more sober
a more certain gaze«. Der *gaze* als kulturell codierte Blickweise tritt in
der Erzählung als kunsthistorisch geschultes Sehen auf. Die Einfügung
des Porträts in den Kontext kunsthistorischer Betrachtung wird hier allerdings als visuelle Operation lesbar, die den *glance* elidieren soll. Suspendiert wird dabei nicht nur der schwankende Status des Bildes, sondern auch die Affizierung des Betrachters durch das in Licht getauchte

---

19 Zum Balken bzw. zur Barre bei Lacan vgl. Samuel Weber: Rückkehr zu
    Freud. Jacques Lacans Ent-stellung der Psychoanalyse, Frankfurt/M. 1978,
    S. 53ff.
20 Norman Bryson: Das Sehen und die Malerei. Die Logik des Blicks, Mün-
    chen 2001, S. 117-162.

Porträt des jungen Mädchens. Der flüchtige Seitenblick, das schnelle Abwenden und Augenschließen, lässt das Bild zu einem verbotenen und gleichzeitig begehrten Objekt werden, etwas, das zugleich angesehen und nicht angesehen werden kann. Das Augenschließen wird vom Erzähler zunächst als impulsive Handlung beschrieben, deren Begründung ausbleibt. Erst nachträglich findet der Erzähler eine Erklärung für die Abwendung des Blicks. Doch bleibt diese Erklärung uneindeutig, denn das Augenschließen, der Moment des Nicht-Sehens und des Verlusts des sichtbaren Objekts, dient dazu, wie es heißt, Zeit zu gewinnen, um sicher zu gehen, »that my vision had not deceived me«. Die Bezeichnung des Bildes als »vision« lässt nun aber offen, ob es im wiederholenden, zweiten Blick um ein Wiederfinden eines inneren Bildes geht oder um eine genauere, rationale und distanzierte Betrachtung des Porträts. Erst die nachfolgende Bereinigung des Blicks von Fantasie und Begehren – »to calm and subdue my fancy« – produziert den *gaze,* der das Bild einer nüchternen Betrachtung unterwirft. »In a very few moments I again looked fixedly at the painting«. Poes Erzählung nimmt hier eine kritische Distanz zum eingangs zitierten Schauerroman ein. Denn die Schauerromane Ann Radcliffes entlarven letztlich die Sinnestäuschung im Namen der Rationalität. Poes Erzählung lässt den rationalen Blick jedoch von Beginn an als ein fragiles Gebilde erscheinen, das auf eine mehrfache und instabile Grenzziehung zwischen Objekt und Subjekt, Wahrnehmung und Begehren, inneren und äußeren Bildern, *glance* und *gaze* zurückzuführen ist. Was aber sieht nun der *gaze* des Erzählers?

»That I now saw aright I could not and would not doubt; for the first flashing of the candles upon that canvas had seemed to dissipate the dreamy stupor which was stealing over my senses, and to startle me at once into waking life. The portrait, I have already said, was that of a young girl. It was a mere head and shoulders, done in what is technically termed a *vignette* manner; much in the style of the favorite heads of Sully. The arms, the bosom, and even the ends of the radiant hair melted imperceptibly into the vague yet deep shadow which formed the back-ground of the whole. The frame was oval, richly gilded and filigreed in *Moresque.*«[21]

Zunächst konstatiert der Erzähler, dass der Blick auf das Porträt nunmehr der richtige sei, frei von Zweifeln und unheimlichen Vermischungen, ein Blick der rückwirkend immer schon dagewesen sein soll, denn bereits das erste Blitzen des Kerzenscheins auf dem Gemälde hat, so lässt der Erzähler wissen, den »dreamy stupor which was stealing over my senses« vertrieben. Doch die nachträgliche Begründung der Richtigkeit des

---

21 Edgar Allan Poe: The Oval Portrait, S. 246f.

Sehens als waches Bewusstsein führt erneut ein fremdes Moment in den scheinbar sicheren *gaze* des Erzählers ein. Denn die buchstäbliche Erweckung des Betrachters ist offensichtlich gerade nicht dem immer schon präsenten Porträt und der Abbildung des jungen Mädchens geschuldet. Sie geht vielmehr mit dem Blitzen des Kerzenscheins auf dem Ölgemälde, den Lichtreflexen also, einher. Vor jeder Wahrnehmung eines bildlichen Objekts auf Seiten des Betrachters gibt es ein Blitzen auf der Leinwand und damit blinde Flecken auf dem Malgrund, die aufgrund einer Überbelichtung eben *nichts* sehen lassen.[22] Am Beginn des Sehens und der Wachheit des Bewusstseins steht also paradoxerweise das Nicht-Sehen, ein Blitzen, das nicht vom Subjekt beherrscht wird, sondern einen Bildraum eröffnet, an welchem das Porträt erscheinen wird. Das Porträt wird nun im Folgenden mit dem Sachverstand des Kunstkenners beschrieben und mit der Erwähnung des Porträtmalers Sully in eine kunstgeschichtliche Tradition eingefügt. Eine nähere Beschreibung des dargestellten Mädchens bleibt jedoch aus, vielmehr richtet sich das Interesse des Erzählers auf den Stil des Porträts. Seine Ausführung folgt, wie es heißt, dem Stil einer Vignette. Die Vignette, lateinisch für Weinrebe, bezeichnet nicht nur eine Kunstform sondern auch ein bildliches Element innerhalb eines schriftlichen Dokuments, ein Rankenornament in mittelalterlichen Handschriften oder aber eine ikonografische Randverzierung, die meist am Anfang oder Ende eines gedruckten Textes zu finden ist. Es handelt sich somit um eine bildliche Hinzufügung zur Schrift, die die Grenze eines Textes markiert. Insofern die Vignette zum Mittelpunkt des Interesses des Erzählers wie des Lesers wird, verschiebt sich mit dem Erscheinen des Porträts der Blick zum Marginalen, zum Abseits des Textes. Die Positionierung des ovalen Porträts in der Mitte des Poeschen Textes kann als bildliche Einfügung zwischen dem Text der Rahmenhandlung und dem Text der Legende gelesen werden, deren Ränder sich überkreuzen. Die Vignette verbindet die Geschichte ihrer Herstellung und die Geschichte ihrer Rezeption, vereindeutigt aber zugleich, welcher Teil der Geschichte nun als Rand und welcher als Zentrum zu sehen ist. Bildet die Rahmenhandlung mit ihren arabesken Wandgemälden den Rand des ovalen Porträts? Ist das ovale Porträt eine Randverzierung der Rahmenhandlung oder der Legende? Und fügt sich die Legende dem Bild als nachträgliche Erklärung hinzu oder das Bild der Legende? Sowohl die Legende als auch die – zweifelhafte – Rahmenhandlung versuchen, die

---

22 Lacan spricht in dieser Hinsicht auch vom Blick des Anderen, der das Subjekt photo-graphiert. Vgl. Jacques Lacan: Die vier Grundbegriffe der Psychoanalyse, hg. v. Norbert Haas und Hans-Joachim Metzger, Berlin 1987, S. 112ff. Bernhard Waldenfels bringt das Sehen der Dinge mit dem Lichteinfall in Verbindung. Bernhard Waldenfels: Sinnesschwellen, S. 146.

Wirkung des Bildes in unterschiedlicher Weise zu erklären. Der Erzähler weist dabei eine Verwechslung mit einem lebendigen Menschen ebenso als Erklärung ab wie die künstlerische Ausführung.

»As a thing of art nothing could be more admirable than the painting itself. But it could have been neither the execution of the work, nor the immortal beauty of the countenance, which had so suddenly and so vehemently moved me. Least of all, could it have been that my fancy, shaken from its half slumber, had mistaken the head for that of a living person. I saw at once that the peculiarities of the design, of the *vignetting*, and of the frame, must have instantly dispelled such a idea – must have prevented even its momentary entertainment. Thinking earnestly upon these points, I remained, for an hour perhaps, half sitting, half reclining, with my vision riveted upon the portrait. At length, satisfied with the true secret of its effect, I fell back within the bed. I had found the spell of the picture in an absolute *life-likeness* of expression, which, at first startling, finally confounded, subdued, and appelled me. With deep and reverent awe I replaced the candelabrum in its former position.«[23]

Der *gaze* der Erzählers, so scheint es, stößt in der Betrachtung des Bildes an eine Grenze, denn die Wirkung des Bildes geht nicht in der Sinnestäuschung oder der künstlerischen Ausführung des Porträts auf. Mit seinem moreskem Rahmen ist das Bild als Schauspiel erkennbar, und auch die Schönheit des dargestellten Mädchens begründet die Faszination des Bildes nicht. Der Zauber liegt vielmehr, wie es heißt, in der Lebensähnlichkeit des Ausdrucks, die den Erzähler zunächst erstaunt und schließlich entsetzt. Was aber ist der Ausdruck des Bildes, wenn er offenbar nicht mit der Lebensähnlichkeit der Darstellung begründet werden kann? Worin besteht seine Ähnlichkeit? Glaubt man der nachträglichen Erklärung durch die Legende, so setzt sich das Bild an die Stelle der lebendigen Frau. Die Ähnlichkeit, so erzählt die Legende, beruht auf der Wiederholung einer ursprünglichen Präsenz. Mit dem Tod des Mädchens geht das Leben auf das Bild über. Doch die schreckhafte Wahrnehmung des Bildes durch den Erzähler ist ausdrücklich nicht an einen Vergleich oder eine Verwechslung mit einer lebenden Person gebunden. Was sich im Bild wiederholt, ist vielmehr eine Konstellation von Rahmung und Schatten. Denn die Rahmung durch die Nische, aus deren Schatten das Bild hervortritt, wiederholt sich innerhalb des Porträts. Die Platzierung in einer Nische rückt das Bild dabei zunächst in die Nähe einer Ikone, einer heiligen Darstellung also. Die Ikonenmalerei folgt in der Regel strengen Prinzipien, weder Perspektive noch Licht und Schatten sollen das Leuchten der Heiligen stören. Beide Prinzipien werden nun aber in der Erzäh-

---

23 Edgar Allan Poe: The Oval Portrait, S. 247.

lung offensichtlich unterlaufen. Der Goldgrund, der üblicherweise den Hintergrund einer Ikone bildet, ist im ovalen Porträt durch einen tiefen Schatten ersetzt. Die Figur des Mädchens, ihr Haar, so heißt es, verschmilzt mit dem Hintergrund, wobei uneindeutig bleibt, ob es sich um den Schatten der Nische oder den des Bildes handelt, bildet doch der Schatten den »back-ground of the whole«. Insofern der Rahmen aus moreskem Filigran erst nachträglich genannt wird, scheint sich das Bild also erst mit der Rahmengebung aus dem umgebenden Schatten zu lösen. Der Schatten im Inneren des Porträts bildet zugleich den äußeren Rahmen des Bildes, ein Außen, das zugleich innen ist und die Grenze des Bildes unterläuft. Das Ganze, the »whole«, enthält aber auch das *hole*, also das Loch, welches nicht nur als Hintergrund des Porträts zu lesen ist. Der Schatten bildet nämlich auch den Hintergrund eines Lochs, an dessen Stelle oder als welches das Porträt selbst erscheint. Die ovale, eiförmige Form der Rahmung fasst somit ein Loch ein, eine Nicht-Präsenz. Im »back-ground« steckt zudem der Rücken, die Rückseite, die hier zugleich die Rückwand des Ganzen – »of the whole« – wie die eines Lochs ist. Was sich im Hintergrund des Porträts zeigt, ist die Rückseite eines Grundes/ein back-ground, eine kryptische Enklave, vor der das Porträt zu sehen gegeben wird, um einen versperrten anderen Raum zu schützen, der sich nicht zeigt.

Die Lebensähnlichkeit des Ausdrucks, insofern der Ausdruck das Innere zeigen soll, wiederholt, was sich entzieht. Im Moment der Enthüllung des Geheimnisses wird das Bild zur Schwelle, von der sich der Erzähler »in deep and reverant awe« abwendet. Der Ausdruck *awe* bezeichnet die heilige, ehrfürchtige Scheu, die den Anblick des Bildes mit dem Bereich des Tabus verbindet. Tabu ist, was zugleich heilig und unrein ist. Es verstellt die Grenze zu einem ersten Abgeschiedenen, das unnennbar bleibt. Die marginale Vignette markiert damit nicht nur die Ränder von Rahmenhandlung und Legende, sondern auch den abgründigen Rand der Erzählung, der sich mit der Enthüllung des Geheimnisses als Lebensähnlichkeit des Ausdrucks erneut verschiebt. »Life-likeness of expression« bedeutet ja nicht nur die Lebendigkeit des Ausdrucks, sondern auch ein Erscheinen des Ausdrucks, eine Wendung des Inneren nach außen, in einer *dem Leben ähnlichen* Gestalt. Indem aber der Ausdruck die Gestalt des Lebens annimmt, ist das Bildnis des Lebens, die Präsenz des Ausdrucks Verwandlung, Übersetzung von etwas, das sich im Bild nicht zeigt.

Noch einmal: Tod und Bild

Mit dem Verschwinden des Bildes aus dem Sichtfeld widmet sich der Erzähler erneut der Lektüre des schmalen Bändchens. Die Geschichte der Herstellung des Porträts wird dabei bereits zu Beginn als unklar und seltsam geschildert. Die »vague and quaint words« werden in wörtlicher Rede zitiert und erscheinen so als Rede eines Anderen, eines Sprechers, dessen Präsenz im Text ein Wissen um das Porträt und die von ihm dargestellte Frau verbürgen soll. Doch zugleich unterminiert das Vage und Seltsame der Worte ebendiesen Anspruch einer wahrhaftigen überlieferten Begebenheit. Denn das Zitat vollzieht einen Bruch mit dem Gegenwärtigen, indem es an ein vergangenes Ereignis erinnert, das sich nur als Bruchstück, als Zitat, in den Kontext des Erzählers einschreibt. Wie das ovale Porträt als Bild eines Abgeschiedenen ein verlorenes Objekt wiederholt und entstellt, so verweist auch das Zitat als Bruchstück eines Vergangenen auf einen textuellen Überrest, der sich in der Wiederholung durch die Lektüre nicht zeigt. Die Legende stellt folglich keine Ergänzung im Sinne einer Ganzwerdung dar, sondern ein Bruchstück, das die erzählte Gegenwart unterbricht.

Worum aber geht es in der seltsamen Geschichte von der Entstehung des ovalen Porträts? Die Legende scheint zunächst die Lebensähnlichkeit des Bildes als einen Mythos zu erzählen, in welchem das Leben der Frau auf die Kunst übergeht. Sie scheint also vom Tod der Frau im Zuge der Herstellung ihres Porträts zu sprechen.[24] Die Legende vom ovalen Porträt supplementiert, was im Nachdenken über das Porträt als unheimliche Lebensähnlichkeit des Ausdrucks in Erscheinung trat und zugleich einen Mangel in der Enthüllung mit sich trug. Insofern setzt sich die Legende an die Stelle einer Abwesenheit und erfindet einen mythischen Ursprung der Präsenz, der die Abwesenheit als Tod der Frau, als Verlust eines ursprünglich Dagewesenen, figuriert. Sie übersetzt und wiederholt den Schrecken des Bildes in eine erzählbare Geschichte vom Vergehen weiblicher Schönheit.

Der formelhafte Anfang der Legende, »She was a maiden of rarest beauty, and not more lovely than full of glee«, wiederholt sich im Text noch ein zweites Mal. Die ihr zugeschriebenen Attribute – »all light and smile, and frolicsome as the young fawn« – betonen den Eindruck des Flüchtigen, Immateriellen und verweisen letztlich auf die Unfassbarkeit

24 Zum Verhältnis von lebendiger Frau und Porträt vgl. auch Marianne Schuller: »Literarische Szenerien und ihre Schatten. Orte des ›Weiblichen‹ in literarischer Produktion«, in: Dies.: Im Unterschied. Lesen. Korrespondieren. Adressieren. Frankfurt/M. 1990, S. 47-53.

ihrer Erscheinung durch die Beschreibung. Sie stehen zudem im Gegensatz zur Beschreibung des Malers als »passionate, studios, austere, and having already a bride in his Art«. Der Einführung der Kunst als Braut des Malers folgt noch einmal die Eingangsformel, »she was a maiden of rarest beauty, and not more lovely and full of glee«, womit nun allerdings unklar wird, ob sich die Beschreibung auf die Kunst bzw. die Allegorie der Kunst oder auf die junge Frau selbst bezieht. Folglich lässt auch die Absicht des Künstlers »to pourtray even his young bride« keine eindeutige Interpretation mehr zu. Richtet sich das Begehren des Künstlers darauf, ein Porträt des jungen Mädchens oder der Kunst anzufertigen? Auch die Inszenierung des Verhältnisses von Maler und Modell bleibt in der Legende rätselhaft.

»But she was humble and obedient, and sat meekly for many weeks in the dark, high turret-chamber where the light dripped upon the pale canvas only from overhead. But he, the painter, took glory in his work, which went on from hour to hour, and from day to day. And he was a passionate, and wild, and moody man, who became lost in reveries; so that he *would* not see that the light which fell so ghastlily in that lone turret withered the health and the spirits of his bride, who pined visibly to all but him«[25]

Der Flüchtigkeit und Immaterialität in der Erscheinung des Mädchens steht die Materialität des Malprozesses und des Lichts gegenüber. War innerhalb der Rahmenhandlung stets von den Strahlen des Kerzenleuchters (»rays«) die Rede, der die Nische des Zimmers ausleuchtet, so ist es nun ein seltsam unverortetes Licht, welches von oben herab auf die bleiche Leinwand tropft. Auch die folgende Beschreibung als »ghastlily« vermittelt den Eindruck eines diffusen, unheimlichen Lichts. Insofern das Turmzimmer zudem als dunkel beschrieben wird, rückt auch das Modell in die Unsichtbarkeit des dunklen Zimmers. Der Eindruck des Nicht-Sehens im Zuge der Herstellung des Bildes verstärkt sich noch, wenn der Maler als »lost in reveries« beschrieben wird, der nicht sieht, wie seine junge Braut dahinschwindet. Die Anfertigung des Bildes entspricht also keiner naturgetreuen Abbildung des jungen Mädchens, vielmehr entsteht das Bild, gerade in der Absehung vom Modell, in einem traumartigen Zustand. Die Unsichtbarkeit des Mädchens für den Maler steht dabei wiederum in merkwürdigem Kontrast zu der gleichzeitigen Öffentlichkeit ihres Sterbens, wobei der Ausdruck »all« unbestimmt lässt, wer hier Zeuge ihres Todes wird. Die Szene der Herstellung des Porträts ereignet sich somit in einer paradoxen Struktur von Raum und Zeit, sichtbar und unsichtbar, in der dunklen Einsamkeit des Turmzimmers und zugleich

---

25 Edgar Allan Poe: The Oval Portait, S. 248.

vor aller Augen. Die Erwähnung der bleichen Leinwand sowie des Oberlichts, dessen Quelle nicht genannt wird, erinnert dabei an eine ins Unheimliche verkehrte religiöse Erweckungsszene. Das bleiche Leinentuch verweist nicht zuletzt auf das leere Grab Christi, auf einen fehlenden Körper, der nun durch das Bild ersetzt wird. Die Legende schreibt damit dem Bild einerseits die religiöse Vorstellung von der Wesengleichheit Christi mit Gott bzw. von Bild und Körper ein. Doch anders als im christlichen Mythos ist der Legende der Tod inhärent, denn der Künstler wird am Ende im Umwenden nicht wie Maria Magdalena den auferstandenen Christus erblicken, sondern den nicht mehr zu verklärenden Tod der Geliebten wahrnehmen.

»And in sooth some who beheld the portrait spoke of its resemblance in low words, as of a mighty marvel, and a proof not less of the power of the painter than of his deep love for her whom he depicted so surpassingly well. But at length, as the labor drew nearer to its conclusion, there were admitted none into the turret; for the painter had grown wild with the ardor of his work, and turned his eyes from the canvas rarely, even to regard the countenance of his wife. And he *would* not see that the tints which he spread upon the canvas were drawn from the cheeks of her who sate beside him.«[26]

Während der Tod des jungen Mädchens vor aller Augen und doch vom Maler unbemerkt stattfindet, so sind es wiederum einige ungenannte Zeugen »some who beheld the portrait«, die in dem Porträt einen Beweis der tiefen Liebe des Malers sehen. Doch wen oder was stellt das ovale Porträt dar? Die abschließende Betrachtung des Werkes durch den Maler selbst vollzieht sich unter Ausschluss der Öffentlichkeit – »there were admitted none into the turret«. Vor dem Bild nun wird der Maler selbst zu einem fremden Betrachter, der das, was sich auf der Leinwand zeigt, mit anfänglichem Entzücktsein und schließlich mit einem unfassbaren Schrecken wahrnimmt.

»[...] and, for one moment, the painter stood entranced before the work which he had wrought; but in the next, while he yet gazed, he grew tremulous and very pallid, and aghast, and crying with a loud voice, ›This is indeed Life itself!‹ turned suddenly to regard his beloved: – She was dead!«[27]

Mit der Wiederholung des Schreckens in der Betrachtung des Porträts, die den Schrecken des Erzählers nachträglich präfiguriert, wird die Rahmenhandlung als Wiederholung und Zitat der Legende lesbar. Allerdings

---

26 Ebd.
27 Ebd.

kommt es zwischen Produktions- und Rezeptionsszene zu einer Verschiebung. Denn während die Faszination des Betrachters in der Rahmenhandlung durch die Lebensähnlichkeit des Bildes erklärt wird, verkehrt sich der autonome Schöpfungsakt des Künstlers, der gerade keine Mimesis an ein natürliches Urbild betreibt, in anderer Weise ins Grauen. Das Bild, so lässt der erschrockene Ausruf des Malers wissen, zeigt weder eine Allegorie der Kunst noch ein lebensähnliches Abbild des jungen Mädchens, sondern ist etwas anderes, nämlich das Leben selbst, insofern das Leben sich nur in der Verstellung durch das Bild präsentiert. Die Legende vom ovalen Porträt erzählt mithin nicht von der Kunst als Mimesis des Lebendigen, sondern von der Kunst als Leben, von der Konsubstantialität des Kunstwerks, die dem schöpferischen Akt des Künstlers und nicht der Nachahmung einer äußeren Realität geschuldet ist. Die Kunst entnimmt in Poes Erzählung der äußeren Welt lediglich ihr Material, Licht und Farben, um innerpsychische Bilder zu entäußern. Doch dem Autonomieanspruch der Kunst wohnt zugleich der Schrecken inne. Denn Poes Erzählung feiert nicht einfach den autonomen Schöpfungsakt des Künstlers, sie schreibt im Schrecken des Betrachters der künstlerischen Produktion die Fremdheit ein, auf die der Künstler antwortet und die sich zugleich im Bild nicht darstellt.[28] Denn das Bild ist an das Verschwinden des Realen im Zuge der künstlerischen Produktion gebunden. Das Bild eröffnet damit keinen Blick auf das Lebendige, sondern es wird immer schon Erinnerungsbild gewesen sein.[29] Der Tod aber findet außerhalb der Szene statt, erst im Umwenden zeigt sich der Verlust der Braut –»She was dead«. Die Herstellung des Porträts bewahrt damit im Bild paradoxerweise die Einzigartigkeit des Lebendigen, indem es dieses nicht darstellt, sondern zur Umwendung und damit zur Verantwortung aufruft. Poes Erzählung ist eine Erzählung über die Unmöglichkeit der Repräsentation des Lebendigen. Und sie ist zugleich eine Erzählung über die Unmöglichkeit, den Tod zu wissen. Denn wenn am Ende der Legende der Blick des Lebens selbst den erschrockenen Maler aus dem vollendeten Bild trifft, so wird er, dem Bild des Lebens gegenüberstehend, die Schwelle des Todes überschritten haben. Der Schock des Malers betrifft damit nicht nur den Tod der Frau, sondern auch den eigenen Tod als je-

---

28 Waldenfels schreibt in diesem Sinne, dass die Kunst mit einem Heteron beginnt. Vgl. Bernhard Waldenfels: Sinnesschwellen, S. 147.

29 In dieser Hinsicht verweist die Erzählung auch auf die Funktionsweise der neu erfunden Fotografie und ihre Bindung an den Tod. So beschreibt Iris Därmann, wie die Fotografie ihre Funktion als Abwendung des Todes in der Repräsentation nur dadurch erfüllen kann, dass sie den Tod, die Abwesenheit zugleich anerkennt. Vgl. Iris Därmann: Tod und Bild. Eine phänomenologische Mediengeschichte, München 1995, S. 439.

nen Moment, in dem das Bewusstsein der Sterblichkeit, das den Wunsch, das Leben festzuhalten, gebiert, sich umkehrt in die Unmöglichkeit zu sterben. »Wenn sich der Tod ankündigt, erschaudere ich, da ich jetzt gewahr werde, was er in Wirklichkeit ist: nicht mehr Tod, sondern die Unmöglichkeit zu sterben«.[30]

Textgespenster

Ulla Haselstein hat in ihrer Analyse des *Ovalen Porträts* auf die Differenz zwischen der in der Legende thematisierten Bildproduktion und der Verfahrensweise der Erzählung aufmerksam gemacht. Die in der Forschung häufig als mörderische Urszene des Bildes gelesene Legende, die die Frau/Mutter dem Kunstwerk opfert, wiederhole sich, so Haselsteins Argument, im Text gerade nicht. Das *Ovale Porträt* stelle vielmehr mit dem Verweis auf die Schauerromane Ann Radcliffes eine Beziehung zwischen dem ovalen Porträt und der Autorin als ›Mutter‹ des Genres Schauerroman her und bewahre diese im Rahmen des Textes.[31] Liest man die Legende vom ovalen Porträt nicht als Geschichte der Tötung des Lebendigen durch die Kunst, sondern, wie oben dargelegt, als Mythos einer künstlerischen Produktion, die sich aus den Träumen und Imaginationen des Künstlers speist, so eröffnen sich weitere grundlegende Überlegungen zum Verhältnis der Poeschen Erzählung zu ihren literarischen Vorbildern. Denn für die amerikanische Literatur ist der Bezug auf europäische Traditionen und damit auf die Mutter der ehemaligen Kolonie problematisch und wird im 19. Jahrhundert zu einer viel diskutierten Frage, die die Identität des Künstlers mit der Suche nach einer nationalen Identität verbindet. Einem literarischen Markt, der als überproduktive Maschine für die häufig rechtlosen Autoren keinerlei Originalität mehr zuzulassen scheint, stehen nationalistisch geprägte literarische Kreise gegenüber. Der Dichter erhält eine nahezu prophetische Rolle. Er wird zum Verkünder einer neuen Zeit und dies, obwohl die Protagonisten dieses neuen Selbstverständnisses selbst nicht selten im Dissens mit der amerikanischen Gesellschaft und Politik liegen.[32] Die Konstruktion einer na-

---

30 Maurice Blanchot: Von Kafka zu Kafka, Frankfurt/M. 1993, S. 44.

31 Vgl. Ulla Haselstein: »Arabeske/Allegorie«, S. 253.

32 Meredith L. McGill gibt einen interessanten Einblick in die Rolle, die Poe im Kontext dieser Debatten um literarische Unabhängigkeit spielte. Vgl. Meredith L. McGill: »Poe, Literary Nationalism, and Authorical Identity«, in: Shawn Rosenheim/Stephen Rachmann (Hg.): The American Face of Edgar Allan Poe, Baltimore 1995, S. 271-304. Zur American Renaissance vgl. auch Hubert Zapf (Hg.) unter Mitarbeit von Helmbrecht Breining: Amerikanische Literaturgeschichte, Stuttgart 1997, S. 85-90; zu einer um-

tionalen Identität ereignet sich zum einen vor dem Hintergrund einer Ablösung vom europäischen Mutterland, zum anderen im Kontext der Formierung einer ›weißen‹ amerikanischen Kultur. Die Legende vom ovalen Porträt lässt sich somit auch als Mythos lesen, der unter Absehung von der einstmaligen europäischen Braut und ihren literarischen Traditionen die künstlerische Selbsterfindung probt.

Doch Poes Erzählung verschiebt gerade die Idee einer solchen autonomen Selbstschöpfung in den Bereich der Legende und unterläuft damit die Konstruktion eines autonomen, nationalen Ursprungs. Das Gegenbild der autonomen Kunstschöpfung bildet innerhalb der Erzählung das Verfahren der Zitation, die keine einfache Fortschreibung schauerromantischer Traditionen darstellt, sondern die Zitathaftigkeit selbst im Akt der Übertragung in den gegenwärtigen Kontext mit reflektiert. Als Zitat markiert erscheint dabei auch die Legende vom ovalen Porträt, die das Bild supplementiert und innerhalb der Erzählung in Anführungszeichen gesetzt ist. Die Stimme der Legende fügt sich so dem Bild als gespensterhafte Rede zu, deren Verortung unklar bleibt, es wiederholt eine Rede, deren Original sich entzieht. Das ovale Porträt ist damit kein einfaches Abbild vergangenen Lebens, das sich bruchlos dem Gegenwärtigen fügt. Als Zitat eines Abgeschiedenen, das uneinholbar bleibt, vollzieht es in seinem Erscheinen innerhalb der Erzählung einen Bruch mit seinem ursprünglichen Kontext und unterbricht zugleich die Gegenwart des Erzählers, indem es momenthaft aus dem Dunkel der Nische aufblitzt. Doch geschieht dies im Kontext einer Betrachtung der modernen Malereien, die als ein Geflecht arabesker Rahmungen beschrieben werden, mit denen sich auch der moreske Rahmen des Porträts verschlingt. Nicht die Erfindung einer nationalen, künstlerischen Identität vollzieht sich somit innerhalb der Erzählung, sondern eine Reflexion des Zitierens als Modus künstlerischer wie kultureller Praxis, die sich aus einer Ineinanderblendung, Vermischung und arabesken Verflechtung unterschiedlichster zeitlicher, kultureller und künstlerischer Traditionen speist. Das Arabeske (und Groteske) stellt damit eine Gegenfigur zur Poetik des Weißseins, der Etablierung eines reinen kulturellen Ursprungs dar, wie er in Bezug auf Poe vor allem seit Toni Morrisons Studie *Playing in the Dark/Im Dunkeln spielen* diskutiert wird.[33] Vor dem Hintergrund einer Etablie-

---

fassenden Darstellung der Auseinandersetzung mit europäischen Geistesströmungen bei Poe und Hawthorne vgl. Helmut Schwarztrauber: Fiktion der Fiktion. Begründungen und Bewahrung des Erzählens durch theoretische Selbstreflexion im Werk N. Hawthornes und E. A. Poes, Heidelberg 2000, S. 45-107.

33 Vgl. hierzu Betsy Erkkila: »The Poetics of Whiteness. Poe and the Racial Imaginary«, in: J. Gerald Kennedy/Liliane Weissberg: Romancing the

rung weißer Literatur und Kunst wird das Arabeske (und Groteske) in Poes Werken damit einerseits als Hinwendung zu einem poetischen Stil lesbar, der sich nicht – oder nicht nur – angesichts von Verfall und Zerrissenheit der Sehnsucht nach einem weißen Ideal der Ganzheit hingibt, sondern in der Konzentration auf das Ornamentale, Verschlungene, das Arabeske und Groteske auch das Potential einer dekomponierenden literarischen Praxis auslotet.

Dieser Grenzgang ist von einer Doppelgesichtigkeit gekennzeichnet. Denn einerseits verbinden sich in Poes Texten die Visionen des Verfalls mit einer als Schrecken imaginierten Auflösung und Verwischung von Rassengrenzen,[34] andererseits ziehen Poes Texte den Leser jedoch gezielt in eine hybride Erzählstruktur hinein, welche die Auflösung von Identitäten und Rahmungen betreibt. Diese Doppelstruktur der Poeschen Textpraxis gilt auch für sein Verfahren der Zitation. Denn Poe selbst hat gerade im Hinblick auf die Stärkung der Rechte des Autors dem Verfahren des Zitierens durchaus Schranken setzen wollen. Der gängigen Praxis des unautorisierten Zitierens, wie sie der amerikanische Markt zu Poes Zeiten praktizierte, stellt Poe die Anerkennung der literarischen Vorbilder entgegen. Allerdings verfährt er in seiner Schreibweise des Zitierens durchaus nicht nur bewahrend, sondern reflektiert die Zitation als Verschiebung in einen anderen Kontext und damit als Umschrift des vorhandenen Textmaterials. Die eigene künstlerische Produktivität ist damit nicht originäre Selbsterfindung, sondern ein Prozess des Weiterschreibens, der die Frage des Originals zwangsläufig verabschiedet. Im Vorwort seiner Sammlung *Tales of the Grotesque and the Arabesque* sieht sich Poe veranlasst, jenen Kritikern gegenüberzutreten, die seine Prosa unter dem Schlagwort des ›Germanism‹ als Kopie europäischer bzw. deutscher Schauerromantik diskreditieren möchten.

›I am led to think it is this prevalance of the ›Arabesque‹ in my serious tales, which has induced one or two critics to tax me, in all friendliness, with what they have been pleased to term ›Germanism‹ and gloom.‹[35]

Shadow. Poe and Race, Oxford 2001, S. 41-74. In welchem Verhältnis das Weiße und das Arabeske in Poes Texten stehen, soll im Folgenden untersucht werden.

34 In ihnen reflektiert sich Poes politische Haltung, die in Fragen der Sklaverei und der Aufhebung von Rassengrenzen keineswegs progressiv war. Vgl. hierzu Maurice S. Lee: »Absolute Poe: His System of Transcendental Racism«, in: American Literature. A Journal of Literary History, Criticism, and Bibliography, Bd. 75 (2003), Nr. 4, S. 751-781, hier S. 752.

35 Edgar Allan Poe: Preface. Tales of the Grotesque and the Arabesque, in: Ders.: Poetry and Tales, hg. v. Patrick F. Quinn, New York 1984, S. 129.

Poes Haltung gegenüber dem Werk Hoffmanns, auf den die Bezeichnung ›Germanism‹ anzuspielen scheint, sowie der Einfluss Hoffmanns auf Poe sind nicht unumstritten, zumal nicht alle Texte Hoffmanns auf Englisch verfügbar waren. Die Tatsache, dass Poe im Folgenden von »secondary names of German literature« spricht, lässt zumindest vermuten, dass Hoffmann kaum ein Vorbild für Poe war.[36] Poe rechtfertigt sich nun mit einer vielzitierten Passage, die den Schrecken zunächst nicht als Nachahmung deutscher Vorbilder, sondern als Eigenheit einer aus dem Unbewussten schöpfenden künstlerischen Produktion verstehen zu wollen scheint.

»If in many of my productions terror has been the thesis, I maintain that terror is not of Germany, but of the soul – that I have deduced this terror only from its legitimate sources, and urged it only to its legitimate results.«[37]

Bis zur Unterbrechung des Satzes durch den Gedankenstrich scheint Poe tatsächlich eine Poetik des Schreckens aus dem Unbewussten zu entwickeln, um die eigene künstlerische Autonomie zu postulieren, wie sie die Legende von der Schöpfung des ovalen Porträts zu erzählen scheint. Wie der Maler »lost in reveries« das Kunstwerk schafft, so schöpft auch der Autor den Schrecken seiner Erzählungen aus den Tiefen seiner Seele. Doch die dem Gedankenstrich folgende Erklärung der Generierung des Terrors lässt sich ebenfalls als Effekt einer Praxis der Zitation lesen. Nicht subjektive Phantasmen sind als Schrecken in den Erzählungen lesbar, der Schrecken wird vielmehr zum Gegenstand einer Operation erklärt, die sich einer Lektüre der »legitimate sources« verdankt und diese schreibend weiterführt. Wenn Poe also behauptet, den Schrecken von Text zu Text zu transferieren, dann bekommt es die Lektüre offensichtlich mit den Gespenstern vorangegangener Texte zu tun. Daher sind es auch die über Schriften brütenden Künstlerfiguren Poes, die im Prozess logischen Deduzierens und Spekulierens in den Bibliotheken der Vergangenheit die Gespenster beschwören — ohne diese allerdings kontrollieren zu können.

---

36 Vgl. Hierzu Thomas S. Hansen/Burton R. Pollin.: The German Face of Edgar Allan Poe. A Study of Literary References in His Works, Columbia 1995, S. 98-114. Die Ambivalenzen von Poes Plagiatskritik diskutiert auch Meredith L. McGill: »Poe, Literary Nationalism, and Authorical Identity«, S. 289-301.

37 Edgar Allan Poe: Preface. Tales of the Grotesque and the Arabesque, S. 129.

A Race of Visionaries: *Berenice*

Schriftgräber

Der Prototyp eines solchen Erzählers ist Egaeus in der 1835 erstmals im *Southern Literary Messanger* erschienenen Erzählung *Berenice*. Poe selbst hat diese Erzählung trotz ihres Erfolges als keineswegs hochwertig eingestuft, er bestreitet nicht einmal, dass das Thema, die Geschichte einer Grabschändung, die Grenzen des guten Geschmacks überschreitet. »[It] approaches the very verge of bad taste«.[38] Doch der geschmacklose Vorfall, der zudem mit den Gerätschaften eines Arztes vonstatten geht, stellt im Kontext der Etablierung eines medizinischen Diskurses, der seinen Weg über die Öffnung von Leichen nimmt, ein Geschehen dar, das Fragen aufwirft nach dem Verhältnis von medizinischem Diskurs und erzähltem Schrecken, werden doch sowohl in der Medizin als auch in der Literatur die Grenzen zwischen Leben und Tod, Gesundheit und Krankheit, Normalität und Wahnsinn verhandelt.[39] Nimmt die Medizin mit der Öffnung des toten Körpers eine Verschiebung der Sichtbarkeitsgrenzen vor, stellt sich für die Literatur die Frage der Darstellbarkeit einer solchen Grenzüberschreitung. In ihrer Besessenheit von Tod und Verfall sind Poes Protagonisten dekadente Subjekte par excellance, von seltsamen Krankheiten befallen und von Morbidität umgeben. In diesem Kontext fragt die Erzählung nach den Bedingungen eines Wissens, das vom Tod ausgeht und versucht, die Zeichen des Körpers erschöpfend zu lesen. Das Lesen der Zeichen und die Instabilität der Bedeutungen durchzieht die Erzählung vom Anfang bis zum Ende, und der Versuch, Bedeutungen zu fixieren, wird nicht nur für den Erzähler, sondern auch für den Leser zu einem scheiternden Unternehmen. Bereits der Beginn der Erzählung stellt den Leser vor einige Probleme. Denn die Namen der Protagonisten Egaeus und Berenice erinnern an mythische Gestalten. Egaeus verweist auf eine Figur aus Shakespeares *Sommernachtstraum,* die wie Egaeus selbst unfähig ist, die Liebe zu begreifen,[40] Berenice erinnert an die mythische Berenike. Egaeus führt sich im Text zunächst selbst als Abkömmling eines uralten Geschlechts ein, welches er als »a race of visio-

---

38 Edgar Allan Poe: Letter to Thomas Willis White, 30. April 1835, in: J. W. Ostrom (Hg.): Letters of Edgar Allan Poe, Ann Arbor 1966, S. 67.

39 Zum Verhältnis von medizinischen und anthropologischen Diskursen und literarischen Imaginationen von Degeneration und Horror vgl. Susan J. Navarette: The Shape of Fear, S. 11-58.

40 Zu dieser literarischen Anspielung vgl. Frank T. Zumbach: E. A. Poe. Eine Biographie, Düsseldorf 1999, S. 287.

naries« bezeichnet. Dies jedoch bleibt nicht ohne Effekt auf das Erzählte denn

»[...] it *is* wonderful, what stagnation there fell upon the springs of my life – wonderful how total an inversion took place in the character of my commonest thought. The realities of the world affected me as visions, and as visions only, while the wild ideas of the land of dreams became, in turn, – not the material of my every-day existence – but in very deed that existence utterly and solely in itself.«[41]

In der Verkehrung von Realität und Vision lässt Egaeus die Entscheidung in Bezug auf das nachfolgend Erzählte unmöglich werden.[42] Im Kontext eines poetologischen Programms, das, wie Schwarztrauber darlegt, die amerikanische Dichtung in den Gegensatz zur europäischen bzw. englischen Romanliteratur stellt, indem sie die Transzendierung der objektiven Realität und die Konstruktion einer überzeitlichen, ideellen Vision zum Kennzeichen der American Romance erhebt,[43] wird die von Poe inszenierte Inversion zu einer Verkehrung des amerikanischen literarischen Traums. Denn die Tradition der Visionäre erreicht mit Egaeus bereits ihr Ende, einen grotesken Höhepunkt, der vom Verfall gezeichnet ist. Weder die Idealität des Visionären noch der Bezug zu einer außerhalb des Textes liegenden Realität bieten dem Leser folglich ein Orientierungsmuster in Bezug auf seine Lektüre des Textes. Von dieser Destabilisierung ist die gesamte Erzählung durchzogen. So wenig die Ereignisse im Folgenden eindeutig fassbar erscheinen, so wenig greifbar ist auch der Erzähler selbst, obwohl er sich von Beginn an in einen familialen Kontext einzuschreiben versucht.

»My baptismal name is Egaeus; that of my family I will not mention. Yet there are no towers in the land more time-honored than my gloomy, gray, hereditary halls. Our line has been called a race of visionaries; and in many striking particulars – in the character of the family mansion – in the frescos of the chief saloon – in the tapestries of the dormitories – in the chiselling of some buttresses in the armory – but more especially in the gallery of antique paintings – in the fashion of the library chamber – and, lastly, in the very peculiar nature of the

---

41 Edgar Allan Poe: Berenice, in: Ders.: The Complete Works of Edgar Allan Poe, Bd. II., hg. v. James A. Harrison, New York 1902, S. 17.
42 Diesen Zug der Poeschen Erzählung berücksichtigt vor allem Helmut Schwarztrauber: Fiktion der Fiktion, S. 452. Monika Schmitz-Emans spricht von der Unzuverlässigkeit der Erzähler Poes, die nicht mehr Herren über ihre Sprache sind. Vgl. Monika Schmitz-Emans: »Gespenstische Rede«, S. 232-236
43 Vgl. Helmut Schwarztrauber: Fiktion der Fiktion, S. 54.

library's contents, there is more than sufficient evidence to warrant the belief. The recollections of my earliest years are connected with that chamber, and with its volumes – of which latter I will say no more. Here died my mother. Herein was I born«.[44]

Die Rede vom uralten Geschlecht verortet den Erzähler zunächst in einer Genealogie und streicht diese doch zugleich wieder durch. Denn die Tatsache, dass der Erzähler den Namen der Familie nicht nennen will, entrückt die durch den Namen des Vaters repräsentierte symbolische Ordnung und lässt den Erzähler noch aus dem ohnehin schon sonderbaren Geschlecht der Visionäre herausfallen. Ebenso werden zunächst aufgerufene Konzepte von Abstammung und Traditionen, indem sie mit überzeitlichen Vorstellungen konstelliert werden, ihres Erklärungspotentials beraubt. So behaupten vage Andeutungen über Wiedergeburt und Seelenwanderung einerseits ein Leben, dass den Verfall des Körpers überdauert und mithin biologische Abstammungslinien übersteigt. Zugleich aber nimmt der Erzähler Bezug auf anthropologische Denkmodelle, die körperliche Zeichen und Charakter miteinander in Beziehung setzen.[45] Das Geschlecht der Familie ist dabei ununterscheidbar mit dem Stammsitz verbunden, Architektur und Geschlechtskörper erscheinen ineinander verschränkt. Die Besonderheit der Familie wird also nicht etwa an der Physiognomie ihrer Körper abgelesen, sondern an den Zügen des Hauses und seiner Einrichtung.

Dennoch ist die Lesbarkeit dieser Zeichen keineswegs so eindeutig, wie es der Erzähler vorgibt, denn die einzelnen Merkmale enthalten keine nähere Spezifizierung, weder die Wandbekleidung, noch die antiken Gemälde weisen eine Beschreibung auf, die über eine allgemeine Erwähnung hinausgeht. Die angebliche Besonderheit löst sich somit in nichts sagenden Andeutungen auf, und der in der Erzählung aufgerufene physiognomische Blick, an dem Medizin, Anthropologie und Kriminologie partizipieren, bietet dem Leser keine Sicherheit in Bezug auf die Bewohner des Herrenhauses, sondern wird als letztlich leere Beschreibungsformel in Szene gesetzt. Dies gilt auch für das Bibliothekszimmer, dessen Bedeutung der Erzähler explizit hervorhebt, indem er es mit seinen frühesten Kindheitserinnerungen in Verbindung bringt und damit die Möglichkeit einer Rekonstruktion von Ursprüngen bezüglich seiner Verfassung in Aussicht stellt. Über den Inhalt der Bibliothek schweigt sich der Erzähler jedoch ebenso aus wie über seinen Familiennamen. »The re-

44 Edgar Allan Poe: Berenice, S. 16f.
45 Zu Poes Schreiben im Kontext von Anthropologie und Phrenologie vgl. Hermann Josef Schnackertz: Edgar Allan Poe und die Wissenschaften seiner Zeit, Wolnzach 1999.

collection of my earliest years are connected with that chamber – of which latter I will say no more.« Die Bibliothek, in der sich die gesamte Handlung der Erzählung abspielt, wird hier als Schwellenort beschrieben, an dem sich Leben und Tod mit dem Verweisungssystem der Schrift verbinden. »Here died my mother. Herein was I born«. Der Tod der Mutter figuriert die Aufhebung des weiblichen Körpers im Medium der Schrift, die zugleich Geburtsort des Egaeus ist. Seine Existenz erscheint damit einerseits als Schriftexistenz, als gespensterhafte Erscheinung, die den Büchern zu entsteigen scheint, andererseits ist Egaeus auch ein Autor/Leser und damit ein Doppelgänger des Lesers der Erzählung.

Und wie der Leser den Raum des Textes nicht verlassen kann, die Referenz auf eine Realität außerhalb der Schrift versperrt ist, so verlässt auch Egaeus den Raum der Bibliothek nur ein einziges Mal, nämlich um das Grab der Berenice zu besuchen. Diese Handlung aber folgt wiederum den Anweisungen einer Schrift. Egaeus findet in einem aufgeschlagenen Buch einen Satz, der zugleich als Motto der gesamten Erzählung vorangestellt ist. »Dicebant mihi sodales, si sepulchrum amicae visitarem, curas meas aliquantulum fore levatas«.[46] Indem dieser Satz, der innerhalb der Erzählung die Überschreitung der Grenze zum Tod und zum Körper des weiblichen Anderen anzeigt, sowohl innerhalb der Erzählung als auch als rahmendes Motto erscheint, überkreuzt sich der Lektüreakt des Lesers mit dem Grenzübertritt des Egaeus', ein Grenzübertritt, der allerdings nur im Bericht des Dieners rekonstruiert werden kann und von einem Schauplatz berichtet, der der Handlung entzogen bleibt. Egaeus wie auch der Leser versuchen demnach dem Körper der Frau bzw. dem Text sein Geheimnis, seine unerklärliche Bedeutung zu entreißen. Dass dies in der Erzählung letztlich unmöglich bleibt, bildet einen Gegenpol zu einem humanwissenschaftlichen Diskurs, der ausgehend vom toten weiblichen Körper ein Wissen um das Lebendige zu generieren sucht. Zugleich bezieht sich der Besuch des Grabes aber auch auf Poes Textpraxis, denn die Erzählung *Berenice* ist sozusagen die wiederbelebte Leiche einer antiken Figur. Wer also ist Berenike, die der Erzählung ihren Titel gibt?

---

46 Edgar Allan Poe: Berenice, S. 16. Übersetzt nach Arno Schmidt und Hans Wollschläger: »Da versicherten mir die Tischgenossen, daß es meinem Kummer in gewissem Grade Erleichterung bringen würde, wenn ich das Grab meines Liebchens besuchte.« Vgl. Edgar Allan Poe: Das gesamte Werk in zehn Bänden, Bd. 2, hg. v. Kuno Schumann und Hans Dieter Müller, Herrsching 1980, S. 556.

Auflösung des Rahmens: A Fatal Disease

Berenices Name verweist auf die Königin Berenike II., Tochter des Magas von Kyrene und der syrischen Prinzessin Apama. Berenike II. galt als mächtige Herrscherin von strahlender Schönheit, die gleichberechtigt neben ihrem Gatten regierte. Von ihrem ersten Ehemann in spe heißt es, sie habe ihn umbringen lassen, da er mit ihrer Mutter ein Verhältnis hatte. Wenn auch Berenike und ihr späterer Gatte Ptolemäus III. keine Geschwister waren, so ruft das in der Beziehung zwischen Berenice und Egaeus angespielte inzestuöse Moment in der Figur der Berenike sowohl die Vorstellung vom großen Herrscherpaar als auch von einer verwerflichen Beziehung auf. Um Berenike rankt sich zudem ein Mythos, der in einem von Kallimachos stammenden und durch Catull erhalten gebliebenen Gedicht mit dem Titel *Die Locke der Berenike* erzählt wird.[47] Darin gelobt die Frau des Ptolemäus III., eine Haarlocke zu opfern, wenn ihr Gatte gesund aus dem Syrienfeldzug heimkehren würde. Die Locke wird daraufhin von Aphrodite in einen Tempel gebracht, dort aber verschwindet sie auf unerklärliche Weise und wird später als Sternbild am Himmel wiederentdeckt.[48] Sternbilder aber verdanken sich wie die Bedeutung der Schrift einer konstellativen Anordnung. Die Figur der Berenice/Berenike ist damit auch eine Metapher für die Erzählung, die sich in der Konstellation mit dem antiken Mythos als Text generiert. Der Titel der Erzählung übersetzt den Namen der antiken Berenike in Berenice und markiert damit ein differentielles Moment in der Wiederholung.

Doch wann und wo erscheint die Wiedergängerin Berenice? Ebenso wie die Ankunft der Berenice in Bezug auf die räumliche und zeitliche Bestimmung in der Erzählung unklar bleibt, so verliert sich auch der Ursprung der Berenike und damit die Lektüre der Quellen, der »legitimate sources«, im Dunkeln. Denn die Übersetzung der Catullschen Version beruht auf einem griechischen Gedicht des Kallimachos, das verloren ist. Die Figur der Berenike/Berenice stellt mithin die Unmöglichkeit aus, im Lesen der Schriften zu einem reinen Ursprung zu gelangen, der durch eine weibliche Figur repräsentiert wird. Denn nicht nur die Griechin Helena wird bekanntlich in die Fremde entführt, auch die Ptolemäerin Berenike kann in ihrer Zugehörigkeit zu einem mazedonisch-griechischen Herrschergeschlecht, das bis zur Eroberung durch die Römer Ägypten

---

47 Vgl. Catullus: Sämtliche Gedichte, München 1987, S. 119-123.

48 Poe selbst hat dieses Bild der religiösen Erhebung eines Merkmals der Geliebten in seinem Gedicht »To Helen« ebenfalls aufgenommen. Hier sind es die Augen der verstorbenen Geliebten, die dem Ich am Himmel leuchten. Edgar Allan Poe: To Helen, in: Ders.: The Complete Works of Edgar Allan Poe, Bd. VII., hg. v. James Harrison, New York 1902, S. 107.

beherrschte, nicht mehr als Ideal des reinen weißen Ursprungs fungieren.[49] Das Auftauchen des Berenike-Mythos am Horizont des Poeschen Textes verknüpft die Titelfigur also von Beginn an mit der Überschreitung räumlicher und kultureller Grenzen. In Poes Text nun erscheint die mächtige Herrscherin als Wiedergängerin, die einen ›rassisch‹ codierten Schrecken hervortreiben wird.

Die Erzählung beschreibt Berenice zunächst als das Gegenteil ihres Cousins. Während er als abgeschiedene Existenz, als Melancholiker, krank und düster sein Leben mit Studien verbringt, erscheint Berenice als Inkarnation des Lebendigen, »agile, graceful, and overflowing with energy«.[50] Doch die Lichterscheinung der Berenice kann kaum als reale Existenz gelten, indem der Erzähler Berenice mit Nymphen und Luftgeistern vergleicht, verschiebt er ihre Erscheinung in den Bereich des Mythologischen und Flüchtigen.

»Ah! vividly is her image before me now, as in the early days of her lightheartedness and joy! Oh! Gorgeous yet fantastic beauty! Oh! sylph amid the shrubberies of Arnheim! Oh! Naiad among its fountains!«[51]

Poe zitiert im Vergleich von Berenice mit einer Sylphide im Buschwerk von Arnheim das Bild einer von ihm später ausgestalteten imaginierten idealen Landschaft, die sich in seiner Schilderung des Parks von Arnheim als unterirdisches, labyrinthisches Paradies darstellt. Dem Park von Arnheim ist wie einer umgekehrten Hadeslandschaft jedes Zeichen des Verfalls und der Sterblichkeit genommen, er symbolisiert das Ideal einer auf Transzendierung angelegten Kunst und Poesie, die sich als Absolutes gegen die Endlichkeit behauptet.[52] In der Erzählung *Berenice* erscheint dieser ideale Zustand jedoch nur noch als Bild, als Erinnerung und Imagination. Berenice selbst ist, wie der Erzähler betont, kein ideales Objekt liebender Betrachtung, sondern ein Objekt der Spekulation. Die Geschichte von Cousin und Cousine ist folglich dezidiert kein paradiesischer Liebesmythos.

---

49 In »To Helen« erscheint die Geliebte allerdings dem lyrischen Ich in Weiß gehüllt. Vgl. Edgar Allan Poe: To Helen, S. 107. Zur Verschränkung von Weiblichkeit und Weißsein in den Texten Poes vgl. Betsy Erkkila: »The Poetics of Whiteness«, S. 41-73.

50 Edgar Allan Poe: Berenice, S. 18.

51 Ebd.

52 Vgl. Edgar Allan Poe: The Domain of Arnheim, in: The Complete Works of Edgar Allan Poe, Bd. VI., hg. v. James Harrison, New York 1902, S. 190ff. Zum Transformationsgedanken vgl. auch Helmut Schwarztrauber: Fiktion der Fiktion, S. 74.

»I had never loved her. In the strange anomaly of my existence, feelings with me, had never been of the heart, and my passions always were of the mind. Through the gray of the early morning – among the trellised shadows of the forest at noonday – and in the silence of my library at night, she had flitted by my eyes, an I had seen her – not as the living and breathing Berenice, but as the Berenice of a dream – not as a being of the earth, earthy, but as the abstraction of such being, not as a thing to admire, but to analyze – not as an object of love, but as the theme of the most abstruse although desultory speculation.«[53]

Wie Lady Madeline Usher so ist auch Berenice in Schweigen gehüllt. Und wie Egaeus selbst ist auch sie von einer merkwürdigen, nicht näher definierten Krankheit befallen, die eine völlige Veränderung ihrer Erscheinung bewirkt und neben anderen Symptomen mit einer Epilepsie einhergeht, die zuweilen in tranceähnliche Zustände übergeht.

»Disease – a fatal disease – fell like the simoon upon her frame, and, even while I gazed upon her, the spirit of change swept over her, pervading her mind, her habits, and her character, and, in a manner the most subtle and terrible, disturbing even the identity of her person! Alas! the destroyer came and went, and the victim – where was she? I knew her not – or knew her no longer as Berenice. Among the numerous train of maladies superinduced by that fatal and primary one which effected a revolution of so horrible a kind in the moral and physical being of my cousin, may be mentioned as the most distressing and obstinate in its nature, a species of epilepsy, not unfrequently terminating in *trance* itself – trance very nearly resembling postive dissolution, and from which her manner of recovery was, in most instances, startling abrupt.«[54]

Der Verfall Berenices wird vom Erzähler auffälligerweise mit dem eigenen Blick in Verbindung gebracht, so dass der Eindruck entsteht, dass Egaeus die Veränderungen seiner Cousine nicht nur beobachtet, sondern sein sezierender Blick selbst die Zerstörung des Bildes betreibt. Doch ist Egaeus keineswegs der distanzierte Betrachter, der er vorgibt zu sein, denn die Veränderungen in der Gestalt der Berenice affizieren seinen eigenen Betrachterstandpunkt. Die geheimnisvolle Krankheit, die, wie es heißt, ihre Gestalt *(frame)* befällt, bewirkt eine Auflösung des Bildes durch eine »fatal disease« des Rahmens *(frame)*. Mit dem Verlust des Rahmens geht die Zerstörung der Identität einher, sofern diese auf einer Stabilität der Objekts in der Zeit beruht, und dies bleibt nicht ohne Effekt auf den Erzähler. Berenices Zustand und Egaeus eigene Erkrankung verweisen damit auf eine Auflösung von Wahrnehmungsstrukturen, und

---

53 Edgar Allan Poe: Berenice, S. 22.
54 Ebd., S. 18f.

sie stellen innerhalb veränderter Wahrnehmungmodalitäten und ihrer Diskursivierung ein widerständiges Moment dar.

Wie Jonathan Crary darlegt, kennzeichnet die Moderne eine Abwendung von der geometrischen Optik und eine Etablierung neuer Formen der Aufmerksamkeitslenkung und Disziplinierung, die den Erfordernissen moderner Lebens- und Arbeitsverhältnisse angepasst ist und gleichzeitig die physiologischen Bedingungen der Wahrnehmung untersucht. Die Psychophysik vermisst Reaktionszeiten und Assoziationen, erforscht die Funktionen des binokularen Sehens und hebt dabei alle integrierenden Konzepte der idealistischen Philosophie auf. Dem Subjekt kann fortan nicht mehr zugetraut werden, seine Wahrnehmung durch die Verstandestätigkeit zu synthetisieren.[55] Sowohl die Epilepsie als auch die todesähnliche Trance, von der Berenice immer wieder ergriffen wird, stellen nun aber Zustände der Aufmerksamkeit dar, die sich der Kontrolle und Disziplinierung entziehen. Ihre Fallsucht kündet somit nicht nur von der Hinfälligkeit und Gebrechlichkeit des Ideals weiblicher Schönheit, sondern verweist ähnlich wie die Trance auch auf einen anderen schöpferischen Zustand, der sich durch eine chaotische Dynamisierung von Bewusstseinsabläufen und traumartige Absenzen auszeichnet. Auf der Ebene der Darstellung entspricht dies einem modernen poetischen Konzept des Bewusstseinsstroms[56] sowie einer Erzählweise, die sich durch Interruptionen und weiße Flecken des Unerzählbaren auszeichnet.

Ebenso wie Berenice ist auch Egaeus von einer ungewöhnlichen Krankheit befallen, die er als Monomanie bezeichnet. Die Monomanie als Ideenfixierung, als zwanghafte Beschäftigung mit einem einzigen Gegenstand, wird innerhalb der zeitgenössischen juristischen und psych-

---

55 Vgl. Jonathan Crary: Techniken des Betrachters sowie ders.: Aufmerksamkeit. Crarys Analysen suchen allerdings im Gegensatz zur vorliegenden Studie keine Verbindung zwischen einer an Foucault orientierten Beschreibung der Umstrukturierung des Feldes der Wahrnehmung und dekonstruktiven oder psychoanalytischen Konzepten. So bemerkt Kaja Silverman, dass Crarys Modell des Betrachters den Blick des Anderen nicht mit berücksichtigt. Vgl. zu einer Diskussion Crarys im Kontext der Lacanschen Psychoanalyse Kaja Silverman: »Der Blick«, in: Judith Butler u. a.(Hg.): Konturen des Unentschiedenen, Basel 1997, S. 239-255, hier S. 244ff. Zur Entwicklung der Psychophysik vgl. weiterhin Wolfgang Kemp: »Die Kunst der Aufmerksamkeit«, in: Christine Lubkoll (Hg.): Das Imaginäre des Fin de siècle. Ein Symposion für Gerhard Neumann, Freiburg i. Breisgau 2002, S. 241-257.

56 Vgl. Rudolf Haas: »Epilepsie als Symbol und Metapher in der Literatur«, in: Dietrich v. Engelhardt/Hansjörg Schneble/Peter Wolf: ›Das ist eine alte Krankheit‹. Epilepsie in der Literatur, Stuttgart 2000, S. 37-49.

iatrischen Diskurse zu einem vieldiskutierten Problem. Nicht nur die Abgrenzung zu ›normalen‹ Zuständen der Fixierung in der Verliebtheit oder Schwärmerei, sondern vor allem die nähere Bestimmung der Monomanie in der juristischen Ursachenforschung, zum Beispiel bei Mordfällen, beschäftigt Psychiater und Juristen nachhaltig. Aber auch die Literatur ist von der Idee eines gespaltenen Subjekts, das nicht Herr im eigenen Haus ist, sondern von einem gespenstischen Anderen heimgesucht wird, fasziniert.[57] Egaeus nun bezieht sich im Folgenden in der Beschreibung seines Zustandes auf nicht näher genannte Autoritäten, die diesen als Krankheit klassifizieren. Doch gerade indem er diejenigen, die ihm die Diagnose seiner Krankheit, einflüstern nicht näher benennt, wird die ärztliche Rede selbst zu einer fremden, geisterhaften Stimme, die das Bewusstsein des Erzählers zu kontrollieren sucht. In der Beschreibung seiner Krankheit, die sich wie die Aufzeichnungen eines Daniel Paul Schreber um eine eigene Darstellung des Krankheitszustandes bemüht, nimmt die Abgrenzung der Monomanie von anderen Formen der konzentrierten Aufmerksamkeit oder auch der Spekulation einen breiten Raum ein, wie das folgende Zitat zeigt:

»In the mean time my own disease – for I have been told that I should call it by no other appellation – my own disease, then, grew rapidly upon me, and assumed finally a monomaniac character of a novel and extraordinary form – hourly and momently gaining vigor – and at length obtaining over me the most incomprehensible ascendancy. This monomania, if I must so term it, consisted in a morbid irritability of those properties of the mind in metaphysical science termed the *attentive*. It is more than probable that I am not understood; but I fear, indeed, that it is in no manner possible to convey to the mind of the merely general reader, an adequate idea of that nervous *intensity of interest* with which, in my case, the powers of meditation (not to speak technically) busied and buried themselves, in the contemplation of even the most ordinary objects of the universe. To muse for long unwearied hours with my attention riveted to some frivolous device on the margin, or in the typography of a book; to become absorbed for the better part of a summer's day, in a quaint shadow falling aslant upon the tapestry, or upon the door; to lose myself for an entire night in watching the steady flame of a lamp, or the embers of a fire; to dream away whole days over the perfume of a flower; to repeat monotonously some common word, until the sound, by dint of frequent repetition, ceased to convey any idea whatever to the mind; to lose all sense of motion or physical existence, by means of absolute bodily quiescence long and obstinately persevered in; —

---

57 Vgl. E. Regnault: Das gerichtliche Urtheil der Ärzte über zweifelhafte psychische Zustände insbesondere über die sogenannte Monomanie, Köln 1830, S. 13-71. Zum gespaltenen Subjekt in der Literatur vgl. Monika Schmitz-Emans: »Gespenstische Rede«, S. 230ff.

such were a few of the most common and least pernicious vagaries induced by a condition of the mental faculties, not, indeed, altogether unparalleled, but certainly bidding defiance to anything like analysis or explanation. Yet let me not be misapprehended. — The undue, earnest, and morbid attention thus excited by objects in their own nature frivolous, must not be confounded in character with that ruminating propensity common to all mankind, and more especially indulged in by persons of ardent imagination. It was not even, as might be at first supposed, an extreme condition or exaggeration of such propensity, but primarily and essentially distinct and different. In the one instance, the dreamer, or enthusiast, being interested by an object usually *not* frivolous, imperceptibly loses sight of this object in a wilderness of deductions and suggestions issuing therefrom, until, at the conclusion of a day dream *often replete with luxury*, he finds the *incitamentum* or first cause of his musings entirely vanished and forgotten. In my case the primary object was *invariably frivolous*, although assuming, through the medium of my distempered vision, a refracted and unreal importance. Few deductions, if any, were made; and those few pertinaciously returning in upon the original object as a centre. The meditations were *never* pleasurable; and, at the termination of the reverie, the first cause, so far from being out of sight, had attained that supernaturally exaggerated interest which was the prevailing feature of the disease. In a word, the powers of mind more particularly exercised were, with me, as I have said before, the *attentive*, and are, with the day-dreamer, the *speculative*.«[58]

Explizit markiert Egaeus seine Symptomatik als Aufmerksamkeitsstörung, die sich dadurch auszeichnet, dass er sich intensiv mit scheinbar unwichtigen Dingen und Details beschäftigt. Dabei wird seine Aufmerksamkeit nicht nur von visuellen Eindrücken fixiert, die Monomanie erstreckt sich vielmehr auf alle Sinneswahrnehmungen. Egaeus verliert sich in dem Klang eines Wortes ebenso wie in dem Anblick eines Schattens oder in dem Duft einer Blume. Seine Krankheit unterminiert also nicht zuletzt die Hierarchie der Sinne, das Primat des Sehens, indem sie nicht nur das scheinbar Unwichtige ins Zentrum der Aufmerksamkeit rückt, sondern diese durch alle Sinne absorbiert werden kann. Doch so genau Egaeus auch seine Symptome beschreibt, letztlich bleibt ihm die Krankheit selbst ein Rätsel, unanalysierbar und unerklärlich. In dieser Widerständigkeit des Symptoms gegen die Erklärung wird die Krankheit zu einer Zone des Fremden im Subjekt, dass sich der medizinischen Diskursivierung, die Egaeus durchaus zu zitieren sucht, entzieht. Die Krankheit scheint vielmehr alle möglichen Diagnosen anzuziehen, als Nervösität verweist sie auf die Hysterie, im Nachgrübeln über unwichtige Details auf die Melancholie und in der monomanischen Fixierung auf die Zwangsneurose. Anders als die Epilepsie der Berenice, die sich durch

---

58 Edgar Allan Poe: Berenice, S. 19f.

unkontrollierbare Bewusstseinszustände und Absenzen auszeichnet, die es unmöglich machen im Chaos von Körper und Geist irgendeine Wahrnehmung zu fixieren, tendiert Egaeus Aufmerksamkeitsstörung in die entgegensetzte Richtung.

Innerhalb der Debatten, die seit Mitte des 19. Jahrhunderts um die Wahrnehmung geführt werden, ist die Aufmerksamkeit unabdingbare Voraussetzung dafür, im Chaos der Sinneseindrücke überhaupt etwas wahrzunehmen.[59] Die Aufmerksamkeit des Egaeus zeichnet sich jedoch durch eine zu große Intensität aus, sie ist auf das Nebensächliche gerichtet und droht sich so in der Wahrnehmung und Betrachtung der Details zu verlieren. Anders aber als in der Spekulation, von der der Erzähler sein Symptom ausdrücklich abzugrenzen versucht, verliert Egaeus das Objekt seiner Aufmerksamkeit nicht im Schweifen der Gedanken aus den Augen, sondern dieses wird erst durch die gesteigerte Aufmerksamkeit als bedeutsames Objekt konstituiert, welches das alleinige Zentrum der Wahrnehmung bildet. Egaeus melancholische Versenkung entspricht damit einem Stillstand der Aufmerksamkeit, die sich von ihrem Objekt nicht mehr zu lösen vermag. Während sich in der Auflösung von Berenice die Auflösung der Identität von Subjekt und Objekt ankündigt, wird Egaeus eben von dieser Brüchigkeit eines stabilen Objekts heimgesucht, das er in der Monomanie wiederherzustellen sucht. Wo der Rahmen *(frame)* des Bildes sich auflöst und die Wahrnehmung nicht nur einem Chaos von Eindrücken ausgesetzt ist, sondern auch selbst in ihrer Instabilität hervortritt, stellt Egaeus' Krankheit den Versuch dar, gerade durch die Fixierung ein stabiles Objekt herzustellen, ein Versuch, der allerdings nur unzureichend gelingt, denn das Objekt erhält durch Egaeus' »distempered vision« lediglich eine gebrochene und irreale Bedeutung, »a refracted and unreal importance«. Bezieht man nun die Krankheit des Protagonisten auf seine Rolle als Leser, so stellt seine exzessive Aufmerksamkeit für das Marginale und Singuläre einen Akt exzessiver Bedeutungsgebung dar, der in Entleerung übergeht. Und in ebendiesem Interesse für das Marginale, das ins Zentrum der Aufmerksamkeit rückt, beschreibt Poe einen modernen Leser, der vom Verlust eines totalisierenden Sinnkonzeptes und eines Sinnzentrums gezeichnet ist – ein Verlust, der sich in der Erzählung als Krankheit artikuliert.

---

59 Vgl. Jonathan Crary: Aufmerksamkeit, S. 52-58.

Uncertain Twilight: Die Erscheinung Berenices

Egaeus selbst bringt seinen Zustand mit dem Tod in Verbindung, indem er die Verfassung seines Verstandes mit einer Meeresklippe vergleicht.

»Thus it will appear that, shaken from its balance only by trivial things, my reason bore resemblance to that ocean-crag spoken of by Ptolemy Hephestion, which steadily resisting the attacks of human violence, and the fiercer fury of the waters and the winds, trembled only to the touch of the flower called Asphodel.«[60]

Das Bild der Meeresklippe, die jedem Ansturm widersteht, aber bei der bloßen Berührung mit dem Liliengewächs Asphodill zusammenbricht, lässt den Verstand als fragiles Bollwerk gegen den Ansturm der absorbierenden, fragmentierten Sinneswahrnehmungen erscheinen. Von der Blume Asphodill heißt es, sie wachse im Hades und stelle das Futter für den Tod dar. Die Gleichsetzung der »trivial things« mit der Hades-Blume lässt diese also als Todeszeichen erscheinen.

Mit dem Tod beschäftigen sich auch diejenigen Bücher, deren Titel Egaeus im Kontext seines Krankheitsberichtes explizit nennt. Es handelt sich um christliche Werke, die sich mit dem Reich Gottes und der Auferstehung Christi beschäftigen. In seinem Studium der biblischen Schriften verkörpert Egaeus' Geisteshaltung damit trotz ihrer scheinbaren Überzeitlichkeit etwas durchaus Zeittypisches. Angesichts einer Phase prekärer Identitäten, wie sie für die junge amerikanische Kultur kennzeichnend ist, schreibt nämlich die amerikanische Literatur die Konstituierung als Nation und die Ablösung von der europäischen Kultur in eine nach göttlichem Plan verlaufende Heilsgeschichte um. Im Zentrum dieser Heilsgeschichte steht der Mensch der Neuen Welt als Adamsfigur.[61]

Was Egaeus im Zuge seiner Exegesen allerdings beschwört, lässt sich kaum als Erscheinen eines neuen Messias oder Adams deuten. Denn es ist Berenice, die als gespensterartige Erscheinung den über Schriften gebeugten Egaeus aufsucht. Und zwar an einem Tag kurz vor der geplanten Hochzeit, die Egeaus der kranken Berenice »in an evil moment« versprochen hat. Insofern Egaeus und Berenice gemeinsam im Haus der

---

60 Edgar Allan Poe: Berenice, S. 21.

61 So beschreibt Schwarztrauber, wie christliche Modelle der Pilgerfahrt im amerikanischen Roman des 18. Jahrhunderts aufgenommen werden. Gegenläufige, z. T. auch antigesellschaftliche Momente generieren dabei das Ideal des selbstbestimmten Individuums, des großen Einzelgängers. Zum Verhältnis von Puritanismus und American Romance vgl. Helmut Schwarztrauber: Fiktion der Fiktion, S. 64ff.

Vorväter des Erzählers aufwachsen, knüpft die prospektive inzestuöse Verbindung des geschwistergleichen Paares an ein sowohl in der Romantik als auch in der *gothic novel* häufig durchgespieltes Thema an, das traditionell mit der Vermischung von Normalität und Wahnsinn, Geheimnis, Skandal und Verbrechen verknüpft ist.[62] Doch wird die Hochzeit in Poes Erzählung gerade nicht vollzogen, Berenice erscheint vielmehr zum letzten Mal, bevor sie ihrer Krankheit scheinbar erliegt.

»And at length the period of our nuptials was approaching, when, upon an afternoon in the winter of the year, – one of those unseasonable warm, calm, and misty days which are the nurse of the beautiful Halcyon, – I sat, (and sat, as I thought, alone,) in the inner apartment of the library. But uplifting my eyes I saw Berenice stood before me. Was it my own excited imagination – or the misty influence of the atmosphere – or the *uncertain twilight* of that chamber – or the gray draperies which fell around her figure – that caused in it so *vacillating and indistinct an outline*? I could not tell. She spoke no word, and I – not for worlds could I have uttered a syllable. An icy chill ran through my *frame*; a sense of insufferable anxiety oppressed me; a consuming curiosity pervaded my soul; and sinking back upon the chair, I remained«[63] [Herv. M.E.]

Die Erscheinung Berenices stellt nicht nur eine Unterbrechung der Lektüre des Egaeus und der bevorstehenden Hochzeitspläne dar, sie unterbricht auch die zeitliche Linearität Denn wie der Leser später erfährt, hat Berenice am Morgen desselben Tages einen scheinbar tödlichen epileptischen Anfall erlitten, so dass sie am Abend begraben werden soll. Wenn also Berenice am Nachmittag erscheint, so ist der Status dieser Erscheinung mehr als fragwürdig. Handelt es sich um eine Geistererscheinung, eine Imagination des Erzählers oder um eine reale Begegnung? Die Beschreibung des Erzählers, die das gesamte Szenario in eine verschwommene Atmosphäre von Nebel und Dämmerlicht taucht, lässt den Moment ihres Auftauchens ebenfalls als eine zeitliche und räumliche Übergangszone erscheinen. Aus einer Sphäre des Nebulösen schält sich »vacillating and indistinct an outline«, ein Umriss, eine schwankende und unbestimmte Umgrenzung heraus, die noch nicht als Gestalt *(frame)* einer Person oder als Rahmen *(frame)* eines Bildes erkennbar ist und deren Erscheinung den Gegensatz von An- und Abwesenheit übersteigt. Anders als die verklärte Erscheinung Christi, die Gegenstand der Lektüren und Meditationen des Egaeus ist, ist die gespenstische Erscheinung der Berenice von einer undurchdringlichen Diffusität gekennzeichnet – ein aus

---

62 Vgl. hierzu ausführlich Dagmar von Hoff: Familiengeheimnisse. Inzest in Literatur und Film der Gegenwart, Köln 2003, S. 69-99.

63 Edgar Allan Poe: Berenice, S. 22.

dem Zwielicht des Nebulösen und Dämmerigen hervortretendes Etwas, das den Erzähler frösteln lässt, »an icy chill ran through my frame«, und eine unerträgliche, lähmende Angst hervorruft. Was jedoch ist genau der Gegenstand dieser Ängste? Der Erzähler sucht der unheimlichen Erscheinung durch eine genaue Beschreibung habhaft zu werden.

»Alas! its emaciation was excessive, and not one vestige of the former being, lurked in any single line out of the contour. My burning glances at length fell upon the face. The forehead was high, and very pale, and singularly placid; and the once jetty hair fell partially over it, and overshadowed the hollow temples with innumerable ringlets now of a vivid yellow, and jarring discordantly, in their fantastic character, with the reigning melancholy of the countenance. The eyes were lifeless, and lustreless, and seemingly pupil-less, and I shrank involuntarily from their glassy stare to the contemplation of the thin and shrunken lips. They parted; and in a smile of peculiar meaning, the teeth of the changed Berenice disclosed themselves slowly to my view. Would to God that I had never beheld them, or that, having done so, I had died!«[64]

Insbesondere psychoanalytisch orientierte Lektüren haben die Angst, die Egaeus beim Anblick Berenices ereilt, als Kastrationsangst gedeutet. Die entblößten Zähne erscheinen als Bild der Vagina Dentata, die die Integrität des männlichen Subjekts bedroht.[65] Schwarztrauber dagegen deutet die Zähne im Sinne eines Kernmotivs der Erzählung als fetischistisches Objekt für ein verlorenes Absolutes.[66] Doch der Entblößung der Zähne geht eine bemerkenswerte Beschreibung der Veränderung von Berenice voran, die im Kontext von Grenzüberschreitungen in Bezug auf ›rassische‹ Markierungen von Interesse ist. Denn die gespenstische Erscheinung der Berenice wird als eine Veränderung beschrieben, die diese mit ihrem leblosen, glasigen Blick nicht nur wie eine lebendige Leiche aussehen, sondern in der Betonung der Gesichtszüge, der Blässlichkeit und des ehemals pechschwarzen, jetzt aber gelben Haares als eine morbide Reinkarnation klassischer Schönheit auftreten lässt. Diese verdankt sich einem Wechsel der Haarfarbe von Schwarz zu Blond, ein Wechsel, der nicht nur die Verschiebung vom ägyptischen zum griechischen Ideal weiblicher Schönheit markiert, sondern im amerikanischen Kontext auch eine Überschreitung der ›Rassengrenzen‹ zwischen Schwarz und Weiß andeutet.

Wenn Berenice auch keine Darstellung einer Afroamerikanerin im Text ist, so schreibt die Betonung ihrer Veränderung dennoch die Phan-

---

64 Ebd., S. 23.
65 Vgl. Marianne Schuller: »Literarische Szenerien und ihre Schatten«, S. 55.
66 Vgl. Helmut Schwarztrauber: Fiktion der Fiktion, S. 454ff.

tasmen ›rassischer‹ Ängste mit, die sich gerade an den diffusen Über-
gangszonen, den Uneindeutigkeiten und Unbestimmbarkeiten entzün-
den.[67] Insbesondere angesichts der in Aussicht gestellten Eheschließung
nimmt die Erscheinung Berenices somit zeitgenössische Diskurse auf, in
der das generationenübergreifende Verschwinden bzw. Wiedererscheinen rassisch konnotierter Merkmale durch die Eheschließung mit Weißen
diskutiert wird. Die Rassentheorien des 19. Jahrhunderts, die von unterschiedlichen Ursprüngen der menschlichen Rassen ausgehen, stehen
nicht nur im Gegensatz zur biblischen Abstammungslehre, die einen gemeinsamen Ursprung aller Menschen postuliert, sondern sie produzieren
auch genau jene Angst vor Rassenmischung, die in der Erscheinung Berenices aufgerufen wird. Als inzestuöse Verbindung, die in der Erzählung
nicht vollzogen wird, kann das Begräbnis Berenices daher auch als Ab-
wehr einer als ›Rassenschande‹ verstandenen Beziehung gelesen werden.[68]

Zugleich aber wird nicht nur der Rückbezug auf einen europäischen
Ursprung unterminiert, das Erscheinen Berenices im Kontext einer Lek-
türe der biblischen Schriften schreibt auch der Lehre eines einheitlichen
Ursprungs aller Menschen das Gespenst der Hybridität ein. Die Erscheinung Berenices bedroht damit die Identität des männlichen Erzählers.
Und zwar nicht, indem ein verdrängtes ›Pechschwarz‹ wiedererscheint,
sondern indem die Figur weißer, blonder Weiblichkeit nicht mehr als
Spiegel des männlichen Subjekts fungieren kann. Der starre, pupillenlose
Blick Berenices gibt keine Antwort auf die Frage nach der eigenen Identität mehr, sondern stellt das Ideal weißer Weiblichkeit als Effekt eines
unheimlichen Transformationsprozesses aus. Berenice erscheint mit ihren gelben Haaren als monströse Wiedergängerin einer antiken Schönheit, schwankend zwischen Tod und Lebendigkeit. Innerhalb dieses Szenarios stellen die explizit als weiß beschriebenen Zähne einen ›rassisch‹
markierten Fetisch dar. Als das, was den Verfall des menschlichen Körpers überdauert, werden sie zum Symbol eines »excessively white«

---

67 Die Figur des weißen Afroamerikaners als Produkt von ›Rassenmischun-
    gen‹ durchzieht daher wie Leland S. Person darlegt, nicht nur literarische
    Diskurse. Vgl. Leland S. Person: »Poe's Philosophy of Amalgamation.
    Reading Racism in the Tales«, in: Gerald J. Kennedy/Liliane Weissberg
    (Hg.): Romancing the Shadow, S. 205-224, hier insbesondere S. 208ff.

68 So weist Dagmar von Hoff darauf hin, dass im 19. Jahrhundert eine Um-
    wertung des Inzestbegriffes stattfindet, der diesen mit der Abwehr des ›ras-
    sisch‹ Anderen in Verbindung bringt. Insbesondere in Deutschland wird
    der Inzest zur Blutschande und meint hier die sexuelle Beziehung zu Juden.
    Vgl. Dagmar von Hoff: Familiengeheimnisse, S. 145.

Dings,[69] dessen Besitz Verfall und Identitätsverlust aufhalten soll. Dass dieser Verfall auch als Fall in die ›rassische Minderwertigkeit‹ gelesen werden kann, macht eine Bemerkung Thomas Jeffersons deutlich, der über die literarischen Produktionen eines Ignatius Sancho schreibt:

»[…] his imagination is wild and extravagant, escapes incessantly from every restraint of reason and taste, and, in the course of its vagaries, leaves a tract of thought as incoherent and eccentric, as is the course of a meteor through the sky.«[70]

Mit dem morbiden Auftritt Berenices wird auch der monomanische, exzentrische Zustand des Egaeus, der sich ebenfalls durch die Auflösung totalisierender Sinnbezüge und eine übersteigerte Vorstellungskraft auszeichnet, ›rassisch‹ umcodiert. Wo Berenice einen Wechsel vom Pechschwarzen zum Gelblich-Blonden vollzieht, droht Egaeus umgekehrt seine Position ›rassischer‹ Überlegenheit zu verlieren – bzw. es stellt sich die Frage, von welcher Position aus, Egaeus spricht, wenn für ihn die »excessively white teeth« zum Objekt eines wahnhaften Begehrens werden.

»The shutting of a door disturbed me, and, looking up, I found that my cousin had departed from the chamber. But from the disordered chamber of my brain, had not, alas! departed, and would not be driven away, the white and ghastly *spectrum* of the teeth. Not a speck on their surface – not a shade on their enamel – not an indenture in their edges – but what that period of her smile had sufficed to brand in upon my memory. I saw them *now* even more unequivocally than I beheld them *then*. The teeth! – the teeth! – they were here, and there, and everywhere, and visibly and palpably before me; long, narrow, and excessively white, with the pale lips writhing about them, as in the very moment of their first terrible development. Then came the full fury of my *monomania*, and I struggled in vain against its strange and irresistible influence. In the multiplied objects of the external world I had no thoughts but for the teeth. For these I longed with a phrenzied desire. All other matters and all different interests became absorbed in their single contemplation. They – they alone were present to the mental eye, and they, in their sole individuality, became the essence of my mental life. I held them in every light. I turned them in every attitude. I surveyed their characteristics. I dwelt upon their peculiarities. I pondered upon their conformation. I mused upon the alteration in their nature. I shuddered as I assigned to them in imagination a sensitive and sentient power, and even when unassisted by the lips, a capability of moral expression. Of

---

69 Ein Ding im Sinne Lacans, ein unverfügbares, begehrtes Objekt.
70 Thomas Jefferson: Political Writings, hg. v. Joyce Appleby und Terence Ball, Cambridge 1999, S. 475.

Mademoiselle Salle it has been well said, ›*Que tous ses pas étaient des senti-ments*‹, and of Berenice I more seriously believed *que toutes ses dents étaient des idées. Des idées!* – ah here was the idiotic thought that destroyed me! *Des idées!* – ah *therefore* it was that I coveted them so madly! I felt that their pos-session could alone ever restore me to peace, in giving me back to reason.«[71]

Die monomanische Fixierung des Erzählers auf die weißen Zähne von Berenice und ihre Transformation in Ideen zitiert noch einmal den My-thos der Berenike und stellt zugleich die Karikatur eines an die Ideen Kants angelehnten weißen Erhabenen dar, welches dem Verfall ent-gegengesetzt werden soll. Die Erzählung stellt damit die Wahnhaftigkeit und Absurdität eines hypostatisierten Weißen aus, die noch dadurch ge-steigert wird, dass es sich bei den Zähnen bekanntlich um eines der »tri-vial things« handelt, von denen Egaeus' Monomanie beherrscht ist. Zu-gleich schreibt die Szene den Übergang von einem Diskurs über das Er-habene zu medizinischen und anthropologischen Diskursen mit, die an die Stelle der Ideen – als Garanten der Vernunft – den menschlichen Körper und die vorgebliche Lesbarkeit seiner Zeichen und Markierungen als eine rassisch codierte Aufmerksamkeitslenkung setzen. Denn Egaeus begnügt sich nicht damit, in der Abgeschlossenheit seiner Bibliothek den Imaginationen eines von einer Reihe Zähnen repräsentierten Erhabenen nachzugehen, er scheint sich vielmehr in unheimlicher Schriftgläubigkeit und ausgestattet mit einer kleinen Box, die, wie es heißt, dem Arzt der Familie gehört, daran zu machen, das Grab der Berenice zu besuchen. Doch der Akt der Grabschändung als eigentlicher Grenzübertritt stellt, wie das Begräbnis von Berenice, ein Moment dar, das dem Bericht des Erzählers entzogen bleibt.

»I found myself sitting in the library, and again sitting there alone. It seemed that I had newly awakened from a confused and exciting dream. I knew that it was now midnight, and I was well aware that since the setting of the sun Bere-nice had been interred. But of that dreary period which intervended I had no positive – at least no definite comprehension.«[72]

Wie ein traumatisches Ereignis, so kann das entscheidende Geschehen nur nachträglich im Bericht des Dieners auf der Szene erscheinen. Rät-selhaft bleibt dabei nicht allein die Verortung der Grabstätte. Denn inso-fern die Tür zur Bibliothek, die sowohl das Verschwinden Berenices als auch das Auftauchen des Dieners rahmt, zur einzigen räumlichen Grenze der Erzählung wird, scheint es, als ob sich das Innere des Herrenhauses

---

71 Edgar Allan Poe: Berenice, S. 23f.
72 Ebd., S. 25.

mit der Grabstätte, das Lebendige mit dem Toten und die Realität der erzählten Gegenwart mit dem Phantasmatischen überkreuzt. Denn wenn
auch der Bericht des Dieners den Einbruch der Realität in die Welt des
Egaeus suggeriert, so ist doch letztlich auch hier für den Leser unentscheidbar, ob das im Folgenden berichtete Geschehen nicht wiederum
selbst der Einbildung des Egaeus entspringt. Der Grenzübertritt, der mit
der Grabschändung imaginiert wird, bleibt nicht nur schwankend zwischen Realität und Fantasie, sondern ist auch in seiner Bedeutung keineswegs eindeutig.

»He told of a wild cry disturbing the silence of the night – of the gathering to-
gether of the household – of a search in the direction of the sound; – and then
his tones grew thrillingly distinct as he whispered me of a violated grave – of a
disfigured body enshrouded, yet still breathing, still palpitating, still *alive*!«[73]

Der Bericht des Dieners ruft einerseits den Schrecken des Lebendigbe-
grabenseins hervor, eine Angstfantasie, die Poe immer wieder in seinen
Erzählungen thematisiert. Liest man die Beerdigung der Berenice allerdings als Verdrängungsprozess, der die Auflösung von Rahmungen und
›rassischen‹ Grenzziehungen aus dem Blick bringen soll, dann gilt der
Besuch ihres Grabes auch der Versicherung, dass das Gespenst diffuser
Übergänge und verfallender weißer Weiblichkeit tatsächlich tot ist. Doch
ironischerweise herrscht gerade hierüber bis zum Schluss keine Klarheit,
denn der Bericht des Dieners gibt bezüglich des Todes von Berenice keine eindeutige Antwort. Die geflüsterte Aussage, Berenice sei »still alive«
lässt zumindest offen, ob die unheimliche Erscheinung aus der Bibliothek nicht wiederkommen könnte. Auch die Aneignung eines substanzia-
lisierten weißen Objekts, das dem Körper der noch immer lebenden Berenice entnommen sein sollte, gelingt im Folgenden nicht.

»With a shriek I bounded to the table, and grasped the box that lay upon it. But
I could not force it open; and in my tremor it slipped from my hands, and fell
heavily, and burst into pieces; and from it, with a rattling sound, there rolled out
some instruments of dental surgery, intermingled with thirty-two small, white
and ivory-looking substances that were scattered to and fro about the floor.«[74]

Nicht die Totalität erhabener Ideen, sondern Zersplitterung und Zerstreuung stehen am Ende der Erzählung. In einer Umkehrung des Berenike-
Mythos findet der Erzähler statt eines himmlischen Sternbildes in der
kleinen Box ein Gemisch aus zahntechnischen Instrumenten und undefi-

---

73 Ebd., S. 26.
74 Ebd.

nierbaren »thirty-two small, white and ivory-looking substances« vor, die seinem Zugriff entgleiten. Die Lektüre der Zeichen steht bis zum Ende nicht auf dem sicheren Boden von Wahrheit und Wissen. Ebenso wenig wird der Schrecken einer destabilisierten weißen Position in der Erzählung aufgehoben. Vielmehr stellt sich die Frage, inwieweit Poes eigenes Urteil, die Geschichte überschreite die Grenzen des Geschmacks, nicht gerade an dieses Moment der Destabilisierung innerhalb seiner eigenen Textproduktion gebunden ist. In der Exegese alter Schriften und der Beschwörung der Berenike als Figur eines kulturellen Ursprungs taucht nicht nur die Leiche antiker Traditionen auf, sondern auch das Gespenst eines Ignatius Sancho, von dem – dies sei noch einmal zitiert – Jefferson schreibt: »[...] his imagination is wild and extravagant, escapes incessantly from every restraint of reason and taste [...]«.[75] Könnte man Poes Texte treffender beschreiben?

»Inverted Images«.
Das Spiegelkabinett des *House of Usher*

Crossing a causeway - Lesen als Grenzgang

Im Gegensatz zu *Berenice* gehört die 1939 erstmals erschienene und 1840 überarbeitete Erzählung *The Fall of the House of Usher* wohl zu den meistinterpretierten Texten Poes. Die – häufig parodistischen – Bezüge zur *gothic novel* und zur deutschen Romantik, die Krankheiten der Protagonisten, die angedeutete inzestuöse Beziehung zwischen Roderick und Madeline Usher und der endgültige Verfall des Hauses sind Gegenstand zahlreicher Abhandlungen.[76] Der Untergang des Hauses Usher wurde als Metapher für den Zusammenbruch des Bewusstseins Roderick Ushers gelesen und das Verhältnis zwischen Roderick und dem Erzähler als Spannungsfeld von Imagination und Rationalität, Bewusstsein und Unbewusstem diskutiert.[77] Insbesondere die Fokussierung des Verhältnisses zwischen Poes Poetik des *terror* und seiner Rezeption der Ästhetik

---

75 Thomas Jefferson: Political Writings, S. 475.

76 Vgl. hierzu Benjamin Franklin Fisher: »Playful ›Germanism‹ in ›The House of Usher‹«, in: G. R. Thompson/Virgil L. Lokke (Hg.): Ruined Eden of the Present: Hawthorne, Melville and Poe. Critical Essays in Honor of Darrel Abel, West Lafayette/Indiana 1982, S. 355-374, hier S. 359. Zu den Elementen der *gothic novel* vgl. Gary E. Tombleson: »Poe's ›The Fall of the House of Usher‹ as Archetypal Gothic: Literary and Architectual Analogs of Cosmic Unity«, in: Nineteenth-Century Contexts 12 (1988), S. 83-106.

77 Richard Wilbur: »The House of Poe«, in: Harold Bloom (Hg.): Edgar Allan Poe, New York 1985, S. 51-69, hier S. 58.

des Erhabenen, wie sie Burke und Kant bereitstellen, machen deutlich, dass bei Poe der Schrecken nicht mehr in eine Erhebung des Subjekts qua Vernunft übergeht.[78]

In neueren Beiträgen wird versucht, im Rückgriff auf Poes 1846 verfassten Essay *The Philosophy of Composition*, den Ausgleich zwischen Unbewusstem und Ratio auch als Deutungsmuster der Bruder-Schwester-Beziehung innerhalb der Erzählung nahe zu legen. So schlägt Timmerman vor, gerade die Trennung der Zwillinge, die Aspekte der Romantik wie der Aufklärung repräsentieren, als die eigentliche Ursache des Untergangs des Hauses Usher zu lesen.[79] Offen bleibt dabei jedoch, in welchem Verhältnis idealistische Positionen der Vereinigung aller Gegensätze zu einer Politik der Rassentrennung in Poes Werk stehen.[80] Schwarztrauber und Weller haben dagegen vor allem die selbstreflexiven Momente der Poeschen Poetik in den Blick genommen.[81] Angesichts des Zusammenbruchs des »House of Usher«, dessen Name, am Ende der Erzählung in Anführungszeichen gesetzt, auch auf den Titel der Erzählung verweist, könne, so Schwarztraubers Argumentation, die Erzählung auch als Versuch gelesen werden, das Erzählen ontologisch zu retten, indem sich der Erzähler aus der Zirkularität des eigenen Bewusstseins befreie. Doch geschieht auch dies innerhalb eines Kontextes, der rassische Markierungen verhandelt und nicht nur den Erzähler, sondern ebenfalls den Leser in die Lektüre der Zeichen einbindet. Der Schlusssatz der Erzählung charakterisiert daher auch die Position des Lesers des Poeschen Textes, wenn er berichtet: »[…] the deep and dank tarn at my feet closed

---

78 Vgl. Craig Howes: »Burke, Poe and ›Usher‹. The Sublime and Rising Woman«, in: ESQ. A Journal of the American Renaissance, Bd. 31 (1985), Heft 3, S. 173-189 sowie Jack Voller: »The Power of Terror. Burke and Kant in the House of Usher«, in: Poe Studies, Bd. 21 (1988), Heft 2, S. 27-35, hier S. 33.

79 Vgl. John H. Timmerman: »The House of Mirrors: Edgar Allan Poe's ›The Fall of the House of Usher‹«, in: Papers on Language and Literature 39 (2003), Nr. 3, S. 227-244, hier S. 243f. Poes Beschäftigung mit der romantischen Philosophie insbesondere Schellings, den er wahrscheinlich über Coleridge rezepierte, prägt vor allem sein Ideal einer alle Gegensätze aufhebenden künstlerischen Praxis.

80 Maurice S. Lee spricht in Bezug auf Poe auch von einem »System of Transcendental Racism«, vgl. Maurice S. Lee: »Absolute Poe«, S. 751-781.

81 Zur Reflexion des Erzählens vgl. Helmut Schwarztrauber: Fiktion der Fiktion, S. 483ff. Zur Selbstbezüglichkeit der Schrift vgl. Claudia Ella Weller: Zwischen Schwarz und Weiß im selbstreferentiellen Werk von Edgar Allan Poe und Raymond Roussel, Frankfurt/M. 2001. Zur Literaturtheorie Poes insbesondere S. 19-50.

sullenly and silently over the fragments of the ›House of Usher‹«. Denn das Fragmentarische, Uneinheitliche, aus Stückwerk und Zitaten Bestehende kennzeichnen die Erzählung ebenso wie die ständige Überkreuzung, Spiegelung und parodistische Inszenierung unterschiedlicher Erzählinstanzen, die den Leser einerseits zu einem Komplizen der Textproduktion macht und andererseits auf die Abgründigkeit des Textes verweist.[82]

1839 erschien die Erzählung erstmals in *Burton's Gentleman's Magazine*. Späteren, zum Teil stark erweiterten Fassungen seines Textes stellte Poe ein Motto voran, das einem Gedicht des Franzosen Pierre-Jean Béranger mit dem Titel *Le Refus* entstammt. Allerdings fügt Poe diesem Zitat eine Änderung zu. Aus der Rede des lyrischen Ich, »Mon cœur est un luth suspendu; Sitôt qu'on le touche il résonné«, wird das Motto »Son cœur est un luth suspendu; Sitôt qu'on le touche il résonne«, ein Wechsel in der grammatischen Person, der nun unklar werden lässt, wessen Herz hier zum Klingen gebracht wird. Jenes des hypersensitiven Roderick Usher, das Herz des Lesers oder aber das ›Herz‹ des Textes? Und wer oder was ist es, von dem eine Berührung ausgeht, die in Poes Erzählung nicht zum Erklingen einer Laute, sondern zum Untergang des Hauses Usher führt, einem Untergang *(fall)*, der zudem an den biblischen Sündenfall, den *Fall of Men*, erinnert? Insofern das Motto zwischen dem Titel und dem Text der Erzählung platziert ist, bildet es einen Übergang zwischen dem Rahmen und dem Anfang des Textes, den es wie ein Orakelspruch über der Schwelle eines Hauses überschreibt.

Doch um wessen Haus handelt es sich eigentlich? Der Name *Usher* verweist nicht nur auf die Bewohner Roderick und Madeline Usher, als *usher* bezeichnet man auch den Gerichtsdiener oder Platzanweiser. Insofern nicht zuletzt in der Erzählung ein namenloser Diener auftritt, der den Erzähler zum Gemach seines Herrn geleitet, »[he] ushered me into the presence of his master«, überkreuzen sich im Namen der Erzählung nicht nur Herrschaft und Dienerschaft. Es bleibt angesichts des angedeuteten Bezugs zum Gesetz und des an ein Gefängnis erinnernden Zimmers Roderick Ushers auch fragwürdig, wer eigentlich der Herr im Hause Usher ist. Mit dem Gesetz und der Funktion eines *usher* als Platzanweiser ist zudem die Ordnung des Symbolischen und der Signifikanten aufgerufen – das »House of Usher« meint mithin auch das aus Signifikanten bestehende Textgebäude. Wenn sich also der Erzähler dem Hause Usher nähert, dann beschreibt der Ritt über den Damm auf das unheimliche

---

82 Vgl. Harriet Hustis: »›Reading Encrypted But Persistent‹. The Gothic of Reading and Poe's ›The Fall of the House of Usher‹«, in: Studies in American Fiction, Bd. 27 (1999), Nr. 1, S. 3-20, insbesondere S. 9f. sowie S. 18. Harriet Hustis spricht auch vom »gothic of reading«.

Anwesen zu auch die Position eines Lesers, der sich auf den Text zube-
wegt. Mit deutlichem Unbehagen nähert sich der namenlose Erzähler
dem Schauplatz der Erzählung.

»During the whole of a dull, dark, and soundless day in the autumn of the year,
when the clouds hung oppressively low in the heavens, I had been passing
alone, on horseback, through a singularly dreary tract of country; and at length
found myself, as the shades of the evening drew on, within view of the melancholy House of Usher. I know not how it was – but, with the first glimpse of the
building, a sense of insufferable gloom pervaded my spirit. I say insufferable;
for the feeling was unrelieved by any of that half-pleasurable, because poetic,
sentiment, with which the mind usually receives even the sternest natural images of the desolate and terrible. I looked upon the scene before me – upon the
mere house, and the simple landscape features of the domain – upon a few rank
sedges – and upon a few white trunks of decayed trees – with an utter depres-
sion of soul which I can compare to no earthly sensation more probably than to
the after-dream of the reveller upon opium – the bitter lapse into everyday life –
the hideous dropping off of the veil. There was an iciness, a sinking, a sicken-
ing of the heart – an unredeemed dreariness of thought which no goading of the
imagination could torture into aught of the sublime.«[83]

Der Beginn der Erzählung steht ganz unter dem Zeichen des Übergangs.
Bereits die Jahreszeit des Herbstes erinnert an typische Darstellungen
melancholischer Landschaften, wie sie nicht zuletzt im Kontext der Romantik gestaltet werden, doch wird ebenjene Referenz vom Erzähler
selbst in Bezug auf die Ursachen des ihn überkommenden unheimlichen
Gefühls abgewiesen. Denn ausdrücklich vermerkt dieser, dass der Anblick des Hauses Usher mit keinerlei poetischer Betrachtung desolater
Landschaften zu vergleichen sei. Vielmehr macht das Anwesen mit seinen »vacant eye-like windows« und den weißen, knochenartigen Baum-
stämmen in seiner Umgebung den Eindruck einer Todeslandschaft, dem
sich der Betrachter nicht entziehen kann. Die Düsternis von der der Erzähler getroffen wird, scheint dabei vom Haus selbst auszugehen, das
nicht nur im Sichtfeld des Erzählers auftaucht, sondern diesen aus leeren
Augen anzublicken scheint.
    Die Wirkung des Hauses und der es umgebenden Landschaft lässt
sich weder im Rückgriff auf die Romantik noch im Kontext einer Ästhetik des Erhabenen erklären. Gerade eine Ästhetisierung und Poetisierung
wird vom Erzähler ausdrücklich verworfen, wenn er die ihn überkom-

---

83 Edgar Allan Poe: The Fall of the House of Usher, in Ders.: The Complete
    Works of Edgar Allan Poe, Bd. III., hg. v. James A. Harrison, New York
    1902, S. 273.

mende Düsternis mit dem Erwachen aus einem Opiumtraum und einem »bitter lapse into everyday life« vergleicht. Die Träume der Vernunft wie der Romantik sind folglich ausgeträumt. Doch ist dem Erzähler damit noch keineswegs eine verlässliche oder gar realistische Sicht der Dinge zuzutrauen, denn auch der Versuch einer distanzierten Lektüre des Hauses Usher führt nicht zu einer Veränderung des unerklärlich unheimlichen Eindrucks. Wie im *Ovalen Porträt* so versucht der Erzähler der Wirkung des Hauses dadurch Herr zu werden, dass er die Landschaft wie ein Bild aus der Distanz zu betrachten und seine Inszenierung als Kombination verschiedener Elemente zu analysieren sucht.

»What was it – I paused to think – what was it that so unnerved me in the contemplation of the House of Usher? It was a mystery all insoluble; nor could I grapple with the shadowy fancies that crowded upon me as I pondered. I was forced to fall back upon the unsatisfactory conclusion, that while, beyond doubt, there *are* combinations of very simple natural objects which have the power of thus affecting us, still the analysis of this power lies among considerations beyond our depth. It was possible, I reflected, that a mere different arrangement of the particulars of the scene, of the details of the picture, would be sufficient to modify, or perhaps to annihilate its capacity for sorrowful impression; and, acting upon this idea, I reined my horse to the precipitous brink of a black and lurid tarn that lay in unruffled lustre by the dwelling, and gazed down – but with a shudder even more thrilling than before – upon the remodelled and inverted images of the gray sedge, and the ghastly tree-stems, and the vacant and eye-like windows.«[84]

Der Rekurs auf die Kombination von Objekten, die einen bestimmten Effekt des Schreckens auf den Betrachter haben können, nimmt nun vorweg, was Poe in seinem nicht unironischen Essay *The Philosophy of Composition* als Verfahren seiner eigenen Textproduktion beschreibt. Am Beispiel seines Gedichts *The Raven* behauptet Poe nämlich, dass der Effekt dieses Poems gerade nicht irgendeinem außerordentlichen Zustand seiner Psyche, sondern einem kalkulierten Einsatz spezifischer Elemente und ihrer Kombination geschuldet sei, eine literaturtheoretische Position, die einerseits auf der Autonomie des Zeichenmaterials besteht, andererseits aber einen bewussten Zeicheneinsatz durch den Autor postuliert. [85] Lediglich am Rande gesteht Poe ein, dass die Einfälle eines Autors zunächst unkontrolliert aus einem wirren Durcheinander auftauchen und

---

84 Ebd., S. 273f.

85 So schreibt Poe »[...] that the work proceeded, step by step, to its completion with the precision and rigid consequence of a mathematical problem«. Edgar Allan Poe: The Philosophy of Composition, S. 195.

wieder verschwinden. »In general, suggestions, having arisen pell-mell, are pursued and forgotten in a similar manner.«[86] In der Reflexion der Bildherstellung innerhalb der Erzählung nimmt der Erzähler dagegen eine Position ein, die den Autor zum Leser werden lässt, der das Zeichenmaterial nicht beherrscht, sondern in die Untiefen einer Lektüre hineingezogen wird. Die veränderte Kombination der Landschaftselemente, die sich im Spiegel des schwarzen Sees zeigt, ruft keinen anderen Effekt hervor, sondern verstärkt beim Erzähler noch das ohnehin vorhandene Gefühl der Düsternis. Der Erzähler ist nicht mehr Herr des Textes, aus den Tiefen des dunklen Sees blickt ihn kein idealisiertes Bild seiner selbst an, sondern die »inverted images of the gray sedge, and the ghastly tree-stems, and the vacant and eye-like windows«.

Das Prinzip der Invertierung und Verkehrung durch Spiegelung durchzieht die gesamte Erzählung. Wie ein verspiegelter Irrgarten gibt die Erzählung dem Leser stets nur verzerrte Abbilder des zunächst vertraut Erscheinenden zu sehen. Was in der Spiegelung der Landschaftselemente in dem düsteren Gewässer nun offensichtlich fehlt, ist das Gebäude selbst, dessen »bleak walls« der Erzähler beim Ritt auf das Anwesen zu durchaus beschreibt. Die Szene reflektiert damit buchstäblich die Aktivität eines Lesers, der im Sinnieren über die Zeichen in eine abgründige Tiefe hineingezogen wird, die sich erst nachträglich zum fragilen Gebäude einer Erzählung zusammenfügen wird. Der Blick in den See löst daher den Schrecken nicht auf, sondern er produziert in der Imagination des Erzählers »a strange fancy«, die diesen nicht nur in die Nähe Roderick Ushers und seiner Spekulationen über den Einfluss des Hauses rückt, sondern diesen Blick auch als Ergebnis einer Arbeit der Einbildungskraft lesbar macht, einer Übersetzung des abgründigen Schreckens in eine imaginierte Szenerie.

»Such, I have long known, is the paradoxical law of all sentiments having terror as a basis. And it might have been for this reason only, that, when I again uplifted my eyes to the house itself, from its image in the pool, there grew in my mind a strange fancy – a fancy so ridiculous, indeed, that I but mention it to show the vivid force of the sensations which oppressed me. *I had so worked upon my imagination* as really to believe that about the whole mansion and domain there hung an atmosphere peculiar to themselves and their immediate vicinity – an atmosphere which had no affinity with the air of heaven, but which had reeked up from the decayed trees, and the gray wall, and the silent tarn – *a pestilent and mystic vapour, dull, sluggish, faintly discernible, and leaden-hued.*«[87] [Herv. M.E.]

---

86   Ebd.
87   Edgar Allan Poe: The Fall of the House of Usher, S. 276.

Vom Grund der Zeichen und ihrem düster-leeren Blick geht der Blick des Erzählers zurück zum Gebäude, dessen Betrachtung nun von Imaginationen durchzogen ist, deren Status unklar bleibt. Zwar postuliert der Erzähler im Folgenden die Träumereien aus seinem Geist zu verbannen, doch bleibt ein Rest Unsicherheit auch in der folgenden näheren Betrachtung der ›realen Aspekte‹ des Hauses bestehen. Das Problem des Erzählers ist damit zugleich eine Reflexion des Lesevorgangs, in dem es eben nicht möglich ist, ›real‹ vorhandene, reine Zeichen zu lesen, ohne dass dies Imaginationen hervorrufen würde, die auch der Leser selbst nicht kontrollieren kann. Denn die bleifarbenen (!) Zeichen schleppen sozusagen zwangsläufig den Pesthauch ihres unablässigen Gebrauchs und die Infektion durch jeglichen Kontext mit sich. In der näheren Betrachtung des signifikanten Materials entdeckt der Erzähler nun eine erstaunliche Stabilität des brüchigen Zeichenmaterials.

»Shaking off from my spirit what *must* have been a dream, I scanned more narrowly the real aspect of the building. Its principal feature seemed to be that of an excessive antiquity. The discoloration of ages had been great. Minute fungi overspread the whole exterior, hanging in a fine tangled web-work from the eaves. Yet all this was apart from any extraordinary dilapidation. No portion of the masonry had fallen; and there appeared to be a wild inconsistency between its still perfect adaption of parts, and the crumbling condition of the individual stones. In this there was much that reminded me of the specious totality of old wood-work which has rotted for long years in some neglected vault, with no disturbance from the breath of the external air. Beyond this indication of extensive decay, however, the fabric gave little token of instability. Perhaps the eye of a scrutinising observer might have discovered a barely perceptible fissure, which, extending from the roof of the building in front, made its way down the wall in a zigzag direction, until it became lost in the sullen waters of the tarn.«[88]

Die Beschreibung des Hauses inszeniert die Haltung eines Lesers, der die Bestandteile der Erzählung wie ein Archäologe, der eine bislang unerforschte Ruine oder Grabkammer entdeckt, untersucht. Das Gebäude erscheint uralt und ausgeblichen, von einem Netz kleiner Pilze überwuchert und verfallen, macht zugleich aber keinen instabilen Eindruck. Auffällig ist, so der Erzähler, vor allem eine »wild inconsistency between its still perfect adaption of parts, and the crumbling condition of the individual stones«. Die Anpassung *(adaption)* der Teile bedeutet in Bezug auf den Text auch eine Bearbeitung *(adaption)* des signifikanten Materials, dass sich gerade noch zu einer Totalität zusammenzufügen scheint. Doch sind die einzelnen Bausteine in einem zerbröckelten, in Auflösung

---

88 Ebd., S. 276f.

begriffenen Zustand, und das Gebäude selbst weist einen feinen Riss auf, der bereits sein Verschwinden in den Untiefen des Sees anzeigt. Ein Zustand, der für die Lektüre des Textes nicht eben förderlich ist, droht sie dem Leser doch schon zu Beginn damit, dass sich das zusammengefügte Material kaum noch zu einem sinnvollen Ganzen wird rekonstruieren lassen. Die Öffnung der Krypta des Textes geht unwideruflich mit seiner Auflösung und Fragmentierung einher und scheint damit den Orakelspruch des Textmottos im Prozess des Lesens zu erfüllen. Die Auflösung, Brüchigkeit und Kontaminierung des signifikanten Materials zeigt sich dabei nicht nur an den zahlreichen Anleihen aus dem Bereich der Gothic Novel, die die Beschreibung des Inneren begleiten, sondern insbesondere auch an den Bewohnern des Hauses Usher, deren geheimnisvoller krankhafter Zustand nicht wenige Interpreten in ihren Bann gezogen hat.

Vermischungen: Die Figur Roderick Ushers

Wie Egaeus in *Berenice*, so stammt auch Roderick Usher aus einer ungewöhnlichen Familie, deren besondere Sensibilität zahlreiche exaltierte Kunstwerke und wissenschaftliche Abhandlungen hervorgebracht hat. Und auch dieses uralte Geschlecht scheint mit seinem Stammsitz so sehr verbunden, dass das Landvolk mit dem Namen »House of Usher« sowohl die Familie als auch das Herrenhaus bezeichnet. Die Besonderheit des Usher-Clans besteht jedoch vor allem darin, dass die Familienmitglieder beinahe durchgehend in direkter Linie voneinander abstammen, die Fortpflanzung und Erhaltung des Charakteristischen der Familie wird durch inzestuöse Beziehungen, die jegliche Vermischung vermeiden, gesichert.

»I had learned, too, the very remarkable fact, that the stem of the Usher race, all time-honoured as it was, had put forth, at no period, any enduring branch; in other words, that the entire family lay in the direct line of descent, and had always, with very trifling and very temporary variation, so lain. It was this deficiency, I considered, while running over in thought the perfect keeping of the character of the premises with the accredited character of the people, and while speculation upon the possible influence which the one, in the long lapse of centuries, might have exercised upon the other – it was this deficiency, perhaps, of collateral issue, and the consequent undeviating transmission, from sire to son, of the patrimony with the name, which had, at length, so identified the two as to merge the original title of the estate in the quaint and equivocal appellation of the ›House of Usher‹ – an appellation which seemed to include, in the minds of the peasantry who used it, both the family and the family mansion.«[89]

---

89 Ebd., S. 275.

Die inzestuösen Beziehungen innerhalb der Familie erscheinen nicht als Tabubruch, sondern dienen, den ägyptischen Pharaonengeschwistern gleich, in ihrer Selbstbezogenheit der Reinhaltung des Geschlechts und der Sicherung der Erbfolge. Dass sich die Familie mit diesem Prinzip ironischerweise selbst auslöscht, stellt jedoch eine Brechung der idealisierten, narzisstischen Geschwisterbeziehung dar. Roderick und Madeline Ushers geheimnisvolle Krankheiten markieren den Niedergang der Usher-Linie. Allerdings bleibt es angesichts des drohenden Verfalls des Hauses Usher unentscheidbar, ob die Erzählung lediglich den Niedergang im Sinne der Dekadenz zelebriert oder aber angesichts des Weiterlebens des Erzählers nicht vielmehr von einer Übergangsphase gesprochen werden muss.[90] Diese Übergangsphase lässt sich nicht nur als Selbstbehauptungsprozess des Erzählers lesen, sondern stellt sich auch als transgressive poetische Praxis dar, in der sich unterschiedlichste Diskurse und literarische Traditionen überkreuzen. Und es ist diese im Untergang in Szene gesetzte Grenzüberschreitung, aus der der Erzähler hervorgeht.

So nimmt der Text beispielsweise deutlich Bezug auf die Tradition der *gothic novel*, doch stellt er diese selbst schon als Zitat aus. Wenn nämlich der Erzähler berichtet, dass er das Gebäude durch den »gothic archway of the hall«[91] betritt, dann betritt er gemeinsam mit dem Leser eine vertraute schauerromantische Kulisse, die ihren eigenen textuellen Charakter nicht verhehlt. Der Weg zum Atelier Roderick Ushers führt den Erzähler/Leser durch »many dark and intricate passages« eines labyrinthisch angelegten Textgebäudes, dessen düster-dunkle Zeichen – »the carvings of the ceilings, the sombre tapestries of the walls, the ebon blackness of the floors, and the phantasmagoric armorial trophies which rattled as I strode«[92] – im Passieren buchstäblich zum Klirren gebracht werden. Doch obwohl dem Erzähler die Szenerie seit seiner Kindheit nur allzu bekannt vorkommt, mischt sich in die vertraute Lektüre der schau-

---

90 Gilian Brown diskutiert das Ende der Erzählung im Kontext biologischer Diskurse als Behauptung des Individuellen gegen das Aussterben des Geschlechts. Sie verweist in diesem Kontext auf die Theorien Lamarcks. Vgl. Gilian Brown: »The Poetics of Extinction«, in: Shawn Rosenheim/Stephen Rachman (Hg.): The American Face of Edgar Allan Poe, Baltimore 1995, S. 330-344, hier S. 342. Helmut Schwarztrauber sieht das Ende der Erzählung dagegen als Rettung des Erzählens vor dem Untergang. Vgl. Helmut Schwarztrauber: Fiktion der Fiktion, S. 499. Die vorliegende Studie diskutiert die Überkreuzung biologischer und literarischer Diskurse dagegen als produktive erzählerische Strategie.

91 Edgar Allan Poe: The Fall of the House of Usher, S. 277.

92 Ebd.

erromantischen Zeichen und Bilder ein ungewöhnliches Gefühl. »I still wondered to find how unfamiliar were the fancies which ordinary images were stirring up«.[93] Die Erzählung kündigt somit die Überschreitung der Tradition der *gothic novel* an, deren Inventar zwar benutzt wird, doch nur um die vertrauten Zeichen einer erneuten Bearbeitung und Lektüre zu unterziehen. Die Übertragung der Zeichen und ihre Vermischung mit anderen Diskursen führt dabei zu einer merkwürdig hybriden – in Poes Worten: arabesken – Verflechtung, die sich insbesondere an der Figur Roderick Ushers zeigt. Dieser befindet sich nämlich inmitten des düsteren Textlabyrinthes, in einem Raum, der weniger an das repräsentative Empfangszimmer eines Herren – und die Erzählung spricht mehrfach in dieser Passage von Roderick Usher als »master« und ruft damit auch das Bild des Sklavenhalters auf – als vielmehr an ein Gefängnis erinnert. Beinahe wie im Traum begegnet der Erzähler dem Freund seiner Kindheit.

»The room in which I found myself was very large and lofty. The windows were long, narrow, and pointed, and at so vast a distance from the black oaken floor as to be altogether inaccessible from within. Feeble gleams of encrimsoned light made their way through the trellised panes, and served to render sufficiently distinct the more prominent objects around; the eye however, struggled in vain to reach the remoter angles of the chamber, or the recesses of the vaulted and fretted ceiling. Dark draperies hung upon the walls. The general furniture was profuse, comfortless, antique, and tattered. Many books and musical instruments lay scattered about, but failed to give any vitality to the scene. I felt that I breathed an atmosphere of sorrow. An air of stern, deep, and irredeemable gloom hung over and pervaded all.«[94]

Die hohen, von innen nicht erreichbaren Fenster sowie die vergitterten Scheiben lassen den Bewohner zum Gefangenen, auch zum Gefangenen des Textes werden. Insofern für das Auge keine räumliche Begrenzung sichtbar ist und nur die nahe liegenden Objekte von einem diffusen Licht hervorgehoben werden, wirkt die gesamte Szenerie wie eine gespenstische Erscheinung. Weder das Inventar der *gothic novel* noch die herumliegenden Bücher und Musikinstrumente, Zeichen der künstlerischen Aktivität Roderick Ushers, die diesen als romantischen Universalpoeten ausweisen, können der Szenerie Leben einhauchen. Die Atmosphäre ist vielmehr von einer düsteren Melancholie durchzogen, deren Inszeniertheit die Erzählung jedoch deutlich ausstellt, wenn Roderick Usher wie ein »ennuyé man of the world« auf dem Sofa liegt. Als melancholisches

---

93 Ebd.
94 Ebd., S. 278.

Künstlersubjekt in Szene gesetzt, erinnert Roderick Usher an die be-
rühmte Dürer-Darstellung der Melancholia, die eine geschlechtlich uneindeutige Figur in melancholisch-brütender Position zeigt, welche um
sie herum verstreute Gegenstände betrachtet. Doch sind es hier nicht allein die Zeichen des Wissens, sondern vor allem die Attribute der Kunst,
die Instrumente und Bücher, deren Bedeutungen einem melancholischen
Entleerungsprozess ausgesetzt sind. Roderick ist jedoch mehr als ein melancholischer Poet, der seinem eigenen Verfall entgegensieht. Als Inszenierung der Autorfunktion im Text kündigt er einen Übergang innerhalb
der poetischen Praxis an, die unter dem Zeichen des Krankhaften erscheint.

»Surely, man had never before so terribly altered, in so brief a period, as had
Roderick Usher! It was with difficulty that I could bring myself to admit the
identity of the wan being before me with the companion of my early boyhood.
Yet the character of his face had been at all times remarkable. *A cadaverous-
ness of complexion; an eye large, liquid, and luminous beyond comparison; lips
somewhat thin and very pallid, but of a surpassingly beautiful curve; a nose of
a delicate Hebrew model, but with a breadth of nostril unusual in similar formations; a finely moulded chin, speaking, in its want of prominence, of a want
of moral energy; hair of a more than web-like softness and tenuity; these features, with an inordinate expansion above the regions of the temple, made up
altogether a countenance not easily to be forgotten.* And now in the mere exaggeration of the prevailing character of these features, and of the expression they
were wont to convey, lay so much of change that I doubted to whom I spoke.
The now ghastly pallor of the skin, and the now miraculous lustre of the eye,
above all things startled and even awed me. The silken hair, too, had been suffered to grow all unheeded, and as, in its *wild gossamer texture*, it floated rather
than fell about the face, *I could not, even with effort, connect its Arabesque expression with any idea of simple humanity*«[95] [Herv. M.E.]

Wie die ihn umgebenden Objekte so erscheint auch Roderick Usher in
seiner geisterhaften Blässe mit dünnen, bleichen Lippen als leichenähnli-
che, gespensterhafte Erscheinung, als Inkarnation einer textuellen Operation, die in der Beschreibung der Gesichtszüge den Diskurs der Physiognomik und Phrenologie mit den Elementen der *gothic novel* und den
Nachtseiten der Romantik überkreuzt.

Doch an die Stelle von Klassifikationssystemen, wie sie biologische
und anthropologische Diskurse im Verlauf des 19. Jahrhunderts unter
anderem unter Zuhilfenahme von Fotografien etablieren, um als ›rassisch
minderwertig‹ definierte Merkmale einer sozialen Kontrolle zu unterwer-

---

95 Ebd., S. 278f.

fen,[96] setzt die Erzählung eine Figur, deren Merkmale sich überhaupt nicht mehr eindeutig zuordnen lassen. Die Lippen sind »somewhat thin and very pallid«, zugleich aber »of a surpassingly beautiful curve«, die Nase entspricht »a Hebrew model«, weist aber gleichzeitig »with a breadth of nostril unususal in similar formations« afrikanische Züge auf. Die Hybridität der Figur unterminiert damit einerseits die Möglichkeit, sich auf der Grundlage der aufgerufenen Physiognomik zu orientieren, andererseits führt sie auch das zunächst etablierte Modell einer auf der Basis inzestuöser Beziehungen hergestellten Reinheit des Usher-Geschlechts ad absurdum. Denn einer der letzten Vertreter dieser Familie erscheint hier eher als ein Abkömmling jener »very trifling and very temporary variation«, die der Erzähler als nicht überlebensfähig charakterisierte.[97] Die Ironie des Textes liegt darin, dass hinter der angedeuteten inzestuösen Geschwisterbeziehung eine Überschreitung der ›Rassengrenzen‹ angedeutet wird, die sich jedoch nicht allein als biologisches, sondern vor allem als erzählerisches Prinzip etabliert. Denn wenn Roderick Ushers Haar in seiner »wild gossamer texture« und sein Gesicht in seiner »Arabesque expression« beschrieben werden, die keinerlei Züge des Menschlichen mehr aufweisen, dann geht es nicht oder nicht nur um die Beschreibung eines aufgrund seiner ›Degeneration‹ dehumanisierten Subjekts, sondern zugleich um die Kontaminierung und Infektion einer unter dem Schlagwort der Humanität operierenden Subjektzentriertheit als Herrschaft von Vernunft und Bewusstsein mit ihrem Anderen, einer künstlerischen Praxis, die sich aus der Überkreuzung und Vermischung von Diskursen, im Verlust einer bewussten Kontrolle der Sprache konstituiert und deren Artikulation von Verschlingungen und Inkonsistenzen, unkontrollierbaren Modulationen und Brüchigkeiten durchzogen ist.

»In the manner of my friend I was at once struck with an incoherence – an inconsistency; and I soon found this to arise from a series of feeble and futile struggles to overcome an habitual trepidancy – an excessive nervous agitation.

---

96 So beschreibt Carlo Ginzburg die Arbeit Francis Galtons mit sogenannten Kompositporträts als Konstruktion von Typen, die gleichzeitig die soziale Kontrolle optimieren sollten. Vgl. Carlo Ginzburg: »Familienähnlichkeiten und Stammbäume. Zwei kognitive Metaphern«, in: Ohad Parnes u. a. (Hg.): Generation. Zur Genealogie eines Konzepts – Konzepte der Genealogie, München 2005, S. 267-288, hier insbesondere S. 276.

97 Laut Robert Young wird der Begriff der Hybridität 1861 erstmals mit Bezug auf Menschen verwendet. Hybridität verbindet sich im Diskurs des 19. Jahrhunderts mit den Phantasmen des Monströsen und des Degenerierten. Vgl. Robert Young: Colonial Desire. Hybridity in Theory, Culture and Race, London 1995, S. 6.

For something of this nature I had indeed been prepared, no less by his letter, than by reminiscence of certain boyish traits, and by conclusions deduced from his peculiar physical conformation and temperament. His action was alternately vivacious and sullen. His voice varied rapidly from a tremulous indecision (when the animal spirits seemed utterly in abeyance) to that species of energetic concision – that abrupt, weighty, unhurried, and hollow-sounding enunciation – that leaden, self-balanced and perfectly modulated guttural utterance, which may be observed in the lost drunkard, or the irreclaimable eater of opium, during the periods of his most intense excitement […]. He suffered much from a morbid acuteness of the senses; the most insipid food was alone endurable; he could wear only garments of certain texture; the odours of all flowers were oppressive; his eyes were tortured by even a faint light; and there were but peculiar sounds, and these from stringed instruments, which did not inspire him with horror. To an anomalous species of terror I found him a bounden slave.«[98]

Usher selbst versucht nun, seinen Zustand als eine Art Familienkrankheit, »a constitutional and a family evil«, zu analysieren. Seine Krankheit besteht vor allem aus einer extremen Intensität der Sinneswahrnehmung. Diese Hypersensitivität lässt keine Distanz mehr zur Umgebung zu, sie kennzeichnet ein Subjekt, das der Außenwelt nicht mehr als überlegener Betrachter entgegentritt, sondern den Eindrücken einer als düster und dunkel beschriebenen, also nicht-weißen Umgebung ausgesetzt ist. In dieser spezifischen Form des Schreckens löst sich die Hierarchie der Sinne auf, die einzelnen Sinneswahrnehmungen bilden nicht mehr bloß das Material für eine übergeordnete Verstandestätigkeit, sondern unterminieren dessen Funktionen, indem sie die Sinnesorgane absorbieren. Dieser Zustand Ushers, der den gesamten Körper zu einem einzigen Wahrnehmungsorgan werden lässt, erfordert eine immer stärkere Isolierung und Reduktion der äußeren Reize.

In der Forschung wurde Ushers Zustand der überfeinerten Wahrnehmung sowohl mit der Hysterie als auch mit der Schizophrenie in Verbindung gebracht. Allerdings lässt sich angesichts der Vermischung der Symptome und der im Text selbst bereits diagnostizierten Erkrankung, die mal als Melancholie, dann wieder als Hysterie bzw. als drohender psychotischer Zusammenbruch thematisiert wird, Zweifel aufkommen, ob es sich hier um eine ernst zu nehmende Krankheitsgeschichte handelt oder nicht vielmehr um eine als Krankheit inszenierte erzählerische Grenzüberschreitung, die ihre eigene Diagnose der Degeneration – verkörpert in der Gestalt des Arztes, dem der Erzähler beim Eintritt in das Haus bereits begegnet – sozusagen gleich mitliefert. Nicht zuletzt die von Roderick Usher selbst aufgestellte Theorie des Umwelteinflusses, dem er

---

98 Edgar Allan Poe: The Fall of the House of Usher, S. 280.

seinen Zustand zuschreibt, nimmt sowohl medizinische als auch biologische Erklärungsmuster auf, um sie ironisch zu brechen bzw. sie als textuelle Strategien lesbar zu machen. Denn obwohl der Erzähler an dieser Stelle versucht, Ushers Ideen als Hirngspinste eines Geisteskranken abzuwehren, thematisieren sie dennoch einen Effekt, den der Erzähler selbst bei der Annäherung an das Herrenhaus empfunden hatte. Nicht nur der Erzähler, sondern auch der Leser des Textes wird damit in eine deutliche Nähe zu Roderick Usher gerückt und erscheint ebenfalls durch das Textgebäude infiziert.

»This opinion, in its general form, was that of the sentience of all vegetable things. But, in his disorded fancy, the idea had assumed a more daring character, and trespassed, under certain conditions, upon the kingdom of inorganization. I lack words to express the full extent, or the earnest *abandon* of his persuasion. The belief, however, was connected (as I have previously hinted) with the gray stones of the home of his forefathers. The conditions of the sentience *had* been here, he imagined, fulfilled in the method of collocation of these stones – in the order of their arrangement, as well as in that of the many *fungi* which overspread them, and of the decayed trees which stood around – above all, in the long undisturbed endurance of the arrangement, and in its reduplication in the still waters of the tarn. Its evidence – the evidence of sentience – was to be seen, he said, (and I here started as he spoke,) in the gradual yet certain condensation of an atmosphere of their own about the waters and the walls. The result was discoverable, he added, in that silent, yet importunate and terrible influence which for centuries had moulded the destinies of his family, and which made *him* what I now saw him – what he was. Such opinions need no comment, and I will make none.«[99]

So abstrus Ushers Theorie einer Empfindungsfähigkeit von Pflanzen und Unorganischem zunächst erscheinen mag, sie verhandelt das in Biologie und Philosophie bis ins 19. Jahrhundert hinein viel diskutierte Problem der Pflanzenseele, deren angenommene Existenz bzw. Nicht-Existenz nicht zuletzt davon abhängt, wie das Lebendige definiert ist und wie die Stufen der Seelenordnung organisiert sind.[100] Mit anderen Worten: Die Definition des Lebendigen als Empfindungsfähigkeit, Wachstumsfähigkeit oder Fortpflanzungsfähigkeit produziert die Notwendigkeit, die Ordnung der Dinge stets aufs Neue zu organisieren und die Grenzen zwi-

---

99   Edgar Allan Poe: The Fall of the House of Usher, S. 286f.

100   So gilt für Kant beispielsweise die Empfindungsfähigkeit als Merkmal, das die Abstufung des Lebens definiert. Zu diesen und weiteren Positionen vgl. die umfassende Studie von Hans Werner Ingensiep: Geschichte der Pflanzenseele. Philosophische und biologische Entwürfe von der Antike bis zur Gegenwart, Stuttgart 2001, hier S. 307-312.

schen Mensch, Tier, Pflanze und Anorganischem diskursiv zu verhandeln. Ushers Theorie einer Empfindungsfähigkeit der Steine kehrt dabei die klassische Stufenfolge um, wenn er dem Anorganischem ein Attribut des Lebendigen zuspricht, während er selbst als leichenhafte Gestalt die Grenze zur Leblosigkeit markiert.

Doch die Erzählung ironisiert nicht nur die Hierarchie des Lebendigen. Sie ruft auch biologische Diskurse auf, die die Veränderungen Roderick Ushers, seine Hybridität im Sinne der Rassentheorien als Anpassung eines menschlichen Organismus an seine Umwelt erklären. Usher repräsentiert damit ein Künstlersubjekt, das sich seiner kulturellen Umgebung nicht entziehen kann. Bezogen auf seine künstlerische Produktivität ist der Zustand Roderick Ushers an einen als düster und schwarz beschriebenen Kontext gebunden. Und insofern Usher selbst das spezifische Arrangement der Steine zur eigentlichen Ursache des unheimlichen Eigenlebens des Hauses und seiner Wirkung auf die Bewohner erklärt, nimmt er zugleich Rekurs auf das Haus als Textmetapher, das in der Anordnung und Kombination der Elemente die Figur eines hybriden, hypersensitiven Künstlersubjekts erzeugt, das seinen eigenen erklärungsbedürftigen Zustand gerade nicht rational beherrscht, sondern sozusagen als ein ›Opfer‹ textueller Arrangements und Inversionen auftritt, die es als vom Anderen affiziert erscheinen lassen. Als Künstlerfigur schwankt Roderick Usher daher zwischen Einflussangst und dem Begehren nach Transgression.

In seiner eigenen künstlerischen Produktion drückt Usher den mit dieser Grenzüberschreitung verbundenen Kontrollverlust in dem Gedicht *The Haunted Palace* aus, das den Abbau der Vernunft und des Geistes als Verfall eines einst stattlichen Palastes in Szene setzt. Dieses Gedicht, das Poe bereits im April des Jahres in *The American Museum of Science, Literature, and the Arts* veröffentlichte, scheint den Zusammenbruch des Hauses Usher und des Künstlers Roderick vorauszudeuten. Doch ist das Verhältnis zwischen Gedicht und Erzählung keine einfache Spiegelung, denn während das Gedicht den Untergang des Geistes als melancholische Klage inszeniert, die nur die schrillen Melodien und das gellende Gelächter des Irrsinns übrig lässt, deutet die Erzählung mit dem Heraustreten des Erzählers die Möglichkeit der Überschreitung des Gegensatzes von Rationalität und Irrationalität und eine Revision des Verhältnisses zwischen Text, Kontext, Autor und Leser an.

Den Versuch eines Gegenentwurfs zu Ushers lyrischen Untergangsfantasien bilden die von ihm produzierten abstrakten Malereien, die sich nach Aussage des Erzählers nicht nur von jeglicher Gegenständlichkeit lösen, sondern deren Beschreibung sich auch an den Grenzen des Sagbaren bewegt.

»By the utter simplicity, by the nakedness of his designs, he arrested and over-awed attention. If ever mortal painted an idea, that mortal was Roderick Usher. [...] One of the phantasmorgic conceptions of my friend, partaking not so rigidly of the spirit of abstraction, may be shadowed forth, although feebly, in words. A small picture presented the interior of an immensely long and rectangular vault or tunnel, with low walls, smooth, white, and without interruption or device. Certain accessory points of the design served well to convey the idea that this excavation lay at an exceeding depth below the surface of the earth. No outlet was observed in any portion of its vast extent, and no torch, or other artificial source of light was discernible; yet a flood of intense rays rolled throughout, and bathed the whole in a ghastly and inappropriate splendour.«[101]

Die Beschreibung der Malereien nimmt deutlich Bezug auf ästhetische Positionen des Erhabenen. Nicht nur die Undarstellbarkeit der Ideen, die jegliche Gegenständlichkeit abweisen, sondern auch die Grenzenlosigkeit des vollkommen weißen unterirdischen Gewölbes erinnert vor allem an Burkes Konzeption des Erhabenen. Der vollkommen weiße Raum stellt zugleich das Gegenbild zum schwarzen See dar, der das Usher-Haus umgibt und spiegelt. Die Malereien rufen also das Weiße als Erhabenes im Kontext einer als bedrohlich empfundenen schwarzen Umgebung auf. Doch erscheint diese ›Darstellung‹ der Ideen der Vernunft und damit die ästhetische Überlegenheit eines ›weißen‹ Textgebäudes nicht im Licht der Transzendenz des Absoluten, sondern ebenfalls verkehrt als unterirdisches Gewölbe, dessen geisterhafte Beleuchtung den Ort des Erhabenen selbst als eine Art Grabkammer erscheinen lässt. Dieser Ort aber ist mit einer ebenfalls gespenstischen Erscheinung, nämlich mit der Lady Madeline Ushers verbunden.

Die Krypta des Textes

Die Figur Madeline Ushers kann zumindest auf der Handlungsebene kaum als tragende Rolle beschrieben werden, denn ihr einziger Auftritt im Text vollzieht sich vor ihrem Ableben als schweigendes, flüchtiges Auftauchen und Verschwinden. Und dennoch ist es ihre Wiederkehr aus dem Grabgewölbe, in das sie bald nach der Ankunft des Erzählers verdrängt wird, die den Einsturz des Hauses bewirkt. Die Figur Madeline Ushers scheint dabei zunächst wie andere weibliche Figuren Poes das Ideal der sterbenden Schönheit zu repräsentieren. Doch besitzt Madeline Usher innerhalb der Erzählung im Gegensatz hierzu kaum so etwas wie eine Präsenz. Ihr Auftauchen im Text ist, von Beginn an, an die Sprache bzw. an die Nennung ihres Namens geknüpft, durch den sie einerseits be-

---

101   Edgar Allan Poe: The Fall of the House of Usher, S. 283.

schworen, zugleich aber für tot erklärt wird. Es ist zunächst die Erwähnung durch den Bruder, der ihr baldiges Ableben ankündigt, durch welche die Figur Madelines im Text erstmalig wie eine geisterhafte Gestalt auftaucht und verschwindet.

»While he spoke, the lady Madeline (for so was she called) passed slowly through a remote portion of the apartment, and, without having noticed my presence disappeared. I regarded her with an utter astonishment not unmingled with dread – and yet I found it impossible to account for such feelings. A sensation of stupor oppressed me, as my eyes followed her retreating steps.«[102]

Was Madeline Usher zunächst in Szene setzt, ist die Bewegung des Verschwindens. Auch ihre Krankheit zeichnet sich explizit durch eine Apathie sowie »a gradual wasting away of the person« aus. Dieser Bewegung des Schwindens steht die Erstarrung ihres Körpers während ihrer kataleptischen Anfälle gegenüber, die einen endgültigen Stillstand markieren und den Körper als leere Hülle erscheinen lassen, dem die ›schöne Seele‹ buchstäblich abhanden gekommen ist. Die Erkrankung Madeline Ushers setzt aber nicht nur die Mortifikation des weiblichen Körpers in der Repräsentation in Szene, sie kann zugleich auch als Starrheit ebenjener künstlerischen Praxis gelesen werden, die in der Darstellung des Absoluten durch die reine weibliche Schönheit die alleinige Aufgabe der Dichtung sieht. Bezeichnenderweise verschwindet Lady Usher in jenem Augenblick, in dem der Erzähler die Szene betritt. Der Körper Lady Madeline Ushers wird – allerdings zu früh, wie sich erweisen wird – in eine Gruft versenkt, die sich genau unterhalb des Schlafzimmers des Erzählers befindet.

»The vault in which we placed it (and which had been so long unopened that our torches, half smothered in its oppressive atmosphere, gave us little opportunity for investigation) was small, damp, and entirely without means of admission for light; lying, at great depth, immediately beneath that portion of the building in which was my own sleeping apartment.«[103]

Die Grabkammer Lady Ushers erscheint damit wiederum als verkehrte Spiegelung des von Roderick Usher gemalten Bildes. Denn während diese abstrakte Malerei vom Erzähler mit der Darstellung des Erhabenen in Verbindung gebracht wird, stellt sich die Gruft Madeline Ushers als »region of horror« dar, in die keinerlei Licht eindringt. Die räumliche Positionierung der »mournful burden« direkt unterhalb des Schlafzimmers

---

102   Ebd., S. 281.
103   Ebd., S. 288.

des Erzählers lässt das Verhältnis zwischen dem Erzähler und Madeline Usher als melancholische Ersetzungsstruktur erscheinen. An die Stelle eines präsenten Signifikats, der Verkörperung weiblicher Schönheit im Text, tritt im Folgenden die Aktivität des lesenden Erzählers, der diese lebende Leiche des Textes erst hervorrufen wird. Und dies gilt nicht nur für das Erscheinen Madeline Ushers, sondern auch für die Figur Rodericks, bemerkt doch der Erzähler während der unheimlichen Beerdigung »a striking similitude between the brother and sister«.[104] Mit dem Aufscheinen dieser Ähnlichkeit, die Roderick dadurch erklärt, dass die Geschwister Zwillinge seien, wird das Begräbnis Madelines zu einer partiellen Verdrängung Roderick Ushers. Mit dem Begräbnis verkehrt sich nun auch das Verhältnis des Erzählers zu Roderick Usher, denn die erhoffte Rettung scheint beinahe in diesem (Selbst)Begräbnis zu bestehen. Worin aber besteht das Unaussprechliche in der Krankheit Madeline Ushers und ihres Bruder, welche die Besonderheit ihrer Grablegung begründen soll?[105] Wurde die Erzählung zu Beginn mit einer »old wood-work« verglichen, »which has rotted for long years in some neglected vault«, so setzt das Begräbnis die Einfaltung eines traumatischen Objekts, die Konstituierung eines inneren Außen des Textgebäudes in Szene. Doch genau von jenem Moment an, in dem Madeline lebendig in die Gruft des Textgebäudes verdrängt und für tot erklärt wird, wird die gesamte Szene von einem Zittern und Beben heimgesucht. Roderick Usher erscheint nicht nur bleicher und todesähnlicher als bisher, seine Artikulation wird nun zunehmend von einem Beben heimgesucht, welches das Hervorbrechen verdrängter Inhalte anzeigt.

»The once occasional huskiness of his tone was heard no more; and a tremulous quaver, as if of extreme terror, habitually characterized his utterance. There were times, indeed, when I thought his unceasingly agitated mind was labouring with some oppressive secret, to divulge which he struggled for the necessary courage. At times, again, I was obliged to resolve all into the mere inexplicable vagaries of madness, for I beheld him gazing upon vacancy for long hours, in an attitude of the profoundest attention, as if listening to some imaginary sound. It was no wonder that his condition terrified – that it infected me. I felt creeping upon me, by slow yet certain degrees, the wild influences of his own fantastic yet impressive superstitions.«[106]

---

104 Ebd.
105 So deutet die Erzählung die Besonderheit der Erkrankung Madelines an, die dieses Begräbnis rechtfertigt, ohne dass dies näher erläutert wird. Vgl. ebd., S. 287f.
106 Ebd., S. 289f.

Doch das, was sich hier im Zittern und Beben ankündigt, bleibt in der Szene merkwürdig unverortet, sowohl als innere wie als äußere Wahrnehmung. Die Geräusche, denen Roderick nachlauscht, übertragen sich zudem auf den Erzähler, der diese nun ebenfalls in den Pausen eines aufziehenden Sturmes zu hören glaubt. Und sie bringen dabei die Gestalt und die Identität des Erzählers ebenso zum Erzittern – »An impressible tremour gradually pervaded my frame« – wie sie die Unterscheidung zwischen den Figuren, zwischen innen und außen, Fantasie und Realität zum Schwanken bringen. Auch das Gebäude selbst erscheint nun in jenem dunstigen Licht, das der Erzähler beim Ritt auf das Haus bemerkt zu haben glaubte und das er zunächst seiner Einbildung zuschrieb. Die rationale Haltung, die der Erzähler gegenüber Roderick Usher einzunehmen versucht, indem er das unnatürliche Licht als »electrical phenomena« zu erklären sucht, wird somit dadurch unterminiert, dass gerade die Einbildungen innerhalb der Erzählung zunehmend an Gestalt gewinnen und keine Position mehr außerhalb des unheimlichen Textgebäudes einzunehmen ist.

Der Untergang des Hauses wird nun mit der Rückkehr Madeline Ushers aus der unterirdischen Gruft verknüpft. Ihre Rückkehr aus dem Grab ist dabei jedoch wiederum an eine Lektüre gebunden, die der Erzähler seinem Freund Roderick zu dessen Beruhigung vorliest. Diese fiktive Legende namens *Mad Trist*, die der Erbauung dienen soll, stellt eine Umkehrung der von Poe selbst postulierten poetischen Prinzipien dar. Denn in der *Philosophy of Composition* wird Poe die angemessene Länge eines Poems als Ideal propagieren,[107] ein Ideal, dem die als »romance« bezeichnete Erzählung namens *Mad Trist* nicht im Mindesten entspricht: »[…] for, in truth, there is little in its uncouth and unimaginative prolixity which could have had interest for the lofty and spiritual ideality of my friend.«[108] Die weitschweifige Erzählung des *Mad Trist* erzählt vom Eindringen des Helden Ethelred in die Höhle eines Eremiten und der Tötung eines Drachen, die der Eroberung eines »shield of shining brass« dient. Der Ausdruck *brass* verweist nun nicht nur auf das Material des Schildes aus Messing, sondern es bezeichnet auch die Grab- bzw Gedenktafel aus Messing, wie man sie zum Beispiel in einer Kirchenkrypta findet. Die Legende von Ethelred erzählt mithin ebenso wie die Erzählung vom Untergang des Hauses Usher von der Überschreitung der Schwelle zum Tod und von einem im Inneren abgeschlossenen, kryptischen Raum. Doch während in der Legende die Aneignung des Schildes den Sieg des Helden über den Tod bedeutet, kehrt Poes Erzählung die Verhältnisse um.

---

107   Edgar Allan Poe: The Philosophy of Composition, S. 196f.
108   Edgar Allan Poe: The Fall of the House of Usher, S. 292.

Anstelle des Helden, der wiederum als Spiegelung des Lesers dient, der sich das Signifikat des Textes glücklich aneignet, erschüttert im *House of Usher* die im Lesen evozierte Wiederkehr dessen, was als kryptische Einschließung dem Textgebäude inhärent ist, die Szene. Der Leser ist kein Held mehr, der in das Herz des Textes eindringt, um dessen Schatz zu erobern. Vielmehr wird der Erzähler als Leser zu einem Geisterbeschwörer, der eine lebende Tote oder eine tot geglaubte Lebendige herbeizurufen scheint und damit eine Grenzüberschreitung evoziert, die zum Zusammenbruch des Hauses und damit auch des Textgebäudes führt. Denn nicht der Held, sondern das, was hinter dem »shield of shining brass« sich befindet, durchbricht nun die Tür zu jenem Raum, in dem sich die Lektüre der Legende mit der Erzählung des *House of Usher* überkreuzt. Und es ist wiederum Roderick Usher, der die Wiederkehr seiner Schwester sprechend beschwört. Wie der Schlund eines Drachen öffnet sich die ebenholzschwarze Tür des Zimmers und lässt die ganz in Weiß gehüllte verdrängte Bewohnerin der Krypta schwankend auf der Schwelle erscheinen. Die Beschwörung Madelines gebiert einen Schrecken, der für beide Geschwister den Tod bedeutet.

»As if in the superhuman energy of his utterance there had been found the potency of a spell – the huge antique panels to which the speaker pointed, threw slowly back, upon the instant, their ponderous and ebony jaws. It was the work of the rushing gust – but then without those doors there DID stand the lofty and enshrouded figure of the lady Madeline of Usher. There was blood upon her white robes, and the evidence of some bitter struggle upon every portion of her emaciated frame. For a moment she remained trembling and reeling to and fro upon the threshold, then, with a low moaning cry, fell heavily inward upon the person of her brother, and in her violent and now final death-agonies, bore him to floor a corpse, and a victim to the terrors he had anticipated.«[109]

Die Erscheinung Madelines als weibliche Schönheit ereignet sich damit als Effekt einer Lektüre, die erklärtermaßen als wenig gelungene poetische Darstellung klassifiziert ist. Insofern die Schönheit den idealen Gegenstand in Poes Poetik markiert, bietet die Erzählung also wiederum nur ein verkehrtes, invertiertes Bild dieses Ideals. Das Ideal weiblicher Schönheit kann weder angeeignet noch in eine poetische Darstellung überführt werden. Der Tod der Frau, ihre Verdrängung in die Gruft des Textes, wird mithin nicht in eine melancholische Totenklage übersetzt und ästhetisiert. Gerade hierin verfehlt die Erzählung präzise den in der Legende angedeuteten Sieg über den Tod. Madeline erscheint nicht nur als Gespenst einer vom Erzähler als minderwertig klassifizierten Litera-

---

109   Ebd., S. 296.

tur, ihre Erscheinung, die deutliche Spuren eines Kampfes mit sich trägt, unterminiert zugleich die Möglichkeit zur Repräsentation des Schönen wie des Erhabenen. Denn obwohl Madeline Usher in »white robes« gehüllt auftritt und damit das glänzende Weiß des unterirdischen Gewölbes, welches Roderick Usher in seinen idealen Gemälden darstellt, aufzurufen scheint, ist dieses Weiß im Wiedererscheinen Madelines als Textobjekt unwiderruflich mit Blut befleckt. Das Bild des blutbefleckten Kleides lässt nun vielfältige Assoziationen zu. Es erinnert einerseits an den Verlust der Unschuld, der hier nicht nur in sexueller Hinsicht noch einmal auf den bereits angedeuteten Geschwisterinzest hinweist. Auch die poetische Kreation ist in mehrfacher Hinsicht ›befleckt‹. Die Blutflecken erinnern einerseits an einen Gewaltakt gegenüber dem Weiblichen, den die Erzählung gerade nicht verleugnet oder ästhetisiert, sondern zur Darstellung bringt. Zum anderen weist sie das Ideal erhabener Reinheit in der Erscheinung Madeline Ushers auch in Bezug auf die poetische Praxis ab. Die Verkörperung des Weißen ist zudem im übertragenen Sinne mit Blut befleckt. Madelines Wiederkehr lässt sich als gespenstische Wiederkehr eines poetischen Reinheitsphantasmas lesen, das die Erzählung mit Bezug auf die angedeutete inzestuöse Beziehung zwischen Roderick und Madeline immer schon unterminiert hat. Denn das befleckte Weiß der Kleider Madelines kann insbesondere im Kontext der Beschreibung Roderick Ushers als hybrides Subjekt, als Überschreitung der ›Rassengrenzen‹ gelesen werden, die nicht nur die Usher-Zwillinge, sondern auch der Erzähler und mit ihm der Leser in der Lektüre der Erzählung Poes immer schon vollzogen haben wird. Insofern also Madeline Usher nur als befleckte Unschuld den Raum des Textes betritt, hat das Ideal weißer Literatur im *House of Usher* den Inzest mit einer als minderwertig diffamierten literarischen Artikulationsweise von jeher betrieben. Es gibt folglich kein weißes Erhabenes, das nicht vom Anderen durchkreuzt wäre. Innerhalb einer von Poe praktizierten hybriden Erzählpraxis, die seine Leser an die Grenzen eines ›rassisch‹ konnotierten Schreckens treibt, bewahrt die Erzählung das Wissen um diese Überschreitung als kryptische Einschließung, deren Öffnung nichts als den Untergang bedeuten kann. Was bleibt, ist die Frage, wie das Ende der Erzählung zu lesen ist, scheint es doch für literarische Mesalliancen innerhalb der Erzählung keine Zukunft zu geben? Es ist der Erzähler, der am Ende, als ob er aus einem Traum erwacht, erneut den Damm überquert.

»The storm was still abroad in all its wrath as I found myself crossing the old causeway. Suddenly there shot along the path a wild light, and I turned to see whence a gleam so unusual could have issued; for the vast house and its shadows were alone behind me. The radiance was that of the full, setting, and bloodred moon which now shone vividly through that once barely-discernible

fissure of which I have before spoken as extending from the roof of the building, in a zigzag direction, to the base. While I gazed, this fissure rapidly wid-
ened – there came a fierce breath of the wirlwind – the entire orb of the satellite
burst at once upon my sight – my brain reeled as I saw the mighty walls rushing
asunder – there was a long tumultuous shouting sound like the voice of a thou-
sand waters – and the deep and dank tarn at my feet closed sullenly and silently
over the fragments of the ›House of Usher‹.«[110]

Mit dem Ritt über den Damm und dem zitierten Titel der Erzählung kehrt
der Text an seinen Anfang zurück und lässt die unheimliche Erscheinung
des Textgebäudes auseinanderbrechen. Der schmale Riss, der zunächst
kaum wahrnehmbar das Haus Usher durchzog, wird nun beim Anblick
des Erzählers größer und teilt das Haus wie ein Blitz in zwei Teile. Die
hybride Vermischung, der Grenzgang der Erzählung, so scheint es, endet
in einem apokalyptischen Untergangsszenario, in dem das Haus Usher
endgültig in den Tiefen des Sees verschwindet. Und doch spricht die Erzählung am Ende vom Verschwinden des Hauses Usher – nicht ohne auf
die Fragmente zu verweisen, über denen sich das Wasser des Sees
schließt. Und insofern der Beginn der Erzählung mit dem Blick in ebendiesen See die Einbildungskraft des Erzählers in Gang setzte, so liegt
auch die Zukunft des »House of Usher« in der Lektüre eines Lesers, der
die zerbröckelnden Fragmente einer erneuten Bearbeitung unterzieht.
Vom Gespenst des drohenden Untergangs und der Vernichtung her, kündigt sich im Fragmentarischen, Zerbröckelnden aus den Untiefen des
Sees die Möglichkeit einer anderen kulturellen Praxis an. Die Gespenster
jener Übergänge und Überkreuzungen aus den Texten Poes beschwö-
rend, erscheint das Arabeske als Prozess der Verschlingung und Wiederauflösung von Zeichen, die Groteske als hybride Vermischung, die
scheinbar Unvereinbares nebeneinanderstellt und die das Transgressive
nicht als Schrecken der Auflösung, sondern als sich immer wieder neu
ereignende Eröffnung einer nicht zu wissenden Zukunft liest – »wild and
extravagant«.

---

110   Ebd., S. 297.

SCHLUSSBEMERKUNG

Literarische Texte beschreiben Grenzwahrnehmungen nicht nur, sie stellen auch selbst einen Ort dar, an dem historisch spezifische kulturelle Akte der Grenzziehung und Grenzverwischung lesbar werden. Sie bringen ins Spiel, was die Wahrnehmungs- und Erkenntnisfähigkeit überschreitet, was den ritualisierten Gebrauch der Sinne unterbricht, und geraten dabei selbst in Grenzgebiete, die es ästhetisch zu bewältigen gilt.

So wird in Kleists Erzählungen *Die Verlobung in St. Domingo* die Grenze zwischen ›Schwarz‹ und ›Weiß‹ als prekär gewordene Sichtbarkeit des Anderen verhandelt und die Markierung der Körper entlang rassischer Klassifizierungen einem Prozess der Destabilisierung unterzogen, der die Sichtbarkeit nicht nur als Inszenierung und Mimikry ausstellt, sondern zugleich die Präsenz von Weißsein als Fetischisierung lesbar macht. Nicht nur ein beschädigter Anfang, sondern ein unreiner Ursprung und hybride Figuren kennzeichnen die Erzählung, in der die körperlichen und sprachlichen Zeichen in ihrer Bedeutung nicht mehr fixierbar sind. Vielmehr ist es gerade der Versuch, die Grenzen zwischen dem Eigenen und dem Fremden festzuschreiben und eine geschlossene Ordnung herzustellen, der zur Katastrophe führt. Die Lektüre des Textes wird dabei für den Leser zu einer desorientierenden Bewegung, in der die Trennlinien oppositionaler Ordnungen beständig von ihren Ausschlüssen heimgesucht werden. Auch Kleists Erzählung *Das Bettelweib von Locarno* ist an einem Grenzort lokalisiert, der sich zugleich jeglicher Eindeutigkeit verweigert. Auf der Schwelle eines Schlosses erscheinend, fügt sich das Bettelweib weder in die Sichtbarkeit, noch kann es zum Verschwinden gebracht werden. Als inneres Außen kündet es vielmehr im sich wiederholenden gespenstischen Geräusch von einem Uneingelösten, das nicht nur christliche, philosophische und juridische Orientierungssysteme unterbricht, sondern die Frage nach der Gerechtigkeit stellt gegenüber dem, was innerhalb jeder Ordnung und zugleich auf der Schwelle als fremder Gast erscheint. Insofern die Erzählung von der Jagd auf *Das Bettelweib von Locarno* erzählt, thematisiert sie auch die Lektüre des Textes als einen Grenzgang, dem es nicht mehr gelingt, die fremde Erscheinung in die eigene Ordnung einzuholen und mithin die Grenzen des Textes zu schließen. Beide Erzählungen Kleists entwerfen damit keine aus den Fugen der Vernunft geratenen Ordnungen, sondern Ordnungen, die von ihren Winkeln, Schwellen und Zwischenräumen her heimgesucht werden.

Mit den Grenzen bildlicher Darstellungen beschäftigen sich dagegen Kleists Kommentar zum *Panorama von Rom* sowie seine Bildbeschreibung *Empfindungen vor Friedrichs Seelandschaft*. Diese Texte thematisieren eine Überschreitung des Rahmens, eine Entgrenzung des Blicks innerhalb des Mediums Bild. Dabei zeigt sich Kleist als ironischer Betrachter eines auf Horizonterweiterung und Erhebung angelegten Blicks, wie er innerhalb der Ästhetik des Erhabenen entworfen wird. So geht im *Panorama von Rom* die unmögliche Ausblendung des Rahmens in eine Analyse der Maschinerie eines auf Totalität und Täuschung angelegten Sehens über. Die *Empfindungen vor Friedrichs Seelandschaft* inszenieren dagegen einen melancholischen Betrachter, dem die Ästhetik des Erhabenen keinen Rahmen mehr für eine Begegnung mit dem Bild Caspar David Friedrichs bietet. Nicht die Undarstellbarkeit der Ideen der Vernunft, sondern eine die Repräsentationsfunktion des Bildes überschreitende Leere steht im Zentrum von Kleists Betrachtungen, die Kleist jedoch produktiv wendet, indem er der mimetischen Funktion des Bildes das ›leere‹ Spiel mit den Zeichen und Dingen gegenüberstellt.

Bei aller Unterschiedlichkeit der Autoren verbindet die Überschreitung einer an die Vernunft und das Subjekt zurückgebundenen Ästhetik des Erhabenen Heinrich von Kleists Texte mit der Prosa Adalbert Stifters. Denn auch Stifter ruft die Ästhetik des Erhabenen im Kontext grenz- und rahmenüberschreitender Natur-, Kosmos- und Todeserfahrungen auf. Doch gelingt es angesichts der Szenarien des abgründigen Kosmos im *Condor*, des einbrechenden Schneesturms in *Aus dem bairischen Walde* oder der unendlichen Todeslandschaft im *Gang durch die Katakomben* nicht mehr, den Schrecken des Formlosen, die Zonen des Fremden, erneut in eine Ästhetik des Erhabenen zu übersetzen. Die Überwältigung des Subjekts führt nicht zu dessen Erhebung, sondern hinterlässt nachhaltige Wahrnehmungsstörungen, die sich in keine naturgesetzliche, vernünftige Ordnung integrieren lassen. Insofern eine gesicherte Präsenz und Distanz erst über die Rahmung des Gesehenen etabliert wird, stellen die in den Texten thematisierten Wahrnehmungsstörungen die Frage danach, was Sehen ist, wenn der Rahmen ausfällt und das Auge wahrnimmt, was nicht präsent ist. Stifters Texte verschieben damit das Problem der Grenzwahrnehmung als Überschreitung des Rahmens hin zu einer innersubjektiven Fremdheit, insofern die Sinnesorgane nicht mehr im Dienste des Subjekts und seiner Orientierung stehen. Während dabei die Figuren Stifters versuchen, eine derart fragil gewordene Ordnung, eine entstaltete Natur durch wiederholte ritualisierte Handlungen erneut zu rahmen, zeichnet sich Stifters Erzählen dadurch aus, dass es in seiner scheinbaren Rückwärtsgewandtheit, in seiner besessenen Aufzeichnung von kleinsten Details und in seinen sich wiederholenden Erzählakten die Unmöglichkeit einer abschließenden Rahmung des Erzählten dokumentiert. Gerade in der Unmöglichkeit, den Schrecken innerhalb tradierter ästhetischer und literarischer Wahrnehmungs- und Darstellungskonventionen zu beschreiben, stellt Stifters Erzählen selbst ein Schreiben im Übergang dar, das literarische Vorbilder aufruft und zitiert, um sie zu überschreiten. Stifters Texte reflektieren damit die Abgründigkeit eines Erzählens, dem die Wiederherstellung einer gesetzmäßigen Welt nicht mehr gelingt.

Edgar Allan Poes literarisches Projekt der Grotesken und Arabesken schließlich verschreibt sich einer Poetik des Schreckens, die sich erklärtermaßen nicht ästhetisieren lassen will. Der Schrecken der Poeschen Texte bringt ein inneres Außen ins Spiel, eine kryptische Einschließung, deren Entstehen die Texte, beispielhaft in Poes Erzählung *Das ovale Porträt*, in eine erzählbare Geschichte zu übersetzen sucht. Die Verdrängung der weiblichen Figuren und ihre Wiederkehr verbindet sich dabei in den Erzählungen *Berenice* und *Der Untergang des Hauses Usher* mit einer Überschreitung bzw. Auflösung von ›Rassengrenzen‹, die nicht nur die Erzähler, sondern auch das Erzählen an die Grenzen des Erzählbaren treibt. Poes Texte transportieren dabei einerseits die Angstvisionen einer sich etablierenden weißen amerikanischen Kultur, die die Auflösung von ›Rassengrenzen‹ im Zeichen der Degeneration figuriert, zugleich aber stellen sie die Figuren erhabener Reinheit und Schönheit als befleckte, morbide Gestalten aus. Poes Texte verwickeln den Leser damit in eine hybride Erzählweise, die europäische ästhetische Traditionen invertiert und sie einer Vermischung mit als minderwertig und degeneriert klassifizierten Artikulationsweisen aussetzt. Noch in den Poeschen Untergangsszenarien kündigt sich dabei die Zukunft einer poetischen Praxis an, die sich nicht der Etablierung einer nationalen Einheitskultur verschreibt, sondern die Verschlingung und Wiederauflösung, die Kontaminierung und Invertierung von Zeichen als zukünftiges erzählerisches Prinzip eröffnet. Die Krypta des Poeschen Schreibens zu öffnen, sich den Gespenstern nicht nur seiner Zeit zuzuwenden bedeutet, die Fragmente des House of Usher, das Uneingelöste kultureller Ordnungen, aus den Tiefen des Sees zu bergen und eine andere Zukunft zu schreiben.

LITERATUR

Abraham, Nicholas/Torok, Maria (Hg.): Kryptonymie: das Verbarium des Wolfsmanns, Frankfurt/M. 1979.

Apuleius: Der goldene Esel, Frankfurt/M. 1975.

Ariès, Philippe: Geschichte des Todes, München 1982.

Assmann, Aleida/Assmann, Jan (Hg.) in Verbindung mit Alois Hahn und Hans-Jürgen Lüsebrink: Schleier und Schwelle, Bd. 1: Geheimnis und Öffentlichkeit, München 1997.

Assmann, Aleida/Assmann, Jan (Hg.): Aufmerksamkeiten, München 2001.

Barck, Karlheinz u. a. (Hg.): Aisthesis. Wahrnehmung heute oder Perspektiven einer anderen Ästhetik, Leipzig 1991.

Barkhoff, Jürgen u. a (Hg.).: Das schwierige neunzehnte Jahrhundert, Tübingen 2000.

Bartels, Klaus: »Proto-kinematographische Effekte der Laterna magica in Literatur und Theater des achtzehnten Jahrhunderts«, in: Segeberg, Harro (Hg.): Die Mobilisierung des Sehens, S. 113-147.

Baßler, Moritz/Gruber, Bettina/Wagner-Egelhaaf, Martina (Hg.): Gespenster. Erscheinungen – Medien – Theorien, Würzburg 2005.

Baumann, Zygmunt: Tod, Unsterblichkeit und andere Lebensstrategien, Frankfurt/M. 1994.

Bay, Hansjörg: »Als die Schwarzen die Weißen ermordeten. Nachbeben einer Erschütterung des europäischen Diskurses in Kleists ›Verlobung in St. Domingo‹«, in: Kleist-Jahrbuch 1998, Stuttgart 1998, S. 80-109.

Begemann, Christian: »Erhabene Natur. Zur Übertragung des Begriffs des Erhabenen auf Gegenstände der äußeren Natur in den deutschen Kunsttheorien des 18. Jahrhunderts«, in: Deutsche Vierteljahrsschrift für Literaturwissenschaft und Geistesgeschichte 58 (1984), S. 74-110.

Begemann, Christian: »Brentano und Kleist vor Friedrichs *Mönch am Meer*. Aspekte eines Umbruchs in der Geschichte der Wahrnehmung«, in: Deutsche Vierteljahrsschrift für Literaturwissenschaft und Geistesgeschichte 64 (1990), S. 54-95.

Begemann, Christian: Die Welt der Zeichen. Stifter-Lektüren, Stuttgart 1995.

Belting, Hans: Bild-Anthropologie, München 2001.

Benjamin, Walter: Das Kunstwerk im Zeitalter seiner technischen Reproduzierbarkeit. Drei Studien zur Kunstsoziologie. Frankfurt/M. 1977.

Benjamin, Walter: Das Passagen-Werk, hg. v. Rolf Tiedmann, Frankfurt/M. 1983.

Benthien, Claudia: Im Leibe wohnen. Literarische Imagologie und historische Anthropologie der Haut, Berlin 1998.

Benthien, Claudia: »Hand und Haut. Zur historischen Anthropologie von Tasten und Berührung«, in: Zeitschrift für Germanistik. Neue Folge 2 (1998), S. 335-345.

Benthien, Claudia/Krüger-Fürhoff, Irmela Marei (Hg.): Über Grenzen. Limitation und Transgression in Literatur und Ästhetik, Stuttgart 1999.

Berger, Christian-Paul: »...welch ein wundervoller Sternenhimmel in meinem Herzen...«. Adalbert Stifters Bild vom Kosmos, Wien u. a. 1996.

Bernheimer, Charles: Decadent Subjects. The Idea of Decadence in Art, Literature, Philosophy, and Culture of the Fin de Siècle, hg. v. T. Jefferson Kline und Naomi Schor, Baltimore/London 2002.

Bexte, Peter: »»I see, I am blind‹ – befleckte Formen der Wahrnehmung«, in: Trajekte. Zeitschrift des Zentrums für Literaturforschung Berlin, Jg. 6 (2005), Nr. 11, S. 35-41.

Bhabha, Homi K.: Die Verortung der Kultur, Tübingen 2000.

Blanchot, Maurice: Von Kafka zu Kafka, Frankfurt/M. 1993.

Blasberg, Cornelia: Erschriebene Tradition. Adalbert Stifter oder das Erzählen im Zeichen verlorener Geschichten, Freiburg 1998.

Bloom, Harold (Hg.): Edgar Allan Poe, New York 1985.

Blumenberg, Hans: Arbeit am Mythos. Frankfurt/M. 1984.

Boehm, Gottfried: »Sehen. Hermeneutische Reflexionen«, in: Konersmann, Ralf (Hg.): Kritik des Sehens, Leipzig 1999, S. 272-298.

Bohrer, Karl-Heinz: Das Erhabene nach dem Faschismus. Merkur. Deutsche Zeitschrift für europäisches Denken, Jg. 43 (1989), Heft 9/10.

Bolterauer, Alice: Ritual und Ritualität bei Adalbert Stifter, Wien 2005.

Böschenstein-Schäfer, Renate: Idylle, Stuttgart. 1977.

Breger, Claudia/Döring, Tobias: Figuren der/des Dritten. Erkundungen kultureller Zwischenräume, Köln 1998.

Breger, Claudia: »Mimikry als Grenzverwirrung«, in: Benthien, Claudia/Krüger-Fürhoff, Irmela Marei (Hg.): Über Grenzen, S. 176-206.

Brennan, Matthew C.: The Gothic Psyche. Disintegration and Growth in Nineteenth-Century English Literature, Columbia 1997.

Brentano, Clemens: »Verschiedene Empfindungen vor einer Seelandschaft von Friedrich, worauf ein Kapuziner«, in: Ders: Werke, Bd. 2, hg. v. Friedhelm Kemp, Darmstadt 1963, S. 1034-1038.

Brittnacher, Hans-Richard: Erschöpfung und Gewalt. Opferphantasien in der Literatur des Fin de siècle, Köln 2001.

Bronfen, Elisabeth: Nur über ihre Leiche. Tod, Weiblichkeit und Ästhetik, München 1992.

Bronfen, Elisabeth (Hg.): Die schöne Seele oder die Entdeckung der Weiblichkeit. Ein Lesebuch, München 1996.

Brors, Claudia: Anspruch und Abbruch. Untersuchungen zu Heinrich von Kleists Ästhetik des Rätselhaften, Würzburg 2002.

Brosch, Renate: Krisen des Sehens. Henry James und die Veränderung der Wahrnehmung im 19. Jahrhundert, Tübingen 2000.

Brown, Arthur: »Literature and the Impossibility of Death. Poes ›Berenice‹«, in: Nineteenth Century Literature 50/4 (1996), S. 448-463.

Brown, Gillian: »The Poetics of Extinction«, in: Rosenheim, Shawn/ Rachman, Stephen (Hg.): The American Face of Edgar Allan Poe, S. 330-344.

Brüggemann, Diethelm: Kleist. Die Magie: Der Findling – Michael Kohlhaas – Die Marquise von O. – Das Erdbeben in Chili – Die Verlobung in St. Domingo – Die heilige Cäcilie oder die Gewalt der Musik, Würzburg 2004.

Brüning, Ludger: Wirklichkeit als literarisches Problem. Voraussetzungen und Formen des Erzählens bei Adalbert Stifter, Münster 2005.

Bryson, Norman: Das Sehen und die Malerei. Die Logik des Blicks, München 2001.

Buddemeier, Heinz: Panorama, Diorama, Photographie. Entstehung und Wirkung neuer Medien im 19. Jahrhundert, München 1970.

Buhr, Gerhard: »Über den Anfang von Kleists Erzählung ›Das Bettelweib von Locarno‹«, in: Brandenburger Kleist-Blätter 10, hg. v. Roland Reuß und Peter Staengle, Basel/Frankfurt/M. 1997, S. 9-34.

Burke, Edmund: Philosophische Untersuchung über den Ursprung unserer Ideen vom Erhabenen und Schönen, hg. und eingeleitet v. Werner Strube, Hamburg 1989.

Butler, Judith: Körper von Gewicht. Die diskursiven Grenzen des Geschlechts, Berlin 1995.

Butler, Judith u. a. (Hg.): Konturen des Unentschiedenen, Basel 1997.

Butler, Judith: Haß spricht. Zur Politik des Performativen, Berlin 1998.

Catullus: Sämtliche Gedichte, München 1987.

Chilton, Paul A.: »Grenzsemantik«, in: Görner, Rüdiger/Kirkbright, Suzanne (Hg.): Nachdenken über Grenzen, S. 19-32.

Collmer, Thomas: Poe oder der Horror der Sprache, Augsburg 1999.

Crary, Jonathan: Techniken des Betrachters. Sehen und Moderne im 19. Jahrhundert, Dresden/Basel 1996.

Crary, Jonathan: Aufmerksamkeit. Wahrnehmung und moderne Kultur, Frankfurt/M. 2002.

Czucka, Eckehard: Emphatische Prosa, Stuttgart 1992.

Därmann, Iris: Tod und Bild. Eine phänomenologische Mediengeschichte, München 1995.

Danneberg, Lutz u. a. (Hg.): Wissen in Literatur im 19. Jahrhundert, Tübingen 2002.

Deleuze, Gilles/Guattari, Félix: Rhizom, Berlin 1977.

Deleuze, Gilles: Differenz und Wiederholung, München 1997.

Denneler, Iris: »»Denn nie besser ist der Mensch, als wenn er es recht innig fühlt, wie schlecht er ist««. Kleists Bankrotterklärung des Erhabenen«, in: Études germaniques 50 (1995), Nr. 4, S. 713-732.

Derrida, Jacques: »FORS«, in: Abraham, Nicholas/Torok, Maria (Hg.): Kryptonymie: das Verbarium des Wolfsmanns, Frankfurt/M. 1979.

Derrida, Jacques: »Titel (noch zu bestimmen). Titre (à préciser)«, in: Kittler, Friedrich A. (Hg.): Austreibung des Geistes aus den Geisteswissenschaften. Programme des Poststrukturalismus, Paderborn u. a. 1980.

Derrida, Jacques: Grammatologie, Frankfurt/M. 1983.

Derrida, Jacques: Randgänge der Philosophie, Wien 1988.

Derrida, Jacques: »Tympanon«, in: Ders.: Randgänge der Philosophie, S. 13-27.

Derrida, Jacques: »Signatur, Ereignis, Kontext«, in: Ders: Randgänge der Philosophie, S. 291-314.

Derrida, Jacques: »Die différance«, in: Ders.: Randgänge der Philosophie, S. 29-52.

Derrida, Jacques: Die Schrift und die Differenz, Frankfurt/M. 1992.

Derrida, Jacques: Die Wahrheit in der Malerei, hg. v. Peter Engelmann: Wien 1992.

Derrida, Jacques: »Den Tod geben«, in: Haverkamp, Anselm (Hg.): Gewalt und Gerechtigkeit. Derrida – Benjamin, Frankfurt/M. 1994, S. 331-445.

Derrida, Jacques: Aufzeichnungen eines Blinden. Das Selbstporträt und andere Ruinen, hg. v. Michael Wetzel, München 1997.

Derrida, Jacques: Marx' Gespenster. Der Staat der Schuld, die Trauerarbeit und die neue Internationale, Frankfurt/M. 2004.

Dewitz, Bodo von/Nekes, Werner (Hg.): Ich sehe was, was Du nicht siehst. Sehmaschinen und Bilderwelten. Die Sammlung Werner Nekes. Katalog der gleichnamigen Ausstellung, Göttingen 2002.

Didi-Huberman, Georges: Was wir sehen, blickt uns an. Zur Metapsychologie des Bildes, München 1999.

Drost, Wolfgang (Hg.): Fortschrittsglaube und Dekadenzbewusstsein im Europa des 19. Jahrhunderts. Literatur – Kunst – Kulturgeschichte, Heidelberg 1986.

Dünkelsbühler, Ulrike: Kritik der Rahmen-Vernunft. Parergon-Versionen nach Kant und Derrida, München 1991.

Duhamel, Roland u. a. (Hg.): Adalbert Stifters schrecklich schöne Welt. Beiträge des internationalen Kolloquiums zur Adalbert-Stifter-Ausstellung, Linz 1994.

Edgerton, Samuel Y.: Die Entdeckung der Perspektive, München 2002.

Ehlers, Monika: »Wer bist du? Performanz, Gewalt und Begehren in Kleists Erzählung Die Verlobung in St. Domingo«, in: Lezzi, Eva/ Ehlers, Monika/Schramm, Sandra: Fremdes Begehren. Transkulturelle Beziehungen in Literatur, Kunst und Medien, Köln 2003, S. 132-145.

Ehlers, Monika: »Das Weib erträgt den Himmel nicht« – Grenzwahrnehmungen in Stifters Condor«, in: Minden, Michael/Swales, Martin/Weiss-Sussex, Godela (Hg.): History, Text, Value, S. 152-165.

Eicher, Thomas (Hg.) unter Mitarbeit von Peter Sowa: Grenzüberschreitungen um 1900. Österreichische Literatur im Übergang, Oberhausen 2001.

Engelhardt, Dietrich v./Schneble, Hansjörg/Wolf, Peter: ›Das ist eine alte Krankheit‹. Epilepsie in der Literatur, Stuttgart 2000.

Enzinger, Moritz: Adalbert Stifters Studienjahre (1818-1830), Innsbruck 1950.

Enzinger, Moritz: »Die Welt der Sterne bei Adalbert Stifter«, in: Ders.: Gesammelte Aufsätze zu Adalbert Stifter, Wien 1967, S. 391-412.

Ernst, Jutta: Edgar Allan Poe und die Poetik des Arabesken, Würzburg 1996.

Erkkila, Betsy: »The Poetics of Whiteness. Poe and the Racial Imaginary«, in: Kennedy, J. Gerald/Weissberg, Liliane: Romancing the Shadow, S. 41-74.

Felman, Shoshana: »On Reading Poetry: Reflections on the Limits and Possibilites of Psychoanalytic Approaches«, in: Bloom, Harold (Hg.): Edgar Allan Poe, S. 119-139.

Finucci, Valeria/Brownlee, Kevin (Hg): Generation and Degeneration. Tropes of Reproduction in Literature and History from Antiquity through Early Modern Europe, Durham 2001.

Fischer, Bernd: A Companion to the Works of Heinrich von Kleist, Rochester/N.Y. 2003.

Fischer, Ludwig: »Perspektive und Rahmung. Zur Geschichte einer Konstruktion von ›Natur‹«, in: Segeberg, Harro (Hg.): Die Mobilisierung des Sehens, S. 69-96.

Fischer, Norbert: Geschichte des Todes in der Neuzeit, Erfurt 2001.

Fischer-Lichte, Erika u. a. (Hg.): Wahrnehmung und Medialität, Tübingen 2001.

Foucault, Michel: »Vorrede zur Überschreitung«, in: Seitter, Walter (Hg.): Von der Subversion des Wissens, München 1974, S. 32-53.

Foucault, Michel: Die Geburt der Klinik, Frankfurt/M. 1988.

Foucault, Michel: Überwachen und Strafen, Frankfurt/M.1989.

Foucault, Michel: »Andere Räume«, in: Barck, Karlheinz (Hg.): Aisthesis, S. 34-46.

Foucault, Michel: Die Ordnung der Dinge, Frankfurt/M. 1995.

Franklin Fisher, Benjamin: »Playful ›Germanism‹ in ›The House of Usher‹«, in: Thompson, G. R./Lokke, Virgil L. (Hg.): Ruined Eden of the Present: Hawthorne, Melville and Poe. Critical Essays in Honor of Darrel Abel, West Lafayette/Indiana 1982, S. 355-374.

Freedman, William: The Porous Sanctuary. Art and Anxiety in Poe's Short Fiction, New York. 2002.

Fronz, Hans-Dieter: Verfehlte und erfüllte Natur. Variationen über ein Thema im Werk Heinrich von Kleists, Freiburg i. Breisgau 1995.

Fülleborn, Ulrich/Engel, Manfred (Hg): Das neuzeitliche Ich in der Literatur des 18. und 20. Jahrhunderts. Zur Dialektik der Moderne. Ein internationales Symposion, München 1988.

Gebauer, Gunter/Wulf, Christoph: Mimesis. Kultur – Kunst – Gesellschaft, Reinbek bei Hamburg 2002.

Gennep, Arnold von: Übergangsriten, Frankfurt/M. 1986.

Geulen, Eva: Worthörig wider Willen. Darstellungsproblematik und Sprachreflexion in der Prosa Adalbert Stifters, München 1992.

Ginzburg, Carlo: »Familienähnlichkeiten und Stammbäume. Zwei kognitive Metaphern«, in: Parnes, Ohad/Vedder, Ulrike/Weigel, Sigrid, Willer, Stefan (Hg.): Generation. Zur Genealogie eines Konzepts – Konzepte der Genealogie, München 2005, S. 267-288.

Godau, Michèle: Wirkliche Wirklichkeit. Mythos und Ritual bei Adalbert Stifter und Hans Henny Jahnn, Würzburg 2005.

Goethe, Johann Wolfgang von: Granit II, in: Ders.: Sämtliche Werke. Briefe, Tagebücher und Gespräche, Bd. 25: Schriften zur allgemeinen Naturlehre, Geologie und Mineralogie, hg. v. Wolf von Engelhardt und Manfred Wenzel, Frankfurt/M. 1989, S. 312-316.

Goethe, Johann Wolfgang von: Zur Farbenlehre, in: Ders.: Sämtliche Werke. Briefe, Tagebücher und Gespräche, Bd. 23/1, hg. v. Manfred Wenzel, Frankfurt/M. 1991, S. 31-69.

Goethe, Johann Wolfgang von: Wilhelm Meisters Lehrjahre, in: Ders.: Sämtliche Werke. Briefe, Tagebücher und Gespräche, Bd. 9, hg. v. WilhelmVoßkamp und Herbert Jaumann unter Mitarbeit von Almuth Vosskamp, Frankfurt/M. 1992.

Gondek, Hans-Dieter/Widmer, Peter: Ethik und Psychoanalyse. Vom kategorischen Imperativ zum Gesetz des Begehrens: Kant und Lacan, Frankfurt/M. 1994.

Gondek, Hans-Dieter: »Vom Schönen, Guten, Wahren. Das Gesetz und das Erhabene bei Kant und Lacan«, in: Ders./Widmer, Peter (Hg.): Ethik und Psychoanalyse. Vom kategorischen Imperativ zum Gesetz des Begehrens. Kant und Lacan, Frankfurt/M. 1994, S. 133-168.

Görling, Reinhold: »Kleist und der Cyberspace«, in: Baßler, Moritz/ Gruber, Bettina/Wagner-Egelhaaf, Martina: Gespenster, S. 189-200.

Görner, Rüdiger/Kirkbright, Suzanne (Hg.): Nachdenken über Grenzen, München 1999.

Görner, Rüdiger: »Poetik der Grenze«, in: Görner, Rüdiger/Kirkbright, Suzanne: (Hg.): Nachdenken über Grenzen, S. 105-118.

Görner, Rüdiger: Grenzen, Schwellen, Übergänge. Zur Poetik des Transitorischen, Göttingen 2001.

Görner, Rüdiger: »›Der einsame Mittelpunkt im einsamen Kreis‹. Über Kleists Ästhetik«, in: Beiträge zur Kleist-Forschung, Bd. 15 (2001), S. 11-25.

Gottlob, Susanne: Stimme und Blick: zwischen Aufschub des Todes und Zeichen der Hingabe. Hölderlin – Carpaccio – Heiner Müller – Fra Angelico, Bielefeld 2002.

Gradmann, Stefan: Topographie/Text. Zur Funktion räumlicher Modellbildung in den Werken von Adalbert Stifter und Franz Kafka, Frankfurt/M. 1990.

Graevenitz, Gerhart von: Das Ornament des Blicks: über die Grundlagen des neuzeitlichen Sehens, die Poetik der Arabeske und Goethes ›West-östlichen Divan‹, Stuttgart 1994.

Graevenitz, Gerhart von: »Wissen und Sehen«, in: Danneberg, Lutz u. a. (Hg.): Wissen in Literatur im 19. Jahrhundert, S. 147-189.

Greiner, Bernhard: »›Die neueste Philosophie in dieses … Land verpflanzen‹. Kleists literarische Experimente mit Kant«, in: Kleist-Jahrbuch 1998, Stuttgart 1998, S. 176-208.

Greiner, Bernhard: Kleists Dramen und Erzählungen, Tübingen/Basel 2000.

Greiner, Bernhard: »Bildbeschreibung und ›Selbstsorge‹ – zwei Grenz-fälle: Kleists Essay *Empfindungen vor Friedrichs Seelandschaft* und das Kunstgespräch in Büchners *Lenz*«, in: Drügh, Heinz J./Moog-Grünewald, Maria (Hg.): Behext von Bildern? Ursachen, Funktionen und Perspektiven der textuellen Faszination durch Bilder, Heidelberg 2001, S. 87-100.

Gribnitz, Barbara: Schwarzes Mädchen, weißer Fremder: Studien zur Konstruktion von ›Rasse‹ und ›Geschlecht‹ in Heinrich von Kleists Erzählung ›Die Verlobung in St. Domingo‹, Würzburg 2002.

Groh, Ruth und Dieter: »Von den schrecklichen zu den erhabenen Bergen. Zur Entstehung ästhetischer Naturerfahrung«, in: Weber, Heinz-Dieter (Hg.): Vom Wandel des neuzeitlichen Naturbegriffs, S. 53-95.

Grondin, Jean: Kant zur Einführung, Hamburg 1994.

Gruber, Bettina/Plumpe Gerhard (Hg.): Romantik und Ästhetizismus. Festschrift für Paul Gerhard Klussmann, Würzburg 1999

Günzel, Klaus: Kleist. Ein Lebensbild in Briefen und zeitgenössischen Berichten, Stuttgart 1985.

Haas, Norbert/Nägele, Rainer/Rheinberger, Hans-Jörg (Hg.): Aufmerk-samkeit. Lichtensteiner Exkurse III, Eggingen 1998.

Haas, Rudolf: »Epilepsie als Symbol und Metapher in der Literatur«, in: Engelhardt, Dietrich v./Schneble, Hansjörg/Wolf, Peter: ›Das ist eine alte Krankheit‹, S. 37-49.

Hagner, Michael: Homo Cerebralis. Der Wandel vom Seelenorgan zum Gehirn, Darmstadt 1997.

Hagner, Michael: »Mikro-Anthropologie und Fotografie. Gustav Fritschs Haarspaltereien und die Klassifizierung der Rassen«, in: Geimer, Pe-ter (Hg.): Ordnungen der Sichtbarkeit. Fotografie in Wissenschaft, Technologie und Kunst, Frankfurt/ M. 2002, S. 252-285.

Hagner, Michael: »Psychophysiologie und Selbsterfahrung. Metamor-phosen des Schwindels und der Aufmerksamkeit im 19. Jahrhun-dert«, in: Assmann, Aleida/Assmann, Jan (Hg.): Aufmerksamkeiten, S. 241-263.

Hansen, Thomas S./Pollin, Burton R.: The German Face of Edgar Allan Poe. A Study of Literary References in His Works, Columbia 1995.

Hansen, Uffe: »Grenzen der Erkenntnis und unmittelbaren Schau. Hein-rich von Kleists Kant-Krise und Charles de Villers«, in: Deutsche Vierteljahrsschrift für Literaturwissenschaft und Geistesgeschichte, 79. Jg. (2005), Heft 3, S.433-471.

Haselstein, Ulla: »Arabeske/Allegorie. Zum Verhältnis von Bild und Text in E.A. Poes Erzählung *The Oval Portrait*«, in: Poetica Bd. 30 (1998), Nr. 3/4, S. 435-453.

Hauskeller, Michael (Hg.): Die Kunst der Wahrnehmung: Beiträge zu einer Philosophie der sinnlichen Erkenntnis, Zug 2003.

Haverkamp, Anselm/Lachmann, Renate (Hg.): Gedächtniskunst. Raum – Bild – Schrift. Studien zur Mnemotechnik, Frankfurt/M. 1991.

Haverkamp, Anselm (Hg.): Gewalt und Gerechtigkeit, Derrida – Benjamin, Frankfurt/M. 1994.

Haverkamp, Anselm: »Schwarz/Weiß. ›Othello‹ und ›Die Verlobung in St. Domingo‹«, in: Weimarer Beiträge 1 (1995), S. 397-409.

Hebbel, Friedrich: Das Komma im Frack, in: Ders.: Sämtliche Werke in zwölf Bänden, Bd. 10, hg. v. Hermann Krumm, Leipzig o. J., S. 77-80.

Heimböckel, Dieter: Emphatische Unaussprechlichkeit. Sprachkritik im Werk Heinrich von Kleists, Göttingen 2003.

Helmholtz, Hermann von: Schriften zur Erkenntnistheorie, hg. v. Ecke Bonk, Wien/New York 1998.

Hermes da Fonseca, Liselotte: »Disziplinierung der Gespenster. Grenzen einer Anthropologie des Museums-Menschen« in: Beier, Rosemarie (Hg.): Geschichtskultur in der Zweiten Moderne, Frankfurt/M. 2000, S. 239-262.

Hettche, Walter/John, Johannes/Steinsdorff, Sybille v. (Hg.): Stifter-Studien. Ein Festgeschenk für Wolfgang Frühwald zum 65. Geburtstag, Tübingen 2000.

Hinderer, Walter (Hg.): Kleists Erzählungen, Stuttgart 1998.

Hinderer, Walter: »Immanuel Kants Begriff der negativen Größen, Adam Müllers Lehre vom Gegensatz und Heinrich von Kleists Ästhetik der Negation«, in: Lubkoll, Christine/Oesterle, Günter (Hg.): Gewagte Experimente, S. 35-62.

Hinz, Sigrid: Caspar David Friedrich in Briefen und Bekenntnissen, München 1968.

Hoff, Dagmar von: Familiengeheimnisse. Inzest in Literatur und Film der Gegenwart, Köln 2003.

Hohnsträter, Dirk: »Im Zwischenraum. Ein Lob des Grenzgängers«, in: Benthien, Claudia/Krüger-Fürhoff, Irmela Marei (Hg.): Über Grenzen, S. 232-244.

Horn, Peter: Heinrich von Kleists Erzählungen. Eine Einführung, Königstein/Taunus 1978.

Howes, Craig: »Burke, Poe and ›Usher‹. The Sublime and Rising Woman«, in: ESQ. A Journal of the American Renaissance, Bd. 31 (1985), Heft 3, S. 173-189.

Humboldt, Alexander von: Über das Universum. Die Kosmosvorträge 1827/28 in der Berliner Singakademie, hg. v. Jürgen Hamel und

Klaus-Harro Tiemann in Zusammenarbeit mit Martin Pape, Frankfurt/M. 1993.

Hunfeld, Barbara: Der Blick ins All. Reflexionen des Kosmos der Zeichen bei Brockes, Jean Paul, Goethe und Stifter, Tübingen 2004.

Hustis, Harriet: »›Reading Encrypted But Persistent‹. The Gothic of Reading and Poe's ›The Fall of the House of Usher‹«, in: Studies in American Fiction, Bd. 27 (1999), Nr. 1, S. 3-20.

Ingensiep, Hans Werner: Geschichte der Pflanzenseele. Philosophische und biologische Entwürfe von der Antike bis zur Gegenwart, Stuttgart 2001.

Janz, Rolf-Peter: »Mit den Augen Kleists: Caspar David Friedrichs ›Mönch am Meer‹«, in: Kleist-Jahrbuch 2003, Stuttgart 2003, S. 137-148.

Jefferson, Thomas: Political Writings, hg. v. Joyce Appleby und Terence Ball, Cambridge 1999.

Johnson, Barbara: »The Frame of Reference: Poe, Lacan, Derrida«, in: Yale French Studies 55/56 (1977), S. 457-505.

Kant, Immanuel: Von den verschiedenen Rassen der Menschen, in: Kants gesammelte Schriften, hg. v. der Königlich Preußischen Akademie der Wissenschaften, Bd. II.: Vorkritische Schriften II. 1757-1777, Berlin 1912, S. 429-443.

Kant, Immanuel: Beobachtungen über das Gefühl des Schönen und Erhabenen, in: Kants gesammelte Schriften, hg. v. der Königlich Preußischen Akademie der Wissenschaften, Bd. II.: Vorkritische Schriften II. 1757-1777, Berlin 1912, S. 205-256.

Kant, Immanuel: Kritik der Urteilskraft. Werkausgabe, Bd. X, hg. v. Wilhelm Weischedel, Frankfurt/M. 1974.

Kant, Immanuel: Träume eines Geistersehers, Stuttgart 1976.

Kapp, Gabriele: ›Des Gedanken Senkblei‹. Studien zur Sprachauffassung Heinrich von Kleists 1799-1806, Stuttgart 2000.

Kemp, Wolfgang: »Die Kunst der Aufmerksamkeit«, in: Lubkoll, Christine (Hg.): Das Imaginäre des Fin de siècle, S. 241-257.

Kennedy, J. Gerald/Weissberg, Liliane (Hg.).: Romancing the Shadow. Poe and Race, Oxford 2001.

Kittler, Friedrich A. (Hg.): Austreibung des Geistes aus den Geisteswissenschaften. Programme des Poststrukturalismus, Paderborn u. a. 1980.

Kittler, Friedrich A.: Optische Medien, Berlin 2002.

Kleinspehn, Thomas: Der flüchtige Blick: Sehen und Identität in der Kultur der Neuzeit, Reinbek bei Hamburg 1991.

Kleist, Heinrich von: Brief an Wilhelmine von Zenge v. 16. August 1800, in: Ders.: Sämtliche Werke, BKA Bd. IV/1: Briefe 1: März

1793-April 1801, hg. v. Peter Staengle in Zusammenarbeit mit Roland Reuß, Basel u. a. 1996, S. 158-175.

Kleist, Heinrich von: Brief an Wilhelmine von Zenge v. 11. u. 12. September 1800, in: Ders.: Sämtliche Werke, BKA Bd. IV/1: Briefe 1: März 1793-April 1801, hg. v. Peter Staengle in Zusammenarbeit mit Roland Reuß, Basel u. a. 1996, S. 271-283.

Kleist, Heinrich von: Empfindungen vor Friedrichs Seelandschaft. Berliner Abendblätter, 12. Blatt, 13. Oktober 1810, in: Ders.: Sämtliche Werke, BKA Bd. II/7: Berliner Abendblätter I., hg. v. Roland Reuß und Peter Staengle, Basel u. a. 1996, S. 61-62.

Kleist, Heinrich von: Das Bettelweib von Locarno, in Ders.: Sämtliche Werke, BKA Bd. II/5, hg. v. Peter Staengle in Zusammenarbeit mit Roland Reuß, Basel u. a. 1997, S. 9-15.

Kleist, Heinrich von: Die Verlobung in St. Domingo, in: Ders.: Sämtliche Werke, BKA Bd. II/4,7, hg. v. Roland Reuß und Peter Staengle, Basel u. a. 1998, S. 7-91.

Kleist, Heinrich von: Sämtliche Werke und Briefe, 2 Bde., hg. v. Helmut Sembner, München 1984

Klüger, Ruth: »Freiheit, die ich meine: Fremdherrschaft in Kleists ›Hermannschlacht‹ und ›Verlobung in St. Domingo‹«, in: Dies.: Katastrophen. Über deutsche Literatur, Göttingen 1994, S. 133-162.

Konersmann, Ralf: Kritik des Sehens, Leipzig 1999.

Koschorke, Albrecht: »Das Panorama. Die Anfänge der modernen Sensomotorik um 1800«, in: Segeberg, Harro (Hg.): Die Mobilisierung des Sehens, S. 147-169.

Koschorke, Albrecht: Die Geschichte des Horizonts. Grenze und Grenzüberschreitung in literarischen Landschaftsbildern, Frankfurt/M. 1990.

Koslofsky, Craig: »Die Trennung der Lebenden von den Toten: Friedhofverlegungen und die Reformation in Leipzig 1536«, in: Oexle, Otto Gerhard (Hg.): Memoria als Kultur, S. 335-387.

Krämer, Sybille: »Sinnlichkeit, Denken, Medien: Von der ›Sinnlichkeit als Erkenntnisform‹ zur ›Sinnlichkeit als Performanz‹«, in: Kunst- und Ausstellungshalle der Bundesrepublik Deutschland GmbH (Hg.): Der Sinn der Sinne, Göttingen 1998, S. 24-39.

Krämer, Sybille (Hg.): Performativität und Medialität, München 2004.

Lacan, Jacques: Die vier Grundbegriffe der Psychoanalyse, hg. v. Norbert Haas und Hans-Joachim Metzger, Berlin 1987.

Lamping, Dieter: Über Grenzen. Eine literarische Topographie, Göttingen 2001.

Landfester, Ulrike: »Das Bettelweib von Locarno«, in: Hinderer, Walter (Hg.) Kleists Erzählungen, S. 141-154.

Langen, August: Anschauungsformen in der deutschen Dichtung des 18. Jahrhunderts (Rahmenschau und Rationalismus), Jena 1934.

Langen, August: »Zur Lichtsymbolik der deutschen Romantik«, in: Ders.: Gesammelte Studien zur Neueren Deutschen Sprache und Literatur, hg. v. Karl Richter u. a., Berlin 1978, S. 238-273.

Laufhütte, Hartmut/Möseneder, Karl (Hg.): Adalbert Stifter. Dichter und Maler, Denkmalpfleger und Schulmann: neue Zugänge zu seinem Werk, Tübingen 1996.

Laufhütte, Hartmut: »Das sanfte Gesetz und der Abgrund. Zu den Grundlagen der Stifterschen Dichtung ›aus dem Geist der Naturwissenschaft‹«, in: Hettche, Walter/John, Johannes/Steinsdorff, Sybille v. (Hg.): Stifter-Studien, S. 61-74.

Lee, Maurice S.: »Absolute Poe: His System of Transcendental Racism«, in: American Literature. A Journal of Literary History, Criticism, and Bibliography, Bd. 75 (2003), Nr. 4, S. 751-781.

Lehmann, Hans-Thies: »Das Erhabene ist das Unheimliche. Zur Theorie einer Kunst des Ereignisses«, in: Bohrer, Karl-Heinz: Das Erhabene nach dem Faschismus, S. 751-764.

Le Rider, Jacques: Das Ende der Illusion. Die Wiener Moderne und die Krisen der Identität, Wien 1990.

Lévinas, Emmanuel: Die Spur des Anderen. Untersuchungen zur Phänomenologie und Sozialphilosophie, Freiburg/München 1992

Lewin, Harry: The Power of Blackness. Hawthorne, Poe, Melville, New York 1958.

Link-Heer, Ursula: »›Le mal a marché trop vite‹. Fortschritts- und Dekadenzbewußtsein im Spiegel des Nervösitäts-Syndroms«, in: Drost, Wolfgang (Hg.): Fortschrittsglaube und Dekadenzbewußtsein im Europa des 19. Jahrhunderts, S. 45-63.

Lovell, Bernarnd: Das unendliche Weltall. Geschichte der Kosmologie von der Antike bis zur Gegenwart, München 1983.

Loster-Schneider, Gudrun: »Von Amphibien und Zwittern, Mannweibern und Mauleseln: nationalkulturelle und sexuelle Hybridität in Heinrich von Kleists ›Die Verlobung in St. Domingo‹«, in: Dies. (Hg.): Geschlecht – Literatur – Geschichte Bd. 2, St. Ingbert 2003, S. 53-77.

Lubkoll, Christine/Oesterle, Günter (Hg.): Gewagte Experimente und kühne Konstellationen. Kleists Werk zwischen Klassizismus und Romantik, Würzburg 2001

Lubkoll, Christine: »Soziale Experimente und ästhetische Ordnung. Kleists Literaturkonzept im Spannungsfeld von Klassizismus und Romantik«, in: Dies./Oesterle, Günter (Hg.): Gewagte Experimente, S. 119-135.

Lubkoll, Christine (Hg.): Das Imaginäre des Fin de siècle. Ein Symposion für Gerhard Neumann, Freiburg i. Breisgau 2002.

Lützeler, Paul Michael/Pan, David (Hg.): Kleists Erzählungen und Dramen. Neue Studien, Würzburg 2001.

Lützeler, Paul Michael: »Verführung und Missionierung. Zu den Exempeln in *Die Verlobung in St. Domingo*«, in: Ders./Pan, David (Hg.): Kleists Erzählungen und Dramen, S. 35-48.

Lyotard, Jean-Francois: Die Analytik des Erhabenen. Kant-Lektionen, München 1994.

Marquardt, Hans-Jochen: »Heinrich von Kleist – die Geburt der Moderne aus dem Geiste ›neuer Aufklärung‹«, in: Mehigan, Tim (Hg.): Heinrich von Kleist und die Aufklärung, S. 22-45.

Marx, Stefanie: Beispiele des Beispiellosen. Heinrich von Kleists Erzählungen ohne Moral, Würzburg 1994

Matz, Wolfgang: Gewalt des Gewordenen, Graz 2005.

Mautz, Kurt: »Natur und Gesellschaft in Stifters ›Condor‹«, in: Arntzen, Helmut u. a. (Hg.): Literaturwissenschaft und Geschichtsphilosophie. Festschrift für Wilhelm Emrich, Berlin u. a. 1975, S. 406-435.

McGill, Meredith L.: »Poe, Literary Nationalism, and Authorical Identity«, in: Rosenheim, Shawn/Rachmann, Stephen (Hg.): The American Face of Edgar Allan Poe, S. 271-304.

Mehigan, Tim (Hg.): Heinrich von Kleist und die Aufklärung, Rochester N.Y. 2000.

Mehigan, Tim: »Kleist, Kant und die Aufklärung«, in: Ders. (Hg.): Heinrich von Kleist und die Aufklärung, S. 3-21.

Menke, Bettine: »Das NachLeben im Zitat«, in: Haverkamp, Anselm/Lachmann, Renate (Hg.): Gedächtniskunst. Raum – Bild – Schrift, S. 74-110.

Menke, Bettine: »Rahmen und Desintegration. Die Ordnung der Sichtbarkeit, der Bilder und der Geschlechter. Zu Stifters ›Der Condor‹«, in: Weimarer Beiträge. Zeitschrift für Literaturwissenschaft, Ästhetik und Kulturwissenschaft, Jg. 44 (1998), Heft 3, S. 325-363.

Menninghaus, Winfried: »Ekel. Vom negativen Definitionsmodell des Ästhetischen zum ›Ding an sich‹«, in: Stockhammer, Robert (Hg.): Grenzwerte des Ästhetischen, S.44-57.

Merleau-Ponty, Maurice: Das Primat der Wahrnehmung, hg. und mit einem Nachwort versehen v. Lambert Wiesing, Frankfurt/M. 2003.

Meyring, Christoph: Verfügung in die Schrift: Un-fug. Zu Kleists Erzählung ›Das Bettelweib von Locarno‹, Hannover 2005.

Minden, Michael/Swales, Martin/Weiss-Sussex, Godela (Hg.): History, Text, Value. Essays on Adalbert Stifter. Londoner Symposion 2003

(Jahrbuch des Adalbert-Stifter-Institutes des Landes Oberösterreich, Bd. 11), Linz 2006.

Morrison, Toni: Im Dunkeln spielen, Reinbek 1998.

Moser, Christian: Verfehlte Gefühle. Wissen – Begehren – Darstellen bei Kleist und Rousseau, Würzburg 1993.

Mosse, George L.: Die Geschichte des Rassismus in Europa, Frankfurt/M. 1990.

Naumann-Beyer, Waltraud: Anatomie der Sinne im Spiegel von Philosophie, Ästhetik und Literatur, Köln u. a. 2003.

Navarette, Susan J.: The Shape of Fear. Horror and the Fin de Siècle Culture of Decadence, Lexington/Kentucky 1998.

Neumann, Gerhard: »Rede, damit ich dich sehe«, in: Fülleborn, Ulrich/Engel, Manfred (Hg): Das neuzeitliche Ich in der Literatur des 18. und 20. Jahrhunderts, S. 71-108.

Neumann, Gerhard: »Das Stocken der Sprache und das Straucheln des Körpers. Umrisse von Kleists kultureller Anthropologie«, in: Ders.: Heinrich von Kleist. Kriegsfall – Rechtsfall – Sündenfall, Freiburg i. Breisgau 1994, S. 13-30.

Neumann, Gerhard: »Die Verlobung in St. Domingo. Zum Problem literarischer Mimesis im Werk Heinrich von Kleists«, in: Lubkoll, Christine/Oesterle, Günter (Hg.): Gewagte Experimente, S. 93-117.

Neumann, Gerhard: »›Zuversicht‹. Adalbert Stifters Schicksalskonzept zwischen Novellistik und Autobiographie«, in: Hettche, Walter/John, Johannes/Steinsdorff, Sybille v. (Hg.): Stifter-Studien, S. 162-187.

Neumann, Gerhard/Warning, Rainer (Hg.): Transgressionen. Literatur als Ethnographie, Freiburg i. Breisgau 2003.

Nibbrig, Christiaan L. Hart: Übergänge. Versuch in sechs Anläufen, Frankfurt/M. 1995.

Nibbrig, Christiaan L. Hart: Geisterstimmen. Echoraum Literatur, Weilerswirst 2001

Oettermann, Stephan: Das Panorama. Geschichte eines Massenmediums, Frankfurt/M. 1983.

Oexle, Otto Gerhard (Hg.): Memoria als Kultur, Göttingen 1995.

Pache, Walter: Degeneration/Regeneration. Beiträge zur Literatur- und Kulturgeschichte zwischen Dekadenz und Moderne, Würzburg 2000.

Panofsky, Erwin: »Die Perspektive als symbolische Form«, in: Ders.: Aufsätze zu Grundfragen der Kunstwissenschaft, hg. v. Hariolf Oberer und Egon Verheyen, Berlin 1993, S. 99-167.

Paul, Jean: Blumen-, Frucht- und Dornenstücke (Siebenkäs), in Ders.: Sämtliche Werke. Historisch-Kritische Ausgabe, 1. Abt., Bd. 6, hg. v. Kurt Schreinert, Weimar 1928.

Paul, Jean: Titan, in: Ders.: Sämtliche Werke. Historisch-Kritische Ausgabe, 1. Abt., Bd. 8, hg. v. Eduard Berend, Weimar 1933.

Person, Leland S.: »Poe's Philosophy of Amalgamation. Reading Racism in the Tales«, in: Kennedy, J. Gerald/Weissberg, Liliane (Hg.): Romancing the Shadow, S. 205-224.

Pfotenhauer, Helmut: »Kleists Rede über Bilder und in Bildern. Briefe, Bildkommentare, erste literarische Werke«, in: Kleist-Jahrbuch 1997, Stuttgart 1997, S. 126-148.

Pfotenhauer, Helmut: »Bild und Schrift. Zur Funktion von Medienwechseln in der realistischen Literatur. Stifter, Keller«, in: Jürgen Barkhoff u.a (Hg.): Das schwierige neunzehnte Jahrhundert, S. 207-217.

Plinius: Natural History, Bd. IX, Buch 35, hg. v. H. Rackham, London 1961 [1952].

Poe, Edgar Allan: The Oval Portrait, in: Ders.: The Complete Works of Edgar Allan Poe, Bd. IV, hg. v. James A. Harrison, New York 1902, S. 245-249.

Poe, Edgar Allan: Berenice, in: Ders.: The Complete Works of Edgar Allan Poe, Bd. II., hg. v. James A. Harrison, New York 1902, S. 16-26.

Poe, Edgar Allan: The Fall of the House of Usher, in Ders.: The Complete Works of Edgar Allan Poe, Bd. III., hg. v. James A. Harrison, New York 1902, S. 273-297.

Poe, Edgar Allan: The Philosophy of Composition, in: Ders.: The Complete Works of Edgar Allan Poe, Bd. XIV, hg. v. James Harrison, New York 1902, S. 193-208.

Poe, Edgar Allan: The Poetic Principle, in: The Complete Works of Edgar Allan Poe, Bd. XIV, hg. v. James Harrison, New York 1902, S. 266-292.

Poe, Edgar Allan: The Domain of Arnheim, in: The Complete Works of Edgar Allan Poe, Bd. VI., hg. v. James Harrison, New York 1902, 176-196.

Poe, Edgar Allan: To Helen, in: Ders.: The Complete Works of Edgar Allan Poe, Bd. VII., hg. v. James Harrison, New York 1902, S. 107-108.

Poe, Edgar Allan: Letter to Thomas Willis White, 30. April 1835, in: J. W. Ostrom (Hg.): Letters of Edgar Allan Poe, Ann Arbor 1966, S. 67.

Poe, Edgar Allan: Das gesamte Werk in zehn Bänden, hg. v. Kuno Schumann und Hans Dieter Müller, Herrsching 1980.

Poe, Edgar Allan: Preface. Tales of the Grotesque and the Arabesque, in: Ders.: Poetry and Tales, hg. v. Patrick F. Quinn, New York 1984.

Pollock, Michael: Rassenwahn und Wissenschaft, Frankfurt/M 1990.

Pries, Christine (Hg): Das Erhabene. Zwischen Grenzerfahrung und Größenwahn, Weinheim 1989.

Pries, Christine: Übergänge ohne Brücken. Kants Erhabenes zwischen Kritik und Metaphysik, Berlin 1996.

Regnault, E.: Das gerichtliche Urtheil der Ärzte über zweifelhafte psychische Zustände insbesondere über die sogenannte Monomanie, Köln 1830.

Reulecke, Ann-Kathrin: Geschriebene Bilder, München 2002.

Reuß, Roland:»Die Verlobung in St. Domingo‹ – eine Einführung in Kleists Erzählen«, in: Berliner Kleist-Blätter 1 (1998), S. 3-45.

Rosenheim, Shawn/Rachman, Stephen: The American Face of Edgar Allan Poe, Baltimore 1995.

Rossell, Deac:»Die Laterna Magica«, in: Dewitz, Bodo v./Nekes, Werner (Hg.): Ich sehe was, was Du nicht siehst, S. 134-145.

Roth, Günter D.:»Das neue Bild der Milchstraße. Sir William Herschel, der Astronom des Königs«, in: Schulz, Uwe (Hg.): Scheibe, Kugel, Schwarzes Loch. Die wissenschaftliche Eroberung des Kosmos, München 1990, S. 198-208.

Saul, Nicholas u. a. (Hg.): Schwellen. Germanistische Erkundungen einer Metapher, Würzburg 1999.

Saul, Nicholas:»Body, Language, and Body Language: Thresholds in Heinrich von Kleist«, in: Ders. u. a.: Schwellen, S. 316-332.

Schaaf, Larry J.:»Camera Obscura und Camera Lucida. Bild und Vorstellung vor Erfindung der Photographie«, in: Dewitz, Bodo v./Nekes, Werner (Hg.): Ich sehe was, was Du nicht siehst, S. 48-53.

Schiffermüller, Isolde: Buchstäblichkeit und Bildlichkeit bei Adalbert Stifter. Dekonstruktive Lektüren, Wien 1996.

Schiller, Friedrich: Über das Erhabene, in: Ders.: Schillers Werke, Bd. 21/2, hg. v. Benno von Wiese unter Mitwirkung von Helmut Koopmann, Weimar 1963, S. 38-54.

Schiller, Friedrich: Vom Erhabenen. Zur weiteren Ausführung einiger Kantischen Ideen, in: Ders.: Schillers Werke, Bd. 20/1: Philosophische Schriften, hg. v. Benno von Wiese unter Mitwirkung von Helmut Koopmann, Weimar 1962, S. 171-195.

Schinkel, Eckhard: ›Süßer Traum der Poeten‹: der Freiballon. Zu den Möglichkeiten und Grenzen der Motivuntersuchung, Frankfurt/M. 1985.

Schinkel, Eckhard:»Der Freiballon in der Literatur. Aspekte der Darstellung und Deutung«, in: Segeberg, Harro (Hg.): Technik in der Literatur, Frankfurt/M. 1987, S. 233-268.

Schmeiser, Leonhard: Die Erfindung der Zentralperspektive und die Entstehung der neuzeitlichen Wissenschaft, München 2002.

Schmicking, Daniel: Hören und Klang: empirisch-phänomenologische Untersuchungen, Würzburg 2003.

Schmidt, Harald: Melancholie und Landschaft. Die psychotische und ästhetische Struktur der Naturschilderungen in Georg Büchners ›Lenz‹, Opladen 1994.

Schmidt, Sabine: Das domestizierte Subjekt. Subjektkonstitution und Genderdiskurs in ausgewählten Werken Adalbert Stifters, Mannheim 2004.

Schmitz-Emans, Monika: »Gespenstische Rede«, in: Baßler, Moritz/Gruber, Bettina/Wagner-Egelhaaf, Martina (Hg.): Gespenster, S. 229-251.

Schnackertz, Hermann Josef: Edgar Allan Poe und die Wissenschaften seiner Zeit, Wolnzach 1999.

Schneble, Hansjörg: »Das epilepsiekranke Kind in der Literatur«, in: Engelhardt, Dietrich v./Schneble, Hansjörg/Wolf, Peter: ›Das ist eine alte Krankheit‹, S. 77-99.

Schneble, Hansjörg: »Epilepsie und Prophetie in der Literatur«, in: Engelhardt, Dietrich v./Schneble, Hansjörg/Wolf, Peter: ›Das ist eine alte Krankheit‹, S. 123-139.

Schoenborn, Peter A.: Adalbert Stifter. Sein Leben und Werk, Bern 1992.

Schuller, Marianne: »Literarische Szenerien und ihre Schatten. Orte des ›Weiblichen‹ in literarischer Produktion«, in: Dies.: Im Unterschied. Lesen. Korrespondieren. Adressieren, Frankfurt/M. 1990, S. 47-64.

Schuller, Marianne: Moderne. Verluste. Literarischer Prozeß und Wissen, Frankfurt/M. 1997.

Schuller, Marianne: »Wissen-Rassismus. Zu Darwin und Virchow«, in: Dies.: Moderne. Verluste, S. 61-74

Schuller, Marianne: »Ur-Sprung. Kleists Erzählung Der Findling«, in: Dies.: Moderne. Verluste, S. 9-60.

Schuller, Marianne/Reiche, Claudia/Schmidt, Gunnar (Hg.): BildKörper. Verwandlungen des Menschen zwischen Medium und Medizin, Hamburg 1998.

Schuller, Marianne: »Verpassen des Geschlechts. Kleists ›Die Verlobung in St. Domingo‹. Lektüre und literaturwissenschaftliche Reflexion«, in: Gruber, Bettina/Plumpe, Gerhard (Hg.): Romantik und Ästhetizismus, S. 289-296.

Schuller, Marianne: »Das Kleine der Literatur. Stifters Autobiographie«, in: Dies./Schmidt, Gunnar: Mikrologien. Literarische und philosophische Figuren des Kleinen, Bielefeld 2003, S. 77-89.

Schuller, Marianne/Müller-Schöll, Nikolaus (Hg.) unter Mitarbeit von Susanne Gottlob: Kleist lesen, Bielefeld 2003.

Schwarztrauber, Helmut: Fiktion der Fiktion. Begründungen und Bewahrung des Erzählens durch theoretische Selbstreflexion im Werk N. Hawthornes und E. A. Poes, Heidelberg 2000.

Seeba, Hinrich C.:»Paukenschlag der Wahrheit. Hören und Sehen in Kleists epistomologischer Poetik«, in: Beiträge zur Kleist-Forschung, Bd. 16 (2002), S. 155-173.

Segeberg, Harro (Hg.): Die Mobilisierung des Sehens. Zur Vor- und Frühgeschichte des Films in Literatur und Kunst. Mediengeschichte des Films, Bd. 1, München 1996.

Seger, Daniel Tobias:»Jenseits der Rahmen. Stifters Verzeichnung des Erhabenen«, in: Weimarer Beiträge, Jg. 48 (2002), Heft 2, S. 290-296.

Sehsucht. Das Panorama als Massenunterhaltung des 19. Jahrhunderts, hg. v. der Kunst- und Ausstellungshalle der Bundesrepublik Deutschland, Bonn 1993.

Sehsucht. Über die Veränderung der visuellen Wahrnehmung, hg. v. der Kunst- und Ausstellungshalle der Bundesrepublik Deutschland, München 1995.

Seidenfuß, Birgit: ›Dass wirdt also die Geometrische Perspektiv genandt‹: deutschsprachige Perspektivtraktate des 16. Jahrhunderts, Weimar 2006.

Selge, Martin: Adalbert Stifter. Poesie aus dem Geist der Naturwissenschaft, Stuttgart 1976.

Sembner, Helmut (Hg.): Heinrich von Kleists Nachruhm. Eine Wirkungsgeschichte in Dokumentation, München 1977.

Seshadri-Crooks, Kalpana: Desiring Whiteness. A Lacanian Analysis of Race, London 2000.

Shakespeare, William: Romeo und Julia, Stuttgart 1988.

Shakespeare, William: Hamlet, Stuttgart 2001.

Showalter, Elaine: Sexual Anarchy. Gender and Culture at the Fin de Siècle, London 1991.

Silverman, Kaja: The Threshold of the Visible World, New York/London 1996.

Silverman, Kaja:»Der Blick«, in: Butler, Judith u. a.(Hg.): Konturen des Unentschiedenen, Basel 1997, S. 239-255

Stadler, Ulrich: Der technisierte Blick: Optische Instrumente und der Status von Literatur; ein kunsthistorisches Museum, Würzburg 2003.

Stephan, Inge: Inszenierte Weiblichkeit. Codierung der Geschlechter in der Literatur des 18. Jahrhunderts, Köln 2004.

Sternberger, Dolf: Panorama oder Ansichten vom 19. Jahrhundert, Frankfurt/M. 1974.

Stifter, Adalbert: Aus dem bairischen Walde, in: Ders.: Sämmtliche Werke in 25 Bänden, Bd. 15, hg. v. Gustav Wilhelm, Reichenberg 1935, 321-353.

Stifter, Adalbert: Die Sonnenfinsterniß am 8. Juli 1842, in: Ders.: Sämmtliche Werke in 25 Bänden, Bd. 15, hg. v. Gustav Wilhelm, Reichenberg 1935, S. 5-16.

Stifter; Adalbert: Winterbriefe aus Kirchschlag, in: Ders.: Sämmtliche Werke in 25 Bänden, Bd. 15, hg, v. Gustav Wilhelm, Reichenberg 1935, S. 257-284.

Stifter, Adalbert: Brief an Adolf Freiherrn von Kriegs-Au, Linz 8. Februar 1867, in: Ders.: Die Mappe meines Urgroßvaters. Schilderungen. Briefe, München 1954, S. 898-899.

Stifter, Adalbert: Der Condor, in: Ders.: Werke und Briefe. Historisch-Kritische Gesamtausgabe, Band 1,4, hg. v. Alfred Doppler und Wolfgang Frühwald, Stuttgart u. a. 1980, S. 17-41.

Stifter, Adalbert: Vorrede zu ›Bunte Steine‹, in: Ders.: Werke und Briefe. Historisch-Kritische Gesamtausgabe, Band 2,2, hg. v. Alfred Doppler und Wolfgang Frühwald, Stuttgart u. a. 1982, S. 9-16.

Stifter, Adalbert: Ein Gang durch die Katakomben, in: Ders.: Werke und Briefe. Historisch-Kritische Gesamtausgabe, Band 9,1, hg. v. Alfred Doppler und Wolfgang Frühwald, Stuttgart u. a. 2005, S. 49-62.

Stockhammer, Robert (Hg.): Grenzwerte des Ästhetischen, Frankfurt/M. 2002.

Strässle, Urs: Heinrich von Kleist. Die keilförmige Vernunft, Würzburg 2002.

Tatlock, Lynne/Loewenstein, Joseph: Wer da? The Displaced *Bettelweib von Locarno,* in: Lützeler, Paul Michael/Pan, David (Hg.): Kleists Erzählungen und Dramen, S. 61-75.

Tellenbach, Hubertus: Schwermut, Wahn und Fallsucht in der abendländischen Dichtung, Stuttgart 1992.

Theweleit, Klaus: Männerphantasien 1: Frauen, Fluten, Körper, Geschichte, Reinbek bei Hamburg, 1993.

Theye, Thomas: Der geraubte Schatten. Photographie als ethnographisches Dokument, München/Luzern 1990.

Timmerman, John H.: »The House of Mirrors: Edgar Allan Poe's ›The Fall of the House of Usher‹«, in: Papers on Language and Literature 39 (2003), Nr. 3, S. 227-244.

Tombleson, Gary E.: »Poe's ›The Fall of the House of Usher‹ as Archetypal Gothic: Literary and Architectual Analogs of Cosmic Unity«, in: Nineteenth-Century Contexts 12 (1988), S. 83-106.

Uerlings, Herbert: Poetiken der Interkulturalität. Haiti bei Kleist, Seghers, Müller, Buch und Fichte, Tübingen 1997.

Uerlings, Herbert: »Preußen in Haiti? Zur interkulturellen Begegnung in Kleists ›Verlobung in St. Domingo‹«, in: Kleist-Jahrbuch 1991, Stuttgart 1991, S. 185-201.

Utz, Peter: Das Auge und das Ohr im Text. Literarische Sinneswahrnehmung in der Goethezeit, München 1990.

Vedder, Ulrike: »Erbschaft und Gabe, Schriften und Plunder. Stifters testamentarische Schreibweise«, in: Michael Minden/Swales, Martin/Weiss-Sussex, Godela(Hg.): History, Text, Value, S. 22-34.

Vietta, Silvio: Die vollendete Speculation führt zur Natur zurück. Natur und Ästhetik, Leipzig 1995.

Voller, Jack: »The Power of Terror. Burke and Kant in the House of Usher«, in: Poe Studies, Bd. 21 (1988), Heft 2, S. 27-35.

Wade, Nicholas J./Michael Swanston: Visual Perception. An Introduction, Londen 1991.

Wade, Nicholas: A Natural History of Vision, Cambridge, Mass. 1998.

Wagner, Monika: »Das Problem der Moderne«, in: Dies. (Hg.) in Zusammenarbeit mit Franz-Joachim Verspohl und Hubertus Gaßner: Moderne Kunst. Das Funkkolleg zum Verständnis der Gegenwartskunst, 1997, S. 15-29.

Waldenfels, Bernhard: Ordnung im Zwielicht, Frankfurt/M. 1987.

Waldenfels, Bernhard: Der Stachel des Fremden, Frankfurt/M. 1990.

Waldenfels, Bernhard: Sinnesschwellen. Studien zur Phänomenologie des Fremden 3, Frankfurt/M. 1999.

Waldenfels, Bernhard: Phänomenologie der Aufmerksamkeit, Frankfurt/M. 2004.

Weber, Alfred/Grandel, Hartmut: Geschichte und Fiktion: Amerikanische Prosa im 19. Jahrhundert, Göttingen 1972.

Weber; Hans-Dieter (Hg.): Vom Wandel des neuzeitlichen Naturbegriffs, Konstanz 1989.

Weber, Samuel M.: Rückkehr zu Freud. Jacques Lacans Ent-stellung der Psychoanalyse, Frankfurt/M. 1978.

Wedekind, Marina: Wiederholen – Beharren – Auslöschen, Heidelberg 2005.

Weigel, Sigrid: »Der Körper am Kreuzpunkt von Liebesgeschichte und Rassendiskurs in Heinrich von Kleists Erzählung ›Die Verlobung in St. Domingo‹«, in: Kleist-Jahrbuch 1988, Berlin 1988, S. 202-217.

Weissberg, Liliane: Edgar Allan Poe, Stuttgart 1991.

Weissberg, Liliane: Geistersprache. Philosophischer und literarischer Diskurs im späten achtzehnten Jahrhundert, Würzburg 1995.

Weissberg, Liliane: »Das starre Subjekt, das bewegliche Auge. Zur Geburt des ›realistischen‹ Blicks«, in: Danneberg, Lutz u. a. (Hg.): Wissen in Literatur, S. 127-146.

Weissrock, Katharina: Götterblick und Zaubermacht. Auge, Blick und Wahrnehmung in Aufklärung und Romanik, Opladen 1990.

Weller, Claudia Ella: Zwischen Schwarz und Weiß im selbstreferentiellen Werk von Edgar Allan Poe und Raymond Roussel, Frankfurt/M. 2001.

Welsh, Caroline: Hirnhöhlenpoetiken. Theorien zur Wahrnehmung in Wissenschaft, Ästhetik und Literatur um 1900, Freiburg 2003.

Welsh, Caroline/Dongowski, Christina/Lulé, Susanna (Hg.): Sinne und Verstand. Ästhetische Modellierungen der Wahrnehmung um 1800, Würzburg 2002.

Wetzel, Michael: Die Wahrheit nach der Malerei, München 1997.

Wiesing, Lambert: Philosophie der Wahrnehmung. Modelle und Reflexionen, Frankfurt/M. 2002.

Wilbur, Richard: »The House of Poe«, in: Bloom, Harold (Hg.): Edgar Allan Poe, S. 51-69.

Young, Robert: Colonial Desire. Hybridity in Theory, Culture and Race, London 1995.

Zantop, Susanne: »Verlobung, Hochzeit und Scheidung in San Domingo: Die Haitianische Revolution in zeitgenössischer deutscher Literatur (1792-1817)«, in: Bauschinger, Sigrid/Cocalis, Susan L. (Hg.): Neue Welt/Dritte Welt. Interkulturelle Beziehungen Deutschlands zu Lateinamerika und der Karibik, Tübingen 1994, S. 29-52.

Zapf, Hubert (Hg.) unter Mitarbeit von Helmbrecht Breining: Amerikanische Literaturgeschichte, Stuttgart 1997.

Zeeb, Ekkehard: Die Unlesbarkeit der Welt und die Lesbarkeit der Texte. Ausschreitungen des Rahmens der Literatur in den Schriften Heinrich von Kleists, Würzburg 1995.

Zelle, Carsten: Angenehmes Grauen. Literaturhistorische Beiträge zur Ästhetik des Schrecklichen im achtzehnten Jahrhundert, Hamburg 1987.

Zeuch, Ulrike: Umkehr der Sinneshierarchien. Herder und die Aufwertung des Tastsinns seit der frühen Neuzeit, Tübingen 2000.

Žižek, Slavoj: Liebe Dein Symptom wie Dich selbst! Jacques Lacans Psychoanalyse und die Medien, Berlin 1991.

Zumbach, Frank T.: E. A. Poe. Eine Biographie, Düsseldorf 1999.

Lettre

Eva Erdmann
Vom Klein-Sein
Perspektiven der Kindheit in
Literatur und Film
November 2007, ca. 200 Seiten,
kart., ca. 24,80 €,
ISBN: 978-3-89942-583-3

Monika Ehlers
Grenzwahrnehmungen
Poetiken des Übergangs in der
Literatur des 19. Jahrhunderts.
Kleist – Stifter – Poe
Oktober 2007, 256 Seiten,
kart., 29,80 €,
ISBN: 978-3-89942-760-8

Stefan Tigges (Hg.)
**Dramatische
Transformationen**
Zu gegenwärtigen Schreib- und
Aufführungsstrategien im
deutschsprachigen Theater
Oktober 2007, ca. 328 Seiten,
kart., ca. 30,80 €,
ISBN: 978-3-89942-512-3

Christina Burbaum
Vom Nutzen der Poesie
Zur biografischen und
kommunikativen Aneignung
von Gedichten.
Eine empirische Studie
September 2007, 374 Seiten,
kart., 35,80 €,
ISBN: 978-3-89942-770-7

Arne Höcker,
Oliver Simons (Hg.)
Kafkas Institutionen
September 2007, 328 Seiten,
kart., 29,80 €,
ISBN: 978-3-89942-508-6

Stefan Hofer
Die Ökologie der Literatur
Eine systemtheoretische
Annäherung. Mit einer Studie
zu Werken Peter Handkes
September 2007, 322 Seiten,
kart., 32,80 €,
ISBN: 978-3-89942-753-0

Ulrike Bergermann,
Elisabeth Strowick (Hg.)
Weiterlesen
Literatur und Wissen
September 2007, 332 Seiten,
kart., 29,80 €,
ISBN: 978-3-89942-606-9

Margret Karsch
**»das Dennoch jedes
Buchstabens«**
Hilde Domins Gedichte
im Diskurs um Lyrik
nach Auschwitz
August 2007, 388 Seiten,
kart., 33,80 €,
ISBN: 978-3-89942-744-8

Vittoria Borsò,
Heike Brohm (Hg.)
Transkulturation
Literarische und mediale
Grenzräume im deutsch-
italienischen Kultur-
kontakt
August 2007, 272 Seiten,
kart., 27,80 €,
ISBN: 978-3-89942-520-8

Céline Kaiser
Rhetorik der Entartung
Max Nordau und die Sprache
der Verletzung
August 2007, 242 Seiten,
kart., 27,80 €,
ISBN: 978-3-89942-672-4

Leseproben und weitere Informationen finden Sie unter:
www.transcript-verlag.de

Lettre

Julia Freytag
Verhüllte Schaulust
Die Maske in Schnitzlers
»Traumnovelle« und in
Kubricks »Eyes Wide Shut«
Juli 2007, 142 Seiten,
kart., 16,80 €,
ISBN: 978-3-89942-425-6

Thomas von Steinaecker
Literarische Foto-Texte
Zur Funktion der Fotografien in
den Texten Rolf Dieter
Brinkmanns, Alexander Kluges
und W.G. Sebalds
Juni 2007, 346 Seiten,
kart., 33,80 €,
ISBN: 978-3-89942-654-0

Sibel Vurgun
Voyages sans retour
Migration, Interkulturalität und
Rückkehr in der frankophonen
Literatur
Juni 2007, 322 Seiten,
kart., 30,80 €,
ISBN: 978-3-89942-560-4

Peter Rehberg
lachen lesen
Zur Komik der Moderne
bei Kafka
März 2007, 296 Seiten,
kart., 29,80 €,
ISBN: 978-3-89942-577-2

Thomas Gann
Gehirn und Züchtung
Gottfried Benns psychiatrische
Poetik 1910-1933/34
März 2007, 240 Seiten,
kart., 24,80 €,
ISBN: 978-3-89942-651-9

Volker Georg Hummel
**Die narrative Performanz
des Gehens**
Peter Handkes »Mein Jahr in
der Niemandsbucht« und »Der
Bildverlust« als Spaziergänger-
texte
Februar 2007, 220 Seiten,
kart., 24,80 €,
ISBN: 978-3-89942-637-3

Ursula Link-Heer,
Ursula Hennigfeld,
Fernand Hörner (Hg.)
Literarische Gendertheorie
Eros und Gesellschaft bei
Proust und Colette
2006, 288 Seiten,
kart., 27,80 €,
ISBN: 978-3-89942-557-4

Michael C. Frank
Kulturelle Einflussangst
Inszenierungen der Grenze
in der Reiseliteratur des
19. Jahrhunderts
2006, 232 Seiten,
kart., 25,80 €,
ISBN: 978-3-89942-535-2

Georg Mein (Hg.)
**Kerncurriculum
BA-Germanistik**
Chancen und Grenzen des
Bologna-Prozesses
2006, 94 Seiten,
kart., 11,80 €,
ISBN: 978-3-89942-587-1

Petra Gropp
Szenen der Schrift
Medienästhetische Reflexionen
in der literarischen Avantgarde
nach 1945
2006, 450 Seiten,
kart., 32,80 €,
ISBN: 978-3-89942-404-1

**Leseproben und weitere Informationen finden Sie unter:
www.transcript-verlag.de**

Lettre

Heide Volkening
Am Rand der Autobiographie
Ghostwriting – Signatur –
Geschlecht

2006, 262 Seiten,
kart., 27,80 €,
ISBN: 978-3-89942-375-4

Meike Becker-Adden
Nahtstellen
Strukturelle Analogien
der »Kreisleriana« von
E.T.A. Hoffmann und
Robert Schumann

2006, 288 Seiten,
kart., 28,80 €,
ISBN: 978-3-89942-472-0

Annette Runte
Über die Grenze
Zur Kulturpoetik der
Geschlechter in Literatur
und Kunst

2006, 384 Seiten,
kart., 28,80 €,
ISBN: 978-3-89942-422-5

Leseproben und weitere Informationen finden Sie unter:
www.transcript-verlag.de